# 범죄심리학

염건령 · 박영수 · 김동철 · 김미영 · 홍유진
민수진 · 이인곤 · 손경환 · 황정용 · 허명범

DY DAE YOUNG CO. 도서출판 대영문화사

# 머리말

인간의 사회가 만들어진 이후에 범죄는 끊임없이 발생하고 있고, 이에 대한 대응책을 모색하기 위해 많은 사회적 자원이 투입되고 있다. 날이 갈수록 흉악해지는 범죄현상에 대응하기 위해서 수사기관은 수사전문인력의 양성에 갖은 노력을 다하고 있으며, 과학수사와 관련한 기법의 개발과 장비의 마련을 위해 예산 투입을 적극적으로 하고 있다. 이러한 노력에도 불구하고 살인범죄, 사기범죄, 성범죄 등이 지속적으로 발생하고 있어, 이에 대한 전문적인 연구와 과학적인 대응 방안의 마련이 우리 사회에 요구되고 있는 실정이다.

범죄심리학은 범죄자와 범죄피해자, 그리고 범죄와 관련한 사회현상 및 사회구성원들의 심리를 연구하는 학문이며, 20세기 범죄학이 급속도로 발전하면서 독자적인 영역으로 구축되고 있는 영역이다. 우리나라에도 경찰행정학과에서 최초로 범죄심리학이라는 과목을 도입하여 이에 대한 교육과 연구가 시작되었으며, 지금은 범죄학과, 범죄심리학과, 경찰학과, 심리학과, 탐정학과, 경호경비학과의 필수적인 과목으로 자리 잡은 상태이다.

범죄는 여러 가지 동기를 가지며, 이러한 동기에 심리적인 기제가 작용하는 경우가 많다. 사회에서 거론되는 무동기범죄의 경우에도 심리적인 동기가 분명히 존재하기 때문에 이상동기에 의한 범죄라고 범죄심리학에서는 정의 내린다. 범죄자의 심리상태를 읽고, 이들이 어떠한 과정을 통해서 범죄를 저질렀는지를 규명하는 학문이 범죄심리학이며, 이를 통해서 유사한 범죄의 재발을 방지하거나 또는 미제사건 등의 범죄자를 찾아내어 사법적으로 처벌을 내릴 수 있는 기회를 제공한다.

범죄심리학의 발전은 유럽의 심리학계에서 시작되었으며, 영국과 프랑스로 이어진 연구 과정이 나중에 미국으로 넘어가 크게 발전하게 되었다. 대표적으로 미국 연방수사국(FBI) 범죄심리학 연구부서의 출범을 들 수 있는데, 이론적인 범죄심리학을 로버트 레슬러(Robert K. Ressler)를 비롯한 실증적 범죄심리학자들에 의해서 범죄수사 현장에 적극적으로 도입할 수 있는 전기를 제공하였다.

미국의 범죄심리학 발전은 범죄심리학을 도입하려는 많은 국가들에 영향을 미쳤으며, 우리나라 역시도 미국의 범죄심리학 연구를 적극적으로 받아들여 지금과 같은 높은 수준으로 범죄심리학을 발전시킬 수 있었다. 대표적으로 경찰청에서 범죄프로파일러 제도를 도입하여 우수한 인력을 범죄심리 분석 및 사건분석 과정에 투입하기 시작하였으며, 역시 같은 방식으로 피해자 지원 전문요원을 채용하여 이들을 범죄피해자 지원과정에서 투입하고 있다.

교정분야 역시도 범죄심리학의 적극적 · 실용적 도입을 추진하고 있는데, 각급 교정시설에 전문상담요원을 특채하여 이들을 통한 교정효과의 제고를 모색하고 있으며, 법무부와 경찰청에서도 진술분석 전문요원이나 사건분석요원과 같은 전문수사지원인력을 채용 · 운영하고 있는 실정이다. 범죄심리학의 활성화는 이론적 연구만으로 이뤄지지 않으며, 궁극적으로 그 연구대상이 되는 범죄자와 범죄의 문제 해결에 적용하는 과정을 통해 좋은 결실을 맺을 수 있다.

따라서 범죄수사, 범죄분석, 범죄예방 및 범죄대응전략의 수립이라는 전 과정에 범죄심리학의 이론적 내용과 실증적 결과, 실험적 사례 등이 적극적으로 반영되어야 함은

# 머리말

물론, 이를 보다 과학적 · 체계적으로 관리 · 발전시킬 수 있는 숙제를 지속적으로 해나가야 할 것으로 판단된다. 이와 같은 여러 가지 목적과 방향성에 부합하고자 하는 취지에서 국내에서 활동하는 일부 범죄학자 그룹이 모여 본 저서를 집필하게 되었으며, 장기간의 노력을 통해 이 책이 나오게 되었다.

본 저서는 기존의 범죄심리학 교과서가 가지고 있는 획일성을 탈피하고 21세기 대한민국의 사회적 환경에 맞는 교재가 될 수 있도록 하기 위해 목차의 설정부터 파격적으로 변화를 꾀하였다. 특히, 고전적인 범죄심리학 이론보다도 최근에 적용되고 있는 진술분석심리, 법정심리, 수사심리 등의 범죄심리학 응용분야의 내용을 충실하게 반영하여 교과서를 작성하는 데 주력하였으며, 외국의 최근 동향을 반영하는 데도 많은 노력을 기울였다.

우리 범죄심리학 교과서를 통해서 범죄심리학을 공부하고자 하는 많은 학생과 연구자들이 보다 쉽게 접근할 수 있길 바라며, 향후에 교재의 내용 가운데 부족하거나 미진한 부분이 있다면 개정 과정을 통해 지속적인 보완을 진행하고자 한다. 또한 변화하고 있는 범죄 트렌드를 반영하여 한 세기를 장식하는 범죄심리학 교재로서 자리매김을 할 수 있도록 노력할 것이라는 점을 독자들에게 약속하는 바이다.

본 교재를 출판하도록 많은 도움을 주신 대영문화사 임춘환 대표님과 임현준 부장님께 먼저 감사를 드리고자 하며, 저서를 집필하는 데 함께 노력을 기울여 주신 한국범죄학회장 겸 UNIST의 김동철 교수님, 동국대학교 법무대학원의 박영수 교수님, 진술분석 전문가이신 법무연수원 김미영 교수님, 법정진술 프로파일러인 트루바움의 홍유진

교수님, 한국범죄연구소의 민수진 교수님, 호서대학교 법경찰행정학과의 이인곤 교수님, 신안산대학교 경호경찰행정학과의 손경환 교수님, 그리고 동서대학교 경찰학과의 황정용 교수님, 가톨릭대학교 행정대학원 탐정학전공의 허명범 교수님께 깊은 감사의 말씀을 전하고자 한다.

본 저서가 나오기까지 많은 지도와 응원을 해주신 가톨릭대학교 행정학과의 박광국 명예교수님과 채원호 행정대학원장님, 이종원 전 행정대학원장님을 비롯한 모든 행정학과 교수님들께 깊은 감사의 말씀을 드린다. 밤낮으로 본 저서의 교정과 편집, 자료수집 및 정리를 위해 노력해 주신 가톨릭대학교 한국탐정학연구소 염지혜 연구원께도 깊은 감사를 표하고자 한다. 앞으로 범죄심리학의 더 많은 발전을 위해 한국범죄학회 및 한국범죄학연구소는 최선을 다하고자 하며, 비록 처음에는 부족한 점이 많다 하더라도 꾸준한 보완과 수정을 통해 국내 최고의 교과서로서 자리를 잡고자 하는 계획을 밝히는 바이다.

2025년 1월

대표저자(가톨릭대학교 행정학과 탐정학전공) 염건령 교수

# 차 례

# 제 1 장

# 범죄심리학의 개요

Introduction to Criminal Psychology

## 제 1 절 | 범죄심리학의 일반적 개념

범죄(crime)는 평등과 인권보호를 추구하는 국가체계와 사회질서를 유지하기 위한 최소한의 사회적 약속인 법률을 위반하여, 공익(公益)을 해치고 국민의 안전을 위협하는 행위이다. 범죄는 발생 후 범죄자를 검거하여 합당한 처벌을 하는 것이 중요한 문제이나, 범죄피해(Crime Damage)가 발생하기 전에 미리 예방하는 것 역시 못지않게 중요한 영역이다.

범죄예방을 위해서는 범죄 발생의 배경과 동기를 파악하는 것이 중요한데, 이를 위해 범죄자의 특성과 심리를 분석하고 범죄자의 생애 과정에서 형성된 인격과 범죄행동의 관련성을 연구하는 학문이 범죄심리학(犯罪心理學; Criminal Psychology)이다. 범죄심리학은 현대에 들어와서 다양한 사건을 중심으로 범죄자의 심리를 분석하고 정신적인 문제를 파악하는 연구에서 시작되었으며, 범죄자의 심리분석과 더불어 병리적 문제를 찾아내고 분석하여 사건의 의도를 알아내고 과정을 명확히 밝히는 실증적 학문 분야이다. 또한, 범죄심리학은 범죄예방과 정신적 문제가 있는 범죄자의 치료·갱생을 위한 학문으로 응용심리학(Applied Psychology)의 하나로 본다.

우리 사회에서 각종 범죄를 일으키는 사람은 심리적·정신적 영역에 병리적 문제를 안고 있는 경우가 많다. 정신질환(Mental Disease)의 단계는 아니더라도 사리분별이 불가능하고 과잉된 감정이 표출되는 이상행동(Abnormal Behavior)이나 정신장애(Mental Disorder) 상태에 놓여 있는 범죄자가 많은 것이다. 따라서 범죄의 동기와 범죄자의 심리상태를 치밀하게 조사하고 검증하는 것은 범죄 해결을 위해 필수적인 절차일 뿐 아니라 범죄피해자의 보호와 회복을 위해서도 반드시 필요하다.

이상심리학은 인간이 경험하는 고통과 불행의 원인과 과정에 관심을 가지고 어떻게 하면 행복과 인격적 성숙을 이룰 수 있을지를 연구하는 자아 중심의 심리학이다. 반면 범죄심리학은 범죄라는 특수한 상황과 환경에서 이상심리학을 바탕으로 범죄를 유발한 범죄자의 이상심리와 다양한 이상행동을 좀 더 구체적으로 분석하여, 범죄사건을 해결하고 범죄예방을 위한 방법을 기술적으로 강구하고자 하는 학문이다(이종구, 염건령, 2018: 68-71).

범죄심리학은 범죄자의 이상심리와 행동을 통해 사건 속 특정 행동이나 반응의 중요성을 인지하여 앞으로 나타날 수 있는 이상 증상 및 병리적 문제를 살펴보는 데 주력한다. 우리 사회의 범죄는 날로 더 강력해지고 있는 것이 현실이며, 사건이 확대 재생산되거나 보복심리에 따른 즉흥적이고 극단적인 범죄가 발생하기도 한다. 범죄심리학은 이러한 다양한 범죄를 유발하는 인간 심리에서 출발하여 범죄를 저지른 이유와 이상행동, 사회환경과 범죄행위가 서로에게 미치는 영향에 대해 정신적 분석을 하기 위한 사례연구 중심의 학문이라 할 수 있다(이종구, 염건령, 2018: 73-75).

### 범죄심리학에서 사용되는 일반적 용어 이해

범죄심리학은 이상심리학을 기반으로 하여 범죄자와 범죄 관련 인물에 관하여 연구하는 학문으로, 범죄행위에 관련된 인물이 이상심리를 판단하는 기준에 의해 비정상으로 판단된 경우, 그들의 심리적 문제와 범죄행동과의 연결성을 연구하는 학문이다.

이상행동(Abnormal Behavior)과 범죄적 이상행동(Criminal Abnormal Behavior)은 내용의 구성은 같으나, 범죄적 이상행동은 일반적인 이상행동 중 범죄의 동기가 되는 이상행동을 의미한다. 범죄자에 대한 심리적 외현화(外現化)를 통해 범죄행동을 유발한 심리를 분석했을 때 비정상이라고 판단된 범죄자의 이상심리로 인해 범죄가 발생한 것일 때 이를 범죄적 이상행동이라고 한다.

범죄심리학의 주요 용어는 관찰과 측정이 가능한 인간행동을 연구한 행동주의 심리학(Behavioristic Psychology)에서 나왔으며, 과학적으로 검증될 수 없는 모호하고 추론된 개념은 사용하지 않는다. 범죄와 관련된 사항은 법적 문제와 사회적 파장으로 연결될 수 있으므로 실증적이며 과학적인 연구를 지향한다. 범죄분석은 주관적인 기준이 적용되면 안 되므로, 범죄와 연루된 개인의 이상심리 역시 측정과 검증이 가능한 객관적 기준에 따라 분석이 이루어져야 한다.

적응(Adaptation)을 개인과 환경의 원활한 상호작용으로 보는 관점에서 인간의 부적응 행동(Maladaptive Behavior)은 환경 변화에 적절히 대응하지 못하여 여러 가지 문제를 일으키는 개인의 행동을 지칭하는 용어라 할 수 있다. 범죄 부적응 행동(Criminal Maladjustment Behavior)은 일반적인 부적응 행동 중에서도 심리적인 문제가 원인이 되어 발현된 행동으로 인하여 타인에게 피해를 주는 행동으로 이어진 것을 말한다. 심리적 문제(Psychological Problem)와 관련한 용어는 정신건강 문제의 진료나 심리치료를 위한 과정에서 사용된다.

정신병리적 증상(Psychopathological Symptoms)은 신체적 질병에 대한 의학적 모델에서 차용한 용어이다. 질병의 내부적 원인을 가정하고 이러한 원인에 의해서 나타나는 부정적

현상과 체험들을 의미한다. 일반적인 증후군(Syndrome)은 여러 가지 증상들의 집합체를 의미하며, 범죄 관련 집합적 증상들 역시 같은 용어를 사용한다. 신체적 질병이든 심리적 장애든 한 가지 증상만이 아니라 다양한 증상들이 동시다발적으로 나타나는 경우가 대부분이어서 이러한 다양한 이상행동이나 정신병리적 증상들로 구성된 증후군을 정신장애(Mental Disorder)라고 한다.

정신장애는 생물학적 · 임상학적으로 비정상적인 행동과 사고체계를 가지고 있으며, 이러한 상태를 정신병리학자들은 장애로 규정짓는다. 사람에 따라 증상의 패턴과 진행 과정이 달라지기 때문에 치료와 함께 임상적 연구가 필요한 상태로 본다. 흔히 말하는 정신병은 전문용어가 아니고 정신장애(Mental Disorder)가 정확한 표현인데, 이는 하나의 증상이 아니라 이상행동을 보이는 여러 증상을 묶어 표현한 것이다. 정신질환(Mental Disease)은 대개 신경정신과에서 의사가 병으로 진단하고 치료하는 질환을 통칭하는데, 정신장애와 혼용되기도 하지만 정신장애에 포함되는 개념으로 볼 수 있다.

출처: Kwon Seok-Man(2012), Modern Ideal Psychology, Seoul: Hagjisa, pp. 20-29.

## 제 2 절 | 인간의 심리와 인지적 오류

인간은 돌발 상황에 대응하며 경험을 통한 학습을 반복하는 생활 속에서 매우 다양한 심리적 변화를 겪게 된다. 그러므로 인간에게 개인의 생활환경은 매우 중요하다. 다양한 인간 군상이 공존하는 생활환경 속에서 수많은 자극을 받으며 갈등과 화해, 사랑과 증오, 만족과 결핍 등의 여러 심리적 상태를 경험하며 살아가는 것이 인간이다. 이렇게 인간은 집단적 형태의 사회문화 생활권에 존재하기 때문에 같은 생활 영역에 있는 집단의 사회심리적 환경 또한 중요하다.

인간은 가정환경과 사회환경에 직 · 간접적 영향을 받으며 필연적으로 겪게 되는 불행이나 고통을 받아들이고 극단적인 심리적 변화를 경험하기도 한다. 이러한 삶의 여정 속에서 인간은 긍정적 생각을 하기도 하지만 부정적 생각 속에서 열등감, 자괴감, 패배감, 배신감 등의 감정을 경험하기도 한다. 일정한 경험에 대한 부정적 생각과 감정이 반복적으로 지속되면 해당 경험에 대한 불안감과 두려움이 커져 심각한 정신적 타격과 함께 인지 과정에 오류가 발생하기도 한다(권석만, 한수정, 2000: 104-107).

사회환경으로 인해 발현될 수 있는 이상행동과 개인적 성향의 상관관계를 연구하고 이것이 어떻게 범죄행위로 연결되는지 등 범죄자의 이상심리와 이상행동을 종합적으로 연구하는 것은 범죄심리학의 중요한 연구과제이다. 사회환경의 영향으로 나타나는 이상심리와 함께 관련된 범죄를 들여다보면 범죄행위의 발생 전과 후의 범죄자 심리를 분석해 볼 수 있다.

어린 시절에 부모로부터 받은 학대나 차별, 부모의 별거나 이혼 등 가정의 불화, 부모나 형제와의 심각한 갈등, 부모의 사망, 형제자매 간의 비정상적 경쟁, 학업에서의 좌절이나 실패, 이성관계에서의 상처나 실패 등의 환경적 상황에서 이상심리를 경험하는 경우가 많았다.

강력하거나 반복된 부정적 경험으로 인해 부정적 자아상과 생각이 굳어지면서 점차 확장된 극단적 이상행동이 범죄의 시발점이 된 경우가 많았다. 이는 애정과 공감이 결여된 성장환경 또는 스스로 극복하기 힘든 고통이나 갈등 상황에 노출된 개인이 향후 범죄행위를 할 가능성이 커짐을 시사한다. 또한, 다양한 심리적 고통 속에서 자아 파괴와 부정적 사회반발이 거듭되어 형성된 파괴적 심리가 범죄로 이어질 수 있음을 의미한다.

인간은 누구나 육체적 질병이나 손상, 소속집단 내 좌천이나 실직, 동료와의 갈등, 사업의 실패나 경제적 곤란 등의 부정적 상황을 경험하게 되고 이러한 경험으로 인해 스스로 불행하다고 느끼게 된다. 하지만 그렇다고 해서 이러한 불행심리와 부정적 자아상을 가진 모든 인간이 범죄자가 되는 것은 아니다(도상금, 박현주, 2000). 개인적 환경조건이나 생물학적 유전조건에 따라 다양한 인간이 존재하지만, 인간이라면 누구나 부정적 경험을 하는 시기가 있게 마련이다. 그런데 부정적 경험 후에 자신에 대한 가혹한 질책과 열등감으로 정신적 문제를 만드는 사람이 있는 반면, 불행하고 고통스러운 환경 속에서도 담대하게 이겨내고 극복하는 사람이 있는 것이다.

많은 사람이 인생의 위기를 잘 극복하면서 건강한 삶을 영위하지만, 부정적 사건을 경험한 후 이를 마음속에서 지우지 못하여 트라우마가 되고, 확대해서 이상심리로 발전하거나 타인에게 책임을 전가해 자신의 책임을 회피하기도 한다. 책임 전가를 통해 스스로 치유가 되었다고 믿거나, 자신에 대한 부정적 인식을 없애기 위해 비합리적인 방법으로 문제를 해결하려는 경우가 있다. 하지만, 이러한 태도는 곧 타인에게 피해를 줄 뿐 아니라 자신에 대해서도 잘못된 관념을 형성할 수 있다(염건령, 최영인, 2016: 48-53).

여기에서 더 나아가 비정상적인 행동을 비롯한 사회 부적응에 대한 다양한 심리장애나 정신장애를 경험하게 된다면, 범죄와 같이 더는 자신을 통제할 수 없는 불행한 일이 발생할 수 있다. 범죄는 이상행동과 정신장애를 더욱 가중하는 원인이 되어 이상심리에서 벗어나기 어려워진다. 이상심리를 가진 범죄자의 경우 인지 과정에서 부정적 왜곡이 발생하고 자기중심성과 이기심이 강하여 극단적인 행동을 할 가능성이 크다(권석만, 한수정, 2000).

사회생활 속의 수많은 상황에서 올바른 선택과 판단을 하기 위해서는 현실과 자신의 경험을 바르게 인식하고 이에 대해 합리적으로 사고하는 것이 중요하다. 문제는 반복해서 부정적 경험을 하는 경우 감정에 휘둘리게 되면서 객관적 사실관계에 근거한 합리적 사고를 하지 못하게 되는 인지적 오류가 발생한다는 것이다. 따라서 부정적 정서에 의한 다양한 인지적 오류의 유형을 살펴볼 필요가 있다.

## 1 흑백 논리적 사고(All or Nothing Thinking)

흑백 논리적 사고는 생활 사건의 의미를 양 극단 중 하나로만 해석하는 오류를 말하며 이분법적 사고(Dichotomous Thinking)라고 불리기도 한다. 예를 들어, 자신에 대한 타인의 반응을 오로지 좋거나 싫은 두 가지 감정 중 하나로만 해석하는 사고 유형을 의미한다.

자신의 성취에 대해서도 성공 아니면 실패로 판정하며, 대인관계에서는 상대방이 나를 받아들이는지 거부하는지, 내 편인지 적인지로 관계를 해석한다. 도덕적이지 않으면 비도덕적인 것이고 옳지 않으면 무조건 그른 것이며 선이 아니면 악인 것으로, 사람과 상황 · 사물에 대해 양 극단의 의미로 한정하여 인지한다. 즉, 그 중간의 의미 범주인 회색지대를 생각하지 못하는 사고패턴이다(김은정, 김지훈, 2000).

## 2 과잉 일반화와 과소 일반화(Overgeneralization & Undergeneralization)

과잉 일반화(Overgeneralization)는 한두 번의 경험과 사건에 근거하여 모든 것을 포괄하는 결론을 내리고, 개연성조차 없는 전혀 무관한 상황에도 하나의 개념을 적용시켜 일반화하는 사고오류이다. 예를 들어, 이성으로부터 한두 번의 거부를 당한 남학생이 자신감을 잃고 '나는 항상 누구에게나 내가 어떻게 행동하든지 거부를 당한다'고 생각하고, 시험이나 사업에 한두 번 실패한 사람이 '어떤 시험(또는 사업)이든 나의 노력과 상황 변화에 상관없이 결국 실패하게 될 것이다'라고 단정하는 것과 같은 지나친 사고의 일반화 현상을 말한다(권석만, 1995: 51-53). '매번', '항상', '늘', '모두', '어떤 상황에서나'와 같은 수식어를 사용하여 모든 것을 쉽게 단정해 버린다.

과소 일반화(Undergenerlization)는 어떤 개념이나 상황을 너무 좁은 범위로 한정해 인지하는 사고오류를 말한다. 예를 들어, 맛있는 라면은 계란을 넣어 끓인 라면이라 생각하고 계란을 넣지 않은 라면은 맛있는 라면이 아닌 것으로 생각하거나 중국집에서 판매하는 짜장면만을 짜장면으로 인식하고 집에서 만들어 먹는 것은 짜장면이 아니라고 생각하는 식의 사고오류이다. 과소 일반화의 오류는 특히 어떤 개념이나 단어의 의미를 처음 배우는 단계에서 일어나는 경향이 있다.

## 3 정신적 여과(Mental Filtering)

정신적 여과는 주어진 상황에서 일어난 여러 가지 일 중에서 특정한 일부 정보에만 집중해서 상황을 판단하고 의미를 부여하는 인지적 오류이다. 예를 들어, 친구와의 대화에서 주된 대화 내용이 자신을 칭찬하는 긍정적 내용이었는데도 친구가 지적한 한 가지 부정적 평가를 가지고 자신을 비판한 것으로 인식하고 자신에 대한 친구의 감정이 좋지 않다고 생각하는 것을 말한다(김은정, 김지훈, 2000).

또한, 자신의 업무에 대한 타인의 평가가 긍정적임에도 자신이 한 번 잘못한 말에 집착하여 업무성과 전체를 실패한 것으로 인식하는 것도 이에 해당한다. 이러한 사고유형을 때로는 선택적 추상화(Selective Abstraction) 또는 비약적 단정(Jumping to Conclusion)이라고 부르기도 한다.

## 4 의미확대와 의미축소(Maximization & Minimization)

의미확대와 의미축소는 어떤 상황이나 사건의 실체적 의미나 중요성을 왜곡하여 과도하게 확대하거나 축소하는 인지적 오류를 말한다. 우울감이나 분노와 같은 부정적 감정에 빠진 사람은 부정적인 것은 크게 확대하고 긍정적인 것은 축소하여 인식하는 사고의 오류를 범하는 경향이 있다. 예를 들어, 친구가 자신에게 한 칭찬은 듣기 좋으라고 지나가는 말로 한 이야기라고 그 중요성을 축소하여 해석하는 반면, 친구가 자신에게 한 비판에 대해서는 친구의 평소 속마음을 드러낸 중요한 사건이라고 확대하여 받아들인다.

또 자신의 약점이나 단점에는 집착하여 심각하게 걱정하면서, 자신의 강점이나 장점은 다른 사람과 비슷한 수준이거나 대수롭지 않은 것으로 축소해 생각하는 경우 역시 이러한 인지적 오류에 속한다. 이런 경향성은 자신과 타인에 대한 평가의 잣대를 달리하는 이중기준(Double Standards)의 오류로 나타날 수 있다. 이는 자신의 잘못에 대해서는 매우 엄격하고 까다로운 기준을 적용하여 큰 잘못으로 인식하고 심하게 자책하는 반면, 타인이 자신과 유사한 잘못을 한 경우에는 관용적으로 매우 낮은 기준을 적용하여 잘못의 정도를 작게 인식하는 것을 말한다(김상균, 송병호, 박상진, 2017: 44-49).

## 5 개인화(Personalization)

개인화는 주변에서 일어나는 사건이 자신과는 무관함에도 자신과 관련이 있는 것으로 인식하는 인지적 오류인데, 사례를 들어 설명하면 다음과 같다. A 군은 아침에 일어났을 때 퉁퉁 부은 얼굴을 보며 못생겨진 자신의 모습에 기분이 나빴다. A 군이 도서관 앞을 지나갈 때 마침 도서관 앞 벤치에 앉아서 이야기하던 여학생들이 크게 웃었다. A 군은 여학생들이 자신의 퉁퉁 부은 얼굴을 보고 웃은 것 같아 매우 불쾌했고 상처를 받았다. 그런데 여학생들은 A 군을 보지도 못했고 단지 나누던 이야기가 재미있어서 웃은 것이었다. 이렇게 사실과 상관없이 A 군 스스로 여학생들이 자신을 비웃었다고 인식하는 것이 개인화의 오류이다.

또 다른 예를 들면, 직장을 다니는 B 씨는 최근 상사인 C 부장의 쌀쌀맞은 태도가 마음에 걸린다. 부장님이 자신이 작성한 보고서 내용에 대해 수정을 지시한 이후 자신에 대한 태도나 눈빛이 달라졌다고 느꼈다. 어느 날 B 씨는 복도 끝에서 걸어오는 C 부장을 보고 거리가 가까워지면 반갑게 인사를 드리려고 했는데, C 부장이 갑자기 걸어오던 방향을 틀어 화장실로 들어가 버렸다. 이 모습을 본 B 씨는 C 부장이 확실히 자신을 싫어하고 있고 그래서 의도적으로 피하고 있다고 생각했다. B 씨의 이러한 상황인식이 개인화의 오류에 해당한다.



## 6 잘못된 명명(Mislabeling)

잘못된 명명은 사람의 특성이나 행위를 사실보다 지나치게 부풀려서 표현하며 맞지 않는 이름을 붙여 인식하는 인지적 오류이다. 예를 들어, 한 번 저지른 잘못을 과장하여 자신을 '실패자'나 '인간쓰레기'라고 지칭해 버리거나, 마음에 들지 않는 타인의 문제점을 극단적으로 부각시켜 '돌아이', '성격이상자', '정신이상자', '사이코', '변태' 등의 명칭으로 정의하는 경우가 이에 해당한다.

심리학자 Bandura에 의하면 인간은 자기가 선정한 정의에 맞춰서 행동하게 된다고 한다. Bandura는 이를 자기 이행적 예언(Self Fulfilling Prophecy)이라고 불렀다. 즉, 자신을 '실패자'라고 규정하는 사람은 자신이 앞으로도 계속해서 실패할 것으로 예측하고, 결국 실제 상황에서도 실패할 수밖에 없는 잘못된 선택을 하게 된다는 것이다.

잘못된 예언은 타인에게도 영향을 미치는데 예를 들어, 팀을 이뤄 업무를 수행하는 과정에서 팀장이 특정 팀원에게 '너는 창의적인 능력이 없으니 단순 정리업무만 하라'고 말하면, 해당 팀원의 창의적인 업무수행능력은 팀장의 잘못된 명령으로 인해 더욱 낮아지게 된다는 것이다(권석만, 2003: 18-26).

## 7 독심술(Mind-Reading)

타인의 생각이나 마음을 이해하기 위해서는 충분한 대화를 통한 정보와 정서의 교류가 필수적이다. 그런데 이러한 언어적 소통 없이도 타인의 생각과 마음을 알아차리는 능력이 있다고 믿으며 제대로 된 근거 없이 타인을 자기 마음대로 판단하고 단정하는 것이 독심술의 오류이다. 마치 다른 사람의 마음을 들여다볼 수 있는 독심술이 있는 것처럼 매우 모호한 작은 단서에 의존해서 타인을 판단하기 때문에 이러한 인지적 오류가 발생하면 건강한 인간관계를 맺기가 힘들어진다(김은정, 1999).

인지(認知)라는 일련의 과정은 반복을 통해 익숙해진 형태로 부지불식간(不知不識間)에 이루어지는 자동적 사고능력이기 때문에, 의식적으로 성찰하지 않으면 이러한 오류를 알아차리기 어렵다. 따라서 인지적 오류가 반복되면서 하나의 습관으로 고착되어 스스로 타인의 생각이나 마음을 들여다볼 수 있는 능력이 있다고 착각하게 되기도 한다. 문제는 당사자와 허심탄회한 언어적 소통을 하지 않으면 실제 그 사람의 생각이나 마음을 확인할 길이 없으므로, 자신의 판단이 옳았다고 자족(自足)하며 같은 악순환을 지속한다는 것이다.

## 8 예언자적 사고(Fortune Telling)

예언자적 사고는 합당한 근거나 별다른 이유 없이 앞으로 자신에게 일어날 일을 단정적으로 예측하는 것이다. 미래를 미리 볼 수 있는 예언자에 빗댄 표현으로, 자신에게 부정적이고 나쁜 일이 일어날 것이라고 단정하고 이를 굳게 믿는 사고오류이다. 예를 들면, 이성을 만날 목적으로 미팅에 참여하더라도 자신이 마음에 드는 이성과는 아예 짝이 되지 않거나, 만약 짝이 되더라도 결국 자신의 마음이 거부당할 것이라는 생각이 확신에 가까운 상태를 말한다(권준수, 2000).

실제로 미팅에 참여했을 때 자신의 믿음과 같은 경험을 하게 되면, 이를 근거로 자신의 예지력을 굳게 믿게 되어 더 이상 미팅을 시도하지 않게 되므로 스스로 진실을 확인할 길이 없어진다. 또는 자신이 무엇을 해도 마음에 드는 이성과는 이루어지지 않을 것이라고 생각하여 소극적이고 위축된 태도를 보이고 실제 미팅 상대방이 호감을 느끼지 못하고 결국 만남을 거부당하는 일이 발생할 수 있는데, 이 역시 자신의 예측이 맞았음을 입증하는 자료가 되고 만다.

## 9 감정적 추리(Emotional Reasoning)



감정적 추리는 사실관계에 근거한 뚜렷한 이유 없이 어렴풋한 감정에 기반하여 생각하고 판단하는 인지적 오류를 의미한다. 불완전하고 불확실한 감정과 느낌에만 의존하여 상황을 파악하는 것이다. 추리란 원래 논리적인 사고와 사전에 가지고 있었던 지식이나 정보, 상황인식과 판단을 기반으로 하게 되어 있지만 감정적 추리는 이와는 반대로 오로지 정확하지 않은 감정과 느낌에 의존한다.

예를 들어, 어떤 사람을 만났을 때 마음이 불편하면, 자기 마음이 불편한 것을 보니 상대방이 나를 싫어하는 게 분명하다고 생각하는 것이다. 또 이유는 알 수 없으나 죄책감이 느껴지고 마음이 무거우면 자신에게 잘못이 있다고 믿거나, 비행기 안에서 느낀 강한 공포감을 근거로 교통수단으로서 비행기가 안전하지 않다고 생각하는 것도 감정적 추리에 해당한다(권석만, 2003).

# 제 3 절 범죄심리의 사회적 책임과 포용

일반적으로 인간의 이상심리는 고도의 불안상태에서 약해진 자아가 부정적으로 형성되며 발생하는 경우가 많고 유전적 문제나 사회환경적 영향에 의해 나타날 수도 있다. 부정적 자아가 불안과 분노를 지속적으로 경험하게 되면 정신장애로 발전하여 이상행동으로 자신의 삶을 파괴하고 불행하게 만드는 사건을 일으킬 수도 있다(김은정, 2000).

정신장애와 이상행동은 당사자뿐 아니라 그의 가족과 주변 사람도 상당한 사회심리적 어려움을 겪게 하는데, 대부분 그러한 어려움을 극복하기 위해 사회적 책임의식을 가지고 감당하며 살아간다. 그러나 문제적인 사람 한 명으로 인해 발생하는 어려운 상황을 함께 해결하기 위해서는 정부를 비롯한 수많은 전문가의 역할이 강조될 수밖에 없고, 어쩔 수 없이 엄청난 사회적 비용(Social Cost)이 발생하게 된다.

주변의 사회적 노력에도 불구하고 범죄를 저지르기 전부터 이상심리와 정신장애를 겪은 사람은 범죄행위를 한 후에도 극심한 이상행동을 보이며 주변 환경에 적응하지 못하고 사회적 관계에 여전히 어려움을 겪으며 이상행동에서 벗어나지 못한다. 따라서 이를 일상에서 감당해야 하는 가족은 한계를 느끼게 되고, 그 역할을 대신하거나 보완해야 하는 정부와 전문기관의 책임과 역할 또한 한계를 드러내는 경우가 많다(민병배, 이한주, 2000).

이상행동을 보이는 사람은 일상생활과 사회활동에서 갈등이나 사고를 일으키며 부적응 상태에 빠지고, 직업적 영역에서도 자신의 능력을 제대로 발휘하지 못하여 도태되는 경우가 많기 때문에 스트레스 지수가 높다. 이상심리를 겪는 당사자도 힘들겠지만 가까운 사람들이 애정과 관심을 가지고 도움을 제공해야 하는 부담을 지게 되면서 이들의 일상도 희생되는 경우가 많다. 특히 이상심리의 정도가 심한 경우 주변 사람들이 범죄피해자가 될 수 있는 위험이 도사리고 있어 이로 인한 심리적 고통 역시 매우 크기 때문에 범죄행동으로 진행되기 전에 이상심리로 인한 문제를 해결하고 치료하는 예방적 활동이 무엇보다 중요하다.

범죄심리학적인 입장에서 범죄자의 유형화는 정신적 문제를 앓는 사람에 대한 편견을 강화해 해결을 더욱 어렵게 만든다. 현대사회를 들여다보면 가족 중 한 사람이 정신장애를 앓고 있거나, 조직 내에서 심리적 문제를 호소하는 구성원을 비교적 쉽게 볼 수 있다. 생각보다 많은 사람이 이상심리를 경험하고 있으며, 잘못된 편견으로 인해 상황을 더욱 악화시킬 수 있는 현재의 환경은 이상심리와 범죄행동 간의 관계에 대한 심도 있는 체계적 연구를 요구하고 있다(Greenberger & Padesky, 권정혜 역, 1999: 78-83).

정신장애가 있는 사람의 가족이나 그가 소속된 조직의 다른 구성원들은 이상행동으로 인한 문제를 직접 겪으면서 잦은 정서적 충격을 경험하고 슬픔이나 안타까움, 책임감과 죄책감 등을 느끼게 된다. 또한, 환자를 보살피고 회복시키기 위한 희생적 부담까지 안게 되므로 심각한 스트레스 상태에 놓이게 된다. 문제는 현재 우리 사회가 정신장애에 대한 편견 때문에 막연한 두려움과 혐오를 드러내며 정신장애를 가진 사람뿐 아니라 가족도 멀리하는 경우가 많다는 것이다.

이렇게 무관심으로 버려두려는 사회구성원의 규모가 커져서 집단적 의식을 형성하면 정신장애가 있는 사람에 대한 사회적 거부 현상이 나타나게 된다. 그렇게 되면 치료를 통한 예방은 더욱 어려워지고 결국, 범죄로 연결될 가능성이 커질 수밖에 없다. 범죄가 발생한 이후에는 정신장애가 있는 범죄자뿐 아니라 범죄피해자까지 장기간 치료와 보호를 해야 하고, 범죄사건으로 인해 충격을 받은 수많은 사회구성원의 사회적 치료와 회복에도 신경 써야 한다.

범죄가 발생한 후에는 의료비와 수사 및 사법절차에 드는 비용 등으로 범죄 발생 전보다 지출되는 사회적 비용이 커지고, 이에 대한 부담을 모든 국민이 함께 떠안아야 한다. 잘못된 편견과 인식으로 문제가 있는 사회구성원을 막연히 두려워하고 혐오하며 방치하는 대신 관심과 애정을 가지고 도움을 제공하는 것은 문제 해결의 핵심 동력이 된다. 이러한 사회적 합의를 기반으로 전문가가 체계적으로 분석하고 연구하여 최대한 빠르게 개입해 적절한 도움을 주어 범죄행위로 발전하지 않도록 예방하는 것이 모두를 위해 현명한 일일 것이다.

이상행동 중 폭력성이 높게 나타나는 정신장애 환자의 경우 극단적 이상행동의 특징을 보이는 사례가 많다. 심각한 인지적·감정적 오류에 빠져 이성적 판단력이 없는 상태에 놓인 정신장애 환자가 이상행동으로 사람들을 공포로 몰아넣거나 살상을 하는 등 사람을 해친 사건에 대해 방송 매체를 통해 많이 접했을 것이다. 보도된 사건으로는 망상과 환각 속에서 벌어진 일명 '묻지 마 살인' 사건, 강한 분노로 가족이나 지인을 공격하거나 살인한 사건, 사회에 대한 비이성적 비판의식이나 강한 충동성이 동기가 되어 저지른 방화사건 등이 있다(김상균, 송병호, 박상진, 2017: 112-115).

이상심리는 누구에게나 생길 수 있는 정신적 증상이지만, 심각한 인지적 오류와 극단적 성격장애를 동반하거나 폭력적 성향이 있다면 범죄로 이어질 가능성이 커진다. 예방과 치료를 통해 범죄화를 막는 것에는 어느 정도 한계가 존재하므로 이런 안타까운 사건들이 필연적으로 발생할 수밖에 없는데, 정신적 문제가 있는 범죄자에 대한 치료감호 시스템이 체계적으로 선진화되지 못한 현실 때문에 범죄자가 된 후에도 여전히 방치에 가까운 상태에 놓여 있는 안타까운 실정이다.

이상행동과 범죄가 함께 발현된 경우에는 범죄자로서 사법절차를 밟아야 하기에 과정과 절차가 복잡하고 어려워져 정신과적 치료가 힘들어진다. 게다가 범죄 발생의 원인이 된 이상행동을 법률적 분석과 사건 유형 분석, 개인에 대한 정신과적 분석 등 종합적으로 분석해야 하므로 결코 쉬운 문제가 아니다.

그러나 지금까지의 선행연구를 통해 범죄를 유발하는 정신질환이 존재하고 이런 경우 재범률 또한 높다는 것을 파악했으므로, 이제는 문제를 실제 해결하려는 실천적 노력이 무엇보다 중요하다. 또한, 범죄로 연결된 이상행동을 치료하는 과정에서 정신적 문제와 범죄의 상관관계를 세밀하게 파악하여 유사 범죄 발생 예방을 위한 자료로 수집한다면, 이는 미래사회를 위한 중요한 가치를 지닐 것이다.

## 제 4 절 | 범죄 관련 이상행동의 판별기준

범죄심리학의 구체적인 내용을 살펴보기 전에 범죄심리학의 연구대상인 범죄자의 이상행동과 정신장애의 정의가 무엇인지 근본적인 물음을 제기해 볼 필요가 있다. 일반적으로 볼 때 범죄자의 사고와 판단은 비범죄자, 즉 평범한 사람과는 다른 방식으로 이루어진다. 이상심리학에서는 이렇게 평균을 한참 벗어난 사람을 비정상으로 간주하고 병증을 부여하는 경우가 있다. 그러나 때로 범죄자는 특정한 이상행동을 하지 않고 너무나 일상적이고 평범한 행동을 보이기도 한다(김정욱, 한수정, 2000).

이런 범죄자는 과도한 우울감이나 불안과 분노 등을 가지고 있어 병적인 심리상태나 정서적 고통을 경험하지 않음에도, 가치관과 철학이 비도덕적이며 비윤리적이어서 반사회성을 보이는 사람이다. 부득이하게 범죄에 연루되어 범죄자가 된 경우에는 자책과 반성을 하기 때문에 재범률이 낮다. 그러나 잘못된 가치관과 철학에 기반하여 범죄를 저지른 사람은 자신에 대한 우월감을 가지고 있거나 죄책감으로 인한 심리적 변화를 느끼지 못하는 경우가 많아 재범률이 상당히 높다.

범죄심리 전문가가 범죄자의 범행동기를 심리적 기제를 중심으로 분석하는 기준은 다음과 같다. 첫째, 이상심리 증상이 있으면서 저지른 범죄인가, 둘째, 범죄행위를 할 당시에는 이상심리나 정신질환이 없다가 범죄 이후 이상심리 장애가 생긴 것인가, 셋째, 이상심리와 같은 정신적 문제는 없고 개인의 비도덕적 철학으로 저지른 범죄인가, 넷째, 극단적 상황에 노출되어 자유의지가 아닌 상태에서 저지른 범죄인가, 다섯째, 이상심리로 인한 증상이나 어떠한 합리적 이유도 없이 벌인 충동적 범죄인가 등 다양한 경우를 종합적으로 분석하여 판단의 기준을 정한다(장은진, 2024).

인간의 정신과 심리에 영향을 미치는 요인은 개인이 처한 환경과 경험에 따라 수없이 다양하다. 이에 각 사건에 따라 범죄자의 행동을 습관적 행동인지 충동적 행동인지, 정상적 행동에 속하는지 이상행동으로 볼 수 있는지 등에 대해서 명확히 구별하는 게 과연 가능한지에 대한 의문이 계속해서 제기되어 왔다. 또한, 심리적 요인을 사람에 따라 구별하는 객관적 기준의 제시가 가능한 것인지를 고민하는 근본적인 문제도 존재한다. 이에 대해 범죄심리학자마다 다양한 견해를 내놓으며 연구를 지속하고 있다. 인간적 특성을 가진 범죄자에 대해 치밀하게 분석하고 연구하는 과정은 어렵지만, 지금도 수많은 범죄자를 객관적으로 분석하여 범죄를 예방하고 해결하기 위한 길을 열어 가고 있다.

지금까지 언급한 이상행동과 정신장애를 판별하기 위해서는 개념부터 정리할 필요가 있다. 이상행동(Abnormal Behavior)은 부적응적 행동으로 나타나는 심리적 기제로서 증상과 행위 유형에 대한 관찰을 통해 객관적 측정이 가능하다. 정신장애(Mental Disorder)는 객관적이고 신빙성 있는 기준(정신질환 진단 및 통계편람: DSM-5)에 의해 정신병적인 것으로 판정되는 기능부전을 의미한다.

범죄의 원인이 되기도 하는 부적응 행동이 발생하는 영역은 심리나 정서적 영역, 인지적 영역, 생리적 영역과 행동 영역 등 다양하며 개인의 특성이 반영된다. 범죄심리는 이렇게 다양한 영역에서 발현하는 부적응 행동이 개인의 경험, 상황의 변화와 맞물려 범죄행위로 진행되는 인간의 심리를 말한다(김중술, 이한주, 한수정, 2003). 범죄심리를 분석하려면 이상행동과 정신장애에 대한 분석이 필수적이라 할 수 있고, 이러한 분석의 기준은 범죄를 수사하는 과정이나 법적 판단을 할 때 결정적 영향을 미친다.

이상행동과 정신장애를 정의하는 기준은 학자나 전문가에 따라 차이가 있으나, 존재하는 모든 이상행동과 정신장애를 명확하게 정의하고 기준을 만드는 것은 불가능에 가까울 수 있다. 지금까지의 연구 결과 정상(正常)과 이상(異常)을 가르는 기준은 크게 네 가지 정도로 보고 있는데, 적응(Adaptation) 기능의 저하 및 손상, 주관적 불편감과 고통, 사회문화적 규범으로부터의 일탈, 통계적 평균으로부터의 일탈로 나눌 수 있다.

## 1 적응(Adaptation) 기능의 저하 및 손상

이상행동과 정신장애에 있어 '적응'이란 개념이 중요하다. 인간은 출생 이후 생애 과정에서 끊임없이 환경의 변화를 겪는데, 변화한 조건과 환경에 자신을 적절하게 맞춘 상태나 그 과정을 적응(適應)이라고 한다. 적응 과정은 양방향성 상호작용으로서 외부환경을 통제하거나 바꿔서 자신에게 맞추는 외부변형과 자신을 외부환경에 맞춰 바꾸고 조정하는 내부변형이 있다. 바람직하지 않은 외부환경에 끊임없이 자신을 맞추는 과정에서 오랜 시간 누적된 심리적 불편감과 불안은 이질감과 고립감 등 정신적 고통으로 연결되어 개인의 기질과 성향을 부정적으로 바꿔버리게 된다(김순진, 김환, 2000).

삶의 목표와 방향성을 주체적으로 결정하지 못하고 원치 않는 모습으로 자신을 변형시키는 부정적 적응 과정이 진행되는 것이다. 적응 과정에서 일어나는 개인의 부정적 변화는 인지기능과 정서기능, 생리적 기능을 비롯해 행동적 기능 모두와 상호 영향을 주고받게 되는데 이러한 기능들이 저하되거나 손상되어 결국 부적응적인 이상행동이 발현될 수 있다. 적응의 이러한 과정을 볼 때, 범죄자의 이상행동은 오랫동안 부정적 적응을 하는 과정에서 발생한 기능의 손상이 반영된 것으로 볼 수 있다.

인지 부조화나 주의집중력 결핍, 현저한 기억력 저하 등과 같은 인지기능의 손상은 행동적 기능에 영향을 미쳐 비정상적인 행동으로 나타나고, 이는 타인과의 갈등을 초래하며 인간관계를 어렵게 만든다. 지나친 불안과 두려움, 우울감과 상실감 등의 정서기능 손상은 생리적 기능에 영향을 미쳐 내분비계와 순환기계, 소화기계, 생식기계에 문제가 생기고, 이로 인해 신체적 고통이 수반되며 결국 삶의 질이 떨어지게 된다.

이런 복합적 기능의 손상은 상호 영향을 주고받으며 이루어지는데, 개인에게 내적 문제를 만들면서 주변과 사회에도 영향을 준다. 기능의 손상은 무책임하고 폭력적인 행동 또는 공감능력이 결여된 무심하거나 잔인한 행동 등의 이상행동으로 발현되어, 가정생활과 사회생활 모두에서 부적응을 초래하고 불법적 행위를 저지르거나 이에 연루되기 쉬운 상태가 된다. 복합적 기능 손상이 고착되면 개인의 긍정적 적응이 원천적으로 차단되어 악순환이 거듭되기 때문에, 가족이나 전문가 등 외부의 도움 없이 스스로 회복하기 어려워진다(권석만, 2000).

그러나 이상행동과 정신장애를 판단할 때 적응의 문제로 접근하는 관점은 문제점이 있음을 알아야 한다.

첫째, 어디까지가 적응이고 어디까지가 부적응인지를 나누는 경계가 불분명하다. 누구나 일상에서 부정적 상태를 경험하고 이에 따른 부적응 행동을 보인다. 그런데 어느 정도의 부적응 행동을 얼마의 시간 동안 지속했을 때 기능의 저하나 손상으로 인한 이상행동으로 판단할 것인가의 문제가 있는 것이다.

둘째, 무엇을 기준으로 누가 판단하느냐의 문제가 있다. 이는 수많은 전문가와 연구자가 오랫동안 고민해 온 어려운 문제이다. 적응과 부적응에 관한 판단은 판단하는 사람의 성향과 가치관, 입장 등에 따라 달라지고, 판단의 기준이 무엇인가에 따라서도 또 달라지기 때문이다. 또한, 연령과 성별, 개인의 성격과 기질 등에 따라 적응 과정이 모두 달라지고 극복할 수 있는 능력도 다른데, 일률적인 기준으로 판단할 수 있는지에 대한 의문이 있다.

셋째, 개인의 부적응이 어떤 심리적 기능의 손상으로 인한 것인지를 판단하기가 어렵다. 복합적인 상호작용의 결과로 발생하는 심리적 문제와 이상행동이 구체적으로 어떤 심리적 기능의 손상에 의한 것인지 파악하기 어렵다는 뜻이다.

인간의 심리적 기능과 이로 인해 발생한 행동 유형은 심리학 및 정신학계에서도 아직 명확한 인과관계를 밝혀내지 못하고 있을 만큼 개인의 적응에 대한 평가에는 한계가 있다. 이렇게 인간의 다양한 심리와 이상행동에 대한 평가가 한계를 가지고 있음에도 불구하고, 범죄행동의 유발 원인을 적응기능의 저하와 손상으로 보는 사례가 늘어나고 있다. 그리고 이상행동과 정신장애에 기인한 범죄행위를 판단하는 연구와 분석이 체계적으로 이뤄지고 있어, 앞으로는 범죄행동에 대한 객관적인 지표로서 중요한 기준이 만들어질 것이라 예상한다.

## 2 주관적 불편감과 고통

이상행동 및 정신장애를 판단하는 데 있어 인간 스스로 의식화한 주관적 불편감(Subjective Discomfort)과 개인적 고통(Personal Distress)이 주요한 기준이 된다. 개인의 기질과 성향에 따라 같은 시련에도 느끼는 고통의 정도와 감정은 달라지는데, 개인이 주관적으로 느끼는 부정적 느낌과 감정의 정도를 기준으로 이상행동을 판단하는 것이다. 특정한 행동으로 내면의 문제가 드러나지 않더라도 심리적 고통이 견디기 어려울 만큼 심각할 때 스스로 의사나 상담가를 찾아가 도움을 받듯이 견딜 수 없을 정도의 고통을 느낀다면 이상행동의 원인이 된다고 본다.

이러한 고통은 짧은 시간 내에 크게 영향을 주지는 않지만 노출되는 시간이 길어지면 점차 생리적 · 정서적 · 인지적 증상으로 발전하므로, 현재의 주관적 고통은 미래의 이상행동에 대한 암시로 볼 수 있다(민병배, 남기숙, 2000). 과도한 고통과 불편감이 지속되어 기능장애가 발생하고 결국 이상행동으로 발전했을 때, 개인이 겪은 주관적 고통과 불편감은 자신의 이상행동에 대해 당위성을 부여해 스스로 문제의식을 가지기 어렵게 만들기도 한다.

범죄심리학에서는 개인의 특정 불쾌감이나 주관적 불편감을 없애기 위해 저지르는 자기위안 범죄나 대리만족 범죄를 연구하는데, 이러한 범죄자는 자신의 주관적 감정에만 집중하여 타인에 대한 공감은 존재하지 않으며 죄의식이 없는 특징을 보인다. 인간의 주관적 고통은 적응하지 못하는 과정에서 일어나는데, 일부 범죄는 적응을 위해 노력하는 것이 아니라 단순히 스트레스와 부정적 감정에서 벗어나기 위해 불법적이고 비윤리적인 행위도 불사하면서 발생한다는 것이다.

주관적 고통 역시 이상행동을 정의하는 데 있어 문제점이 있다.

첫째, 불편감과 고통을 느끼는 것이 곧 이상 증상일 수는 없다는 것이다. 실연 또는 실직, 사랑하는 사람이 죽거나 다치는 등의 시련을 겪으면 누구나 심리적 고통을 느끼고 이는 오히려 정상적인 경험이다. 자신이 처한 실제 상황에 맞지 않게 과도하게 증폭된 심리적 고통을 느끼는 것이 비정상적인 이상 증상일 수 있으나, 어느 정도가 과도한 것이고 적절한 것인지를 객관적으로 판단하는 것은 어려운 문제이다(염건령, 최영인, 2016).

둘째, 사람이면 누구나 일상적으로 경험하는 것이 심리적 고통인데, 정상 범위를 벗어났다고 판단하는 고통의 기준이 모호하다. 개인이 주관적으로 느끼는 정도를 기준으로 하는데, 사람마다 심리적 고통을 느끼는 이유가 다르고 이를 견디고 표현하는 정도도 모두 다르므로 일관된 기준을 세우는 것은 어려울 수밖에 없다.

기질적으로 참을성이 약하거나 쉽게 분노하는 다혈질이 있고, 대인관계나 주변에서 일어나는 일에 전혀 관심이 없는 지극히 개인주의적 성향도 있다. 각각 다른 개인의 성향과 기질에 따라 같은 상황에서도 누군가는 심각한 정신적 고통을 느끼고, 누군가는 별 문제로 느끼지 않아 전혀 신경 쓰지 않기 때문에 하나의 기준을 정해 판단하는 것에 의문을 제기하는 것이다.

셋째, 심각한 부적응 행동을 하여 문제를 일으키면서도 행위 당사자는 심리적 고통을 전혀 느끼지 않는 경우가 존재한다. 환각이나 망상 등이 오랫동안 지속되는 정신병적 증상(조현병)을 겪는 사람은 허황되고 비윤리적인 행동을 하면서도 자신은 불편감이나 심리적 고통을 겪지 않는다. 또한, 자신의 욕구 충족을 위해서는 타인의 권리를 자유롭게 침해하며 수단과 방법을 가리지 않고 폭력적이거나 비윤리적 행위를 하는 반사회적 인격장애(Antisocial Personality Disorder; APD)가 있다.

대표적으로 누군가의 재산을 갈취하기 위해 다른 사람을 속이는 사기범죄자는 죄책감을 전혀 느끼지 못한다. 정신분열이나 망상을 겪으면서 폭력적·불법적 행동을 하는 범죄자의 경우 심리적 고통을 느끼지 못하고 죄의식조차 없는 사례를 흔히 볼 수 있다. 또한, 이상 증상으로 시작해 범죄행위를 했는데 주관적 고통을 느끼지 못할 뿐만 아니라, 오히려 자신의 행위가 주목받고 사회적 이슈가 된 것에 흥분하며 쾌감을 느끼기도 한다(김철권, 변원탄, 1995).

## 3 사회문화적 규범으로부터의 일탈

다양한 사람들이 모여 공존하는 사회의 질서를 유지하며 함께 생활하기 위해서는 사람들의 행동을 제재하고 규율하는 일정한 기준이 필요한데 이를 사회문화적 규범이라고 한다. 사회문화적 규범은 위반하면 법적 처벌을 받는 강제적 법제도와 더불어 관습과 도덕적 규범 등을 모두 아우르는 개념이다. 사회문화적 규범을 잘 따르는 사람은 큰 갈등이나 문제 없이 사회환경에 적응하며 사회구성원의 하나로서 개인의 가치와 역할을 인정받고 존재감을 느끼며 살 수 있다.

반면에 기존의 사회문화적 관습을 거부하고 반항하는 사람은 창의적 활동을 일으키기도 하고, 이러한 일탈을 통해 삶의 쾌감과 만족감을 느끼기도 한다. 이런 종류의 일탈을 두고 정신적 문제가 있는 이상행동으로 판단하지는 않는다. 다만 일탈행동이 비윤리적이며 불법적인 행위로 연결되고 타인의 권리를 침해한다면, 이것은 이상행동의 범주에 들어갈 수 있다. 범죄적 행동을 하는 사람의 과거 행적을 조사해 보면 대부분 반드시 지켜야 하는 사회문화적 규범을 어기는 일탈행동이 많았음을 알 수 있다.

물론 모든 범죄자가 습관적 일탈을 하는 것은 아니지만, 자신의 욕구를 충족하기 위해 부정적 일탈행동을 일삼았던 사례가 많다는 사실은 주목해야 할 시사점이다. 이러한 시사점의 발견은 범죄예방을 위한 교육 프로그램을 구성할 때 참고하면 도움이 되기에, 사회의 질서 유지와 안녕을 위해 중요한 역할을 한다. 하지만, 사회문화적 규범의 준수 여부를 이상행동 판단의 기준으로 삼는 것 역시 문제점이 있다.

첫째, 상대성의 문제가 있다. 사회문화적 규범은 인간의 가치판단 기준과 시대적 환경에 따라 끊임없이 변화하는 가변적 특성이 있으며, 문화권별로 다르게 형성된다. 즉, 시대나 문화권별로 정상적인 행동과 이상행동을 판단하는 기준이 달라진다는 것이다. 준수에 강제성을 가진 법률조차 시대와 사회환경에 따라 판단의 기준이 변하며 그 내용과 처벌기준이 달라진다. 사회문화적 규범의 일탈은 적응과 매우 밀접한 관련이 있으며, 변화의 흐름에 맞춰 유연하게 사고하고 받아들이지 못하면 부적응 행위나 범죄행위로 연결될 수 있는 것이다.

둘째, 사회문화적 규범 자체가 올바르거나 바람직하지 않을 때는 이를 일탈하는 게 오히려 옳은 행위일 수 있다는 문제가 있다. 사회문화적 규범은 권력을 가진 강자(强者)의 의도가 반영되며 형성되는 경향이 있다. 권력자의 이익에는 도움이 되지만 사회적 약자에겐 아무 도움이 되지 않고 이들을 소외시키는 결과를 만들기도 한다. 이런 경우 정의롭고 공익을 우선시하는 가치관을 가진 사람은 기존의 사회문화적 규범을 비판하며 저항하게 되는데, 이것이 이상행동일 수는 없다(신호영, 이정원, 2024).

## 4 통계적 평균으로부터의 일탈

우리나라 인구는 2022년 12월 기준 5,144만 명가량 되는데 키나 체중, 지능 등의 인구 특성별로 분포도를 그리면 종 모양(bell curve)의 정규분포(normal distribution)를 나타낸다. 정규분포 곡선은 평균 범위에 해당하는 사람은 많고 평균에서 멀어질수록 수가 줄어드는 추세를 보이는데, 평균 범위에서 얼마나 멀리 떨어져 있는지를 기준으로 비정상성을 판단하는 것이 통계적 기준에 의한 판단이다. 예를 들어, 손을 씻는 횟수의 평균이 하루 5번 정도라면 한두 번만 씻거나 열 번 이상 씻는 것은 통계적 기준에 의하면 비정상적 이상행동이라 할 수 있는 것이다.

통계적 기준으로 이상행동을 판단하는 것 역시 문제점이 있다.

첫째, 평균 범위에서 한참 벗어나 있더라도 그 일탈의 결과가 바람직할 수 있다는 것이다. 대표적인 것이 지능지수(IQ)인데, 130이 넘는 지능지수는 통계적 기준으로 보면 비정상에 해당하지만, 이러한 비정상을 이상행동이나 정신장애로 볼 수는 없다.

둘째, 인간의 심리적 특성을 측정할 수 있어야 통계적 기준으로 정상과 비정상을 판단할 수 있는데, 모든 인간의 심리적 특성을 측정하는 것은 불가능에 가깝다.

셋째, 평균으로부터 어느 정도 벗어난 경우를 비정상 범주에 넣을지에 대한 합당한 기준이 없다. 통계학에서 사용하는 정규분포의 표준편차(standard deviation)는 일탈한 정도를 나타내지만, 얼마나 벗어나 있어야 비정상에 해당하는지의 기준은 학자와 전문가들이 정한 임의적 기준일 뿐이다. 이러한 한계가 있음에도 심리검사를 통해 객관적으로 실측할 수 있는 일부 심리적 특성은 통계적 기준을 적용하여 이상행동과 정신장애 여부와 수준을 판단하고 있다(김은정, 1999).

위에 언급한 이상행동을 판단하는 네 가지 기준 외에도 다양한 판별기준이 많은 학자에 의해 제시되었다. 기준마다 한계가 분명하고 장·단점이 있어서 최대한 많은 기준을 함께 사용할 필요가 있다. 대부분의 이상행동은 학자들이 제시한 모든 기준의 비정상 기준을 동시에 충족하지는 않지만, 몇 개의 기준을 동시에 충족하는 경우는 많다는 것이 임상적으로 확인되고 있다(Davison & Neale, 2001).

## 제 5 절 범죄심리학의 연구

### 1 범죄심리학 연구의 목적

범죄피해자는 무엇보다 사건에 대한 수사가 신속히 이루어지기를 원한다. 그러나 범죄자의 정신적 문제로 인해 발생한 범죄임이 분명한 경우, 범죄자에 대한 다각도의 심리검증이 필요하여 수사가 지체될 수 있다. 수사가 길어지고 재판절차가 시작되지도 못하는 문제는 범죄피해자의 두려움과 좌절, 분노와 고통을 증폭시켜 심각한 스트레스 상황에 빠지게 할 수 있다. 또한, 범죄자는 감금으로 인해 정신적 문제행동이 더욱 격해질 수 있고, 정신적 문제를 이유로 책임을 회피하며 자기 행위에 대한 정당성을 주장할 수도 있다(한유화, 2024).

범죄피해자의 고통을 최소화하기 위해서는 신속한 수사를 할 수 있도록 범죄가 발생했을 때 범죄행동의 원인이 범죄자의 이상행동(Abnormal Behavior of Criminal)에 있는지를 빠르게 판단할 수 있어야 한다. 또한, 정신적 문제가 있는 범죄자가 상태에 맞는 치료를 받고, 같은 이유로 또다시 범죄를 일으키지 않도록 시의적절한 조치를 할 수 있어야 한다. 이를 위해서 범죄와 관련된 이상심리와 이상행동에 대한 체계적 분석자료가 필요하였고, 이러한 필요에 따라 과학적 연구를 통해 임상자료를 축적하는 범죄심리학이 발달하게 되었다.

사건수사에 혼란을 가져오는 정신병력으로 인한 범죄사건들은 현대에 들어서 급속하게 증가했다. 병리적 이상행동을 보이는 범죄자는 자신의 정신병력을 내세워 양형을 낮추는 경우가 많고, 수감 중 적절한 치료를 받지 못하여 재범을 저지르는 경우가 잦아 심각한 사회문제가 되고 있다. 무엇보다 정신적 문제가 있는 범죄자는 검거와 수사 과정에서 심리적 부정, 돌발행동, 히스테리적 상태를 보이며 다양한 이상행동을 하는데, 이로 인해 범죄피해자나 사건의 주변 인물(참고인, 목격자 등)들이 범죄 종결 이후까지 심리적 스트레스를 받게 된다.

정신병리적 범죄자의 높은 불안은 범죄자가 자신에 대한 통제능력을 잃고 자신뿐 아니라 사건에 연계된 인물들에 대해 극도의 예민한 반응과 비합리적인 진술을 증가시켜 수사의 전개를 원활하지 못하게 하는 경우가 많다. 이들은 특히 자신을 방어하기 위한 거짓 진술로 일관하는 행태가 두드러지며, 사건 유발자임에도 죄책감 없이 자신의 행위를 합리화하며 수사를 방해하는 경우가 많다.

이런 범죄자는 대체로 자신의 병리적 이상행동을 인지하고 있어서 피의자임에도 마치 자신이 피해자인 것처럼 자기연민에 빠지거나 과도한 불안감을 호소하는 등 다중적 혼란상태에 빠지기도 한다. 범죄자의 이상심리는 극도의 부정과 긍정을 오가며 자신에게조차 심각한 피해를 주고 사회에 혼란을 일으킨다. 범죄가 개인의 극단적 이기심을 바탕으로 타인에 대한 배려와 공감이 무너진 환경에서 발생하는 현실 속에서 범죄심리학은 범죄자뿐만 아니라 범죄피해자의 이상행동을 분석하기 위해서도 필요하다(권정혜, 이정윤, 조선미, 1997).

범죄 속에 존재하는 이상행동이나 정신장애 등을 체계적으로 연구하고 분석하는 것은 사건 해결에 결정적인 역할을 한다. 수사전문가는 사건조사의 기초 단계에서부터 범죄자 개인의 심리적 이상행동을 분석하고 연구하여 정신장애에 의한 범죄인지를 판단해야 한다. 또한, 범죄 이후 발생한 이상행동까지 정확히 파악하여 사건의 진실에 더욱 근접할 수 있도록 수사가 진행되어야 한다. 더 나아가 범죄피해자의 회복을 위해 해당 사건을 비롯하여 다른 유사 사건을 묶어 표본자료를 만들 필요가 있다.

범죄심리학은 범죄와 특정 심리질환 사이의 연계성을 찾고 다양한 범죄 상황에서 드러날 수 있는 인간의 심리, 정신에 관하여 분석하고 임상하는 것에 그 뿌리가 있다. 이는 범죄사건의 해결뿐 아니라 범죄피해자 보호(Victim Protection)와 범죄예방(Crime Prevention)을 위해 필수적이라 할 수 있다. 범죄심리학은 일반적인 이상행동 증상이 없더라도 범죄를 저지른 이유와 목적에 대해 세심하게 관찰하고 분석하여 범죄피해자에게 치료적 도움을 주기 위한 목적도 함께 가지고 있다(염건령, 민수진, 2017b: 13-18).

## 2 범죄심리학 연구의 주제

범죄심리학은 범죄행동의 원인이 되는 이상행동을 연구하고 범죄자와 범죄 연루자들을 대상으로 정신적 · 심리적 문제가 있는지를 관찰하고 임상하는 경험과학(Empirical Science)이다. 대부분의 경험과학이 가지고 있는 기본적 기능이 그렇듯이 범죄심리학 역시 현실 세계의 문제를 해결하고 개선하기 위해 존재한다. 사건을 해결하고 재범이나 새로운 사건의 발생을 막기 위해서는 범죄자의 심리와 행동에 관한 연구를 단계별 주제에 따라 체계적으로 수행해야 한다(박지선, 2019).

첫 번째, 관찰을 통해 범죄를 유발하는 이상행동을 발견하여 임상적 특성을 분석하고 체계적으로 기술(Description)해야 한다. 연구대상의 현상적 특성을 관찰과 측정을 통해 분석하고 정리함으로써 연구대상의 실체를 파악하고 이해하기 위함이다. 이상심리학은 역사적으로 새로운 정신장애가 발견될 때마다 이를 기술하고 체계적으로 정리해온 학문으로서 범죄심리학 연구의 기초가 되며, 범죄심리학의 연구주제와 방법도 이상심리학과 유사하게 구성된다.

두 번째, 범죄자의 이상행동과 정신장애가 무엇이 원인이 되어 어떤 과정으로 생겼는지를 규명하고, 범죄와의 인과관계를 설명(Explanation)할 수 있어야 한다. 범죄자의 생애 과정에서 발생한 부정적 사건을 파악하고, 그로 인한 정신적 충격이 범죄자의 인지적 · 정서적 · 신체적 기능에 어떤 영향을 미쳤는지를 규명하는 과정이다. 이런 후천적 요인이 아닌 선천적 요인에 의한 이상행동의 가능성을 검토하기 위해 범죄자의 과거 정신병력을 알아보고, 심리검사와 각종 정신분석을 통해 현재의 병적 상태도 파악해야 한다.

세 번째, 범죄자의 이상행동과 정신장애를 치료하거나 통제할 수 있는 방안을 도출(Deduction)하여 재발(再發)과 재범(再犯)을 막을 수 있어야 한다. 이는 범죄심리학의 궁극적 목표로서, 특히 정부의 정책적 노력과 예산의 투입이 이루어질 때 실질적 성과를 낼 수 있다. 일부 정신장애의 경우 스트레스의 원인이 되는 환경을 정리하면 시간이 흐르면서 자연스럽게 회복되기도 하지만, 범죄심리학에서 다루는 이상행동과 정신장애는 정도가 심각하여 정부 차원의 적극적인 개입과 전문적인 치료가 필요한 영역이다(김은정, 1999).

범죄적 이상행동을 치료하고 통제하기 위해서는 원인에 대한 심리학적 이해가 반드시 필요하다. 치료나 통제는 범죄행동을 유발한 이상심리의 요인을 제거하거나 변형시키는 것을 의미하는데, 이는 이상심리학에서 집대성한 기본적 이론을 기반으로 이루어진다. 일반적으로 이상행동을 치료하는 방법은 정신분석적 치료와 행동치료, 약물치료, 인지치료 등이 있는데, 지금까지 개발된 방법들 역시 여러 한계가 있어서 더 효과적인 방법을 개발하기 위한 끊임없는 연구가 필요한 상황이다.

## 3 범죄심리학 연구의 방법

범죄심리학의 기초가 되는 이상심리학은 19세기에 들어서면서 태동하였고 여러 학자의 연구를 통해 19세기 후반 이후 체계를 잡기 시작했다. 이상심리학이 자리를 잡기 전에는 정신적 문제로 인해 발생하는 이상행동을 귀신이나 악령 때문에 일어나는 초자연적인 문제로 인식하는 것이 일반적이었다. 이러한 인식을 토대로 중세 중기부터 근대 초기까지 종교권력의 유지와 왕권 강화 등을 위해 이상행동을 보이는 사람들을 마녀로 규정하고 잔혹하게 고문하고 화형에 처한 아픈 역사가 있다.

과학적 연구로 인정받기 위해서는 어떤 연구방법이 사용되었는지가 관건이 되는데 주관적이고 관념적인 방법이 아니라 객관적이고 실증적인 방법만을 사용하는 것이 중요하다. 현대에 들어와서는 더욱 체계적이며 임상학적인 연구방법론으로서 과학적 심리검증과 심리부검을 기반으로 체계성을 갖추고 있으며, 특히 범죄심리학 연구는 주관적인 기준을 철저히 배제하고 객관적이고 실증적인 연구방법론에 근거한다(이윤호, 2015).

### 1) 범죄유발 이상행동의 과학적 측정과 평가

범죄자에 대한 객관적 평가는 범죄자의 심리를 파악하기 위한 첫 번째 단계이다. 인간은 누구나 다양한 심리적 문제로 인해 돌발적 상황을 만들 수 있으나, 범죄행위에 이를 정도로 심각한 상태의 이상심리와 이상행동을 정교하게 변별해 내는 것은 매우 중요하다. 따라서 신뢰도(Reliability)와 타당도(Validity)를 높일 수 있는 객관적이며 과학적인 측정방법을 사용해야 하는데, 다음과 같은 것들이 있다.

첫째, 면접법(Interview Method)이 있다. 범죄자와 직접 대화를 하여 심리상태를 파악하는 방법인데, 현재 범죄수사에서 가장 일반적으로 사용하는 방법이다. 구조화된 질문에 따른 범죄자의 언어표현 방식 및 내용과 반응을 수량화하여 분석하는데, 여러 차례에 걸쳐 진행하면서 질문의 내용을 심화하여 심도 있는 대화를 할 수 있다. 면접자의 주관이 개입될 여지가 있으므로 객관성을 확보하기 위해 두 명 이상의 면접자가 투입되며, 여러 명의 면접자가 동일한 질문에 대해 얼마나 같은 평가를 하는지에 따라 객관성의 정도를 판단한다. 이를 평가자 간 일치도(Inter-rater Agreement)라 한다.

둘째, 행동관찰법(Behavioral Observation Method)이 있다. 인간의 인식 수준뿐 아니라 내면의 심리는 그 사람이 밖으로 보이는 행동을 보면 알 수 있다. 언어적 표현은 의식적으로 거짓되게 꾸밀 수 있지만, 행동은 거짓으로 꾸미는 것이 비교적 어려운 점에 주목하여 사용하는 방법이 행동관찰법이다. 특정한 상황에서 보이는 범죄자의 행동을 지속해서 관찰하고 구체적으로 기술한 후 행동의 유형을 분류하고, 행동 유형마다 빈도와 강도를 수량화하여 분석하는 방법이다. 대상자의 행동 특징을 나타내는 지표로 활용된다(이윤호, 2015).

셋째, 심리생리적 측정법(Psychophysiological Measurement)이 있다. 뇌파나 심장박동, 근육의 긴장도, 혈압 등과 같은 생리적 변화와 상태를 과학적 기기로 측정하여 범죄자의 심리적 상태를 판단하는 방법이다. '거짓말탐지기'가 심리생리적 측정법에 해당한다.

넷째, 이상행동의 원인이 뇌의 생물학적 결함에 있는 것으로 의심될 때 사용하는 뇌영상술(Brain Imaging)이 있다. 자기공명 영상술(Magnetic Resonance Imaging; MRI)이나 단층촬영술(Computerized Tomography; CT) 등이 대표적이다.

### 2) 범죄유발 이상행동 원인의 과학적 연구방법

범죄심리학의 가장 중요한 역할은 범죄를 유발한 범죄자의 이상행동 원인을 찾아내는 것이다. 앞서 과학적으로 측정한 범죄자의 행동과 심리에 대한 자료를 토대로 그 원인을 밝히기 위한 연구를 진행한다. 범죄자 이상행동의 원인을 알아내기 위해서는 이상심리학에서 기존에 사용해 온 검증된 방법에 기초하여 연구를 진행하는데, 가장 일반적인 연구방법은 다음과 같다(염건령, 민수진, 2017: 31-36).

첫 번째 연구방법으로 사례연구(Case Study)가 있는데, 이상행동의 원인을 파악하는 가장 기초적인 연구방법이라 할 수 있다. 사례연구는 이상행동을 보이는 개인에 집중하여 그 사람에 관한 모든 정보를 최대한 수집하여 분석하는 방법이기 때문에, 범죄수사 과정에 기여할 수 있는 주요한 방법이다.

이상행동을 보이는 범죄자의 구체적인 행동 양상, 이상행동이 발전되거나 변형되는 과정, 범죄자의 가정환경과 가족관계, 학창시절의 학교생활과 교우관계, 직업 적응상태, 군대생활의 적응상태와 범죄자가 경험한 사건, 신체적 · 정신적 병력(病歷), 범죄자의 성(性) 관련 성향과 적응의 정도, 실시한 모든 심리검사 자료 등 범죄자의 출생 후부터 현재까지의 삶을 파악할 수 있는 모든 정보를 망라하여 분석한다(신영호, 2012).

사례연구는 범죄자 한 사람을 깊게 분석하고 연구한 것이기에 연구 결과를 일반화하여 적용할 수 없는 한계가 있다. 그러나 범죄자들을 개별적으로 연구한 자료가 축적되면 정신장애 유형에 따라 공통적으로 보이는 이상행동의 원인을 알아낼 수 있고, 연구가설을 체계적으로 도출하는 데 도움이 된다. 다만 범죄자를 분석한 자료가 많이 축적되어야 정신장애의 유형별로 공통점을 찾아서 범죄자 이상행동의 원인을 쉽게 찾고 범죄자를 검거하거나 범죄를 예방하는 등 사례연구가 유용하게 활용될 수 있다.

그러나 우리나라는 범죄심리 사례연구의 역사가 길지 않아서 누적된 데이터가 많지 않고, 그나마 축적한 데이터를 활용하는 데 있어서도 법적 규제 때문에 한계가 있다. 향후 사례연구를 통한 결실을 보기 위해서는 범죄심리 전문가들이 협력하여 연구자료를 공유하여 통합적 활용이 가능하도록 할 필요가 있다. 또한, 공익을 위한 역할을 함에 있어서 법적 규제 없이 사례연구 자료를 활용할 수 있도록 정부 차원의 지원과 법제도의 변화가 필요하다. 이를 바탕으로 범죄자 이상행동 빅데이터를 구축하여 선진화된 AI 시스템을 활용할 수 있다면, 범죄사건의 해결과 예방이 훨씬 수월해질 것이다.

두 번째 방법으로 상관연구(Correlational Research)가 있다. 상관연구는 범죄자의 병리학적 문제에 집중하여 분석하는 연구로서, 먼저 특정 이상행동을 보이는 사람들의 특성을 객관적 측정도구를 이용하여 수집한다. 이렇게 수집한 자료를 가지고 증상별로 정도나 빈도를 측정하여 심리적 부적응 상태와의 상관관계를 알아낼 수 있다. 이때 표본집단의 규모가 클수록 연구 결과의 신빙성이 높아지는데, 이 역시 현재 우리나라의 법제도 상황에선 쉽지 않다.

예를 들어, 우울증을 앓는 범죄자의 경우, 이들에게 나타나는 여러 특성, 즉 부정적이고 비관적 생각의 수준과 빈도, 혈액 내 스트레스로 분비되는 카테콜아민 수치 등을 과학적 방법으로 측정하여 각 증상과 우울증 발병 수준의 상관관계를 도출할 수 있다. 그런데 원인과 결과가 분명한 인과관계를 증명하기는 어렵다.

즉, 우울증이 있기 때문에 부정적 사고의 빈도가 높아지는 것인지, 부정적 사고를 자주 하기 때문에 우울증이 생긴 것인지는 알 수 없는 것이다. 그러나 밝혀진 상관관계를 근거로 부정적 사고의 높은 빈도나 정도의 심각성이 우울증을 발생시킨다는 가설을 설정하여 다른 연구방법을 통해 인과관계를 입증할 수 있는 길이 열린다(이윤호, 2015).

이 외에 이상심리학에서 제시되는 연구방법으로 집단 비교연구(Group Comparative Study)와 실험연구(Experimental Study), 종단연구(Longitudinal Study)가 있는데, 이 연구방법은 현재 범죄심리학에서 현실적으로 적용하기 힘든 상태이다. 범죄자가 보이는 이상행동의 원인을 파악하고 적절한 치료와 개입방법을 과학적 연구를 통해 입증하고 알아내는 과정에는 많은 양의 범죄자 관련 정보를 활용할 수 있어야 하고, 많은 범죄심리학자의 참여가 필요하다. 이를 가능하게 하려면 많은 자원의 투입이 필수적인데, 이러한 현실적 한계를 아직 극복하지 못하고 있다(염건령, 민수진, 2017: 41-45).

# 제 2 장

# 범죄현상의 변화

## Change of Crime Trends

## 제 1 절 | 범죄와 처벌의 기원

범죄는 사회적, 법률적, 규율상으로 처벌하거나 용인되기 어려운 행위라고 개괄적으로 정의할 수 있다. 물론, 이와 관련하여 형법학이나 사회학에서도 범죄에 대해 다양한 방식의 정의를 내리고 있다. 범죄는 사회성을 띠고 있기 때문에 해당 국가와 사회의 상황에 따라서 처벌이 되기도 하고, 처벌이 면제되는 경우도 많다. 실질적으로 범죄는 사회의 상황을 반영하기 때문에 그 사회가 어떠한 문제로 고통을 겪고 있는지를 간접적으로 알 수 있는 일종의 표출현상으로 해석되기도 한다(염건령, 민수진, 2017a: 118-125).

### 1 원시시대의 범죄

범죄와 관련한 가장 오래된 기록은 성경이나 함무라비 법전이지만, 그 이전에도 인류 안에서 범죄가 발생하였다는 근거는 다양한 유적이나 발굴된 유물, 유골 등에서 찾을 수 있다. 대표적으로 고대 인류가 매장된 유골에서 범죄의 증거가 발견된다. 스페인 북부에서 발견된 고대 유적지에서는 네안데르탈인의 유골이 확인되었다. 문제는 이 유골을 분석하는 과정에서 타인에 의해 살해당한 증거가 발견되었다는 점이다. 두개골이 심하게 파손되어 있었는데, 외과적으로 공격에 의해 머리가 부서져 사망한 것으로 추정되었다. 당시 이 유골을 발견한 고고학자들은 뼈에 대한 부검을 통해 살인의 피해자일 가능성이 높다는 결과를 발표하였다.

방사선 동위원소 검사를 통해 이 유골의 추정연대가 지금부터 약 43만 년 전이라고 추정되었으며, 이는 이미 43만 년 전에도 지금의 강력범죄 가운데 하나인 살인범죄가 발생하였다는 사실을 보여주는 사례이다. 당시, 두개골은 둔기 또는 강력한 무기에 의해 맞아서 부서진 두개골 부위가 확인되었고, 다른 사람에 의한 공격에 의해 사망했음을 명확히 알 수 있었다. 이 외에도 다수의 고대 인류와 관련한 유적에서 살인 또는 식인의 흔적으로 추정되는 상황들이 자주 발견되었으며, 이는 인류가 역사시대 이전에도 다양한 유형의 살인, 강간, 절도, 강도 등 현대적 개념의 범죄(Modern Crime)를 행했음을 추정할 수 있는 중요한 근거가 되고 있다.



## 2 토템(Totem), 타부(Taboo)와 범죄

선사시대의 범죄문제를 규약하기 위한 사회적 개념은 '토템(Totem)'이라는 개념에서 시작한다. 토템은 선사시대의 원시사회에서 나무나 새, 돌, 자연현상, 동물이나 물고기 등을 자신의 조상이라고 믿는 일종의 숭배사상을 의미한다. 토템이라는 용어는 원래는 아프리카의 부족들이 사용하던 단어가 사회학적인 용어로 유입된 것이며, 모든 사물에 신이 깃들었다는 정령신앙 또는 정령사상이라는 의미도 가진다.

신이 깃든 자연적인 현상과 사물과 인간은 영적으로 연결되어 있다는 생각이 오랜 기간 동안 지속되었고, 이러한 시스템이나 사회적 제도를 토테미즘(Totemism)이라는 용어로 부르고 있다. 또한, 그 대상을 토템(Totem)이라고 정의하고 있다. 토템을 기반으로 해서는 안 되는 행위나 행동, 말 등을 Taboo로 불렀는데, 선사시대의 범죄를 살펴봄에 있어서 중요한 개념이다(배종대, 2024).

역사시대 이전의 선사시대에는 '타부'가 범죄의 주요한 영역을 차지하고 있었던 것으로 나타난다. 일반적으로 Taboo는 종교상의 금기 또는 사회적인 금기를 의미한다. 선사시대에는 부족 단위 또는 개인 단위의 생활을 하였으며, 생활 속에 불(火)이나 자연현상(自然現象), 정령(精靈) 등을 믿는 신앙적 경향이 강하였다.

이러한 원시종교를 믿는 원시부족은 스스로 해서는 안 되는 행위들을 규정하였으며, 이를 위반하는 것은 해당 부족의 구성원으로서 잘못된 행위이기 때문에 추방이나 태형, 사형 등의 처벌을 받게 되었다. 종교적 금기는 나중에 고대국가의 발생 과정에서 종교적인 율법에 포함되었으며, 이러한 내용들이 초기의 범죄에 관한 공식적인 규정으로 인정받고 있다.

Taboo는 태평양의 폴리네시아(Polynesia) 군도에 사는 원시부족의 단어였다. 국제용어인 영어로는 'Prohibition'이 쓰이지만, 폴리네시아인들의 용어를 그대로 사용하고 있다. 폴리네시아에서 타부는 신성한 영역의 대상에 대한 접근금지를 의미한다. 따라서 신과 관련한 사람 또는 사물과의 접촉이나 교류를 금지하며, 이를 위반하는 행위에 대해서는 신성모독 범죄로 여겨 강력한 처벌을 가하였다. 만약 Taboo로 지정되어 있는 사람이나 사물에 접촉하거나 이를 훼손하는 행위가 발생한다면, 해당 부족에 심각한 재앙이나 재난이 올 수 있다고 생각하였으며, 이와 관련한 부정행위에 대해서 가혹한 수준의 제재가 가해졌다.

타부와 관련하여 가장 많이 제시되는 사례는 타부나무(Taboo Tree)로 불리는 신성한 나무이다. 타부나무는 신의 정령이 깃들었다고 믿어졌으며, 타부나무를 만지거나 훼손하는 것은 폴리네시아 부족의 기본법을 위반하는 행위였다. 타부나무를 훼손해서는 안 된다는 규정이 대를 이어가면서 전수되었지만 후손들은 타부나무를 어떠한 이유에서 보존해야 하는지를 잘 알지 못하였다. 하지만 선대부터 절대로 훼손을 해서는 안 된다는 유지를 받았기 때문에 이를 사회적 규칙으로 지킬 수밖에 없었다(배종대, 2024).

이 외에도 다른 세부적인 타부가 나타났다. 힘이 센 남성에 의해서 다수의 여성들이 임신하는 상황이 발생하면서, 결혼을 못하는 남성들이 나타나자, 일부일처를 지키도록 하거나 또는 혼인적령기 이전에 성적인 접촉을 원칙적으로 금지하는 규정도 나왔다. 부족장에 대한 음해나 공격행위의 금지, 임신한 여성에 대한 철저한 보호규칙 등도 타부의 형식으로 탄생하여 장기간 일종의 범죄에 대한 금지규정으로 적용되었다.

사망한 사람의 유품을 가져가거나 절도하는 행위의 금지, 여성에 대한 성폭행의 금지, 기아가 발생하였을 때에 사람을 잡아먹거나 아이를 잡아먹는 행위의 금지, 소유자가 분명한 물건을 빼앗거나 절도하는 행위의 금지, 촌장이나 족장이 지시한 공동노동에 대한 이유 없는 회피행위의 금지, 질병이 발생한 사람과의 허용되지 않은 접촉 금지 등이 폴리네시아 원시부족의 기록에 있는 타부행위의 유형이다. 이러한 타부는 지금의 형법이나 사회보호법의 규정과 유사한 성격을 가지며, 독립된 사회 단위의 질서 유지와 분쟁 발생 예방을 위한 목적에서 강제력을 가질 수밖에 없었다.

타부의 범죄 관련성과 관련하여 분석대상 및 연구대상으로 좋은 내용이 있는데, 다름 아닌 성범죄와 관련한 규정이다. 섬 단위로 분리되어 살았던 폴리네시아인들은 족내혼의 유전학적 문제점을 경험을 통해 알고 있었다. 따라서 가급적 이웃한 섬의 사람들과 결혼하거나 족외혼을 타부의 한 내용으로 삼기도 하였으며, 혼인한 여성을 성폭행하는 행위에 대해서는 추방이나 신체형 등의 강력한 제재를 가하였다. 임신한 여성은 부족의 미래 구성원을 만드는 중요한 존재로 보아, 부족장과 같은 수준의 보호를 하도록 강제하기도 하였다. 임신한 여성을 폭행하거나 성공격을 한 사람에 대해서는 최고 사형의 강력한 제재를 가한 부족도 있었다.

## 3 타부의 현대적 유산

현대에서도 선사시대의 타부와 관련한 내용들을 발견할 수 있다. 대표적으로 동성동본(同姓同本)에 대한 결혼금지 조항을 들 수 있다. 지금은 많이 완화되었고, 사회적으로 이에 대한 부정적 시선이 상당 부분 해소되고 있지만 선사시대에는 이와 관련한 씨족내법(氏族內法)적인 제한이 강하게 집행되었다.

선사시대에는 씨족 안에서 결혼을 하는 족내혼과 씨족 밖의 다른 부족과 결혼을 하는 족외혼(族外婚)이 존재하였다. 초기에는 이와 관련한 경험이 없었지만 족내혼의 부작용이 생물학적 · 사회적으로 발생하면서 점차적으로 족외혼을 기본으로 채택하는 씨족들이 많아졌다. 이를 위반하는 행위에 대해서도 추방이나 강제 이혼 등의 조치가 취해졌으며, 이를 씨족사회 안에서 법률로 정한 것을 외혼률(外婚律; Exogamy)이라고 부른다.

이 외에 자신들이 신으로 숭상하는 대상을 사냥, 채집하거나 공격하는 행위에 대해서 금지하는 범죄규정도 있었다. 예를 들어, 곰을 숭상하는 종교를 가진 원시부족집단은 곰에 대한 사냥과 취식행위를 법적으로 금지하였으며, 곰을 사냥하는 부족을 자신들이 숭상하는 신을 공격하는 집단으로 판단하여 공격하거나 살해하는 상황까지도 벌어졌다. 선사시대는 인류의 집단생활이 시작된 초기였기 때문에, 자신들의 믿음이나 신의 영역에 대한 침해를 극히 잘못된 행위나 결정으로 판단하였으며, 이는 고스란히 씨족의 규약에 반영된 것으로 보인다(김혜정, 박미숙, 안경옥, 원혜욱, 이인영, 2024).

## 4 고대 이스라엘의 범죄와 처벌

범죄와 관련한 기록이 많은 문헌은 성경(The Holy Bible)이다. 성경은 종교적인 성서(聖書)라는 개념 이전에 일종의 역사책으로도 인정받고 있다. 성경에는 고대 범죄와 관련한 내용들이 담겨 있으며, 이를 범죄 역사의 기원으로 여기는 학자들도 많다.

성경의 구약에는 인류 최초의 남성으로 불리는 아담(Adam)의 아들인 카인이 동생인 아벨을 시기하여 살해하는 내용이 기재되어 있다. 이를 서양의 범죄학자와 범죄심리학자들은 기록된 최초의 살인사건으로 보고 있다. 성경에 나오는 최초의 범죄가 살인으로 기록되어 있을 정도로 살인은 고전적인 범죄 유형일 뿐만 아니라 인류 역사에서 가장 주목받는 범죄 유형으로 볼 수 있다.

성경을 만든 고대 이스라엘인들은 범죄와 관련한 여러 가지 기록을 남겼으며, 범죄라는 하나의 개념보다는 고대 이스라엘 사회에서 발생한 다양한 반사회적 행위를 정리하는 차원에서 내용을 기록하였다. 히브리어의 '하타(Hâtâ)'가 대표적으로 범죄를 의미하는 용어로서 개인 또는 집단의 '실수' 또는 '빗나감'을 의미하는 동사이다. 다시 말해서, 사회적으로 해서는 안 되는 실수를 한 경우, 또는 사회적으로 해서는 안 되는 일을 빗나간 행동으로 하는 경우를 의미한다. 이에 대해서 사회적 제재가 반드시 가해졌기 때문에 고전적 개념에서 범죄의 정의로 볼 수 있다(황영철, 1991: 99).

다음으로 '파샤(Pasa)'라는 개념이 있는데, 이는 신의 결정이나 신이 지시한 행위를 역행함을 의미한다. 현대 범죄의 개념에서는 종교적 영역을 벗어나는 행위에 대한 처벌이 거의 없어졌지만 고대 이스라엘에서는 이를 중범죄로 다루었다. 따라서 성서나 종교적인 율법을 위반하는 행위에 대해서 강력한 제재가 가해졌으며, 이를 별도의 명칭인 '파샤'로 정립하여 규율을 집행한 것으로 보인다.

'아온(Aon)'이라는 개념도 있는데, 오늘날의 범죄라는 개념과 가장 유사한 용어로 분석된다. 사회적으로 해서는 안 되는 행위를 저지른 경우를 말하며, 사전에 규정된 법률이나 사회적 규약에 의해 처벌받는 결과적 행위를 의미한다. 범죄심리학과 관련한 용어도 같이 나오는데 'Awa(아와)'라는 단어이다. '아온'을 저지른 사람이 가지고 있는 악함 또는 나쁜 성향을 말하며, 지금의 범죄성이나 범죄적 의도성을 의미하는 단어로 해석된다. '아와'에는 인간이 가진 사악한 본성이라는 개념도 있으며 타고난 범죄자 또는 범죄적인 의도를 스스로 통제하지 못한 범죄자라는 의미도 포함되어 있다(황영철, 1991: 100).

범죄를 저지르는 행위에 대한 단어도 별도로 존재하는데, 이는 '라샤(Rasa)'라고 한다. 말 그대로 "죄를 저지르다"라는 뜻의 히브리어이며, 지금의 'do crime'과 같은 개념이다. 고대 이스라엘은 다른 고대국가에서 나타난 범죄에 대한 종교적, 사회적 개념의 혼합화를 보인다. 쉽게 설명하면, 종교적으로 금지된 범죄와 사회적으로 금지된 범죄를 별도로 구분하지 않고, 종교적 율법을 기반으로 모든 범죄에 대해 처벌 및 규제를 한다는 의미이다. 우리나라가 조선시대에 유교(儒教)의 윤리를 형사적 처벌의 기본규정으로 사용한 바와 같이 고대 이스라엘에서도 성서 및 기타 종교적 윤리와 관련한 규정을 지금의 형법으로 사용하였던 것이다.



## 5 고대 바빌로니아 왕국의 범죄와 처벌

선사시대와 원시 씨족·부족사회를 거치면서 인간은 국가라는 보다 강력한 형태의 군집사회를 만들어 살아가기 시작하였다. 채집과 수렵, 어로의 생활에서 발전하여 농경(農耕)을 생산의 기본 개념으로 삼기 시작하면서 농사 짓기 좋은 강변이나 평야 등에 많은 사람들이 모여 살기 시작하였고, 이들 사이의 행정과 관리, 방어, 질서 유지를 위한 차원에서 국가라는 개념이 나타나기 시작하였다(이주원, 2024).

국가의 수립은 왕이라는 새로운 지도자의 탄생과 같이 이뤄졌으며, 절대적 지배권과 권능을 가진 왕에 의해서 국가가 운영되었다. 국가를 운영하기 위해 왕은 사회운영과 국가운영의 원칙을 정할 필요가 있었는데, 이것이 바로 고대법률이다. 고대국가의 대표적인 고대법률로서는 메소포타미아 문명에서 발견된 함무라비 법전(Code of Hammurabi)과 인도의 인더스 문명에서 발견된 마누 법전(Code of Manu)이 있다.

먼저 함무라비 법전은 고대 바빌로니아 왕국의 왕이었던 함무라비 왕(B.C. 1728~1688)에 의해서 제정된 법전을 말한다. 섬록암으로 만들어진 2.25미터의 기둥에 고대 함무라비어로 새겨져 있는 법조문이며, 함무라비 왕국의 샤마슈 신이 법전을 전달하는 그림이 조각되어 있는 것으로 유명하다. 이를 범죄심리학자들이나 법학자들은 법신수사상(法神授思想)을 담은 그림으로 분석하기도 한다. 법신수사상이란 법을 인간이 제정하거나 창조한 것이 아니고 신이 내려준 내용이라고 믿는 경향을 말한다.

함무라비 법전에는 법조문이 아닌 판례법 내용이 기록되어 있다. 함무라비 왕이 재임하는 기간 동안에 발생한 여러 법률적 분쟁을 판결한 내용을 담았으며, 프랑스의 루브르 박물관에 소장되어 범죄와 법률 관련 연구의 역사적 자료로 연구가 지속되고 있다. 원래는 바빌로니아 왕국의 국가 신으로 불리는 마르둑(Marduk) 신전에 세워져 있었는데, 프랑스가 근세시대에 이들 지역을 정복하는 과정에서 프랑스 자국으로 이전하여 보관하고 있다. 함무라비 법전은 바빌로니아 왕국의 이전 왕국인 수메르 왕국의 법률 내용을 이어받아 만들어진 것으로 평가되고 있다. 수메르 제국의 우르 남무 왕이 만든 법전을 이어받아 바빌로니아 왕국의 법으로 사용되었다.

총 8,000여 개의 문자로 구성되어 있는 함무라비 법전은 민사분쟁과 형사처벌에 대한 내용을 다양하게 담고 있으며, 민사와 관련한 내용들이 주를 이루고 있다. 일부 범죄에 대한 처벌내용을 담고 있기 때문에 당시의 범죄에 대한 바빌로니아 사회의 견해를 제대로 확인할 수 있는 자료로 평가받는다. 범죄와 관련한 내용만을 일부 살펴보면 다음과 같다(염건령, 2011).

### 1) 동해보복형주의

바빌로니아는 고대국가임에도 외과수술이 발달하였는데, 만약 외과의사가 수술을 하는 과정에서 본인의 과실로 환자를 사망하게 하였다면, 그 과실에 대한 처벌로서 외과의사의 수술한 손을 자르도록 하였다. 이 내용에서 알 수 있는 것은 동해보복형주의(同害報復刑主義)다. 한자어로는 어려운 표현인데, 해석하면 피해를 입힌 사람에게 그에 상응하는 동일한 수준의 처벌을 내린다는 개념이다.

만약 사람을 살해하였다면 그 가해자에 대해서는 사형을 집행하며, 피해자에게 눈을 잃게 하는 상해를 입혔다면 가해자 역시도 실명을 하는 처벌을 내리는 것이다. 다만, 바빌로니아 왕국이 신분제 사회였기 때문에 가해자와 피해자의 신분의 높고 낮음을 감안하여 처벌을 달리하였음이 이 부분에서 드러난다. 외과의사는 대부분이 귀족층이나 지식인층이었기 때문에 이들에 대해서는 상대적으로 경미한 처벌을 내린 것으로 분석된다.

### 2) 사적 보복행위의 처벌

국가와 정부에 신고를 하지 않고 자신이 당한 피해를 사적으로 보복하는 경우에는 이를 사형이나 신체형 등의 중형으로 다스렸다. 함무라비 법전이 범죄에 대한 사회적 통제를 제대로 담은 최초의 성문법으로 인정받고 있는 이유를 이와 같은 부분에서 찾을 수 있다. 바빌로니아는 원시부족 시대를 벗어난 문명화된 국가를 지향하였다. 때문에 사적인 보복이나 복수를 원칙적으로 금지하였으며, 이러한 행위가 적발되었을 시에는 강력한 제재와 처벌이 가해졌다(오영근, 노수환, 2024).

### 3) 강탈혼이나 강간의 처벌

약탈혼이나 강탈혼, 강간 등의 범죄에 대해서도 사형이나 신체형과 같은 중형이 집행되었다. 원시부족사회나 강력한 왕권을 기반으로 한 고대국가 형성 이전의 전국시대(戰國時代)에는 약탈혼이나 강탈혼, 강간 등이 많이 발생하였다. 약탈혼이나 강탈혼이란 결혼한 여성을 빼앗거나, 결혼을 하지 않은 미혼여성을 납치하여 강제로 결혼을 하는 경우를 말한다. 이러한 행위에 대해서 바빌로니아 왕국에서는 강력한 제재를 가하였으며, 사회적으로 범죄로 규정하여 처벌한 법규정이 발견된다.

### 4) 강 · 절도범죄의 처벌

강도행위나 절도행위, 해적행위, 집단강도행위 등에 대해서도 강한 처벌을 내렸다. 바빌로니아 왕국은 농업이 활성화되어 있었지만 해상무역이나 육상을 기반으로 한 무역도 엄청나게 발달하였다. 여기서 국가를 운영하기 위한 많은 세금이 확보되었기 때문에 이를 위협하는 강도, 절도, 해적 및 육상집단강도 범죄에 대해서도 사형 등의 극형이나 가혹한 신체형으로 다스렸다. 절도나 강도의 피해금에 대해서는 10배로 갚도록 규정하였는데, 이를 갚을 능력이 없는 절도범이나 강도범에 대해서는 사형을 선고하였다(신동운, 2023).

### 5) 귀족 간의 사적 무력분쟁과 복수행위 처벌

혈족 간의 무력분쟁이나 복수행위 등에 대해서 범죄로 규정하여 처벌을 집행하였다. 여기서 혈족이란 바빌로니아 왕국을 구성하는 여러 귀족가문을 말하며, 왕권을 강화하기 위해서는 이들이 법을 위반하는 행위에 대해서 강한 제재를 가할 필요성이 있었다. 이에 함무라비 법전의 조문 안에는 귀족 가문 간의 결투나 대결, 복수행위를 범죄행위로 규정하여 국가적으로 통제하는 내용을 넣었다(염건령, 2011).

### 6) 무고죄 처벌

함무라비 법전에는 무고죄(誣告罪)에 대한 처벌규정이 세계 최초로 담겨 있다. 국가에 특정인의 범죄를 신고하였으나, 그 신고내용에 대한 구체적인 증언이나 증거, 목격자 등을 제시하지 못할 경우에는 신고인이나 고소인을 사형에 처하였다. 이 규정은 무고죄를 범죄의 영역 안에 포함하였음을 의미하며, 당시 바빌로니아 왕국 내에서 무고행위로 인한 사회적 문제가 심각하였음을 추정할 수 있다.

재판에 출석하여 범죄자의 범죄행위를 증언하는 증인이 거짓말을 한 경우에는 신체형으로 처벌하도록 하였으며, 만약 해당 재판이 사형 선고와 관련한 재판일 경우에는 거짓으로 증언을 한 자에 대해서 사형으로 처벌하도록 하였다. 사람의 목숨이 걸린 재판에서 거짓으로 증언을 하는 행위 자체가 용납될 수 없음을 표현한 것으로 해석된다.

### 7) 패륜범죄 처벌

자녀에 의한 패륜행위를 처벌하는 규정이 존재하였다. 만약 자식이 그 부모를 때렸거나 중대한 상해를 입힌 범죄가 적발되면, 그 죄가 입증된 자녀의 손과 발을 자르도록 하는 처벌규정이 담겨 있었다. 이는 현대사회의 존속범죄(尊屬犯罪: 존속살인죄, 존속폭행죄, 존속상해죄 등) 규정의 시초로 볼 수 있으며, 사회적으로 부모에 대한 패륜행위는 강력하게 제재해야 한다는 사상을 엿볼 수 있다(최준, 2012: 95-102).

### 8) 신체상해에 대한 동일한 처벌

신체적 상해에 대한 동해보복형주의(同害報復刑主義)가 담겨 있다. 동해보복형주의란, 동일한 해를 가하는 형벌을 적용한다는 개념이다. 소위 '눈에는 눈, 이에는 이'라는 말로 자주 표현되는데, 실제로 함무라비 법전에서는 신체적인 상해에 대해서 피해 부위를 특정하여 동일한 수준의 신체형을 가하도록 규정하였다. 눈을 다치게 한 자에 대해서는 눈을 실명시키는 형을, 이를 부러뜨리거나 다치게 한 자에 대해서는 이를 발치(拔齒)하는 형을, 뼈를 부러뜨리는 피해를 입힌 자에 대해서는 동일한 부위의 뼈를 부러뜨리는 형을 집행하도록 규정함으로써 신체적 피해에 대한 동일한 신체훼손 처벌의 원칙을 명확하게 정리하였다(조극훈, 2021, 76-81).

### 9) 간통죄의 처벌

혼인과 관련한 여러 규정이 함무라비 법전에 나오는데, 결혼계약서의 작성이 대표적인 예이다. 함무라비 법전에서는 결혼을 하기 위해서는 반드시 문서로 계약서를 작성해야 하며, 작성된 계약서가 없는 경우에는 결혼이 무효라고 규정하고 있다. 아울러 결혼한 자가 간통을 하다 적발되면, 간통한 남성과 여성을 발을 묶어 강물이나 호숫물에 집어 던져버리는 형을 집행하도록 하였다.

### 10) 신성모독범죄, 왕권모독범죄의 처벌

고대국가의 핵심 요소 가운데 하나인 국교(國敎)와 왕권(王權) 수호의 원칙이 함무라비 법전에 담겨 있는데, 신전의 재산이나 기물, 왕궁이나 왕의 재산을 훔친 범죄자에 대해서 사형을 집행하였다. 또한, 이와 관련한 장물을 거래하거나 취득한 자에 대해서도 사형을 집행하도록 법에 규정하였다. 민사적인 벌도 같이 부과하였는데, 앞서 언급한 신전이나 왕의 재산과 관련하여 절도행위를 한 자에 대해서는 피해액의 30배를 배상하도록 하였다. 사형을 집행한 이후에도 범죄자의 재산을 추적하여 이를 반드시 몰수하도록 함으로써 신전이나 왕의 재산에 대한 공격행위를 강력하게 제어하고자 한 것으로 보인다.

## 6 인도와 중국 고대시대의 범죄와 처벌

### 1) 인도

고대 바빌로니아 왕국의 함무라비 법전에 상응하는 개념으로 인정받는 법전으로서 인도의 마누 법전(Code of Manu)을 들 수 있다. 마누 법전의 기원에 대해서는 여러 가지 학설이 존재하지만 대체로 기원전 200년부터 기원후 200년 사이에 집대성된 것으로 보고 있다. 힌두교의 교리를 체계적으로 정리하면서 생활에서 적용해야 할 종교법의 내용을 담고 있으며, 총 12장에 2,684개의 조항을 수록하고 있다.

힌두교에서 최초의 인간으로 여기는 마누(Manu)와 그의 제자인 브리구(Bhrigu) 사이에 이야기를 나누는 형식으로 구성되어 있으며, 힌두교 사회에서 어떠한 방식으로 법을 지키며 살아가야 하는지를 정리하고 있다. 힌두교의 4대 계급인 브라만(Brahmin: Priest), 크샤트리아(Kshatriya: King, Ruler, Warrior), 바이샤(Vaisya: Merchant, Craftman, Land Owner, Skilled Worker), 슈드라(Sudra: Farm Worker, Unskilled Worker, Servant) 체제를 기반으로 하여 반드시 지켜야 할 사회적 계율을 담고 있다(박병엽, 2024).

### 2) 중국

중국의 고대국가인 은(殷)나라와 주(周)나라는 살인, 절도, 강간, 폭행, 상해죄 등에 대한 처벌법률을 갖추고 있었으며, 범죄의 성립에 있어서 다른 고대국가와 거의 유사한 체제를 갖추고 있었다. 다만, 다른 고대국가들과는 달리 5형이라고 해서 다섯 가지의 형벌 유형을 범죄에 대한 대응처벌로 정리하고 있다.

이 가운데 대표적으로 묵형(墨刑)이 있는데, 경면형(黥面刑), 삽면형(鈒面刑), 자자형(刺字刑)으로도 불리며, 얼굴의 위쪽인 이마나 잘 보이는 신체 부위에 일종의 문신 형태로 글을 새기는 형벌을 의미한다. 주나라의 형법책인 『여형(呂刑)』에 기록되어 있는 5형 중의 하나이며, 나중에 명나라에서 정리한 『대명률(大明律)』에도 그 내용이 이어졌다. 묵형은 5형 가운데 가장 수위가 낮은 형벌로 인정되지만 평생 자신의 죄에 대한 표식을 몸에 달고 살아야 하기 때문에 중세시대 유럽의 주홍글씨(Scarlet Letter)형과도 유사한 성격으로 인식된다.

몸에 가릴 수 없는 부위에 '먹(墨)'으로 글씨를 새겼으며, 묵형이 집행되는 부위는 이마 부위와 얼굴의 볼 부위였다고 한다. 앞서 언급한 경면형이나 삽면형이 얼굴 부위에 먹으로 글씨를 새기는 의미가 강하다면, 다른 신체 부위에 문신을 새기는 것을 묵형으로 볼 수도 있다. 얼굴 이외의 신체 부위는 주로 팔뚝이었으며, 범죄의 내용을 표시하는 형태는 얼굴과 동일하였다.

묵형을 받게 되면 옷이나 천 등으로 자신 몸에 새겨진 글자를 가리기 어려웠기 때문에 사회로부터 항시 범죄자 취급을 받았으며, 일정한 직업을 얻거나 공직에 들어가는 것도 쉽지 않았다. 또한, 묵형의 표시를 가리기 위해서 얼굴에 두건을 쓰거나 더운 여름에 긴 소매의 옷을 입는 경우가 많아서 다른 국가에서 파견한 첩자 또는 범죄자로 오인되는 경우도 많았다(김택민, 2002).

묵형에 대한 여성과 남성의 반응에도 차이가 있었다고 하는데, 남성보다는 여성들이 묵형에 대해서 격한 저항을 하였다. 자신의 몸에 문신이 새겨짐으로 인해 받을 차별이 남성보다 훨씬 심할 수 있기 때문이며, 아울러 미용적인 측면에서 사실상 사형 선고를 받은 것이나 마찬가지였기 때문이다. 일부 역사학자들은 중국 고대국가의 묵형이 지금의 전자발찌나 전자시계장치와 같은 일종의 전자감시 시스템과 성격이 같다고 보고 있다. 묵형을 받은 자가 자신의 잘 보이는 신체 부위에 범죄자라는 글자를 새기고 다니면 사람들이 그 인물에 대해서 경계하고 감시를 하였기 때문이다.

사람을 죽인 자에 대해서는 '살(殺)'자를 새기었고, 도둑질을 한 범죄자에 대해서는 '도(盜)'자를 새기었으며, 기혼자임에도 간통을 하거나 바람을 피운 자에 대해서도 일부 기록에서는 묵형을 시행한 것으로 나타난다. 묵형은 이후의 중국 국가들이 전통을 이어 시행하였으며, 우리나라도 『대명률』을 참고하여 법률을 제정 · 시행하면서 동일하게 유입되었다. 조선시대 『경국대전』에 묵형에 대한 조항이 담겼으며, 강도를 저지른 자에 대해서 묵으로 강도임을 표시하도록 하는 형벌이 시행되었다. 이후로도 지속되다가 1740년(영조 16년)에 영조의 지시로 폐지되었다.

앞에서 설명한 묵형과 비교하여 지극히 잔혹한 형벌로 볼 수 있는 고대 형벌 유형으로 의형(劓刑)이 있다. '의(劓)'자는 한자로 '코(鼻)를 베다[도(刀)]'라는 의미를 가지는 동사이며, 이를 따서 실제로 죄인의 코를 베는 형벌을 시행하였다. 묵형이 은나라 때 개발되어 주나라에서 제도화되었듯이, 의형도 같은 과정을 거쳐서 중국의 고대 형벌 유형이 된 것으로 보인다. 코를 의미하는 한자인 '비(鼻)'자를 사용하여 '비형(鼻刑)'이라고도 부른다(안성훈, 류부곤, 정지훈, 2016).

의형은 얼굴에서 가장 많이 돌출된 코를 베어냄으로써 범죄자가 평생 이에 대해 반성하고 살라는 의미와 함께, 범죄를 저질렀던 자임을 쉽게 주변 사람들이 알도록 하기 위한 목적도 있었다고 한다. 또한, 코를 베어냄으로써 강력한 신체적 고통을 줌과 동시에, 사망에 이르지 않을 정도의 신체훼손이라는 점에서도 과학적으로 고려한 형벌로 평가받는다. 의형은 중국뿐만 아니라 인도나 그리스 등의 고대국가에서도 형벌의 한 형태로 많이 사용되었으며 절도나 강도, 살인 등의 범죄자뿐만 아니라 역적이나 정권에 도전하여 반란을 일으킨 자 등에 대해서도 적용되었다.

## 제 2 절 | 현대 사회구조의 변화와 범죄

### 1 인구구조의 급격한 변화문제

최근 들어 범죄심리학 및 범죄사회학, 범죄학, 범죄수사학 등에서 관심을 많이 받는 연구 주제가 있는데, 다름 아닌 '인구구조의 변화와 범죄 발생의 상관관계'이다. 인구구조는 남성과 여성의 비율, 연령대별 비율을 기반으로 하여 해당 사회의 미래 상황에 대한 예측을 하고, 이를 바탕으로 장기적인 대안 등을 모색하는 연구 영역이다. 우리나라는 한국전쟁이 끝난 이후 매년 많은 신생아가 태어나는 상황이 장기간 지속되었고 1960년대부터 강력한 산아제한정책을 펼쳤다.

1997년 외환위기를 거치며 출생아 수가 감소되기 시작하였고 이러한 변화에 대해 경각심을 갖지 못하여 원인 파악과 대비가 전혀 되지 않은 상태로 21세기를 맞았다. 결국 2000년대 들어서서 출생아 수가 급감하자 서둘러 조직을 개편하고 정책을 쏟아냈지만 저출생 현상을 개선하지 못하고 있고, 인구구조의 불균형으로 인한 다양한 사회적 문제점들이 최근 몇 년간 두드러지게 나타나고 있다(염건령, 민수진, 2023).

우리나라는 1960년대까지는 농업 중심 국가였으며, 농업의 생산성이 현저히 낮았다. 분단 이전에 대부분의 중화학공업이 북한 지역을 중심으로 발전하였으며, 우리나라는 경기도와 충청도, 경상도, 전라도를 중심으로 한 농업이 중심 산업이었다. 쌀농사와 잡곡 중심의 농업은 인적 자원을 중심으로 이루어져 생산성 또한 극히 낮았으며, 농업을 위한 인적 자원 확보를 위해 다산(多産)을 선택하는 가정이 많았다. 1960년대 중반까지 한 집에 6~7명 정도의 아이들이 태어났는데, 농사를 지을 수 있는 노동력이 될 것을 기대한 것이다.

한국전쟁 후 우리 사회는 기아가 너무 심했으며 '보릿고개'로 불리는 춘궁기(春窮期)가 1960년대까지 너무나 자연스러운 사회현상이었을 만큼 먹고사는 문제가 해결되지 않았다. 1970년대 베트남전쟁 특수와 국가의 경공업 및 중화학공업에 대한 대대적 부흥 정책이 시행되면서 점차 도시를 기반으로 한 공업 발전이 진행되었으며, 이에 정부에서도 많은 젊은 인구들을 농업이 아닌 2차산업(제조업)에 투입하기 위해 노력하였다. 여기에 한 가지 걸림돌은 너무 많은 신생아였다.

당시 정부는 기본적인 국가 인프라도 구축하지 못한 상태에서 지속적으로 많은 아이가 태어나면 이들의 생계와 교육을 국가가 책임지기 힘들 것으로 예측했고, 도시화·산업화가 진행되면서 농촌에서 도시로 몰려드는 사람들의 규모가 감당할 수 있는 수준은 아니라고 판단했다.

이러한 비관적 예측을 기반으로 1960년대부터 시작된 산아제한정책은 더 발전된 계몽과 홍보를 통해 1970년대에는 가족계획을 세워 2명의 자녀만을 출산하도록 유도하였고 1980년대에는 1명의 자녀를 낳도록 정부가 앞장서 권고했다. 이를 위해 불임수술(정관수술)을 한 가장이 있는 가정에 아파트 우선 분양권을 주는 등 다양한 피임정책에 부동산 및 세제정책을 접목하여 피임을 실천한 가정에 파격적인 혜택을 제공하기도 했다. 그 결과 실제로 많은 부부가 1~2명의 자녀만을 낳아서 핵가족화가 빠른 속도로 진행되었으며, 경제 발전과 더불어 양성평등을 위한 제도와 문화가 확산함에 따라 맞벌이 부부가 많아지면서 자녀를 1명만 낳거나 아예 낳지 않는 선택을 하는 부부가 증가하였다.

그 결과는 2000년대부터 본격적으로 나타나기 시작했는데 2000년에 64만 명을 넘겼던 출생아 수가 2001년에 55만 명대로, 2002년에 49만 명대로 주저앉았고 그 후로 2016년까지 등락(騰落)을 거듭하며 40만 명대를 유지하다 2017년에는 30만 명대로 추락했다. 2000년대 초반부터 출생아 수 증가를 위한 정부의 정책적 노력이 시작되었으나 아무 효과도 거두지 못했으며, 결국 아동·청소년, 청년 인구의 감소로 인한 사회적 부작용이 현실화되었다. 인구감소정책을 국가의 사명으로 여겼던 시대가 가고 순식간에 젊은 인구의 감소를 걱정해야 하는 상황을 맞이한 것이다.

우리나라의 인구정책은 세계 최고의 고령국가인 일본의 실패와 같은 방향성을 보인다. 일본은 제2차 세계대전에서 패전한 후 경제성장을 위해 농업 중심의 다산주의를 공업 중심의 단산(單產)주의로 변화시켰고, 2000년대에 들어서면서 고령인구의 급증과 젊은 인구의 감소로 인해 심각한 사회문제를 경험하고 있다. 인구정책의 잘못된 방향성과 정책집행은 정치·사회·경제·국방·교육 등 사회 전반에 다양한 악영향을 미치며 그 부작용을 벗어나기 쉽지 않다(염건령, 민수진, 2023).

범죄현상에 있어서도 인구구조는 '보이지 않는 손'으로 작용한다. 예를 들어, 노인인구의 급증은 당연하게 노인학대와 같은 범죄의 증가로 이어지며 이는 사회 전반에 영향을 줄 수밖에 없다. 청년인구의 감소는 핵가족화로 인한 외둥이 가정의 증가로 인한 현상이며, 이는 자발적이든 외부적 요인에 의한 것이든 고독하게 홀로 지내는 청년의 숫자를 증가시킬 수밖에 없다. 이에 따라 혼자 사는 여성에 대한 범죄가 증가하고, 사회성의 결여나 정서적 결핍 등으로 이어져 타인의 고통과 슬픔에 공감하지 못하는 감수성 결여 등의 문제로도 연결될 수 있다.

명확하게 상관성에 대한 연구가 나오지는 않았지만 청년의 소외현상은 역으로 인간관계에 대한 집착을 불러올 수 있으며, 이는 최근에 이슈가 되고 있는 스토킹 범죄의 증가, 이별 관련 강력범죄의 급증, 보복성 범죄의 잔혹화 등과 어느 정도 인과관계가 있다고 추정된다. 거시적인 시각으로 미래를 내다보고 예측하지 못한 인구정책은 후대에 해결하기 힘든 문제적 사회구조를 물려주고 어려운 상황을 떠넘기는 심각한 결과를 초래할 수 있음을 알아야 할 것이다(염건령, 민수진, 2023).

## 2 고령자의 증가와 범죄

이상에서 살펴본 인구문제는 범죄와의 관련성에 있어서도 상당한 영향을 미치고 있다. 빠른 속도로 고령화되고 있는 우리나라는 노인인구의 급격한 증가와 범죄 사이의 관련성을 살펴봐야 할 것이다. 우리나라는 노인의 기준 나이가 만 65세인데, 이는 점차 늦춰질 것이 예상된다. 실제로 KDI는 2025년도부터 단계적으로 노인의 정년을 10년마다 1년씩 연장해야 한다는 주장을 내놓기도 했는데, 국가정책을 연구하는 기관의 발표라는 측면에서 실행될 가능성이 크다고 판단된다(2022년 대통령직인수위원회 KDI 보고자료).

미국의 경우에는 우리나라와 같이 노인 정년이 있었지만 나이 차별이란 이유로 1986년 고용노동 분야에서 정년을 없앴고, 몸이 움직이는 동안에는 언제나 청년들과 같이 일할 수 있는 환경이 조성되었다. 하지만 우리나라는 법적 정년이 있고 이조차도 의무화된 것은 2017년 이후이며, 여전히 육체적 나이를 기준으로 노동의 기회를 박탈하고 있다. 이러한 정책은 이미 노인 부양에 대한 경제적 부담을 가중시켰고, 사회적 계층 갈등이나 세대 갈등을 유발하고 있으며 다양한 노인 관련 문제의 확대로 이어지고 있다.

문제는 노인인구의 급증과 범죄현상 역시 서로 연결되어 있다는 점이다. 범죄심리학자들은 노인의 경제적 궁핍과 소외의 문제가 향후 노인 관련 범죄를 증가시키는 결과를 초래할 것으로 본다. 노인이 피해자가 되거나 가해자가 되어 아동이나 청년 또는 같은 노인을 공격하는 범죄가 증가하여 기존에 우리 사회가 경험하지 못했던 문제가 발생할 것으로 예측한다. 미래에 대한 예측이 극단적으로 흐르지 않도록 주의해야 하지만, 현재 인구구조와 상황을 객관적으로 보더라도 노인 관련 범죄문제는 결코 그냥 지나칠 수 있는 현상이 아닐 것이다.

노인 대상 범죄의 증가는 분명한 미래의 우리 사회 범죄문제이다. 이미 고도 고령화 사회로 진입한 일본은 노인 관련 범죄가 급증하여 이로 인한 사회적 홍역을 앓고 있다. 사회복지기관에서 돌봄 대상 노인을 일종의 돈벌이 수단으로만 보고 제대로 부양이나 보호, 치료 등을 하지 않는 기관 내 학대범죄가 발생하고 있으며, 노인에게 투입되어야 할 예산을 자신들의 호주머니 속으로 넣는 세금도둑형 범죄도 흔하게 나타나고 있다. 우리나라 역시도 이와 비슷한 상황이 전개되고 있으며, 경기도청을 시작으로 여러 광역자치단체들이 사회복지특별사법경찰 부서를 만들어 복지 관련 횡령이나 학대, 기관에 의한 인권 침해 범죄, 노동권 침해 범죄 등에 대한 적극적인 단속에 나서고 있다(김수정, 2020: 156-163).

가정 내에서 노인과 관련하여 발생하는 범죄 역시 문제가 되고 있다. 대표적으로 자녀에 의한 노인 부모 학대 및 강력범죄를 들 수 있는데, 재산을 상속받기 위해 부모를 살해하는 사건, 고령의 부모가 가입한 생명보험을 노리고 살해를 시도하거나 실제로 실행하는 사건, 차상위계층이나 사회보호계층의 부모님이 매달 받는 사회복지 수급비를 자녀가 강탈하는 사건, 재산분배 과정에서 불만을 가진 자녀가 부모를 살해하는 사건, 자신의 인생이 망가지게 된 원인이 부모라고 원망하면서 부모를 폭행하여 사망하게 하는 사건 등 실로 입에 담기 어려운 노인 대상 패륜범죄가 발생하고 있다.

우리나라에서도 심각한 사회문제인 보이스피싱 범죄도 노인을 대상으로 발생하는 경우가 많다. 물론 지능화 · 조직화된 보이스피싱은 노인 외에 청장년층을 대상으로 한 범죄 건수 역시 증가하고 있지만, 금융보안이나 온라인 금융에 잘 적응하지 못하는 노인의 피해는 더욱 심각한 결과를 낳고 있다. 정부나 금융기관에서 보이스피싱 범죄에 노출된 노인들을 보호하기 위한 다양한 방안을 마련하고 있지만 모든 노인 대상 보이스피싱 범죄를 막기는 현실적으로 매우 어렵다(이영은, 서준배, 2024: 69-75).

또한, 가족이 아닌 후배 세대로부터 잔혹한 범죄피해를 입는 노인도 급증하고 있다.

일부 사례이기는 하지만 폐지를 줍던 노인을 만취한 20~30대들이 폭행하여 사망하게 한 사건, 일부 청소년들이 구입 금지 품목을 사기 위해 노인을 불러 건당 1~2천 원의 비용을 주고 소위 '담배나 소주 셔틀'을 시키다 적발된 사건, 기분이 나쁘다는 이유로 지나가던 노인을 젊은 남성이 폭행하여 사망하게 한 사건, 지하철에서 심하게 큰 소리로 통화하는 20대 여성의 행동을 지적한 노인을 핸드폰으로 머리를 가격하여 중상을 입힌 사건 등 이해할 수 없는 노인 대상 공격이 많이 일어나고 있다.

문제는 여러 유형의 범죄에서 가해자보다는 주로 피해자가 될 수밖에 없는 노인들의 수 자체가 너무 급격하게 늘어나고 있다는 것이다. 1958년생부터 1974년생까지 매년 90만 명에서 100만 명 이상이 출생하였고, 수명연장으로 인해 사망자 숫자가 줄어드는 현상과 맞물려 2023년부터는 매년 80만 명에 가까운 인구가 노인이 되는 현상이 20년 이상 지속될 전망이다. 다시 말해서, 보호해야 할 노인의 규모가 급속히 커지면서 우리 사회의 보호망 범위를 벗어날 위험이 있다는 의미이다.

우리나라에는 다른 국가에서는 좀처럼 찾아보기 어려운 존속범죄(尊屬犯罪) 개념이 있지만 이는 직계 부모라는 제한적인 범위 안에만 적용되는 내용이며, 이웃의 할아버지와 할머니에 대한 공격행위와 범죄행위는 가중처벌 대상이 아니다. 물론 「노인복지법」에 노인학대행위에 대한 가중처벌 항목이 있지만 이 역시도 복지 또는 부양의무를 가진 개인 또는 기관에만 국한된다. 연고가 없어(無緣故) 법적 의무로부터 자유로운 사람에 의한 공격과 범죄행위에 대해서는 일반적인 수위의 처벌만 적용되므로 이에 대한 대안을 시급히 마련해야 할 것이다(권혁준, 서종한, 2020: 2153-2169).

## 3 범죄에 대한 두려움(Fear of Crime)의 등장

범죄심리학에 대한 가장 큰 사회적 오류는 범죄자에 대한 심리적 연구만을 하는 것이 범죄심리학이라고 생각하는 것이다. 하지만 실제로 범죄심리학은 사회심리학적인 관점에서 사회구성원들의 범죄에 대한 고민이나 걱정, 두려움 등을 연구하는 학문 영역이기도 하다. 또한, 어느 정도의 수준으로 범죄에 대한 우려를 하고 있는지를 척도화하여 연구하는 전문적인 학문 영역이다(염건령, 2006: 12-16).

1960년대와 1970년대에 심각한 범죄문제로 사회적 고통을 겪은 미국은 여러 연구기관에 의해 범죄에 대해 시민들이 느끼는 공포를 전문적으로 분석하는 시도들이 진행되었다. 대표적으로 'Harris Poll'로 불리는 해리스사회조사연구소에서 미국인을 대상으로 범죄에 대해 두려움이나 공포를 어느 정도 느끼는지 조사를 시행하였다. 그 결과, 거의 절반에 가까운 미국인들은 언제든지 자신이 총에 맞아 사망하거나 범죄피해자가 될 수 있다는 고민을 하고 있는 것으로 파악되었다.

우리나라의 경우에도 해리스사회조사연구소의 연구와 같은 방식의 여러 범죄에 대한 두려움(공포) 수준 조사활동이 경찰청이나 법무부, 행정안전부, 여성가족부 등의 국가기관을 통해서 이뤄지고 있으며, 이는 범죄예방이나 수사, 치안 유지 활동의 중요한 기초자료로 활용된다. 문제는 범죄에 대한 두려움이라는 개념에 대해서 아직도 생소하게 생각하는 국민들이 많으며, 치안을 담당하는 기관들 입장에서는 그 수치가 높게 나왔을 때, 해당 기관들이 일을 제대로 하지 않는다는 비판을 받을 수 있다는 점을 우려하여, 조사된 내용이나 수치 등에 대한 정확한 공개를 꺼린다는 점이다.

물론, 치안활동을 책임지는 경찰청이나 해양경찰청, 법무부 등의 입장에서 범죄에 대한 두려움 수준이 높아지는 것을 좋게 바라보기는 어려울 것이다. 실제로 범죄에 대한 두려움 수준이 높게 나타난다면 제대로 일을 하지 않고 있다는 심각한 비판에 직면할 수 있기 때문이다. 하지만 그렇다 하더라도 이에 대한 조사 및 연구와 분석은 지속적으로 이뤄져야 하며, 범죄로부터 안전한 국민생활을 보장하기 위해서라도 이에 대한 실태 공개는 적극적으로 필요하다(염건령, 2006).

다시 원론으로 돌아가서, 미국의 범죄심리학계는 1960년대와 1970년대 사이에 범죄에 대한 두려움이라는 개념의 사회적 심각성을 인식하였으며, 이에 관련한 학문적 연구뿐만 아니라 실태에 대한 조사분석 결과를 많이 쏟아내었다. 아울러 치안 유지를 위한 경찰의 활동에 이 결과물들을 적용함으로써 범죄에 대한 두려움의 수준을 낮추거나 또는 치안에 대한 체감도 상승을 달성하기 위해 노력하였다.

고전적인 범죄연구는 주로 물리적 · 신체적 · 재산적 피해를 기반으로 진행되었다. 살인범죄는 살인 피해자의 숫자나 유형에 대한 연구가 주를 이루었으며, 성범죄에 대한 연구는 성범죄 피해자의 숫자나 유형, 발생 과정 등에 대한 연구가 집중적으로 진행되었다. 하지만 이러한 물리적 피해, 외관상 보이는 피해 이외에 사회적으로 구성원이나 시민들이 자신에게 직접적인 범죄피해가 발생하지는 않았지만 다른 사람들의 피해내용을 보면 동기화되거나 범죄피해 발생에 대한 심각한 우려를 하는 상황이 자주 발생하면서, 사회심리학적인 범죄 발생에 대한 공포나 두려움을 연구하려는 경향이 나타나기 시작하였다(염건령, 2000: 59-65).

여러 연구에 따르면, 실제로 본인이 범죄피해를 입지 않았다 하더라도 여러 언론의 보도나 주변 사람들의 전언(傳言) 등을 통해서 공포감이 높아지는 것으로 확인되었으며, 이러한 두려움 수준의 상승은 일상생활이나 직업활동, 대인관계의 설정 등에 있어서 제한을 불러오는 것으로 나타났다(노성호, 신소라, 2023: 81-105).

물론, 소수의 연구 결과물들만을 가지고 모든 시민들이 범죄피해에 대한 두려움이 있다고 볼 수는 없겠지만, 자신에게 발생할 수 있는 범죄피해의 발생에 대한 막연한 우려가 경제활동이나 사회활동의 제약이나 위축을 불러옴으로써 보이지 않는 간접적인 피해가 발생하는 상황이 벌어지고 있는 실정이다.

## 제 3 절 | 개인의 고립현상과 범죄의 잔혹화

### 1 청년의 고립화와 범죄

다음으로 봐야 할 문제는 청년의 고립화이다. 청년세대의 고립문제는 우리나라만의 문제는 아니어서 이미 여러 선진국들이 이와 관련한 대책을 마련하기 위해서 다양한 노력을 기울이고 있다. 독일은 청년 대상 데이트 비용 지원사업을 시행하고 있고, 프랑스는 제한적이기는 하지만 청년기본소득 보장제도를 시행하고 있다. 선진국들이 청년들에게 공공재정을 활용하여 돈을 투입하는 이유는 기본적인 생계 보장의 목적도 있지만, 이들이 경제적 능력이 있어야 다양한 인간관계를 맺으며 사회활동을 할 수 있기 때문이다(정선화, 2022).

우리나라는 MZ세대라고 불리는 1980년대 이후 출생자를 대상으로 여러 가지 정책을 내놓았지만, 현실성이 떨어질 뿐만 아니라 인구 규모가 큰 고령자의 표를 받기 위한 포퓰리즘 노인정책이 많이 시행됨으로 인해 청년층은 복지 영역에서 크게 소외되어 왔다. 보호와 지원이 필요한 청년층에 대한 복지정책이 부재하거나 부족한 결과, 청년의 자발적 고립이나 실업, 사회적 고립의 고착화, 대인관계 어려움으로 인한 연애의 포기, 극단적 선택의 증가, 타인의 감정을 공감하지 못해 발생하는 강력범죄 등의 문제가 대두되고 있다.

전통적인 범죄의 발생 건수는 약간 감소하는 추세인 반면, 성범죄와 사기범죄는 증가가 뚜렷하고 스토킹범죄와 같은 새로운 유형의 범죄도 증가하고 있다. 문제는 최근에 발생하는 범죄의 양상이 날이 갈수록 잔혹해진다는 점이다. 범죄에 대한 국민의 공포수준을 끌어올리는 것은 범죄 건수의 증가보다 언론에 보도되는 범죄내용의 잔혹성이 더욱 강력한 영향요인이 되는데, 최근 발생하는 범죄의 상당수가 잔인하고 흉악하며 엽기적인 상황이다. 10대와 20대부터 범죄행위를 저지르는 문제를 해결하기 위해서는 교육시스템의 변화와 함께 다각도의 사회적 노력이 필요하다. 많은 범죄학자와 사회학자, 심리학자들이 연구를 통해 해결책을 고민하고 있지만, 오랜 시간 누적되어 온 문제이기 때문에 사회적 합의를 통한 전향적인 정책과 노력이 필요할 것이다(이상문, 2024: 19-36).

## 2 스토킹 범죄의 급증

스토킹(Stalking) 관련 강력범죄가 꾸준히 증가하고 있다. "열 번 찍어서 안 넘어가는 나무가 없다"라는 속담이 있는데, 이는 힘든 일이라도 계속 시도하고 열정을 가지고 임하다 보면 그 목적을 달성하게 된다는 의미이다. 하지만 이 속담이 이성에 대한 구애의 방법론으로 와전되어 상대방의 거부 의사를 무시하고 반복적으로 상대방의 일상과 삶을 파괴하는 스토킹을 합리화하는 데 사용되는 것은 매우 우려할 일이다.

한 번 고백해서 안 받아주면 열 번이고 스무 번이고 고백하고 쫓아다녀서 결국엔 허락하게 만들겠다는 것은 상대방의 의사와 감정은 전혀 고려하지 않고 자신의 욕구 충족만이 중요한 전형적인 스토커의 사고체계라 할 수 있다. 사랑은 쌍방이 서로 교류하는 감정이다. 즉, 한쪽만 일방적으로 좋아하는 감정이 있는 것이 아니라 상호 간에 함께 좋아해야 한다는 의미이다. 이러한 감정적인 교류라는 부분을 무시하고 무조건 자기 마음에 든다는 이유만으로 상대방은 원하지 않는데 맹목적으로 따라다니는 것은 명백한 범죄행위이며 폭력행위인 것이다(염건령, 최영인, 2005).

우리나라에서 발생하고 있는 스토킹 관련 사건의 공통점은 법과 제도가 피해자를 실효적으로 보호하지 못한다는 것이다. 가해자를 처벌하는 법적 형량을 높이는 것보다 더욱 중요하고 당장 선행되어야 할 조치는 피해자가 죽거나 다치기 전에 구조하고 보호하는 방법을 강구하는 것이다.

또한, 관심의 표현이나 구애를 조금 과도하게 한 것이라거나 여성이 피해자일 것이라는 등의 고정관념에서 벗어나 강력범죄의 하나로 다룰 수 있어야 한다. 김태현 사건을 살펴보면 피해자가 가해자인 김태현에게 좋아한다는 식의 의사표현을 한 적이 전혀 없었음에도, 자신의 일방적 감정과 관심을 받아주지 않고 무시한다는 생각에 빠져 피해자와 그 가족을 모두 살해하는 끔찍한 범죄를 저질렀다.

지하철역에서 발생한 전주환 사건도 피해자가 전주환의 관심 표현에 처음부터 여지를 주지 않고 거부 의사를 분명하게 표현했는데도 끊임없이 일방적으로 장기간 스토킹을 했고, 각종 불법행위에 법적으로 대응했던 피해자를 결국 계획적으로 살해한 사건이다. 이 외에도 피해자의 집에 불을 지르거나 피해자의 남자친구나 남편을 공격하거나, 심지어 여성 공무원을 스토킹하던 남자 직원이 출근길에 주차장에서 흉기를 휘둘러 죽게 한 사건까지 발생했다. 이제는 스토킹이 살인범죄의 원인이자 수단이 되고 있는 것이다.

그렇다면 스토킹을 저지르는 범죄자들의 심리적 메커니즘은 어떤지에 대해 생각해 볼 필요가 있을 것이다. 필자는 범죄자에 대한 수십 년간의 연구를 통해서 강력범죄로 이어지는 스토커들의 심리적 메커니즘을 다음의 4가지로 정리하였다(염건령, 최영인, 2005).

첫째, 살인, 강간, 방화, 사체유기 등의 강력범죄를 서슴지 않고 저지르는 스토커들은 사회적으로 고립된 상태에서 살아가는 경우가 많아서 사회적 교감능력이 심각하게 부족하고, 그래서 스스로 타인과의 교감이 필요한 상황을 원하지 않게 되는 악순환에 빠진다.

사회적 동물인 인간은 다른 사람과 소통을 통해 생각을 나누고 감정을 교류하면서 살아야 정상적인 사고체계를 유지하고 공감능력을 가질 수 있다. 그런데 이러한 사회적 교류가 없는 상태에 오래 방치되면 타인의 입장과 감정을 파악하지 못할 뿐 아니라 전혀 공감하지 못하기 때문에, 자신의 욕구와 감정에 매몰되어 자기가 원하는 바를 들어주지 않는 상대에 대해 강한 분노와 적대감을 가지고 공격성을 보이게 된다(김성희, 2024: 88-115).

둘째, 사회성의 부족이나 결여(缺如) 상태는 법이나 사회체제에 대한 무시를 불러오게 된다. 법이나 사회체제를 무시한다는 것은 법이나 사회제도 안에서 금지하는 행위를 자기 마음대로 저지르는 상황이 쉽게 나타날 수 있다는 것이다. 스토킹 처벌법을 집행하는 일선 경찰관들의 면담내용을 보면 상당수의 가해자들이 이러한 행위가 왜 처벌되는지를 이해하지 못하며, 법을 위반할 시에 가해지는 처벌에 대해서도 두려워하는 경우가 많지 않다는 점을 확인할 수 있다.

문제는 스토킹을 하는 사람이 법의 처벌이나 제재를 무서워하지 않는다면, 결과적으로 피해자가 사망하거나 큰 피해를 봐야 사건이 종료된다는 점이다. 아무리 스토킹에 대해서 강력한 처벌을 한다 하더라도 이를 무서워하지 않는다면 가해자에 대한 처벌보다 피해자를 실시간으로 보호하고 구제하는 실질적인 방법을 마련하는 것이 더욱 중요할 것이다(김성희, 2024).

셋째, 스토킹 피해자에 대한 사회적 보호와 제도적 보호가 매우 부족한 현재의 상황은 스토커들로 하여금 우리 사회가 피해자들을 돌보지 않는다고 인식하게 하고, 이에 쉽게 강한 공격을 선택하게 만들 수 있다.

예를 들어, 현금을 많이 취급하는 한 상점을 대상으로 강도나 절도를 저지르려는 범죄예비자가 있다면 해당 상점을 평소에 면밀하게 관찰하고 동정을 파악하는 것이 일반적인 예방적 행동일 것이다. 만약 해당 상점에 상주하는 무장경비원이 있거나 너무 많은 사람들이 이용하는 상점이라고 판단되면 범죄예비자는 해당 상점에 대한 공격을 주저하거나 포기할 가능성이 커진다. 반면에 사람들의 인적이 드물고 별도의 보안요원이나 경찰의 정기 방문순찰이 없다면, 안전과 관련한 보호 조치가 약하다는 점을 파악하고 쉽게 공격을 결정할 수 있다. 이 사례를 통해 스토킹 피해자의 보호를 위해 필요한 조치를 유추해 볼 수 있을 것이다.

강력범죄로 이어지는 스토킹은 피해자들에 대한 촘촘한 사회적 안전망(Social Safety Network)이 전혀 작동하지 않거나 존재하지 않기 때문에 발생하는 범죄로 보아야 한다. 우리나라는 가해자나 피의자의 인권에 대해서 매우 철저하게 보호하고 있기 때문에, 스토커에 대한 사전예방적인 제재는 오히려 인권침해 논란을 불러올 수 있다는 우려가 사법기관이나 수사기관으로 하여금 피해자에 대한 적극적인 보호를 주저하게 만드는 원인이 되고 있다(강혜지, 이지혜, 성나경, 성현준, 강지은, 홍동규, 2024: 72-89).

넷째, 스토커들은 자신의 일방적인 사랑과 증오, 복수의 감정을 표현함에 있어서 강력한 제재를 받은 경험이 거의 없으며, 이러한 경험의 부재가 극단적인 공격을 서슴없이 행하는 원인이 된다. 아무리 막 나가는 범죄자라 하더라도 강력한 제재와 피해자에 대한 철저한 보호 방안이 작동한다면, 잔혹한 공격을 주저 없이 자행하기 어려울 것이다. 우리 사회는 스토킹을 사귀던 이성 간에 발생하는 충돌 또는 헤어지는 과정에서 발생하는 일종의 부작용이나 아픔 정도로 바라보는 무지가 만연해 있었다. 이는 결과적으로 최근에 발생한 잔혹한 스토킹 강력범죄를 불러왔고, 많은 국민이 목숨을 잃거나 큰 신체적・정신적 피해를 입는 상황을 초래하고 말았다.

## 3 가스라이팅 범죄의 심화

가스라이팅(Gas Lighting)이라는 용어는 1938년 영국 런던에서 초연된 '가스등(Gaslight)'이라는 유명한 연극 제목에서 유래된 것이다. 가스라이팅은 수직적・비대칭적 권력관계에서 가해자가 피해자를 통제하고 심리를 지배하는 현상을 말하며, 이것이 범죄와 연결되는 경우에 가스라이팅 범죄라고 부르고 있다. 이를 연구하는 학자들은 가스라이팅(심리지배)의 과정을 구분하여 설명하고 있는데, 과정은 반드시 단계별로 진행되는 것이 아니며 여러 과정이 동시에 진행될 수도 있다(염건령, 최영인, 2005).

첫째, '거부 단계'로서 피해자가 어떤 이야기를 하든 이에 대해서 그럴듯한 명분과 이유를 들어 틀린 이야기를 하고 있다고 몰아버리는 단계이다. 예를 들면, 연인 사이의 대화 중 한 사람이 친한 친구 A의 나쁜 점을 이야기하며 문제가 있다고 비판했을 때, 그 이야기를 들은 상대방이 A는 나쁜 사람이 아닌데 그렇게 생각하는 것은 말하는 사람의 인식에 문제가 있다고 이야기하며 비난하는 것이다. 친구 A의 행동이 정말 나쁘고 문제가 있음에도 말한 사람은 상대방의 틀렸다는 지적과 비난에 자신의 판단을 스스로 의심하게 된다. 이 단계가 반복되면 피해자는 자신의 판단을 스스로 신뢰하지 못하게 돼 가해자의 판단을 맹목적으로 따르게 된다.

둘째, '반박 단계'로서 피해자가 가해자에게 어떠한 주제를 가지고 이야기하면, 피해자의 논리와 의견에 강하게 반박하고 이를 뒤집기 위해 억지스러운 주장이나 관계 정리 등을 언급하면서 어떻게든 자기 말에 대들거나 반대되는 주장을 하지 못하도록 길들이는 과정이다. 피해자는 자신이 의견을 제시할 때마다 가해자로부터 계속 반박받고 관계가 불편해지게 되면, 더 이상 가해자의 의견에 반대되는 의사표현을 하지 못하게 된다. 가해자의 주장이나 지시・명령을 자기 판단 없이 그대로 수용하고 따르는 단계로 접어드는 것이다(전명희, 박정아, 이주대, 2024: 217-239).

셋째, '전환 단계'로서, 피해자가 가해자 이외의 다른 사람과 친해지거나 다른 일에 집중함으로 인해 가해자에게 의존하는 정도가 약해지거나 가해자의 의견에 의구심을 품게 됐을 때, 다시 피해자의 의존성을 높이기 위한 행동을 하는 것이다. 다른 사람과 친해지는 것을 막기 위해 교묘하게 이간질하고, 일에 집중하거나 다른 인간관계를 갖지 못하도록 직장을 그만두게 하거나 취미생활도 하지 못하도록 설득하고 강압한다. 수단과 방법을 가리지 않고 자신에게만 집중하도록 주변 환경을 조성하며, 지속적으로 집중의 대상이 전환되는 것을 막는다(하민경, 2023: 105-122).

넷째, '경시 단계'로서, 피해자의 자존감을 완전히 파괴하기 위해 가해자가 일상에서 피해자를 대상으로 폭력적인 언행을 하는 것이다. 단순한 반박을 넘어서 피해자의 사고체계가 극히 비정상적이며, 피해자는 머리가 나쁘고 매우 어리석은 사람이라는 식의 매우 노골적인 모욕과 비하를 한다.

이미 신뢰하고 의지하는 대상으로부터 반복적으로 멸시와 비하를 받다 보면, 피해자 스스로 자신은 가치가 없는 사람이고 문제가 있다고 믿게 되고 그렇게 모자란 자기 옆에 있는 가해자에게 고마움을 느끼고 더욱 의존하게 된다. 다른 사람과 같이 있을 때는 피해자를 경시하는 모습을 보이지 않고 둘만 있을 때 실행하기 때문에, 주변 사람들도 눈치채지 못하는 경우가 많다. 특히, 나이가 많은 사람이 자신보다 어린 사람에게, 직급이 높은 직장 상사가 자신의 부하직원에게, 부모가 자녀에게, 교육자가 피교육자에게 경시라는 수법을 자주 사용한다.

다섯째, '부인과 망각의 단계'이다. 부인(否認)은 피해자가 이미 알고 있는 지식과 사실관계뿐 아니라 기억까지도 모두 부정하는 과정이고, 망각(忘却)은 끊임없는 부인을 통해서 가해자가 피해자의 올바른 기억을 잃어버리게 만드는 것을 의미한다. 부인과 망각을 통해 피해자는 철저하게 모든 판단을 가해자에게 의존하게 되며, 모든 가스라이팅의 단계를 거치고 나면 자기 의지 없이 가해자에게 철저히 조종과 통제를 받는 사람이 되는 것이다(권준수, 2023: 8-10).

가스라이팅은 심리학을 배우거나 이론을 많이 아는 사람이 가해자가 되는 것이 아니라, 타인에 대한 공감능력이 없고 자신의 이익과 욕구 충족을 위해서는 수단과 방법을 가리지 않는 소시오패스에 가까운 사람들의 생활방식으로 볼 수 있다. 상대방을 속여 돈을 갈취하거나, 자신의 무위도식(無爲徒食)을 위해 이용하거나, 이성을 사귀면서 비용지출을 하지 않고 상대방에게 모든 책임을 전가하는 등, 가스라이팅은 타인을 착취하여 자신의 이익을 취하려는 다양한 행위와 연결된다. 일부 사이비 종교인들이 전 재산을 자신에게 기부하도록 유도하고, 우월적 지위에 있는 남성이 피해 여성을 심리적으로 지배하여 지속적으로 성폭행하는 것도 가스라이팅과 연결되어 있다고 볼 수 있다.

우리 사회는 혼자 사는 사람들이 많아지고 개인의 고립화가 심화하면서 이들을 노린 가스라이팅 범죄가 계속 늘어날 것으로 예상된다. 이은해와 조현수 사건에서도 볼 수 있듯이 피해자의 목숨까지 노리는 경우도 많아지고 있으므로, 이에 대한 고도화된 수사방법의 개발과 함께 피해자의 피해를 명확하게 분석하고 지표화할 수 있는 체계를 만들어 중범죄로 다스릴 수 있도록 하는 전향적인 대책이 필요하다. 가스라이팅 관련 범죄는 피해자의 인격과 사고체계를 파괴하여 인생을 철저하게 파탄 낼 뿐만 아니라 목숨까지도 빼앗을 수 있는 심각한 강력범죄라는 점을 명확하게 인식하고 이에 대한 대응책 마련에 집중해야 할 것이다(수사연구 편집부, 2022: 11-17).

## 4 관계망상형 범죄의 잔혹화

관계망상형 범죄도 최근 들어 심각한 강력범죄의 세부 유형으로 등장하고 있다. 관계망상이란 다른 사람과의 관계성을 자의적으로 판단하고 해석하며 이를 굳게 믿는 것인데, 문제는 이런 믿음을 토대로 반사회적이거나 폭력적인 행위를 하는 경우가 발생한다는 것이다. 예를 들어, 친절한 주변 사람에 대해서 자기를 좋아하는 것으로 생각하거나, 길을 가다가 자주 만나는 이웃 사람이 자신을 좋아한다거나 또는 미워한다는 혼자만의 생각에 빠지는 것을 관계망상이라고 한다(원주연, 서동백, 2024: 219-231).

다양한 소통과 교감으로 맺는 인간관계의 성격을 올바르게 판단하려면 여러 경험의 축적이 필요하다. 한 번의 만남으로 급하게 친해질 수도 있겠지만 대부분의 인간관계는 지속적인 만남과 대화를 통해 공유하는 것이 많아지고 서로를 공감하면서 형성된다. 그러나 관계망상은 이러한 인간관계의 정상적인 형성 과정을 거치지 않고, 겉으로 드러난 단편적 현상만을 보며 자의적 판단을 하고 감정을 갖는다. 이들이 부정적 감정을 갖게 되면 폭력적 행위와 연결이 될 수 있는데, 이 유형의 가해자들 역시 피해자의 입장이나 생각은 전혀 고려하지 않고 가해행위를 저지르는 경우가 많다.

과거 지방의 한 소도시 면사무소에서 이웃 주민과의 분쟁으로 인해 여러 민원을 제기하던 한 주민이 수렵용 엽총을 들고 면사무소에 찾아와 총을 난사하여 2명의 공무원이 사망한 사건이 있었다. 이 엽총 난사 사건으로 사망한 2명의 공무원은 주민 간의 분쟁에 전혀 관련이 없는 사람들이었다. 하지만 범인은 자신의 편을 들어주지 않는 면사무소의 모든 직원을 자기의 적으로 간주하였고, 결국 이러한 관계망상이 안타까운 살인사건으로 이어진 것이다.

향후 사회적 고립이 심화되면 이와 같은 관계망상형 강력범죄가 많이 늘어나게 될 것이 예상되며, 이는 사회의 연대기능을 강화하고 다양한 인간관계를 회복시켜 예방해야 한다. 타인과 교감하고 연결되는 경험을 위한 노력이 사회문화적으로 필요한 것이다. 일본에서도 관계망상형 강력범죄의 급증으로 인해 골머리를 앓고 있지만 뾰족한 대안 마련이 쉽지 않은 상황이다(권혜림, 2021: 29-43).

## 5 사회적 소통 기능 강화와 엄한 처벌의 중요성

범죄문제의 해결에 있어서 올바른 방식의 소통이 중요하다는 점을 강조하고자 한다. 앞서 언급한 범죄현상의 변화는 주로 인구구조의 급격한 변화와 세대 및 계층 간의 단절, 우리 사회의 집단결속력 저하 등이 영향요인이 되었다고 할 수 있다. 범죄 대응에 있어서 법적인 장치의 마련, 수사기관의 수사 및 조사 역량 제고, 피해자의 상황과 피해 정도에 대한 정확한 파악 등이 지금까지 제시되어 온 대안(對案)이었다. 그러나 인구구조의 변화와 세대 및 계층, 개인 간 소통의 부재, 공동체의 붕괴 등과 같은 범죄의 원인을 해소하기 위해서는 다른 방식의 대안 마련에 각별한 신경과 노력을 기울여야 할 것이다(염건령, 민수진, 2023).

특히, 최근 사회적으로 소외되는 사람들의 실태를 정확하게 파악하고, 이들이 극단적으로 혼자만의 생각에 빠지고 정상적인 인간관계를 갖지 못하는 상황을 막는 노력이 필요하다. 지역사회에서 대상에 맞는 사회적 모임과 활동을 만들고 참여시켜야 하며, 이를 위해서는 정부의 재정적인 투입이 일정 부분 담보되어야 할 것이다. 일본의 경우

마을 공동체 사업에서 확대된 개념으로서 청년 공동체 사업이나 세대 간 소통사업 등에 다방면의 노력을 기울이고 있으며, 고립의 문제점을 알리는 공익 캠페인을 적극적으로 시행하고 있다.

다음으로 잔혹화, 흉포화, 지능화되는 강력범죄에 대해 보다 더 강한 형사적 대응을 고민해야 할 것이다. 우리나라는 사형제도를 폐지하고 인권보호국의 지위를 유지하고 있다. 사형제도를 부활하는 것은 어렵더라도 가석방 없는 종신형제의 도입이나 무기징역형의 중복 선고 제도, 교도소 내 노역이나 출소 후 경제활동을 통해 번 돈을 피해자나 그 유족에게 지급하는 행형노동 피해자 보상지급제, 노역과 함께 강한 통제를 받는 미국에서 운영 중인 중교도소의 도입, 훼손이 사실상 불가능한 초강력 전자발찌의 도입 등 다양한 대안을 고려해야 한다(김한균, 2023: 210-213).

우리 사회는 그동안 피의자 또는 가해자의 인권보호를 위해 노력해 왔고, 실제 그들의 인권이 보호되고 있음을 확인할 수 있다. 이미 많이 늦었지만 이제 피해자와 그 가족 또는 유족의 인권을 생각해야 할 때이다. 피해자 인권을 간과한 오랜 기간이 인권의 불균형을 낳았고, 이는 피해자나 그 가족이 피해에서 벗어나지 못하게 만드는 가장 큰 원인이 되고 있다.

또한, 사회시스템이 극도로 가해자의 인권보호에만 치우치면 처벌에 대한 두려움이 없어 더 쉽게 범죄를 행하게 만들 수 있다. 우리 사회에 심한 범죄피해를 끼쳐도 사회적 응징을 제대로 받지 않는다는 잘못된 메시지를 줄 수 있다는 점도 심각하게 고민해야 할 것이다(조규범, 2023).

# 범죄심리학

# 제3장

# 수사심리학과 범죄 프로파일링

Criminal Investigative Psychology & Profiling

일반인의 입장에서 수사심리학(Criminal Investigative Psychology)이 심리학의 세부 영역인지, 아니면 범죄수사학(Criminal Investigation Study)의 한 영역인지에 대한 궁금증이 제기될 수 있을 것이다. 수사심리학은 심리학적 지식과 방법론을 범죄수사에 적용하는 응용심리학(Applied Psychology)의 한 분야라고 할 수 있다. 여기에서 범죄수사는 범죄혐의를 밝히기 위하여 범인을 찾아내고 증거를 수집·보전하는 수사기관의 활동을 말한다.

범죄수사에 심리학을 적용한 대표적인 심리학자는 영국 Liverpool 대학교의 David Canter 교수이다. 1980년대 영국 경찰은 연쇄강간, 살인사건의 범인을 잡기 위해 Canter 교수에게 자문을 요청하였다. 그리고 Canter 교수의 도움으로 1982년부터 1986년까지 25건의 강간과 3건의 살인을 연쇄적으로 저지른 John Duffy를 체포하는 데 성공한다. 이를 계기로 Canter 교수는 범죄수사에 심리학적 지식을 접목시킴으로써 실질적인 도움을 줄 수 있는 새로운 학문 분야가 필요하다고 보았다(Canter, 1995).

수사심리학 분야가 실제 현장에서 어떻게 적용될 수 있는지를 살펴보기 위해 범죄사건이 발생했을 때 어떤 일들이 벌어지는지를 생각해 보자. 가령 살인사건이 발생하면 수사관들은 범죄현장으로 달려가 범인이 남긴 흔적을 찾을 것이다. ① 현장에 남겨진 DNA, 지문, 혈흔 등과 같은 증거를 수집·보전하고, ② 범죄현장에 남은 범인의 행동특성을 분석함과 동시에, ③ 사건관계인(피해자, 목격자 등)들을 대상으로 사건 관련 진술을 확보하고, ④ 용의자를 검거한 후에는 범행 여부를 확인할 것이다. DNA나 지문 등은 범죄자의 신원을 확인할 수 있는 객관적인 증거이지만 범죄현장에 그것들이 항상 남아 있는 것은 아니다. 범죄가 지능화됨에 따라 물적 증거를 찾기 어려운 상황도 종종 발생한다.

그렇다면 물적 증거가 부재하거나 부족한 상황에서 범죄자의 신원을 파악하고 그들이 저지른 범행의 정도를 파악하기 위해서는 어떻게 해야 하는가? 이는 위의 ②, ③, ④와 관련된 주제로, 범죄수사 과정에서 이와 관련된 심리학적 지식이 많은 도움을 줄 수 있다.

먼저, 용의자가 지목 또는 검거되지 않았을 경우 수사 과정에서 떠올릴 수 있는 질문은 다음과 같다. ① 범인의 신원을 확인할 수 있는 중요한 정보는 무엇인가? ② 범인은 어떤 특성을 가졌는가? ③ 이 사건 외 다른 범죄를 저질렀을 혹은 저지를 가능성이 있는가? ④ 범인은 어디에 있으며 다른 범죄를 저지른다면 어디일까? 등등. 이것은 프로파일링(Profiling)과 관련된 주제이다.

범죄현장에서 확보된 물적 증거를 수집·보전하였다면 현장에서 발견된 특징들을 분석함과 동시에 목격자나 피해자를 대상으로 사건과 관련된 정보를 확보해야 한다. 이때 중요한 것은 정확한 정보를 얼마나 많이 확보하는가 하는 것이다. 정보를 제공해 주는 대다수는 선량하고 진실하게 진술하려는 사람들일 수 있다. 그러나 조사자가 질문을 어떤 방식으로 어떻게 하느냐에 따라 진술이 달라지기도 한다. 즉, 진술하려는 사람들의 의도와 무관하게 잘못된 방향으로 수사가 진행될 수도 있다는 것이다. 그렇다면 어떤 진술을 어떻게 확보해야 하는가? 이것은 수사면담(Investigative Interview)과 관련된 주제이다.

한편, 목격자나 피해자로 가장하는 범인이 있다면 자신의 혐의를 감추기 위해 은폐하거나 사실과 다르게 진술할 수 있다. 혹은 다른 사람을 무고하기도 한다. 용의자를 검거하여 범행 관련 진술을 확보할 때에도 마찬가지이다. 용의자로부터 자백을 끌어내기 위해 신문(Interrogation)을 시도하는 과정에서 허위자백과 같은 문제가 발생하기도 한다.

결국 진술을 확보한다고 하더라도 그것이 믿을 만한지 아닌지 여부를 면밀히 살펴야 한다. CCTV(Closed Circuit Television) 등과 같은 객관적인 증거가 있다면 진술과 대조해 보면 되겠지만 그렇지 않다면 진술 그 자체만으로 믿을 만한지 평가해야 한다. 따라서 양질의 진술을 확보하려는 시도와 더불어 해당 진술이 믿을 만한지, 즉 진술 신빙성 여부를 제대로 판단하는 것은 매우 중요하다. 자칫 무고한 사람이 범인으로 몰릴 수 있기 때문이다.

이것은 진술의 진위 탐지와 관련된 주제이다. 수사심리학의 연구 분야는 정보의 수집 및 평가, 프로파일링, 의사결정 지원 등 광범위하다. 그러나 지면상의 한계로 여기에서는 프로파일링, 수사면담과 신문, 진술의 진위탐지 관련 내용에 중점을 두고자 한다.

## 제 1 절 | 범죄 프로파일링의 개요

### 1 프로파일링의 개념

범죄 프로파일링(Criminal Profiling)은 1972년 FBI 행동과학부(Behavioral Science Unit; BSU)에서 연쇄살인범의 프로필을 작성해서 범죄수사(Criminal Investigation)에 활용한다는 의미로 개념화된 용어이며, 다음과 같이 다양하게 정의 내린다(권일용, 2019; 박지선, 2021; 최대호, 이주현, 이상경, 2018).

**[범죄심리학자별 프로파일링의 정의]**

| 학자 | 정의 |
|---|---|
| Rider | 개인(범죄자)의 고유한 심리 · 행동적인 성격 특성의 묘사 |
| Geberth | 범죄자의 유형에 관한 구체적인 정보를 수사기관에 제공하기 위한 훈련된 시도 |
| Douglas, Resler, Burgess & Hartman | 범죄행동의 분석을 통해 행위자 개인의 특성과 성격 특성을 확정하는 기법 |
| Pinizzotto & Finkel | 범죄자의 개인 특성을 유사한 범죄행위를 행한 다른 범죄자의 특성과 비교하여 확정하는 수사기법 |
| Turvey | 범죄자의 성격 특성을 추론하는 과정 |
| Alison, Bennell & Mokros | 범죄현장에서 범죄자의 행동분석을 통해 성격, 행동패턴, 범죄 유형에 따른 인구사회학적 특성을 분석하여 수사대상자를 선정하는 데 활용할 수 있는 수사기법 |
| Copson | 범죄현장, 피해자 그리고 다른 수집 가능한 증거물에 대한 아주 상세한 평가를 토대로 알려지지 않은 범죄자의 묘사를 추정하여 경찰 수사를 지원하는 것 |
| FBI | 범죄자가 저지른 범행의 분석을 통해 범인의 주요 성격, 행동적 특성을 밝혀내는 수사기법 |
| Bartol & Bartol | 다양한 수사 정보를 바탕으로 개인의 행동적 · 인지적 · 정서적, 인구통계학적 특성을 추정하는 기법 |

위 내용을 종합해 보면 프로파일링은 범죄현장에서 수집된 정보를 토대로 범죄자의 행동 및 심리적 특성을 추론하여 이를 수사기관에 제공함으로써 효과적인 수사를 할 수 있도록 지원하는 수사기법이라고 할 수 있다. 여기에서 범죄자의 특성이라 함은 연령, 교육 수준, 직업, 전과, 결혼 여부, 피해자와의 관계, 성격 특성, 심리/정신장애, 거

주지와 범죄현장 사이의 거리 등을 추론하는 것으로, 이를 통해 범인 검거에 기여할 수 있다(Douglas, Ressler, Burgess, & Hartman, 1986).

이처럼 좁은 의미의 프로파일링은 범죄현장에서 범죄자가 보인 행동으로부터 범죄자의 성격과 특성을 찾아내는 것을 말하는데(Ainsworth, 2000), 이를 범죄자 프로파일링(Offender Profiling)이라고 한다. 범죄자 프로파일링은 범죄수사 과정에서 범죄자와 관련된 정보를 분석하여 수사 방향과 구체적인 전략을 제시함으로써 수사망을 좁혀 나가는 데 도움을 준다(Bartol & Bartol, 2008).

범죄자 프로파일링은 범행동기 등 심리상태를 밝히는 데 주목한다는 점에서 심리학적 프로파일링(Psychological Profiling)이라고도 한다. 이미 확인된 개인의 범죄 위험성 혹은 위협 상황에 노출될 가능성에 대해 다양한 정보를 수집・분석하는 과정을 의미한다. 특정 개인, 집단, 조직 등을 상대로 협박 편지를 발송하는 신원 미확인 범죄자를 대상으로도 심리학적 프로파일링이 실시될 수 있다.

신원 불상의 협박 용의자 대상 프로파일링에서는 그들의 향후 실제적 위협 행동의 가능성을 평가한다. 일반적으로 심리학적 프로파일링 과정에서는 위협평가(Threat Assessment)와 위험성평가(Risk Assessment)가 진행된다. 위협평가는 위협행동이 실제로 나타날 가능성 여부를, 위험성평가는 특정 개인의 자・타해 위험성을 평가하는 방법을 의미한다.

두 가지 평가방법 모두 생활환경 및 개인력(Personal History) 확인, 관찰, 인터뷰 등 다양한 방식들이 사용된다. 특정 범죄자 유형에 대한 심리학적 프로파일링은 수사 과정에서 유용하게 활용될 수 있는 반면, 수사관의 판단을 편향시킬 가능성 역시 존재하기 때문에 수사 과정에서 적용할 때에는 세심한 주의를 기울일 필요가 있다.

심리학적 프로파일링은 용의자 기반 프로파일링(Suspect-Based Profiling)과 같이 확인된 용의자들을 대상으로 진행된다. 용의자 기반 프로파일링은 과거 동종 사건의 범죄자 데이터를 체계적으로 수집하여 현재 용의자 유형을 분석・확인한다. 예를 들어, 마약 밀매, 폭탄 테러, 비행기 납치 범죄를 저지를 가능성이 높은 사람들의 심리학적 특징들을 요약한 용의자 기반 프로파일링은 과거 유사 범죄를 저지른 사람들의 특성들을 바탕으로 도출된다.

즉, 용의자 기반 프로파일링의 최종 결과에는 다양한 범죄자 집단의 특성들이 구체적으로 기술되어 있어야 한다. “예를 들어, 특정 시간대에, 특정한 종류의 차량을, 특정한 속도로 이동하는 차량이 있고 운전자 외양 또한 특정한 모습을 하고 있을 경우, 그는 마약을 배달하는 범죄자 집단 유형과 유사하기 때문에 이러한 차량을 발견할 경우에는 검문을 실시해야 한다"(Homant & Kennedy, 1998). 여기서 특정한 모습을 지닌 외양은 의심스러운 행동, 연령대, 옷차림 등을 의미하는데, 이러한 외양적 특징은 특정 범죄자 유형의 일반적 형태일 수도 있지만 특정 인종, 민족 집단의 일반적 특성일 수도 있다.

범죄자 프로파일링은 가해자 프로파일링(Offender Profiling), 수사 프로파일링(Investigative Profiling), 범죄수사 분석(Criminal Investigative Analysis), 범죄수사 자문(Criminal Investigative Advice), 범죄현장 분석(Crime Scene Analysis), 범죄현장 프로파일링(Crime Scene Profiling) 등 다양하게 불린다.

프로파일링은 범죄자의 특성을 추론하는 것에서 더 나아가 그 영역이 확장되고 있다. 가령, 범죄장소의 특성을 분석하여 범죄자의 거주지를 추정하는 지리적 프로파일링(Geographical Profiling)이 있다. 또한, 범죄자의 추후 위협 행동의 수준을 추정하여 면담에 대한 요령뿐만 아니라 범죄연계분석(Crime Linkage Analysis)에 관한 조언을 제공하기도 한다(Copson, 1995).

범죄연계는 동일 범죄자가 저지르는 범죄를 행동상의 유사성을 통해서 그리고 때로는 지리와 시간적 근접성을 통해서 확인하는 데 사용되는 행동분석의 한 유형이다. 사례 연계(Case Linkage), 사례 비교 분석(Comparative Case Analysis)이라고 불리기도 한다(Davies & Beech, 2012).

국내 학자들도 위와 유사한 관점으로 프로파일링에 대해 정의 내리고 있다. 흔히 프로파일링이라고 하면 미제사건을 떠올리고 범인 검거를 목적으로 활용하는 것으로만 생각하기 쉽다. 그러나 최근 들어서는 범죄자 프로파일링 인물상 개념에서 탈피하여 다양한 사회과학적 지식을 토대로 수사 단서를 제공하는 모든 유형의 분석활동을 의미하는 것으로 프로파일링을 정의하고 있다(신상화, 이동희, 2020). 즉, 용의자가 검거된 후 효과적인 신문 전략을 제시하는 등 다양하게 기여할 수 있다(Holmes & Holmes, 2002; Pinizzotto & Finkel, 1990; Turvey, 2002).

국내 프로파일러(국내에서 프로파일러는 범죄분석요원이라는 명칭을 사용하고 있음)들의 활동을 보면 범죄자 검거 전의 활동뿐만 아니라 검거 이후의 활동에 이르기까지 다양하게 참여하는 것을 알 수 있다. 국내 프로파일러들을 중심으로 프로파일링은 다음과 같이 정의 내린다(최대호 등, 2018; 신상화, 이동희, 2020; 최규환, 2020).

[국내 프로파일러들의 프로파일링 정의]

| | |
|---|---|
| 최대호, 이주현, 이상경 | 과학적 방법을 통해 범죄분석 보고서와 전문가 조언을 제공하는 강력사건 수사 컨설팅 |
| 신상화, 이동희 | 다양한 사회과학적 지식을 토대로 수사 단서를 제공하는 모든 유형의 분석활동 |
| 최규환 | 사건 발생부터 검찰 송치에 이르는 전반적 수사활동 기간 중 범죄현장·피해자 특징, 범죄자 행동, 초기 수사자료 등을 토대로 심리학·사회학·범죄학 등의 행동과학적 분석방법으로 용의자 유형 추론, 검거전략 수립, 자백 획득 및 증거 확보와 같은 사건 해결에 도움을 주는 수사기법 |



위의 정의와 같이 프로파일러는 범인 검거를 위한 분석뿐만 아니라 범인 검거 후 면담을 통한 유형별 특성 분류 및 유사 사건 간 연계성 파악, 범죄행동 분석 자료의 증거 활용, 신문 전략 제시 등 강력범죄 수사를 지원하는 일련의 활동을 한다(권일용, 2019). 실제로 국내 프로파일러들의 활동을 살펴보면 사건 발생 초기부터 범인을 검거하여 송치한 이후까지 수사의 전 과정에서 다양한 지원을 하고 있다. 세부 분석기법으로는 종합사건분석, 지리적 프로파일링, 진술분석, 자백획득, 신문전략, 피의자 심리검사와 면담, 심리부검 등으로 구분할 수 있다(이진숙 등, 2020).

이런 점에 입각해 보면 프로파일링에 대한 정의는 보다 더 폭넓게 적용해야 할 것이다. 그러나 프로파일링의 영역이 폭넓은 수사 지원으로 확대되면서 이를 위한 적절한 훈련이 무엇인지에 대한 논쟁 역시 증가하고 있다(Scherer & Jarvis, 2014). 이는 위와 같은 폭넓은 영역을 제대로 다룰 만한 전문가 역량을 위한 훈련이 쉽지 않다는 의미를 내포한다.

## 2 범죄 프로파일링의 대상이 되는 범죄사건 유형

프로파일링은 어떤 사건들에서 유용할까? 대중매체를 통해 많이 알려진 것과 같이 프로파일링은 연쇄살인이나 강간 같은 심각한 범죄 유형에서 흔히 적용되어 왔다. 그러나 프로파일링을 어떤 범죄 유형에 적용하여야 하는가와 관련되어서는 학자들의 견해가 다소 불일치한다(Canter, 2000; Crabbe et al., 2008; Goodwill & Alison, 2007; Holmes & Holmes, 1996). 즉 폭력범죄, 범죄자의 성격이 드러나는 범죄나 정신적 기능부전(Mental Dysfunction), 정신병리 증상이 시사되는 범죄에만 적용되어야 한다는 입장과 그보다 더 널리 적용될 수 있다고 주장하는 입장이 있다(Davies & Beech, 2017).

Canter 교수에 의하면 수사관들이 처음 심리학적 조언을 요청한 사건은 동기가 없는 낯선 사람을 대상으로 한 범죄와 연쇄살인이었다고 한다. 그러나 그는 범죄행동이 기괴하거나 심리적 요소가 수반된 범죄사건들에 프로파일링 방법이 적합하다는 FBI의 주장은 과학적 근거가 미약하다고 주장하기도 한다. 즉 강도, 절도 등과 같은 일반 범죄들에서도 물건을 절취하는 방법에 따라 범죄자들의 특성은 다를 수 있다고 지적하였다(Bartol & Bartol, 2019). Goodwill과 Alison(2007) 역시 한 유형의 범죄 내에서도 절도 또는 강간과 같은 범죄 유형은 다른 범죄들보다 프로파일이 좀 더 드러날 것이라고 제안한다.

권일용(2019)의 연구에 따르면 사건의 가해자와 피해자의 인과관계가 불분명하고 가학적인 방법으로 살해하였거나 시신이 훼손된 경우와 이상(Abnormal) 성적(性的) 행동, 연쇄방화 등의 사건에서 프로파일링 기법의 적용이 가능하다고 한다. 범죄자의 심리와 행동 특징들을 파악할 수 있는 조건들이 충족되었다고 보기 때문이다.

그러면서 마약이나 기타 약물, 알코올 관련 범죄의 경우에는 범죄자의 심리적 · 성격적 형태에서 일관성을 찾기 어렵기 때문에 적합하지 않은 경우가 많다고 하였다. 그러나 Monahan과 Walker(2014)는 납치범, 약물 운반자, 그리고 불법이민자 등의 특성에 맞는 사람을 찾는 데 프로파일링이 수사관을 도울 수 있다고 강조한다(Green & Heilbrun, 2019). 이와 같이 학자들마다 의견이 다소 불일치하긴 하나 제반 내용을 정리해 보면 일부 특정 유형의 범죄는 다른 범죄 유형에 비해 프로파일링 기법을 적용하기에 보다 적합할 수 있을 것이다.

## 3 범죄 프로파일링의 절차

Douglas, Ressler, Burgess 그리고 Hartman(1986)은 프로파일링 과정을 다음과 같이 여섯 단계로 분류하였다.

### 1) 정보 입력

물리적 증거, 범죄현장 사진, 부검보고서와 사진, 피해자에 대한 상세정보, 경찰 기록 등 범죄에 대해 수집 가능한 모든 정보를 모으는 단계이다. 범죄수사 관련 프로파일링이 성공하기 위해서는 정보의 수집을 포함한 입력 단계가 철저하게 이뤄져야 한다. 놓치는 정보가 없도록 현장 수사관이나 사건 검시관, 현장 출동 경찰관과의 의사소통을 통해서 최대한 많으면서 정확한 자료와 정보를 입력하는 과정이 필요하다. 여기에는 프로파일러의 꼼꼼하면서도 치밀한 업무처리 태도가 중요하다.



### 2) 의사 과정 모델

수집된 정보들을 몇 가지 기준으로 정리한다. 어떤 종류의 살인사건인가, 범행의 중요 동기(성욕, 경제적 문제, 개인 또는 정서적 문제 등)는 무엇인가, 살인을 위해 어느 정도의 위험을 감수했는가, 범행장소와 시체 이동 여부 등이 기준으로 적용되며, 이 외에 사건의 내용과 성격에 따라서 다양한 기준이 설정될 수 있다.

### 3) 범죄 평가

기존 정보를 토대로 범죄행동을 재구성한다. 살인범이 조직적(계획적, 신중함 등)인가, 비조직적인가(충동적, 미성숙 등), 사인・상처 위치・시신 자세 등에서 살인범의 동기가 드러나는가 등이 범죄 평가의 내용에 포함된다.

### 4) 범죄자 프로파일

용의자에 대한 초기 묘사를 한다. 살인범의 인종, 성별, 나이, 결혼상태, 주거 상황, 직업 전력, 심리적 특징, 신념, 가치관, 과거 범죄 기록 등등을 기반으로 묘사가 진행되며, 구체적인 내용보다는 빠지는 내용이 없는 쪽으로 집중한다.

### 5) 수사

프로파일러는 수사관에게 서면으로 프로파일 보고서를 제공하고, 수사관은 프로파일과 일치하는 용의자를 집중 수사한다. 프로파일러의 분석내용과 의견 분석자료는 용의자를 추적하거나 검거할 업무를 담당하는 수사관에게 아주 중요하면서 유용한 수사기준이 될 수 있다. 예를 들어, 전문적으로 칼을 다루는 직업일 가능성이 높다거나, 운전을 직업적으로 하는 사람이라거나, 왼손잡이이면서 양손을 잘 사용하는 사람이라거나 하는 등의 의견은 수사의 범위와 용의자를 특정하는 데 큰 도움이 될 수 있다.

### 6) 체포(검거)

용의자가 검거되면 프로파일러는 자신의 예측이 얼마나 타당했는지를 평가한다. 프로파일링을 통해 용의선상에 올릴 대상자를 좁힐 수 있었고, 그 결과 유효 적절하게 수사가 진행되어 성공적으로 피의자를 특정하거나 범인을 검거하였다면 이와 관련한 내용을 체계적으로 정리해야 한다. 반대의 경우도 마찬가지로서 실패한 내용에 대한 철저한 분석과 함께 수사에 오히려 도움을 주지 못한 사유가 무엇인지, 분석의 오류나 실패가 발생하게 된 원인은 무엇인지 등을 세밀하게 분석하여 냉정하게 평가하는 과정이 이뤄져야 할 것이다.

## 4 국내 · 외 프로파일링 제도와 운영체계

### 1) 미국

미국은 1970년대 초부터 프로파일링 제도를 도입하였다. FBI와 FBI아카데미를 통하여 체계적인 교육 · 훈련 및 인턴십 과정 등을 통하여 프로파일러를 양성하고 범죄자의 행동 정보를 데이터베이스화하였다. 특히, FBI는 기존의 행동 기반 범죄연구부서인 행동과학부(BSU)의 조직 개편 필요성을 인식하였으며, 2014년에 기구 재편을 실행하였다.

그 결과 별도의 기구 형식인 국립강력범죄분석센터(National Center for the Analysis of Violent Crime; NCAVC)를 출범시켰다. 이 센터 안에는 2개의 주요 연구 파트를 배치하였는데, 하나는 행동과학연구팀이고 다른 하나는 수사 관련 교육을 주관하는 교육팀이다. 이를 통칭하여 행동과학연구 및 교육부(BRIU)로 부르고 있다. 국내 · 외 경찰 및 법 집행기관과 파트너십을 형성하여 범죄 프로파일링에 대한 연구와 교육, 그리고 범죄대응 전략을 개발하겠다는 전략을 제시하는 등 범죄 프로파일링을 적극적으로 활용하는 전략을 강화하고 있다(허경미, 2015).

### 2) 캐나다

캐나다 RCMP(Royal Canadian Mounted Police: 캐나다 연방기마경찰국 / 미국의 FBI에 해당하는 연방수사기관)는 범죄분석을 담당하는 부서로 BS(Behavioral Science Branch)를 두고 ViCLAS, Truth Verification, Geographic Profiling, Criminal Profiling 등의 부서를 운영하고 있다. 대표적으로 Truth Verification 부서에서는 폴리그래프(Polygraph), 진술분석(Statement Analysis), 법최면(Forensic Hypnosis), 음성분석(Voice Stress Analysis) 등의 업무를 수행하고 있다. ViCLAS 전문가(Specialist)는 5년 이상의 수사 실무경력을 가진 경찰관이어야 하고 이들 중 관련 분야에 대한 학문적 소양과 컴퓨터에 대한 전문 지식을 가지고 있는 수사관을 선발하여 운영하고 있다(권일용, 2019).

### 3) 영국

영국 프로파일링 시스템은 우리나라의 경찰대학과 같은 역할을 하는 NCPE(National Centre for Policing Excellence) 산하에 있는 SCAS(Serious Crime Analysis Section)와 OSS (Operational Support Section) 부서가 있다. SCAS는 영국 전역의 강력 사건 데이터베이스를 구축하고 관리하며, OSS는 사건 수사팀에 용의자 추정, 신문 전략, 행동 분석 등 수사 정보를 제공하거나 일선에 진출하여 수사를 지원한다.

영국은 2012년 이전까지 국가가 범죄 프로파일링을 전담하였는데, 그 이후에는 민간에 위임하면서 프로파일링 민영화를 추진하였다. 전문수사관 출신으로서 은퇴하거나 퇴직한 수사전문인력을 민간전문가로 위촉하여 활용하거나 또는 프로파일링에 협업하는 전문 민간범죄과학 연구기관이나 회사와의 협업을 제도화한 것이다. 이와 함께 내무부에 법의학규제관을 임명하였으며, 법의학규제관은 프로파일러의 자격 및 프로파일링 업무의 표준안 제시 등의 가이드 역할을 한다(허경미, 2015).

### 4) 우리나라

2000년 서울지방경찰청 과학수사계에 최초로 '범죄분석팀'을 설치하였다. 이후 2005년 심리학, 사회학 전공자를 특별채용하여 2006년 각 지방청 수요에 따라 분산 배치하였다. 2016년 경찰청 과학수사부서 직제가 전면 개편되면서 수사국 소속의 과학수사센터에서 과학수사관리관 체제로 승격되었다. 현재는 경찰청 과학수사관리관 아래 과학수사담당 소속으로 법과학 분야가 운영되고 있고 범죄분석 담당 소속 범죄행동분석팀(Criminal Behavior Analysis Team)을 운영하고 있다.

한국 프로파일러들이 사용하는 강력범죄자 데이터베이스 구축 시스템은 과학적 범죄분석 시스템인 SCAS(Scientific Crime Analysis System)이다. 재소자 및 피의자 면담, 현장실사, 사건 분석 등을 실시한 후 시스템에 입력하도록 의무화되어 있다. 이 밖에 지리적 프로파일링을 위한 지오프로스(GeoPros: Geographic Profiling System)와 고도의 사건자료 통계분석을 위한 홈즈(HOLMES: High-logical Analyzer On Large Crime Data Management Enquiry System)를 활용하고 있다(최대호 등, 2018).

## 제 2 절 | 범죄 프로파일링의 분류

### 1 범죄자 프로파일링(Criminal Profiling)

앞서 살펴본 바와 같이 프로파일링에 대한 용어들은 혼재되어 사용되고 있다. 이는 연구자들이 프로파일링에 대한 개념 정의를 어떻게 하느냐와 관련된 것으로 보인다. 또 다른 측면으로는 다른 용어를 사용함으로써 긍정적인 태도 변화를 유도하려는 것으로 보인다. Torres, Boccaccini, 그리고 Miller의 연구(2006)에 의하면, 법과학 전문가들은 프로파일링보다 범죄수사 분석이라는 용어를 사용하였을 때 신뢰도와 타당도가 높다고 응답하는 경향이 나타났다. 이는 다른 연구들에서도 마찬가지였다(Bartol & Bartol, 2019).

범죄자 프로파일링(Criminal Profiling)은 범죄현장에 범죄자의 평소 습성이나 일상적인 행동 방식 등이 고스란히 반영되어 있다는 것을 전제로 한다(Holmes & Holmes, 2002). 범죄자가 피해자에게 가해를 한 방식, 상해 부위의 집중성 등을 통해 이를 추론할 수 있다. 여러 건의 범죄를 저지른 한 범죄인은 동일한 범행수법(Modus Operandi; MO)을 사용하고 동일한 서명(Signature)를 남기는데, 범행수법은 시간이 흐름에 따라 변화할 수 있다. 이러한 전제를 바탕으로 범행동기를 추론하거나 용의자 프로파일을 작성하며, 용의자 리스트 중에서 우선적으로 조사를 해야 할 대상자를 선별하거나, 검거를 위한 잠복 지역을 선정하기도 한다.

여기에서 유의할 점은 범죄자 프로파일링은 범죄현장의 행동을 토대로 범죄자의 특성이나 성격을 추론하여 범죄자의 유형을 밝혀내는 것으로, '범죄자 특정'이 아니라 범죄현장을 통해 '범죄를 행할 만한 대상자의 유형에 대한 정보를 제공'한다는 것이다. 따라서 범죄자 프로파일링은 범죄현장의 분석과 범죄자의 인지 · 정서 · 행동적 특성에 대한 포괄적인 이해를 통하여 수사 방향을 설정하고 전략을 제시하여, 범죄자의 유형을 밝혀내고 수사망을 좁혀 나감으로써 궁극적으로 범인 검거에 기여하고, 검거 이후에는 효과적인 신문 전략을 제시하는 등 다각적 기능을 수행하는 수사기법을 말한다(Pinizzotto & Finkel, 1990; Turvey, 2002). 범죄자 프로파일링의 접근 방식에 따른 분류는 연구자들마다 조금씩 다른 용어를 사용하여 제시한다.

가령, Turvey(2002)는 귀납적 프로파일링과 연역적 프로파일링으로 분류하였다.

귀납적 프로파일링(Inductive Criminal Profiling)은 다수의 유사한 범죄사건 및 범죄자에 대한 관찰을 통해서 상관성 있는 행동과 심리 특성을 유출하는 수사기법이다. 즉, 최초의 행동 특성들 그리고 이전에 연구되었던 다른 범죄자들과 공유하는 인구통계학적 특성들로부터 개별 범죄자에게 일반화할 수 있는 프로파일링을 말한다. 따라서 과거 사례, 범죄통계자료 및 교육 수준, 직업, 가족 구성, 거주 지역 등 인구사회적 각종 지표에 대한 통계자료, 심리학적 성격 유형 자료 등에 바탕하여, 범죄 원인 및 범죄 행태에 관한 연구와 수사관의 경험적 요소를 고려하고 일정한 범죄자에게 연계될 수 있는 범행 방식, 성격 등을 유형화하여 확보한 기준에 비교하여 프로파일링 자료를 창출한다.

즉, '특정 조건하에서 발생하기 쉬운 행동, 감정의 특징적 패턴과 행동지표에 관한 자료를 축적한 것'으로서 프로파일링을 정의한다(권창국, 2002). 이것은 효율적인 비용과 전문기술과 지식이 없어도 가능하며, 유사한 범죄현장으로부터 간단한 추론을 제시하는 것이 가능하다는 장점이 있다. 그러나 기존의 자료는 체포된 범죄자들로부터 수집된 것으로, 제한된 자료로부터 일반화된다는 한계가 있다.

한편, 연역적 프로파일링(Deductive Criminal Profiling)은 일정한 범죄사건 또는 일련의 범죄사건들과 관련한 각종 물적 증거 또는 범인의 행태적 증거를 분석하여 범인의 성격 등 제반 특성을 추출하는 과정 및 기법을 의미한다. 귀납적 기법과 달리 일정한 범행 패턴과 성격 유형 등을 설정하지 않고, 개별 사건별로 파악되는 객관적 자료(즉,

증거)를 분석·조합함으로써, 구체적인 프로파일링을 확보한다는 점에서 결정적 차이를 갖는다(권창국, 2002).

다시 말하면, 범죄현장에 있는 법과학 증거, 검시 보고서, 검시 사진, 가해자 연구를 통해 특정 범죄자의 범행을 재구성하여 행동 패턴, 성격, 범죄자 수, 감정과 동기 등을 기술하는데, 범죄현장에 초점을 맞추어 법과학적·행동적 증거를 분석하고 범행을 재구성하여 범죄자의 특성을 추론하는 것이다. 이것은 범죄자의 특징적인 행동뿐만 아니라 범행수법을 확인하는 데 유용하며 개별 범죄자의 동기를 상당히 정확하게 지적할 수 있다. 그러나 많은 노력과 다양한 기술이 각 파트의 수사팀에게 요구되며 특정 범죄자를 추정하기 어렵다는 한계가 존재한다.

Hicks(2004)는 이를 좀 더 세분화하여 FBI 프로파일링, Holmes와 Holmes의 범죄유형론, Turvey의 행동증거분석, Canter의 수사심리학적 접근 등으로 구분한다. 한편, Alison, Goodwill, Almond, van den Heuvel, 그리고 Winter(2010)는 크게 접근법으로 구분하는데, 범죄수사 접근(Criminal Investigative Approach; FBI접근, 범죄수사분석, 범죄현장분석으로 불리기도 함), 임상적 접근(Clinical-Practitioner Approach, 진단평가라고도 함), 통계적 접근(Statistical Approach, 수사심리학이라고도 함)으로 분류하였다.

연구자들마다 분류 기준은 조금씩 다르지만 각 내용을 세부적으로 살펴보면 중복되는 부분이 많다(혹은 연구자마다 그 분류가 상이하기도 하다). 하여, 여기에서는 대표적으로 널리 알려져 있는 FBI 프로파일링, Holmes와 Holmes의 유형론, Canter와 Wentink의 통계 유형 분석을 중심으로 살펴본다.

### 1) FBI 프로파일링

FBI 프로파일링은 범죄현장분석(Crime Scene Analysis; CSA)이라고도 하는데 FBI의 행동과학부에서 발전시킨 기법이다. 범죄현장분석에서는 연쇄살인 범죄자들을 성격 특성과 범죄현장의 특징을 기준으로 분류한다. 즉, 체계적이고 반사회적인 유형(Organized Nonsocial)과 비체계적이고 비사회적인 유형(Disorganized Asocial) 두 가지로 크게 구별한다. 연쇄 강력범죄가 발생하면 범죄와 범죄현장의 특성을 분석한 후 용의자를 위 두 범주 중의 하나로 분류하고 보다 세부적인 프로파일링을 진행한다. 두 유형의 범죄자 특징에 있어서 주된 차이는 다음과 같다(권일용, 2019).

[FBI 프로파일링상의 체계형 범죄자와 비체계형 범죄자]

| | 비체계형 범죄자 (Disorganized Asocial Offender) | 체계형 범죄자 (Organized Nonsocial Offender) |
|---|---|---|
| 범죄현장 | • 우발적 행동 특성<br>• 불특정인을 상대로 범행<br>• 피해자를 익명으로 취급<br>• 피해자와 최소한의 대화<br>• 혼잡한 범죄현장<br>• 돌발적 폭력<br>• 결박 사용하지 않음<br>• 살해 후 성폭행 등 잔혹행위<br>• 사체를 현장에 방치<br>• 범행도구를 현장에 방치<br>• 물리적 증거를 남김 | • 계획성이 나타남<br>• 피해자를 사전에 선택<br>• 피해자를 개인적으로 취급<br>• 피해자와 통제된 대화<br>• 통제된 범죄현장<br>• 피해자에게 복종 요구<br>• 결박 사용<br>• 사망 전 공격적인 행동<br>• 사체를 옮기거나 숨김<br>• 범행도구 은닉<br>• 물리적 증거의 은멸 |
| 성격 특징 | • 낮은 지능, 낮은 학력<br>• 사회적인 부적절성<br>• 육체노동<br>• 낮은 출생서열(형제간)<br>• 부친 직업의 불안정성<br>• 피학적인 아동 시기<br>• 범행 당시의 높은 불안도<br>• 소량의 음주습관<br>• 독거, 범죄현장 근처에 거주<br>• 언론에 대한 무관심<br>• 범행 후 큰 행동 변화<br>• 야행성, 신변의 불결성<br>• 비밀스러운 장소의 소유<br>• 이성관계 없음 | • 높은 지능<br>• 사회적인 유능성<br>• 높은 출생서열<br>• 아동 시기의 엄한 훈육<br>• 범행 시 뛰어난 감정조절능력<br>• 동거, 지역, 직업적 이동성<br>• 언론보도를 주시<br>• 매력<br>• 정리된 신변<br>• 모범수<br>• 성적인 자신감 |
| 범행 후 행적 | • 범행현장에 되돌아온다<br>• 피해자의 장례식에 참여<br>• 종교에 귀의<br>• 일기 작성과 언론보도물 수집<br>• 이사, 전직, 행동 변화 | • 범행현장에 되돌아온다<br>• 스스로 경찰과 접촉하여 정보 제공<br>• 경찰의 질문에 대한 대비<br>• 사체를 이동시킴<br>• 범죄를 드러낼 목적으로 사체유기 |
| 효과적인 신문방법 | • 동정심을 보일 것<br>• 우회적인 표현을 쓸 것<br>• 상담가와 같은 태도로 임할 것<br>• 밤에 신문할 것 | • 직설적인 신문을 할 것<br>• 상세하고 구체적인 사실을 제시할 것<br>• 논리성으로 제압할 것 |

FBI 이분법적 유형론은 그것이 과학적인가와 관련된 논란이 지속적으로 제기되어 왔다. 이분법적 유형론에 대한 문제 제기는 다음과 같다. 먼저, 이분법적 유형론의 기초 자료는 FBI 요원들이 교도소에 수감된 연쇄살인범들을 면담한 자료였다는 것이다. 그

러나 면담자들은 면담에 대한 전문적인 훈련을 받지 못하였고 면담도 구조화되지 못하였다. 즉, 기초자료의 문제로 인해 이분법적 유형론의 일반화에 심각한 문제가 제기될 수 있는 것이다.

다음으로는 이분법적 유형론에 대한 타당화 연구가 거의 이루어지지 않았다는 것이다. 이분법적 유형론의 이론적 배경과 이에 대한 경험적 검증의 부족은 가장 많이 제기되는 문제이다. 또, 이러한 이분법적 유형론에 근거한 프로파일링은 수사관의 경험에 의존한다는 문제가 있다. 즉, 여기에서는 프로파일러의 직관과 경험을 통한 분석을 강조하는데, 이러한 직관과 경험이 범죄현장을 분석할 때 적용되는 과정이나 역할이 무엇인가에 대한 분석은 어렵다(Woodworth & Stephen, 1999).

### 2) Holmes와 Holmes의 유형론

Holmes와 Holmes(1996)는 110명의 연쇄살인범에 대한 범행동기, 범죄현장의 증거, 피해자 특징, 살해방법, 범죄자의 공간적 특성 등에 대한 자료를 분석하여 연쇄살인범의 유형을 구분하였다. 즉 연쇄살인범의 동기 유형을 환상형, 사명감형, 쾌락형, 권력·통제형 등의 유형으로 구분한 후 범죄자의 특성을 설명한다.

환상형 연쇄살인범은 정신병적 경향이 있으며 환청이나 환시에 의해 살인을 한다. 사명감에 의한 연쇄살인범은 특정 집단을 근절시키고자 하는 욕구가 있다. 즉, 특정 지위의 사람이나 유대인, 흑인 등과 같은 특정 집단에 대한 범죄욕구를 갖는다. 쾌락주의적이고 색욕적인 살인범은 살인을 통해 성적 만족을 얻는다. 살인을 통해서 쾌락을 추구하기 때문에 살인 과정에 초점을 둔다. 그로 인해 범죄가 이루어지기까지 어느 정도의 시간이 소요되며, 이 과정에는 식인, 사지 절단, 사후강간, 고문, 피해자에 대한 지배 및 피해자에게 두려움을 야기하는 행위가 포함된다. 권력·통제형 살인범은 피해자에 대한 완전한 통제감에서 성적 만족을 얻는다. 그러나 성적 만족이 근본적인 동기는 아니며 피해자에 대한 권한이나 통제력을 갖는다는 느낌이 일차적인 범죄동기가 된다. 일반적으로 이러한 범죄는 정신병적인 것은 아니며, 사이코패스나 성격장애자일 수 있다(이수정, 2022).

위 Holmes와 Holmes의 분류에 대하여 Canter와 Wentink(2004)는 자료수집 절차의 신뢰성과 타당성의 문제를 제기했다. 즉, 인터뷰 절차와 세부내용이 명확하지 않고 공개

[연쇄살인범의 유형 구분]

| 분류 | 내용 | | |
|---|---|---|---|
| 환상에 의한 연쇄살인 | • 정신병적 경향<br>• 환청이나 환시에 의한 살인<br>• 범죄현장을 조작하거나 계획하지 않음 | | |
| 사명감에 의한 연쇄살인 | • 특정 집단에 대한 근절욕구로 인한 살인 | | |
| 쾌락에 의한 연쇄살인 | • 폭력과 성적 만족 연결<br>• 성적 만족 중시 | • 색욕적 살인범 | – 성적인 만족이 가장 중요한 동기 |
| | • 살인 과정에 초점을 두고 범죄에 어느 정도의 시간이 소요됨 | • 스릴 추구형 살인범 | – 살인 과정에서 만족감과 흥분을 느낌<br>– 과도한 고문 수반 |
| 권력적 · 통제적 연쇄살인범 | • 피해자에 대한 완전한 통제감에서 성적 만족을 얻음<br>• 피해자에 대한 권한과 통제력이 일차적인 범죄동기 | | |

되지 않았다는 것이다. 또한, 유형화에 대한 경험적 검증이 이루어지지 않았으며 해당 유형의 기준이 불분명하고 분류에 대한 용어의 정의가 내려져 있지 않다고 지적하였다.

### 3) Canter와 Wentink의 통계 유형 분석

Canter는 범죄현장분석 및 유형론을 토대로 한 분석방식이 주관적 경험 및 직관에 의존하는 비과학적 방법이라고 비판하였다. 그러면서 심리학적 지식과 통계적 분석방법을 적용한 프로파일링 모델을 제안했다. 이러한 통계분석은 미국보다는 영국에서 많은 연구가 이루어지고 있다. Canter와 Wentink(2004)는 다차원척도법을 이용하여 연쇄살인범죄의 특징들이 Holmes와 Holmes(1996)의 가정대로 각 유형으로 분류될 수 있는가를 검증하였다.

즉, 미국에서 발생한 100명의 연쇄살인범이 저지른 범죄 중 세 번째 살인사건을 선택하여 다차원척도법을 적용하였다. 여기서 세 번째 살인사건을 선택한 이유는 3건 이상의 개별 사건이 발생된 경우 연쇄살인에 해당된다는 정의와 이전 범행의 경우 범행에 대한 학습이 진행되는 과정으로 간주할 수 있기 때문이다.

연쇄살인범죄의 특징들이 각 유형에 따라서 공간적으로 구분되어 나타나는가를 분석한 결과, Holmes 등이 제안한 유형론을 지지하지 못했다. 각 유형별로 보면 권력 · 통제적 유형의 특성은 연쇄살인범의 유형으로 구분하기보다는 연쇄살인범의 범행이 지속됨에 따라서 보이는 자연스러운 특성인 것으로 나타났다.

경찰이 연쇄살인범을 체포하지 못하기 때문에 계속 범행을 하는 과정에서 범행수법을 개발하고 체계화하며, 피해자를 통제하는 행위는 연쇄살인범이 범행을 계속할 수 있는 기회를 유지시켜 준다는 것이다. 사명감에 의한 유형은 범죄현장에 나타나는 특징으로는 매우 구분되기 어려운 유형으로, 이 유형에 포함되는 범죄 특징은 다른 유형의 범죄 특징과 명확하게 구분되어 나타나지 않았다. 환상, 쾌락 및 스릴 추구 유형은 제한적으로 지지되었다.

또한, Canter 등(2004)은 연쇄살인범의 범죄현장 특징 중 가장 자주 나타나는 특징을 3차원 공간분석을 통해서 분석하였다. 그 결과, 성행위 동안 피해자가 살아 있는 경우가 91%, 다양한 성행위를 보이는 경우가 66%, 강간 74%, 물어뜯는 경우 61%, 고문 53%, 시체 전시 75%, 과도한 살해행위 70%, 복합적인 범죄현장을 남기는 경우가 61%, 고립된 지역에 시체를 유기하는 경우가 54%로 나타났다. 이러한 변인들은 연쇄살인범의 성적인 동기와 연쇄적인 측면을 나타내는 특징이며, 범죄 유형보다는 범행 스타일을 확인해 주는 특징이다.

## 2 지리적 프로파일링(Geographic Profiling)

지리적 프로파일링은 범죄가 발생한 특정 장소 유형에 따라 용의자의 특성 및 피해자, 피해장소 선정 유형이 상이할 것이라는 전제에 기반한다. 이 중 범인의 심리학적 특성과 관련해서 중요한 개념으로 피해자와 범인의 중첩된 일상활동 지역 및 물리적 · 심리적 공간 경계 개념을 들 수 있다(신상화, 2020).

범죄자 개인의 공간적 인지도식하에 일상적으로 활동하는 익숙한 지역을 기반으로 피해자를 선정 · 유인하는 경향이 있는데, 인지하는 장소들 중에서 범행 발각이나 체포 위험이 있는 지역을 회피하는 일종의 심리적 경계를 구분하고 있는 것이다. 이에 따라 지리적 프로파일링에서는 범죄자들이 자신의 심리적 안정지역을 기반으로 이성적으로 범죄를 저지른다는 가정하에, ① 관련 이론을 적용한 수사관의 판단(지리적 프로파일링과 관련한 심리학과 범죄학의 이론을 적용하여 수집된 수사자료를 토대로 연쇄사건의 이동 패턴을 분석하는 방식), ② 공간 분포(범행장소의 위치 좌표를 기준으로 중심점, 공간 평균, 최소

거리 중심값을 확인한 후 연쇄범죄의 공간적 경향성을 토대로 범죄자 근거지 등을 추정하는 방식), ③ 확률 모델(특정 지역 내 과거 발생한 유사 범죄자들의 이동 데이터를 토대로 수학적 함수 모델을 사전 설정한 후 연쇄사건 발생 시 설정된 함수 모델에 근거, 범죄자 근거 지역을 추정하는 방식) 등의 방법을 프로파일링 분석 과정에서 활용하고 있다(신상화, 2020).

범죄현장 프로파일러들이 용의자의 인구통계학적 · 동기적 · 심리적 특성들에 대한 가설을 수립하는 데 반해, 지리적 프로파일링을 담당하는 프로파일러들은 용의자의 현재 거주지, 범행 근거지 등에 대한 가설을 설정하고, 향후 범죄가 발생할 확률이 높은 지역 · 위치를 예상하여 다음 범죄장소를 선정하는 역할을 한다. 침입 절도, 차량 절도, 방화, 성범죄, 폭발물 테러, 은행 강도, 아동 유괴, 살인 등 연쇄적으로 발생하는 범죄를 대상으로 하며, 범인이 혼자 혹은 한두 명의 공범과 함께 범죄를 저지른다는 전제를 기반으로 한다(Bartol & Bartol, 2019).

지리적 프로파일링은 주로 연쇄살인, 연쇄강간, 연쇄방화 등과 같이 여러 장소에 걸쳐 범죄가 반복적으로 발생하는 경우 활용할 수 있다. 범행장소의 공간적 분포 형태를 컴퓨터 프로그램을 이용하여 분석한 후 규칙을 찾아내어 범인이 있을 가능성이 높은 장소를 확률적으로 예측한다. 범죄 발생의 공간적 패턴보다는 범죄자의 이동 행동에 초점을 맞춘다. 즉, 연쇄적으로 발생한 범죄 위치, 장소 특성 및 이들 위치 간의 관련성을 분석하여 신원이 확인되지 않은 연쇄범죄자의 예상 근거지나 다음 범죄 위치, 장소 등을 예측하는 방식이다(Guerette, 2002). 지리적 프로파일링이 기본 가정은 다음과 같다.

### 1) 최근접의 원칙과 최소 노력의 원칙(Nearness & Least-Effort Principle)

이 원칙은 범인의 입장에서 바라볼 때 비슷한 정도로 적당한 범행 가능 장소가 여러 개 존재할 경우에 범인은 다른 모든 조건이 같다면 자신의 생활 근거지(집, 직장 등)에서 가장 가까운 장소를 선택할 것이라는 가정이다. '가장 가까운 곳'이란 실제 거리가 아닌 '차량 운행 거리'를 말하며, 이러한 공간적 거리는 같은 거리일지라도 개인에 따라 주관적인 인식이 다를 수 있다.

범인의 주관적 거리 인식에 영향을 주는 요소로는 출발지와 목적지의 상대적인 매력 정도(가령, 인적이 드문 곳), 강이나 철도와 같이 그 장소에 존재하는 장애물의 숫자와 종류, 운전하는 경로에 대한 익숙한 정도 또는 거리감, 실제의 물리적 거리 등이 있다.

범행장소가 지나치게 범인의 거주지와 가까울 경우에는 경찰이나 이웃 주민들이 의심할 수도 있으므로 자신의 거주지와 범행장소 사이에서는 범행을 하지 않으려는 최소한의 범행 완충 지대(buffer area)가 존재한다.

### 2) 원 가설(Circle Hypothesis)

Canter와 Gregory(1994)에 의하면 여러 범죄현장 중 두 개의 가장 멀리 떨어진 범죄현장들을 연결하는 선을 지름(직경)으로 하는 원을 그릴 수 있는 있는데 이 원을 '범행원'이라고 한다. 이것이 범인의 활동 거점과 밀접한 관련이 있다는 것이다. 가령, 연쇄강간범의 경우 이러한 범행원이 범인의 집을 포함할 확률이 87%로 매우 높은 편이며 이 원은 강간 범행현장의 91%를 둘러싸고 있다고 한다.

여행 거리와 관련해서는 주말에 범행하는 강간범은 집에서 벗어날 수 있는 시간이 더 많기 때문에 주중에 범행하는 강간범보다 더 멀리 여행할 수 있으며, 외지에서 온 강간범은 적당한 범행현장을 찾기 위해 지리감이 있는 강간범(내부에서 온 강간범)보다 더 먼 거리를 더 오래 탐색해야 하고, 나이가 많은 강간범은 나이 어린 강간범에 비해 더 먼 거리를 갈 수 있다.

범인이 자신의 활동거점(집, 직장)에서 범죄현장까지 이동하는 범죄여행 거리는 범인의 집에서 거리가 멀어짐에 따라 범죄 횟수가 점진적으로 줄어드는 경향('거리감소함수')이 있다. 중요한 점은 이 범행원 안에 범인의 집이 존재할 확률이 범죄 유형에 따라 다르지만 매우 높다는 점이다(Canter, 2004).

범인의 입장에서 최소의 노력으로 최대의 효과를 거두려면 자기 주거지를 중심으로 사방으로 비슷한 거리를 이동하는 것이 평균적으로는 더 효과적이기 때문이다. 실질적인 지리적 위치 추정이 가능하려면 동일 또는 유사 사건으로 분류될 수 있는 관련 범행장소가 최소 5건 이상은 되어야 한다.

지리적 프로파일링과 심리학적 개념을 연결시킨 좋은 예로는 Rossomo(1997)가 제안한 '사냥 패턴(Hunting Pattern)' 이론이 있다. Rossomo는 방대한 범죄자 데이터베이스를 토대로 범죄자들은 특정한 이동 패턴을 보이며, 주로 범행을 저지르는 지역과 관련된 심리적 안정 지역을 형성하는 경향이 나타나는 점을 확인했다. 이러한 발견을 토대로 Rossomo는 범죄의 지리적 표적화(Criminal Geographic Targeting; CGT)라 명명한 분석 프로그램을 개발했다.

CGT 프로그램에서는 공간적 통계 확률을 기반으로 범죄자들의 주된 활용 영역을 표시하는 지형도를 산출할 수 있다. 분석 결과를 토대로 용의자의 예상 근거지나 주 활동 지역을 추정할 수 있다. Rossomo의 이론은 특히 연쇄성범죄나 연쇄강도 등 폭력적인 행동을 보이는 연쇄범죄자들에게 더욱 적합하다.

지리적 프로파일링은 지리정보시스템(Geographic Information System; GIS)과 실제 범죄자들의 이동에 관한 데이터를 접목하여 활용한다. 현재 한국의 경찰들은 2009년부터 자체 개발하기 시작한 GeoPros(Geographic Profiling System)를 수년간 보완・수정하면서 연쇄범죄 분석에 활용하고 있다. 범죄가 발생한 위치들로부터 지리적인 중심 위치를 분석하는 공간분포방식(Centrographic Spatial Distribution), 사건이 발생한 영역 안의 모든 위치와 범죄 발생 위치와의 거리를 분석하여 범죄의 주 거점(Anchor Point) 지역을 분석하는 확률거리방식(Probability Distance) 등이 대표적으로 활용되고 있다(권일용, 2019).

Rossomo(1997)에 의하면, 지리적 프로파일링은 범죄자 혹은 범죄현장 프로파일링과 통합해서 사용할 경우 그 효과를 극대화할 수 있다. 또한, 지리적 프로파일링은 직접적으로 범죄 해결에 기여할 수도 있지만, 범죄 위험 지역에 대한 순찰, 모니터링 등 다양한 치안활동 전략을 수립하는 데도 활용할 수 있다고 한다.

지리적 프로파일링에서 범죄자들의 공간적 이동 패턴을 분석하기 위해서는 복잡한 통계적 분석이 요구되나, 범죄자들의 '정신적 지도(Mental Map)'를 재구성하기 위해서는 심리학적 프로파일링이 선행되어야 한다. 하지만, 공간 내 심리적 안정지역 개념 이외에 심리학적 특성이나 이론에 대한 적용이 충분치 않아, 범죄자들의 사회적・심리적 특성 요인과 범죄가 발생한 시・공간적 맥락을 구체적으로 연결시키지 못한다는 한계를 지니고 있다(신상화, 2020).

지리적 프로파일링은 미국, 영국, 캐나다 등 선진국들을 중심으로 수많은 범죄수사에 활용되는 등 그 적용 범위가 넓어지고 있다(임준태, 2006; Innes, 2003). 범행현장의 위치와 주변에 자리한 주택가, 주차장, 도로, 공원, 강 등의 여러 지형적 요소를 참고하여 범죄자의 거주지일 확률이 높은 지역을 지도로 표시하는 소프트웨어의 개발로 과학적인 지리 추정을 통해 범죄사건 해결에 기여하고 있다(Rossomo, 2000). 미국의 CrimeStat이나 캐나다의 Rigel 등 선진국들의 지리학적 프로파일링 소프트웨어 개발과 더불어, 국내에서도 경찰청 소속 프로파일러들을 중심으로 GeoPros라는 지리학적 프로파일링

시스템이 개발되어 범죄사건 해결에 기여하고 있다(박지선, 2021).

## 3 범죄연계분석(Crime Linkage Analysis)

앞서 언급한 바와 같이 프로파일의 하위 종류에 대한 용어들은 혼재되어 사용되고 있다. 범죄연계분석은 사례 연계(Case Linkage), 사례 비교 분석(Comparative Case Analysis), 연관성 프로파일링(Linkage Profiling), 행동적 연계분석(Behavioral Linkage Analysis) 등으로 불린다. 여기서는 범죄연계분석이라는 용어를 사용한다.

### 1) 범죄수법과 서명분석

범죄연계분석은 범죄자의 범행 당시 행동의 일관성 또는 유사성에 기초해서 동일 범죄자에 의해 저질러진 일련의 범죄들을 밝혀내는 것으로, 발생한 여러 사건들 중에서 동일인에 의해 저질러진 범죄를 찾고자 하는 것이다. 연관성 분석을 위한 기법 중 대표적인 것이 범죄수법(Method of Operation; MO)과 서명(Signature)의 분석이다. 범죄현장에서의 행동을 토대로 동일범이 저지른 범죄를 정확히 파악해 내려면 해당 범죄자가 그런 유형의 범죄를 저지를 때마다 유사한 방식으로 행동한다는 것을 전제해야 한다.

이것을 범죄자 일관성 가설(Offender Consistency Hypothesis)이라고 부른다. 그러나 한 명의 범죄자가 저지르는 범행이 다른 비슷한 범죄자의 범행과 구분될 정도로 완벽히 일관되게 범행을 저지르지는 않는다(Bennell et al., 2009). 사실상 현실에서는 범죄자들의 범행현장의 행동에서 완벽한 일관성이 나타날 확률은 거의 없을 것이다.

왜냐하면 상황의 변화에 따른 영향이 있기 때문이며 강간, 강도 및 살인 같은 범죄는 대인관계적 속성의 영향을 받기 때문이다(Santtila et al., 2005). 범죄자가 범행을 저지를 때 자신의 스타일이 어느 정도 뚜렷해야만 이런 분석 작업이 가능하다. 범죄연계의 이 요건을 행동상 독특성(Behavioural Distinctiveness) 또는 차별성(Discrimination)이라고 부른다. 여기에는 개인 내 행동상의 변동이 개인 간 행동상의 변동보다 적을 것이라는 암묵적 가정이 깔려 있다(Allison et al., 2002).

### 2) 범죄연계분석의 절차

범죄연계분석의 첫 번째 단계는 범죄에 대한 모든 정보를 수집하는 것이다. 여기에는 범행내용과 피해자 진술, 범죄현장 사진, 부검 결과 보고서 등이 포함된다(Douglas, Ressler, Burgess, & Hartman, 1986). 모든 정보를 수집한 다음에는 범인의 행동 목록을 구성해야 한다(Woodhams, Bull, & Hollin, 2007). 행동 목록이 만들어지면 다음 단계에서는 유사한 행동이 나타난 범행들을 찾아내는데 이때 행동이 일어난 상황 또한 고려되어야 한다. 이는 두 범행에서 다르게 나타난 행동이 피해자의 행동이나 제3자의 출현과 같은 상황적 영향에 의한 것으로 설명될 수도 있기 때문이다(Woodhams, Bull, & Hollin, 2007).

범행 간의 유사성과 차이점을 확인하는 과정에서 중요한 것은 그러한 행동들의 기저율을 고려하는 것이다(Woodhams et al., 2007). 두 범죄가 유사한 행동을 공유하고 있으나 만약 그러한 행동이 그 유형의 범죄에서 일반적으로 빈번하게 일어나는 것이라면 이렇게 기저율이 높은 행동은 동일 범죄자가 그 두 범죄를 저질렀다고 주장하는 근거가 될 수 없다(Woodhams et al., 2007).

범행들 사이에 발생한 행동의 유사성과 차이점을 고려하고 나면, 최종적으로 해당 범죄들을 동일 범죄자가 저질렀을 가능성이 있는가에 대한 판단을 내린다(Woodhams et al., 2007). 두 범죄가 다수의 유사한 행동들을 공유하는 경우에도, 분석가는 이러한 유사성이 우연의 일치인지, 아니면 다른 요인에 의한 것인지를 재차 고려해야 한다(Grubin et al., 2001). 권일용(2019)은 연쇄살인 범죄현장 프로파일링 진행 과정에 대해 다음과 같이 제시하면서, 연쇄사건의 프로파일링은 세 가지 프로파일링을 모두 활용하

**범죄연계분석의 과정**

여러 사건 중 한 명에 의해 저질러진 사건들을 찾아냄(Linkage profiling)

↓

발생된 장소의 지리적인 특성을 분석하여 범인의 거점 지역을 분석(Geographic profiling)

↓

선정된 지역 내에서 어떤 특성(offender profiling)을 가진 사람을 우선 수사대상자로 선정할 것인지 분석하여 수사팀에 정보 제공

여 수사팀에 정보를 제공하는 것을 목적으로 한다고 설명한다.

앞서 언급한 바와 같이 범죄연계 전문가는 동일한 범죄자가 두 개 이상의 범죄를 저질렀을 수도 있다고 의심되면, 각각의 범죄현장에서 나타난 (범죄자의) 행동을 자세히 분석한다. 그리고 범죄 간의 공통된 행동을 찾아내며 드러난 행동이 어떻게 해서 다르게 나타났을지에 대해서도 검토한다. 반복된 행동이 파악되고 나면, 이런 행동이 얼마나 드문 것인지에 대해서도 숙고해야만 한다. 이를 위해서 전문가는 위와 같은 특정 행동을 모든 범죄자가 나타내는 정도를 파악해야 할 필요가 있다.

어떤 행동이 비교적 드물게 나타나는데 연쇄범행의 일환으로 여겨지는 모든 범행에서 공통적으로 발생한다면, 전문가는 동일한 범죄자가 이들 범행을 저지른 것이고 따라서 새로운 연쇄범죄로 등록해야 한다고 좀 더 자신 있게 판단할 수 있다. 전문가는 범행장소의 지리적 위치 및 거리상의 근접성뿐만 아니라 이런 범행들이 이루어진 시간대가 얼마나 몰려 있는지에 대해서도 숙고할 것이다.

범행장소의 지리적 근접성은 동일한 범죄자가 이런 범행들을 저질렀는지 여부를 신뢰할 만하게 보여 주는 지표로 여겨지는데, 그 이유는 범죄자는 자신이 익숙하고 잘 아는 지역에서 범행을 저지르기 때문이다(Bennell & Jones, 2005). 범죄자가 범행을 저지르는 지리적 영역에서 크게 중복되지 않는다고 하더라도, 동일한 범죄자가 저지르는 범죄는 공간적으로 함께 묶여 있을 것이며 또한 다른 범죄자가 저지른 범죄현장으로부터는 거리가 멀 것이다.

범죄연계분석을 할 때 지리적 근접성이 성공하는 데에는 여러 가지 이유가 있다. 먼저, 범죄 발생 장소에 대한 자료는 범죄현장 행동에 비해서 객관적이어서 해석의 여지가 적기 때문이다(Alison et al., 2001). 이 자료는 어떤 범죄를 수사할 때 경찰관이 통상적으로 수집하는 것이다(Tonkin et al., 2008). 또한, 범행장소를 결정하는 것이 범죄자의 마음먹기에 달린 것이기 때문에 집 안에 무엇이 있느냐에 따라 훔친 재물의 유형이 결정되는 경우와는 달리 상황요인의 영향을 덜 받기 때문이다(Bennell & Canter, 2002).

범죄연계분석은 비면식범에 의한 강간이나 살인과 같은 범죄에 가장 많이 적용되고 있으나 침입 절도나 강도와 같은 재산 범죄에도 적용될 수 있다(Bennell & Canter, 2002; Bennell & Jones, 2005). 취득성 범죄에 대한 연구에서는 제한적인 증거만 발견해 낸 반면에, 대인 범죄에 대한 연구에서는 범죄현장 행동상의 유사성을 활용해서 동일한 형식의 범죄인지의 여부를 상당히 정확하게 파악해낼 수 있었다고 한다(그렇다고 해서 취득성

범죄를 저지른 범죄자가 행동에서 일관적이지 않거나 독특성이 없다는 것을 의미하는 것은 아니다).

취득성 범죄에서 동일한 계열에 속하는 범죄는 지리적 및 시간적 근접성을 이용해서 아주 정확하게 가려낼 수 있다. 그러나 범죄연계분석에서 지리적 근접성의 효용성은 범죄마다 다르다. Bennell과 Jones(2005)는 그것이 재물 탈취 강도보다 주거 침입 강도에 대해서 더 효과가 있는 것을 발견하였다. 지리적인 근접성은 범죄자들이 범행을 저지르는 지역이 중복되는 정도가 가장 적을 때, 관련되어 있는 일련의 범죄를 가려내는 데 가장 효과적이다(범죄연계에서 독특성이라는 요소). 재화는 몰려 있는 경우가 많기 때문에 재물 탈취 강도가 범행을 저지르는 공간은 상당히 중복된다.

연구들에 의하면 연쇄범죄임을 시사하는 지표(Indicators of Series Membership)가 사용된다면 범죄연계는 효과적일 수 있다. 그러나 이런 지표들도 수사 중인 범죄의 유형에 따라 달라진다. 이 분야에서 현재 부족한 것은 실제 현장에서 이루어지는 범죄연계분석에 대한 평가로서, 이는 연쇄범죄에 해당되는지를 예측하고 그 다음에는 그 정확도를 파악하기 위해서 체계적으로 추적조사를 실시하는 것이다.

한국 경찰은 SCAS(Scientific Crime Analysis System)에 프로파일러들이 입력한 범죄자, 피해자, 범죄행동, 범행동기 등과 같은 범죄현장의 데이터를 범죄연계분석에 활용하고 있다(권일용, 2019).

## 제 3 절 | 범죄 프로파일링에 대한 평가

### 1 과학성에 대한 의문

프로파일링이 과학적인 수사기법인지 여부에 대한 비판이 있다. Holmes는 프로파일링이 성공할지 여부는 프로파일러의 개인 능력에 달려 있다고 언급한 바 있다. 이것은 프로파일링이 과학적 방법에 의한 결과라기보다는 개인의 직관과 경험 등에 따라 달라질 수 있다는 점을 일정 부분 인정하는 것으로 볼 수 있다.

한편, Canter는 기존 FBI의 범죄자 유형을 비판하면서 이와는 다른 접근을 하였다. 프로파일링에 심리학적 지식과 통계방법론을 적용한 것이다. 그는 기존 FBI의 범죄자 유형론에 대해 심리학적 원리나 이론이 부재하다는 점과 체계적인 분석절차가 명확하지 않은 점 등을 지적한다. FBI 방식은 경험적 연구가 부재하며 전문가의 직관을 강조하면서 주관에 입각한다는 것이다. 이러한 방식은 과학적인 기법이라고 할 수 없다.

Canter는 이런 점을 지적하면서 심리학적이고 통계학적인 연구가 필요하다고 하였다. FBI 방식과 같이 전문가의 직관에 의존하는 것이 아니라 다양한 가설을 설정하고 통계적으로 유형을 분석하는 방법을 제안한 것이다. 그러나 이러한 방법론 역시 통계적 오류가 발생할 수 있다. 모든 범죄자들이 상습적으로 범행을 저지르는 것은 아니며, 지능적인 범죄자들의 경우 범행수법에 있어 의도적으로 그들의 개인 특성을 드러내지 않을 수도 있기 때문이다.

프로파일링이 과학적인 기법인지 여부와는 별개로 수사 과정에서 활용성이 높다면 의미가 있다고 할 것이다. 이와 관련하여 프로파일링에 대한 긍정적인 사례가 부각되어 제시되는 경우도 있고 이런 주장을 뒷받침할 만한 경험적 근거가 부족하다고 주장하는 연구자들도 있다(Woskett et al., 2007). 일례로 미국에서는 FBI의 프로파일링이 약 45%의 사건 해결에 결정적 역할을 하였고 17%의 사건에서는 밝혀지지 않은 범인의 신원을 확인하는 데 도움이 되었다는 보고도 있으나, 수사관은 프로파일링이 모든 범죄에 있어서 범인을 직접 꼭 집어 검거해 주는 만병통치약은 아니며 실제로 최소한 20%의 프로파일링은 잘못된 것이라는 사실을 기억해야 한다(임준태, 2005).

## 2 구체적 근거 제시 부족

Alison 등(2003)은 미국, 영국 및 유럽 국가에서 프로파일러들이 1992년부터 2001년 사이 작성한 21명의 범죄자 프로파일을 분석했다. 분석대상이 된 범죄자들은 이후 유죄 판결을 받았다. 프로파일링의 주요 3개 학파, 즉 통계학파, 범죄수사학파, 임상학파가 모두 포함되어 있었다.

프로파일에는 범죄자의 특징에 관한 880개의 주장이 있었다. 그러나 여기에 포함된 주장의 절반 이상이 재판 이후에도 확인해 볼 수 없는 것이었다. 예를 들어, 범죄자의 범행 순간의 감정이 포함되어 있었다. 주장 중 20%는 애매해서 해석의 여지가 다양했으며, 80%는 프로파일러가 자신이 제안한 의견에 대한 정당성을 전혀 제시하지 못하였다. 이런 이유로 이들이 작성한 보고서는 비판을 받게 되었다.

Almond 등(2007) 역시 NPIA(National Policing Improvement Agency)에서 일하는 행동수사 자문관의 45개 보고서(2005년 작성)를 분석하였다. 해당 보고서에는 범죄자의 특징, 피해자 진술의 진실성, 연계분석 및 지리학적 프로파일링이 담겨 있었다. 805개의 주장이 있었는데 주장 중 96%는 정당화하는 근거가 있었으나, 34%만이 공식적으로 인정받았다. 주장 중 70%는 확인할 수 있었고, 43%는 틀릴 가능성이 존재했으며 8%는 애매하였다.

## 3 정확성 문제

Gudjonsson과 Copson(1997)은 50개의 범죄자 프로파일 속에 제시된 주장의 정확도를 평가하였다. 정확도를 평가할 수 있었던 자문 항목 중 통계적 접근은 68%, 임상적 접근은 74%가 정확한 것으로 판단되었다.

Jackson 등(1997)은 벨기에와 네덜란드에서 범죄자 프로파일링 자문을 받은 집단을 대상으로 설문조사를 실시하였다. 자문의 범위는 Copson(1995)이 보고한 경우와 비슷했다. 42개의 평가 중 2개만이 부정적이었다. 6개의 사건에서 제공한 자문이 범죄자의 특징을 예측하는 데 관련이 있었다. 그러나 이들 6개 사건에서도 1개의 평가는 부정적인 결과였고, 3개는 중간 수준, 2개는 긍정적이었다. 이들 6개 사건에서 자문을 활용하여 범죄자를 체포한 경우는 하나도 없었다.

Snook 등(2008)은 프로파일러의 보고서에서 '비율'보다는 올바른 예측의 '수'를 보고할 때의 문제점을 경고하였다. 가령 11개의 올바른 예측을 했다고 보고한 경우, 13개의 부정확한 예측도 감안한다면 실제로는 38%만이 정확했음을 지적하였다.

Copson(1995)은 영국에서 126명의 형사를 대상으로 설문조사를 실시하였다. 먼저 프로파일러 29명에게 받은 범죄자 프로파일링 자문을 제공하였다. 여기에는 미지의 범죄자 특징과 조사 전략에 대한 조언 및 연계 분석 자료가 포함되어 있었다. 50% 이상은 프로파일러의 자문이 새로운 정보를 제공해 주기는 했지만 자문에 따라서 행동으로 옮기거나 자문이 사건을 해결하는 데 도움이 되기에는 쉽지 않겠다고 생각했다. 그럼에도 불구하고 이들 중 69%는 프로파일러의 자문을 받고 싶다고 밝혔다.

## 4 개인적 주관의 개입

Hickes는 수사기관의 프로파일링 결과가 과학적이지 못하고 프로파일러의 직관과 경험에 따라 분석 결과가 결정된다고 지적한다. 즉, 분석절차가 프로파일러마다 상이하고 분석과정 역시 과학적 절차에 따르기보다는 예술적 창조 과정과 유사하다는 것이다. 분석 절차가 일관되지 못하고 프로파일러의 경험에 따라 결과가 상이하게 나타난다면 이는 과학적 프로파일링이라고 할 수 없다.

국내 연구에서도 기존 범죄자 프로파일링에 대한 국내·외 논문을 검토하여 두 가지 문제를 지적하였다. 첫째, 학문적인 관점에서 범죄자 특성과 행동을 연결시키기 위한 가정 및 전제에서 예측 오류가 많을 수 있다는 점을 꼬집었다. 둘째, 기존의 과학적 연구에 사용된 표본, 다시 말해 일반화의 문제를 제기하였다. 실무적인 관점에서는 프로파일러가 사용하는 추론기법 및 분석절차 등이 경험·직관에 의존하는 측면이 있어 방법론상 일반적 허용이 어렵다는 문제가 있다.

## 5 효과에 대한 검증 부족 문제

프로파일링의 효과에 대한 정확한 실증 자료가 부족하며 소수의 일화적 성공 사례들만 공개되고 있어, 성공 및 실패에 대한 오류율 등 실무 수사 활용에 대한 효과 역시 명확하지 않다는 문제점들이 제시되고 있다(신상화, 2020). 이렇듯 범죄자 프로파일링의 내용에 대해서는 비판이 지속적으로 제기되어 왔다. 그러나 영국에서는 ACPO(Association of Chief Police Officers)로부터 인증을 받거나 NPIA에서 근무하는 범죄자 프로파일러들이 작성한 보고서에 대해서 그 질을 평가하는 작업을 거친다(Rainbow, 2008).

뿐만 아니라, ACPO와 NPIA의 범죄자 프로파일러가 작성한 보고서 속에 있는 해석과 수사를 위한 제언도 증거 또는 논리적 근거의 뒷받침이 있어야 하며, 보고서의 질이 충분하지 못하다면 ACPO에서 인증된 자격이 취소될 수 있다. 이처럼 전문적인 표준(Professional Standards)을 수립하기 위한 절차가 진행되고 있으며 평가 결과는 범죄자 프로파일링 보고서 중 일부의 질이 향상되고 있음을 시사한다.

## 제 4 절 | 심리부검(Pychological Autopsy)



### 1 심리부검의 정의

앞서 언급한 내용은 타인에 의해 살해되는 등 피해를 입는 경우 범인 검거와 관련된 내용이라고 할 수 있다. 그러나 타살이 아니더라도 변사자의 사망 원인을 정확히 알 수 없는 경우가 종종 있다. 사망자의 생전 심리 특성을 분석함으로써 죽음의 원인을 추정하고자 하는 방법을 모호한 사망 분석(Equivocal Death Analysis; EDA) 또는 심리부검(Psychological Autopsy)이라고 부른다. 심리부검은 변사사건에서 자·타살 여부를 판단하고, 자살이 명백한 사건이라면 자살 원인을 규명하고자 하는 것이라고 할 수 있다.

프로파일링 과정에서의 심리부검이란 자·타살 여부를 구분하기 위해 발생한 변사사건의 사망 방식 및 죽음의 형태를 분명히 확인하고, 사인을 명확하게 규명하거나, 사인은 명확하나 사망 방식이 불명확한 경우 죽음에 대한 제3자의 개입 여부를 조사하는 분석활동이다(신상화, 2020).

모호한 사망사건에 대한 심리학적 부검은 관련 연구의 지속적인 진행으로 유족 등 관련자 면담 시 수집해야 할 정보의 유형, 사망 전 변사자의 심리적·환경적 증후 판단을 위한 체크리스트(Checklist) 등 객관화된 평가 자료 및 표준화된 면담 절차가 제시되고 있다. 그러나 목격자 등의 존재로 자살이 명확한 사망사건에 대한 자살 원인 평가 목적으로 개발되어, 자·타살 여부 감별을 위한 변사자 프로파일링 과정에 대한 객관적 분석 지침은 아직 구체화되지 못했다는 단점이 있다(신상화, 2020).

심리부검은 주변인들의 진술과 기록을 통해 사망 전 일정 기간 동안 자살자의 심리행동 양상 및 변화 상태를 검토하여 자살의 원인을 추정하는 절차를 의미한다(Shneidman, 2004). 어떤 사람이 자살했을 때, 자살사망자의 가족 및 친척, 친구, 직장 동료 등 사망자와 가까웠던 사람들을 대상으로 심층면접을 하고, 사망자의 일기나 유서 등의 개인적인 기록과 의료기록, 검시관의 진술, 경찰 조서 등을 수집하여 왜 그 사람이 자살할 수밖에 없었는가를 과학적으로 규명하는 것이다(제영묘, 2004). 심리부검은 자살과 관련된 특정 위험요인을 파악할 수 있는 가장 직접적인 방법이다(Cavanagh, Carson, Sharpe, & Lawrie, 2003).

심리부검이라는 용어를 처음 사용한 사람은 LA 자살예방센터를 설립한 심리학자 Shneidman 박사였다(Clark & Horton-Deutsch, 1992). 1958년 LA 검시과는 LA 자살예방센터에 자살과 사고사를 감별해 달라고 의뢰하였는데, 당시 심리부검의 목적은 자살의 원인을 추정하기보다는 이 죽음이 자연사인지, 사고사인지, 혹은 자살인지 타살인지와 같은 사망 방식(Mode of Death)을 판별하여 사망 신고서를 작성하기 위한 것이었다.

보다 현대적 의미의 심리부검은 1959년 워싱턴 의과대학의 Eli Robins와 동료들이 세인트루이스 지역에서 발생한 자살사건을 조사한 데서 시작한다. 당시 이들은 정신장애에 대한 조작적 기준을 만든 후, 표준화된 면담방법을 사용하여 유가족을 면담하였다(Robins, Gassner, Kayes, Wilkinson, & Murphy, 1959).

우리나라에 심리부검이라는 용어가 처음 소개된 것은 1991년 고려대학교 법의학연구소 문국진 교수에 의해서이다(문국진, 1991). 이후 군 자살자나 경찰공무원 등의 자살 원인 연구의 일환으로 심리부검에 대한 이론 연구(최광현, 2008; 신성원, 2011; 전충현, 임석현, 2012) 및 개별 사례 연구(도순원, 2012)가 진행되었다.

La-Fon(2008)은 심리부검의 형태를 자살 심리부검(Suicide Psychological Autopsy; SPA)과 모호한 사망 심리부검(EDPA)의 두 유형으로 구분한다. 자살 심리부검(SPA)의 목적은 목격자 증언 등으로 자살이 명백한 변사사건에서 자살의 원인으로 작용한 정신적・사회적 요인들을 이해하고 밝혀내는 것이다. 반면에 모호한 사망사건을 대상으로 진행되는 심리부검(EDPA)은 자・타살 여부를 구분하기 위해 발생한 변사사건의 사망 방식 및 죽음의 형태를 분명히 확인하고, 사인을 규명하는 것을 목적으로 한다. 모호한 사망(Equivocal Death)이란 죽음의 원인이 불명확한 경우를 의미하는데, 사망사건 중 5~20%가 해당된다고 알려져 있다(Bartol et al., 2019).

심리부검에 대한 연구 결과를 살펴보면, 거의 모든 자살자에게서 정신질환이 발견된다는 사실을 밝혀냈다. 대부분의 심리부검 연구에서 자살자의 정신질환의 발견은 자살 발생의 충분조건은 아니지만 필요조건인 것으로 나타났다. 이러한 연구 결과들을 살펴보면 자살사망자에게서 가장 많이 나타나는 정신질환은 '기분장애와 물질장애'였다.

이후 미국, 캐나다, 호주, 서유럽, 북유럽 등을 중심으로 일정 기간, 일정 지역에서 발생한 모든 자살사건에 대하여 고안된 표준화된 면담기법을 이용하여 자살의 원인을 규명하는 심리부검의 연구가 지속적으로 추진되었다. Joiner(2012)는 자살행위라는 단계까지 도달하기 위해서 여러 자살 관련 요인들이 지속되면서 단계적으로 자살행위로 이어진다고 보았고, 2013년 미국자살예방협회에서는 단순히 한 가지 자살 관련 요인으로 자살이 발생하는 것이 아니라, 복합적 원인으로 인해 자살이 발생한다고 보고 장기간, 혹은 단기간 발생한 자살 관련 요인이 복합적으로 작용하면서 자살성에 영향을 미치고 특성요인이 발생해 자살 시도로 이어진다고 설명하고 있다(공정식 등, 2016).

## 2 심리부검의 목적과 절차

심리부검의 목적은 크게 세 가지로 나눠 볼 수 있다. 첫째, 변사사건이 발생했을 때 자살이나 타살이냐를 밝히는 법의학적인 목적(문국진, 1991), 둘째, 자살자의 사망원인을 조사하여 지역사회나 국가 차원의 자살예방활동을 지원하고 보건정책을 수립하고자 하는 것(서종한, 이창환, 김경일, 김성혜, 2012), 셋째, 특정 개인의 자살 이유를 집중적으로 조사함으로써 법적인 참고자료로 이용하고자 하는 것이다(Bartol & Bartol, 2005).

서종한(2018)은 이를 좀 더 세분화하여 다음과 같이 제시하였다. 그는 첫째, 사망 유형과 사건 발생 경위를 명확히 밝혀내기 위한 목적에서, 둘째, 단일 자살사건에서 사망의 상황을 재구성하고 사망에 영향을 미친 요인들을 찾아내기 위한 목적에서, 셋째, 세 건 이상의 자살 군집 사례 혹은 연속적인 다수의 자살 사례에 대하여 자살 원인을 규명하기 위한 목적에서, 넷째, 사례-통제 대조 연구를 통해 자살 위험요인을 탐색하고 자살 예방책을 세우기 위한 목적에서 심리부검이 필요하다고 주장하였다.

심리부검의 절차는 ① 가족구성원이나 사망자와 가까웠던 지인을 대상으로 하는 광범위한 면담과 ② 사망자와 관련된 의학적·정신과적 및 모든 가능한 관련 문서 수집의 두 가지 형태로 구성되어 있다. 관련 문서로는 자살사망자의 사망 진단서, 의무기록, 경찰 조사 및 법정 기록, 유서 등의 자료가 포함될 수 있다(Isometsä, 2001).

면담은 변사자의 가족구성원 및 지인 등을 대상으로 한다. 방문이나 전화를 통해 접촉하는 것이 높은 참여율을 유도할 수 있으나, 참여자들의 불편감이 문제로 제기되었다(Runeson & Beskow, 1991). 따라서 권장되는 초기 접촉방법은 처음에는 안내문이나 편지와 같은 자료를 보내고, 이후 전화를 통해 구두로 논의하는 것이다(Hawton et al., 1991).

면담 시기를 적절히 고려하는 것 역시 중요하다고 할 수 있다. 충분한 애도기간을 보내지 못하고 지나치게 빨리 이루어진 면담은 정보제공자에게 부정적인 정서를 가중시켜 심리적으로 불안 및 우울한 상태에 빠져들게 할 수 있다. 반대로 자살 발생 시점으로부터 지나치게 시간이 흐른 뒤에 면담을 하게 되면, 정보가 왜곡되거나 망각될 수 있다. 면담은 사망 발생으로부터 3년 이내이면 진행이 가능하다.

보통 3개월~3년 사이에 진행하지만 면담을 위해서는 사후 4~6개월, 최대 2년까지 기다릴 필요가 있다(서종한, 2018). WHO에서는 충분한 애도를 표현하고 정보의 왜곡이 일어나지 않는 기간인, 자살사건 발생 후 최소 3개월 이후부터 12개월 이내에 조사할 것을 권장하고 있다. Conner 등(2012)은 정보제공자들과 접촉하기 가장 좋은 시기로 사망 2개월 후부터 6개월까지를 추천한다.

면담의 목표는 사망자의 사망 전 행동에 대한 사후 조사를 위한 것으로 사망 전 사망자의 행동, 발언, 감정표현, 일상적이거나 비일상적인 활동, 행동 변화 등을 모두 포함한다. 그리고 사망자가 처한 상황을 조사해야 하는데 사망자의 대인관계, 남긴 책이나 글귀, 약물과 알코올 사용, 가족력 등 종합적으로 포함한다. 사망자의 성격, 고용상태, 취미, 여행, 경제적 문제, 건강 기록 등도 중요하다.

면담 방식은 연구마다 다양하게 보고되고 있는데, 대개 표준화된 면담을 사용하고 있다(Isometsä, 2001). 표준화된 면담의 사용은 자살과 관련된 모든 영역이 포함될 수 있다는 장점이 있지만, 이 경우에도 면담내용이 정보제공자에게 맞추어 융통성 있게 조정될 필요가 있다.

Conner 등(2012)은 반구조화된 면담을 추천한다. 우선 정보제공자에게 사망자와의 관계를 묻고, 자살에 이르게 된 경위나 죽음과 관련해서 기억나는 것, 자살 이유에 대한 의견을 물은 후에야 비로소 표준화된 질문으로 진행하는 것이다. 이는 정보제공자가 자신의 언어로 사망자의 죽음에 대해 이야기할 기회를 주는 것이다. 어떤 경우라도 사망자의 존엄성은 존중되어야 한다. 또한, 면담자는 사망자의 친지들이 모두 사망을 자살로 보지 않을 수 있음을 인지하고 있어야 하고, 이러한 견해 역시 존중되어야 한다(Isometsä, 2001).

다수의 정보제공자를 대상으로 면담을 실시할 때는 직계 친족을 최소 1인 이상 필수적으로 포함해야 한다. 면담은 가급적 1회로 마치고 2회 이상으로 나누어 실시하지 않는 쪽이 권장되며, 일대일로 실시하는 것이 원칙이다. 면담할 때 먼저 자살사망자와의 관계를 간략하게 들은 후, 자살과 관련하여 정보제공자가 기억하고 있는 모든 정보를 이야기해 줄 것을 요청한다. 정보제공자가 자살사망자의 죽음을 어떻게 생각하는지도 물어볼 필요가 있다. 질문은 총 네 가지 분야로 구성되어 있으며, 분야별로 단계를 밟아 질문을 심화시키도록 조직되어 있다. 서종한(2018)이 제시한 구체적 사례는 다음과 같다.

**심리부검의 사례**

**㉮ 촉발 사건 및 스트레스 요인**

1단계: 사망 직전에 자살과 연관될 만한 사건이 있었는가?

2단계: 사망자가 해당 사건에 감정적으로 집착하는 반응을 보였거나, 혹은 자살로 이어지는 행동 변화를 일으킬 정도로 심한 스트레스와 좌절을 드러냈는가? 구체적으로 어떤 반응이었는가?

3단계: 죽기로 결심하는 데 영향을 주었을 만한 다른 사건이 있는가?

**㉯ 동기**

1단계: (삶 전체에서) 죽음을 소망하게 될 만한 심리적인 영향이나 원인이 존재하는가?

2단계: 죽음으로 (문제 상황을) 끝내버리자고 마음먹게 될 만큼 혹독한 심리적·환경적 문제/사건이 있었는가?

3단계: 고인의 행동을 설명할 수 있는 생리/심리/사회적 기능 장애 증상이 있었는가?

4단계: 실존적인 회피 성향이라고 말할 수 있는 특유의 성격적 특징이 있었는가?

5단계: 자살행동에 취약해지기 쉬울 만한 가족력 혹은 다른 과거 이력이 존재하는가?

6단계: 자살을 더 잘 설명할 수 있는 다른 이유가 있는가?

**㉰ 치명성**

1단계: 치명적인 수단이 사용되었는가?

2단계: 치명적 상황을 스스로 유발했음을 보여주는 증거가 있는가?
3단계: 사망자에게 자살 방법의 치명성 수준을 파악할 만한 지식과 능력이 있었는가?
4단계: 자살 수단이 접근하거나 손에 넣기 쉬웠는가?

**㉣ 의도**

1단계: 사망자가 자신을 죽음에 이르게 하기 위해 직접적이고 의식적으로 행동했다는 증거가 있는가?
2단계: 사망자가 자신의 문제를 해결하기 위한 수단으로 자살을 하겠다는 의도/목적 의식을 말이나 행동으로 드러냈는가?
3단계: 위험하거나 건강에 해가 되는 행동, 자살 의도나 소망을 보여주는 행동 등과 관계된 생활 습관이 있었는가?
4단계: 주변에 대한 조언, 신변 정리, 물건 정리, 유언장 작성, 편지나 유서를 남기는 등 자살을 암시하는 행동이 있었는가?
5단계: 사망자가 선택한 장소, 시간, 날짜, 수단이 다른 해석의 여지가 없이 목숨을 끊으려는 목적이라 여겨지는가?
6단계: 사망자의 선택에 대해 "어쩔 수 없는 일"이나 "남을 위한 것"으로 정당화가 가능한가?
7단계: 자살 의도가 존재했음을 더 잘 설명해 줄 수 있는 다른 증거는 없는가?

**㉤ 기타**

: 이 죽음이 자살인지에 대한 의견
: 자살할 당시 사망자의 주관적 상태
: 자살에 대한 가능한 이유(자살에 기여한 요인 혹은 촉발 요인)
: 자살 전 사망자가 접근 가능했던 의료 지원 체계의 문제점
: 자살이 치료의 실패 또는 부적절한 치료에 의한 것인지 여부
: 자살사망자와 특별한 관계에 있는 지인이 자살을 막기 위해 한 행동
: 기타 특이 기술

심리부검 면담에서 유의해야 할 것은, 사망자를 일시적으로만 알고 지냈던 사람들의 관찰 혹은 단편적인 정보가 오히려 사망자의 삶을 이해하는 데 방해가 될 수 있다는 점이다. 특히 사망 직전 잠깐 알고 지낸 주변인의 진술은 늘 수용하기 전에 물적 증거나 다른 진술과 비교하여 검증해야 한다.

상담 기록, 병원 기록, 수사 기록, 전과 기록, 부검 기록 등 객관적인 자료와 교차 점검하는 과정도 꼭 거쳐야 한다. 모든 정보에는 행위자-관찰자 편향(사람들은 타인의

행동을 판단할 때 전체 상황을 보기보다 상대의 내면에서 원인을 찾으려고 함)을 보인다는 점을 항상 염두에 두어야 한다(서종한, 2018).

## 3 심리부검의 활용

심리부검은 법의학적으로는 의문의 죽음과 자살 사이의 관련성을 밝혀낸다. 보건학적으로는 자살 연구와 국가 또는 지역사회 차원의 자살 예방 활동을 지원한다. 또한, 법률적으로는 자살이 의심되는 보험금 지급 관련 소송, 산업재해 인정보상 소송, 의료사고에 대한 소송 등 민사 또는 형사소송에서 자살에 대한 가능한 원인들을 재구성하여 상대측의 법적 과실을 입증하는 것을 지원하기도 한다(한국자살예방협회, 2009). 많은 경우 심리부검은 보험금 지급 여부를 결정하기 위해 실시되는데, 미국 내 민사 및 형사 재판 과정에서는 죽음에 이르기 전 사망자의 생각, 감정을 이해하기 위한 심리평가 결과 자료가 제출되고 있다(Canter, 1999).

또 특정 약물이 성인 및 청소년의 자살 사고에 영향을 미치는지 여부에 대한 제약회사 대상 손해배상 소송도 이어지고 있다. 법률적인 판단을 위해서는 자살의 원인을 재구성함으로써 부분적으로나마 자살자 주변 인물이나 특정 조직의 법률적 과실 유무를 평가하기 위한 목적으로 심리부검이 시행되기도 한다. 심리부검을 실시하는 또 다른 이유는 자살 예측 및 예방을 위한 연구 자료를 수집하기 위해서이다(Young, 1992). 또한, 자살 생존자들의 치료에 도움을 줄 수도 있다.

국가 차원에서 심리부검이 실시되기도 하는데, 이때 최우선 목적은 심리부검 결과를 통해 밝혀진 사망 원인을 근거로 효과적인 자살예방정책을 수립하여 종국에는 국가 자살률을 감소시키고자 하는 것이다. 심리부검 제도를 통한 자살연구는 자살사망자의 전 인생사를 살펴봄으로써, 그의 성격 특성과 생활방식, 대인관계, 스트레스 대처법 등 세부적인 사항들을 연구하여 세밀하고 정교한 자살예방정책을 수립하는 데에도 도움이 된다. 한편, 심리부검은 하나의 방안에 불과하며, 그 결과에 일관성이 없거나 법정에서 증거능력을 인정함에 있어서도 일관성이 없다는 비판을 받기도 한다.

## 4 윤리적 문제

앞서 언급한 바와 같이 심리부검을 위해 먼저 고려해야 할 사항은 적절한 면담방법과 시기이다. 면담을 시작하기 전에 연구에 참여하는 피면담자(정보제공자)의 서면 동의가 필요하다. 이때 피면담자가 참여함으로써 얻을 수 있는 이익과 스트레스 및 정서적 고통에 대해서도 알려주어야 한다. 피면담자가 거절하더라도 그 의사는 존중되어야 한다. 또한, 그들의 죄책감을 최소화하기 위해 노력해야 한다.

심리부검을 통해서 획득하는 정보에 대한 비밀과 익명성을 보장해야 한다. 심리부검의 조사내용에는 자살사망자에 대하여 다소 부정적인 경험이나 생각이 포함될 수도 있다. 그렇지만 무엇보다 중요한 것은 사망자의 존엄성이 존중되어야 한다는 것이다. 유가족들은 사망자의 생전 비행이나 일탈행위에 대해서 모르고 있는 경우가 많기 때문에 면담 과정에서 피면담자에게 알려질 정보들 역시 고려되어야 한다.

범죄심리학

# 제4장

# 수사면담과 신문

Investigative Interview and Interrogation

# 제 1 절 수사면담과 신문 과정의 개요

## 1 조사와 신문의 개념

피해자, 목격자, 피의자 등 사건관계인의 진술을 청취하거나 이끌어내는 행위를 조사나 면담(Interview), 신문(Interrogation) 등으로 부른다. 종종 이 두 용어를 혼용하기도 하나 이를 구별할 필요가 있다. 통상 피해자나 목격자 등 참고인을 대상으로 진술을 확보하는 경우에는 조사, 피의자를 대상으로 하는 경우에는 신문이라고 부른다. 영국에서는 신문 대신 수사면담(Investigative Interviewing)이라는 용어를 사용한다. 이런 경우를 제외하면 피의자를 대상으로 할 때 조사와 신문의 단계로 구분한다.

그런데 피의자의 경우 피의자신문 외 별도로 피의자조사를 인정할 것인지에 대한 논란이 있다. 우리나라의 경우 조사나 신문에 대한 용어를 혼용하고 있으며 그 개념이 명확히 정의되어 있지 않다. 조사는 임의수사에 해당되므로 강제수사와 달리 그 방법에 대하여 「형사소송법」상 제한이 없다. 피의자를 포함한 사건관계인의 출석을 요구하여 진술을 청취하는 행위는 조사에 해당한다. 그러나 피의자신문이 임의수사인지에 대해서는 해석상 논란이 있다(대검찰청, 2010).

## 2 조사와 신문의 차이

조사는 사건과 관련된 진술을 확보하는 과정이다. 따라서 비추궁적인 방식으로 이루어진다. 즉, 조사자와 피조사자가 질의응답을 주고받는 대화식으로 진행된다. 이때 조사자의 발언보다는 피조사자의 진술 청취에 더 많은 시간을 할애한다. 사건에 대하여 피조사자가 알고 있는 정보를 최대한 많이 확보하는 것을 목적으로 하기 때문이다. 이 과정에서 메모하는 것 역시 허용된다.

반면 신문은 피의자의 범죄 혐의를 확신하고 범죄사실을 진술하도록 설득, 추궁하는 것이다. 조사자가 피조사자보다 많은 말을 하면서 주도권을 가지며 그들의 변명이나 범행을 부인하는 시도를 허용하지 않는다. 종국에는 피조사자로부터 자백을 얻고자 하는 목적이 있다.

[일반적인 조사와 범죄신문의 비교]

| 조사(면담) | 신문 |
|---|---|
| 비추궁<br>발언 비율: 조사자 < 피조사자<br>정보 수집<br>메모 가능 | 추궁<br>발언 비율: 조사자 > 피조사자<br>자백 획득<br>메모하지 않음 |

한편, 조사는 진술을 통해 사건정보를 수집할 뿐만 아니라 수사자료를 확보하는 등 사실을 확인하는 행위 등을 포함하기도 한다. 따라서 여기에서는 조사 대신 사건과 관련된 진술 청취를 의미하는 면담이라는 용어를 사용한다.

## 제 2 절 | 외국의 주요 수사면담모델: PEACE Model

### 1 PEACE 모델의 개요

1984년 PACE법이 제정되었다. 그로 인해 범죄사건 피의자의 구금과 처우, 녹음 의무화, 면담 환경의 개선 등 많은 변화가 일어났다. 이후 1990년대 용의자 면담의 문제점을 개선하고자 영국 내무성에서 주관한 대대적인 조사연구에서 경찰 면담의 문제점과 실패 요인을 분석하였다. 그 결과 준비의 부족, 면담기술과 기법의 부족 또는 부재, 유죄 추정, 과도한 반복, 끈질긴 질문, 관련된 사실 규명의 실패, 지나친 압력 행사 등의 면담 취약점이 확인되었다.

이에 따라 새로운 수사면담의 원리들이 만들어졌다(Milne & Bull, 1999). 1990년대 초 영국 ACPO(Association of Chief Police Officer)와 내무성은 다음과 같이 수사면담의 7가지 원칙을 발표하였다.

① 수사관은 실체적 진실을 밝히기 위해서 피의자로부터 정확하고 신빙성 있는 진술을 확보해야 한다.

② 수사관은 개방적인 자세로 피의자를 대하여야 한다. 피의자로부터 확보한 진술이 기존에 알게 된 정보와 다를 경우 이를 비교해서 검증해야 한다.

③ 수사관은 모든 피의자를 공평하게 대하고 평등하게 질문해야 한다.

④ 피의자의 첫 진술을 그대로 받아들일 필요는 없다. 수사관은 진실을 확인하기 위한 질문을 지속할 수 있다.

⑤ 피의자가 진술거부권을 행사하더라도 수사관은 계속 질문할 수 있는 권리가 있다.

⑥ 수사관은 진실 발견을 위해 자유롭게 질문할 수 있으나, 성폭력 사건의 피해자나 아동 피해자의 경우 질문 방식 등에 유의해야 한다.

⑦ 목격자, 피해자, 피의자를 불문하고 취약한 대상자를 면담할 때에는 특별히 배려할 필요가 있다.

위와 같은 원리에 의해 자백 획득에서 범죄수사에 필요한 정보를 얻고자 하는 목적으로 그 패러다임이 변화하였다. 이에 신문이라는 용어는 수사면담으로 변경되었고 이후 수사면담 훈련을 위한 새로운 표준모델로 PEACE가 개발되었다. PEACE는 피의자와 참고인을 포함하여 수사 관련 모든 피면담자로부터 신뢰할 수 있는 정보를 확보하는 데 그 목적이 있다.

최초에는 5년에서 10년 경력의 경찰관들을 위해 고안된 훈련이었으나, 결과적으로 잉글랜드(England)와 웨일스(Wales)의 모든 경찰관들에게 도입되었다. 현재는 유럽과 호주, 뉴질랜드 등에서 사용하고 있다.

PEACE는 계획과 준비(Planning and Preparation, P), 도입과 설명(Engage and explain, E), 진술, 명료화 및 반박(Account, Clarification and Challenge, A), 종결(Closure, C), 평가(Evaluation, E)의 5단계로 구성된다. 각 단계 간에 위계나 경계는 불분명하며, 상황에 따라 탄력적으로 적용될 수 있고, 어떠한 면담 상황에서도 세부정보를 촉진하기 위해서 사용될 수 있다. 즉, 면담 단계인 E → A → C는 순방향으로 연결되어 면담이 이루어지지만 각 단계별로 경계가 분명하지 않으므로 고착된 범주는 없고 조사의 흐름에 따라 앞의 단계로 되돌아가면서 적용할 수 있다.

[PEACE 모델의 개념도]

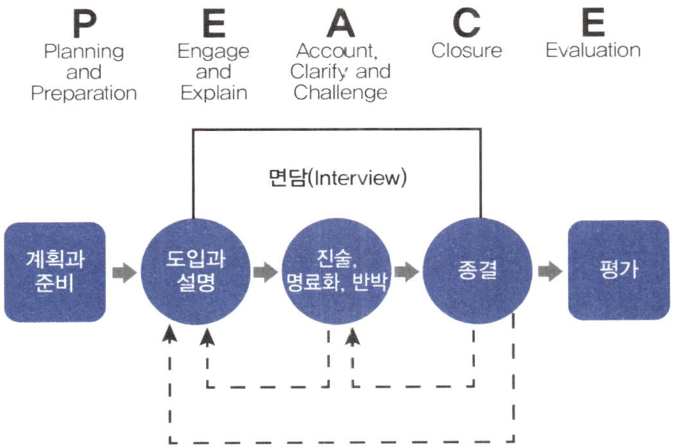


## 2 PEACE의 절차

### 1) 계획과 준비(Planning and Preparation)

면담의 효율성을 극대화하는 관점에서 면담의 대상, 면담시점, 면담방법, 면담의 이유와 목표에 대하여 계획을 세우는 단계이다. 계획은 면담을 준비하는 과정을 생각하는 것이고 준비는 장소, 환경, 행정적 요소의 구비와도 관련된다. 또한, 면담의 목적을 이해하고 사전 배경지식과 피면담자의 정보를 습득해야 한다. 사전 지식은 필요로 하는 정보를 이해하는 데 유용하다. 무엇이 요구되는지 이해하는 것은 어떻게 정보를 획득할 것인지와 관련될 수 있다. 만일 면담자가 준비되지 않으면 중요한 증거를 간과하거나 진술의 모순을 놓칠 수 있다.

면담계획서를 작성하는 것이 도움이 되는데 면담 목적과 이에 따른 질문을 구성함으로써 전문적이고 효과적인 면담을 수행할 수 있도록 한다. 면담계획서는 범죄사실과 관련된 범위, 가해에 대한 증명과 방어가 될 수 있는 요소, 범죄입증 증거, 새로운 정보와 증거를 다루는 계획 등을 포함한다.

### 2) 도입과 설명(Engage and Explain)

면담의 시작부터 끝까지 피면담자와 관계를 형성 및 유지하고, 피면담자에게 면담의 목적과 피면담자의 권리 및 조사규칙 등을 설명하는 단계이다. 도입은 종종 라포형성으로 설명되기도 하는데, 면담자가 보이는 예의, 예절과 이해는 성공적인 면담에 영향을 미칠 수 있다.

자신을 소개하고 피면담자가 편안하게 느낄 수 있도록 분위기를 조성하며 음료, 용변 등 필요한 요구사항에 대해 관심을 갖는 것이 필요하다. 다음으로 면담자는 면담의 목적과 면담 동안에 진행될 일에 대해 설명한다. 또한, 피면담자가 말하는 모든 것은 매우 중요하므로 관련이 없다고 생각되는 것이라도 꾸미거나 빠짐없이 모두 말해 줄 것을 설명해 주어야 한다.

### 3) 진술, 명료화 및 반박(Account, Clarification and Challenge)

피면담자로부터 사건에 대한 완전한 진술을 듣는 핵심적인 부분으로서, 피면담자의 진술을 확인하여 이를 명확히 하고 필요하다면 설명을 요구하는 핵심 사안을 다루는 단계이다. 즉, 이전 진술과의 모순이나 다른 증거와의 불일치한 부분을 지적하여 그 설명을 듣는다.

### 4) 종결(Closure)

면담을 끝내기 전에 고려하여야 할 사항을 검토하는 단계로, 면담자는 피면담자가 진술한 내용을 정리한다. 이 과정에서 피면담자는 면담자에게 질문을 하거나 추가 정보를 제공할 기회가 있다. 면담자는 이러한 기회가 있다는 사실을 피면담자에게 알려주어야 한다.

진술내용을 정리한 후 면담자는 피면담자에게 참여에 대한 감사를 표시해야 한다. 그리고 면담 과정과 면담 이후에 발생할 일에 대해 설명해 주어야 한다. 면담의 마무리 단계에서 면담자는 피면담자에게 긍정적인 인상을 남길 필요가 있다. 면담의 긍정적인 종결은 피면담자가 추후 새로운 정보를 제공하는 데 도움이 되기 때문이다.

#### 5) 평가(Evaluation)

면담 동안에 획득한 정보나 전체적인 조사의 적합성 여부를 확인하는 단계이다. 즉, 전체 수사의 틀 안에서 면담의 의미와 면담방법을 평가하고 이후 면담계획을 수정 및 보완하는 단계이다. 면담이 끝나면 사건과 정보들을 모두 평가할 필요가 있으며, 자기 자신, 동료, 관리자의 평가나 피드백을 통하여 면담자의 면담기술을 발전시켜야 한다. PEACE 모델에서는 목격자와 용의자에 대한 면담의 각 단계를 평가척도로 제시하고 있다.



## 제 3 절 | 기억증진을 위한 수사면담: 향상된 인지면담

### 1 인지면담의 개념

인지면담은 미국의 인지심리학자 Geiselman과 Fisher(1984)에 의해 개발되었다. 인지심리학의 원리(부호화 특수성 원리와 중다기억흔적 관점)를 근간으로 하며 피면담자의 기억 수행을 향상시키려는 시도로 개발된 것이다. 인지면담은 협조적인 피면담자로부터 정보 회상의 양과 질을 향상시키는 면담기법으로, 크게 네 가지 기법으로 구성되어 있다(김미영, 2005).

### 2 인지면담의 기법

#### 1) 모든 것 보고하기(Report Everything)

이 지시는 사건에 대해 기억나는 것을 가감 없이 모두 말해 달라고 하는 것이다. 피면담자가 사소하거나 중요하지 않은 정보라고 생각하더라도 모두 말해 달라고 하는 것이 중요하다. 많은 피면담자들은 수사기관의 조사 과정에서 수사관이 이미 많은 것을 알고 있다고 생각하기 때문이다.

결과적으로, 이런 피면담자들은 조사 과정에서 시간 낭비가 되지 않도록 수사관이 이미 알고 있거나 중요하게 취급하지 않을 것으로 추측되는 내용들은 진술하지 않는 경향이 있다(Fisher, McCauley, & Geiselman, 1994). 따라서 '모든 것 보고하기'를 지시함으로써 피면담자가 말할 필요를 느끼지 못했던 정보까지 모두 진술하게 할 수 있다.

사건에 대한 정보는 매우 일반적인 것에서부터 아주 상세한 것에 이르기까지 다양한 정밀성 수준을 가지고 기억 속에 표상된다(Fisher & Chandler, 1984). 피면담자가 처음부터 자세하게 사건 정보를 모두 제공하는 경우는 드물다. 특히 피면담자의 과거 조사 경험이나 면담자가 알고 있을 것으로 예상되는 사건 정보, 의사소통 방식에 대한 인식 등에 따라 진술하려는 정도가 달라질 수 있다. 일상적인 의사소통과 같이 피면담자는 일반적인 수준으로 진술하려는 경향이 있기 때문이다. 따라서 보다 자세한 사건 표상을 진술하도록 하기 위해서는 모든 것을 보고하라고 지시해야 한다. 이런 지시는 진술의 양뿐만 아니라 정확한 정보를 더 많이 보고하도록 만든다고 보고된 바 있다(Fisher & Geiselman, 1992).

한편, 사람들은 자신이 한 진술의 정확성에 대한 지표로 확신성을 꼽는다. 그래서 확신이 가는 정보만을 보고하고, 확신이 없는 정보는 진술하지 않으려 한다(Noon & Holin, 1987). 그러나 개인 내 확신성과 정확성의 관계를 조사한 연구들에 의하면 이 두 가지 요소가 항상 정적 관계를 보이는 것은 아니었다(Smtih, Kassin, & Ellaworth, 1989).

따라서, 특정 정보에 대한 피면담자들의 확신감이나 중요성과 상관없이, 확실하지는 않더라도 모든 정보를 제공하도록 격려해야 한다. 이때 꾸며내지 말라는 분명한 지시도 함께 해야 한다. 이 지시는 진술의 완전성을 극대화시킴으로써 "이전 조사에서는 왜 이런 내용의 진술을 하지 않았었는가?"와 같은 법적인 질문을 피할 수 있다(Geiselman & Fisher, 1985). 또한, 면담자는 완전하진 않더라도 피면담자가 진술한 단편적인 정보들을 토대로 사건에 대한 보다 완성된 그림을 그릴 수 있다.

### 2) 정신적 맥락회복(Mental Context Reinstatement)

이 지시는 사건을 목격할 당시의 물리적 환경, 정서상태 등을 마음 속으로 떠올리도록 요청하는 것이다. Tulving과 Thomson(1973)의 부호화 특수성 원리를 기반으로 한다. 이론상 어떤 한 사건이 부호화(입력)될 때 있었던 모든 환경적 측면들은 하나의 맥락단서로 작용할 수 있는데, 이 단서가 인출 시 사용되면 기억향상을 보일 수 있다는 것이다. 일부 연구자들은 인지면담 구성요소 중 이 지시가 가장 효과적이라고 주장한다 (Memon & Bull, 1991).

맥락회복 지시를 할 때에는 사건에 대하여 심상을 형성하거나 맥락을 회복시킬 수 있도록 지시와 각 질문들 사이에 얼마간의 시간을 주어야 한다. 이때 질문이나 지시는 천천히 진행되어야 한다. 또한, 유도 혹은 암시적인 질문이나 지시를 하지 않도록 주의해야 한다. 심상을 형성하거나 맥락을 회복시키는 과정에서 피면담자의 눈을 감게 하는 것은 집중에 도움이 된다. 피면담자가 눈을 감는 것에 거부감을 나타내는 경우에는 주의 집중에 방해가 되지 않도록 빈 벽 등을 바라보게 하는 것도 좋다.

### 3) 순서 바꾸기(Reverse Orders)

이 지시는 시간 역순 혹은 중요 장면을 중심으로 앞과 뒤를 진술하게 하는 등 다양한 순서로 사건을 회상하게 하는 것이다. 통상 사람들은 사건에 대한 진술을 요청받으면 시간 순서대로 말하는 경향이 있다. 이때 특정 사건에 대해 가지고 있는 사전 지식, 기대, 스크립트 등에 의해 영향을 받을 수 있다. 이로 인해 각본과 일치하는 정보만을 회상하고, 일치하지 않는 정보는 회상되지 않을 수 있다(Geiselman, 1987).

순서 바꾸기 지시는 피면담자에게 실제 기억 기록을 검토하게 함으로써 각본과 일치하지 않는 부가적인 정보를 진술하게 만든다(Geiselman & Callot, 1990). 중다기억흔적 이론(Bower, 1967)에 의하면 사람들은 사건을 부호화할 때 정보의 다양한 특징들을 여러 형태로 저장한다. 가령 범죄사건의 범인을 목격하였다면 인상착의와 관련된 시각 정보, 범인 목소리에 대한 청각 정보 등 감각 정보뿐만 아니라 범인에 대한 인상, 당시 심리상태 등과 같은 다양한 형태의 정보들이 저장된다. 따라서 다양한 형태의 질문을 통해 사건에 대한 보다 많은 정보를 확보해야 한다.

### 4) 관점 바꾸기(Change Perspectives)

이 지시는 피면담자로 하여금 사건에 있었던 다른 사람의 관점으로 사건을 회상하게 하는 것이다. 사람은 자신의 관점으로 사건을 보고하는 경향이 있다. 예를 들어, 워터게이트 청문회에 대하여 아주 자세하게 작성하였던 John Dean의 보고서는 실제로 매우 자기중심적이어서 다양하고 객관적인 정보가 상당 부분 누락되었다는 평가를 받는다(Neisser, 1982). 따라서 다른 사람의 관점에서 사건을 재조명할 기회를 제공함으로써 누락된 정보를 추가로 회상할 수 있는 기회를 제공하는 것이다.

이 기법을 사용할 때에는 주의가 필요하다. 다른 사람의 관점으로 회상해 보라는 지시를 피면담자가 추측하거나 꾸며내라는 것으로 잘못 이해할 수도 있기 때문이다. 따라서 이 지시를 할 때 추측하지 말라는 말을 분명하게 해야 한다. 그러나 "마치 ~인 것처럼"이라는 지시 때문에 법적인 문제를 일으킬 소지가 있다. 그래서 잉글랜드와 웨일스 경찰의 인지면담 훈련 프로그램에서는 이 지시를 제외시켰다(Milne & Bull, 1999).

한편, 인지면담의 창시자들은 현장의 경찰들이 자신의 역할을 실행하는 데 서툴고 불안정하며, 대인관계의 의사소통 심리학에 대해서 중요한 많은 지식을 알지 못한다는 것을 발견했다(Fisher, Chin, & McCauley, 1990; Fisher, Geiselman, & Raymonds, 1987). 특히, 경찰이 목격자로부터 진술을 확보하는 과정에서 질문의 순서가 일관적이지 않다는 것을 발견하였는데, 부적절한 질문의 순서는 기억 인출을 방해한다.

이에 기존의 기억원리들을 토대로 인지면담의 네 가지 기법들과 의사소통의 사회심리학적 원리를 통합시켜, 일련의 질문 순서를 규정해 놓은 '향상된 인지면담(Enhanced Cognitive Interview; E인지면담)'을 발표하였다(Fisher & Geiselman, 1992). 향상된 인지면담은 면담의 시작, 중간, 끝의 하위 목표들에 상술한 구조를 제공하며, 면담 절차의 각 단계는 면담의 성공에 기여한다.

## 3 향상된 인지면담기법

### 1) 인사와 라포형성

면담이 잘 진행되기 위해서는 면담 시작 단계가 매우 중요하다. 첫 단계에서는 서로 인사를 하고 소개를 한다. 이때 호칭을 변화시켜줌으로써 면담을 개인화할 수 있다. 피면담자는 면담 초기에 불안함을 느낄 수 있는데, 피면담자의 불안을 경감시키기 위해서 사건과 관련되지 않은 중립적 질문으로 시작해서 긍정적 분위기를 만들어 내야 한다.

또한, 면담의 시작 단계에서 면담자는 사건에 관해 피면담자가 가지고 있는 관심과 감정들을 표현하도록 하는 것이 좋다. 이때 면담자가 라포를 유지할 수 있는 한 가지 방법으로 능동적인 경청이 있다. 이 과정에서 면담자는 개방된 마음으로 면담에 임해야 한다.

### 2) 면담의 목적 설명

대부분의 상세한 수준에서 기억회상은 초점화된 주의와 고도의 집중이 요구된다. 따라서 면담환경(시간제약이 없고, 조용한 분위기 등)이 중요하다. '모든 것 보고하기'는 위에서 기술한 원래의 인지면담기법들 중 하나로 피면담자들로 하여금 모든 것을 보고하도록 격려한다.

면담자는 피면담자의 기억을 돕는 사람이고, 피면담자는 사건에 관한 정보를 가지고 있는 사람이다. 그러므로, 면담자는 피면담자에게 면담의 통제를 넘겨주고 피면담자가 능동적인 역할을 할 수 있도록 이를 알려주어야 한다. 또한, 작화나 추측하지 않도록 주의를 주고 기억을 떠올리는 데 집중하도록 돕는다.

### 3) 자유회상

사건에 대한 진술을 떠올리기 위해 정신적으로 맥락을 회복시킬 수 있도록 지시해야 한다. 피면담자가 사건의 맥락을 떠올렸을 때 면담자는 개방형 질문을 통해 피면담자가 사건에 대한 자유진술을 할 수 있도록 한다. 개방형 질문은 상세하고 전체적인 기억 탐색을 돕는다. 이때 면담자는 피면담자의 자유회상을 방해해서는 안 된다. 개방형 질문을 한 후 정지와 침묵을 사용하면 피면담자에게 계속 진술할 수 있는 기회를 줄 수 있다.

진술이 중간에 중단되더라도 기다려 주어야 하고 진술 중간에 의문이 생기더라도 끼어들어서는 안 된다. 면담자는 피면담자의 자유진술을 들으면서 어떤 장면들을 진술하는지, 각 장면들로부터 어떤 세부정보들이 추출될 것인지, 어떤 순서로 장면들을 조사할 것인지를 고려해야 한다. 또한, 이때 피면담자의 비언어적 행동을 주의 깊게 살펴볼 필요가 있다.

### 4) 질문

피면담자에게 어떤 질문을 하기 전에 '모든 것을 보고하라'는 지시를 해야 한다. 그리고 이는 고도의 집중을 요구하는 어려운 과제이며 면담자의 질문에 '모른다', '이해하지 못하겠다'고 대답하는 것이 가능하다고 알려주어야 한다. 회상에서 이미지화하는 것은 때때로 정확한 정보의 증가를 보여준다. 이 기법은 지금 피면담자가 사건에 대한 더 특정한 정보들에 관하여 이미지를 만들어 내는 것을 돕는 데 사용된다. 피면담자에게 질문을 할 때에는 질문의 순서를 최대한 피면담자의 지식구조와 일치시키도록 해야 한다. 즉, 정보가 피면담자에 의해 어떻게 저장되었는지를 추론하는 것(자유회상을 통하여)은 면담자의 과제이며 그에 알맞게 질문의 순서를 구성해야 한다.

### 5) 다양하고 광범위한 인출

피면담자가 특정 에피소드를 기억하기 위한 더 많은 시도를 할수록, 더 많은 정보를 회상할 수 있다(Yuille, Davies, Gibling, Mibling, Marxsen, & Porter, 1994). 따라서 가능한 많은 인출 시도를 하도록 피면담자를 격려해야 한다. 많은 경우 첫 번째 기억 인출 시도 후에 기억 탐색을 끝내려 하기 때문이다.

부가적인 정보를 회상할 수 있을 것이라는 확신이 없더라도 기억 인출 시도를 유지하도록 피면담자를 격려하는 것은 중요하다. 그러나 단순히 같은 탐색 전략을 가지고 반복적으로 피면담자에게 질문하는 것은 새로운 정보를 이끌지 못하기 쉽다. 따라서, 광범위하게 탐색하는 것에 더불어, 집중을 통해 다양한 탐색 전략들을 활용하도록 격려되어야만 한다.

한 가지 방법은 앞서 기술된 관점 바꾸기나 순서 바꾸기와 같은 다양한 인출 전략들을 사용하도록 하는 것이다. 인출은 다른 감각들을 사용함으로써 변화될 수 있을 것이다. 일반적으로 면담자들은 피면담자들이 본 것에만 집중하고 그 결과 들은 것, 만진 것, 냄새 맡은 것, 그리고 맛 본 것은 종종 무시된다. 그렇기 때문에 가치 있는 정보가 보고되지 않을 수 있다.

그림 그리기 또한 유용할 수 있다. 이 방법은 사건에 대한 맥락회복을 도울 뿐만 아니라 면담자와 피면담자 모두 사태를 명확히 판단하는 데 도움이 된다. 예를 들면, 그림을 그림으로써 사건현장에서 사람과 사물 간의 관계를 보다 정확하게 파악할 수 있을 것이다.

### 6) 진술 요약

여기에서는 면담자들은 사건에 관한 피면담자의 설명을 요약 형태로 반복하는데, 정확성을 위해 피면담자로 하여금 면담자 자신의 회상을 체크하게 한다. 이때 면담자는 피면담자에게 새로운 정보를 추가하도록 지시해야 한다.

### 7) 종료

면담의 마지막 인상을 긍정적으로 피면담자에게 남겨두는 것은 중요하다(Fisher &

**[향상된 인지면담의 구조]**

| 단계 | 구성 | 설명 |
|---|---|---|
| 1 | 인사와 라포형성 | • 소개<br>• 불안감 억제<br>• 라포형성 |
| 2 | 면담의 목적 설명 | • 초점화된 기억회상<br>• 모든 것 보고하기<br>• 통제 전가<br>• 작화 또는 추측하지 말기<br>• 집중하기 |
| 3 | 자유회상 | • 맥락회복<br>• 개방형 질문<br>• 정지와 침묵 사용<br>• 비언어적 행동에 관심 두기 |
| 4 | 질문 | • 모든 것 보고하기<br>• 피면담자에게 적합한 질문하기<br>• 작화 또는 추측하지 말기<br>• '모른다', '이해하지 못하겠다'고 말해도 된다고 알려주기<br>• 정신적 심상<br>• 개방형과 폐쇄형 질문 |
| 5 | 다양하고 광범위한 인출 | • 순서 바꾸기<br>• 관점 바꾸기<br>• 모든 감각에 집중하기 |
| 6 | 진술 요약 | • 진술 추가 또는 수정 기회 |
| 7 | 종료 | • 긍정적 이미지 |

McCauley, 1995). 잘 관리된 면담은 경찰과의 의사소통 관계에 긍정적인 영향을 미치는 중요한 요인이다. 이 과정에서 면담자는 피면담자의 협조와 노력에 감사를 표하고, 피면담자에게 궁금한 것이 있는지를 물어본다. 또한, 이름과 전화번호로 연락을 제공하여 면담이 끝나더라도 이를 연장하도록 시도해야만 한다. 이를 통해 목격자가 면담 후에도 오랫동안 사건에 관하여 생각하도록 하게 할 수 있고 이것은 더 많은 가치 있는 정보를 산출시킬 것이다(Bekerian & Goodrich, 1995).

## 4 인지면담에 대한 오해

앞서 언급한 바와 같이 인지면담은 성공적인 수사면담기법으로 알려져 있다. 그런데 일부 학자들은 이에 대한 이해가 부족하여 이를 오해하기도 한다. 하여 여기에서는 이와 관련된 주제를 일부 살펴본다.

### 1) 가해자(피의자)에 대한 적용문제

인지면담이 법정 증거로 제출되었을 때, 변호인들이 하는 흔한 질문은 "인지면담은 피해자를 대상으로 하는 면담기법이고, 피의자에게는 사용할 수 없는 것이 아닌가?"이다. 이것은 인지면담이 협조적인 목격자들을 대상으로 한다는 말에서 기인된 오해인 것으로 추측된다.

현장 수사 과정에서 흔히 협조적인 사람은 사건의 피해자 또는 제삼의 목격자이고, 비협조적인 사람은 피의자라는 생각이 일반적인 듯하다. 물론 이런 생각이 완전히 틀린 것은 아니지만, 비협조적인 피해자나 목격자, 그리고 협조적인 피의자도 얼마든지 존재한다. 예를 들어, 거짓주장을 하는 피해자나 목격자, 자신의 무고함을 주장하는 피의자가 이 경우에 해당된다.

이 경우 피해자나 목격자는 자신의 거짓이 발각될 것을 우려해서 면담에 비협조적이고, 반대로 무고한 피의자의 경우는 자신의 무고함을 주장하기 위해 적극적으로 면담에 협조하게 된다. 따라서 인지면담의 효과를 담보하는 것은 피조사자의 신분이 아니라, 피조사자가 면담 과정에 얼마나 협조하는지 여부이다.

실제로 인지면담은 초기 단계에서 이루어지는 피면담자와 면담자 간의 라포형성을 매우 중요하게 여긴다. 이 과정은 피조사자로 하여금 조사자에 대한 신뢰감을 바탕으로 최대한 면담에 협조하고 자발적으로 진술할 수 있도록 만드는 초석이 되는 단계이다. 그러므로 이 단계에서 라포형성이 실패하면 이후의 면담 과정은 좋은 효과를 기대할 수 없다(Fisher & Geiselman, 1992).

이상에서 지적한 바와 같이, 인지면담의 효과는 대상자가 어떤 신분이냐가 아니라, 얼마나 협조적이냐에 따라 달라질 수 있음을 분명히 인식해야 할 것이다. 그러므로 인지면담은 면담에 협조적인 피조사자라면 그 신분에 상관없이 그 효과를 기대할 수 있는 면담기법이다.



### 2) 피해자의 2차 피해 발생문제

범죄피해자, 특히 성폭력 피해아동들을 대상으로 인지면담을 실시함에 있어, 관계자에게 가장 많이 받는 질문은 '2차 피해의 발생문제'이다. 실제 Croft(1995)는 인지면담을 사용하는 현장 경찰관들을 대상으로 조사한 결과, 인지면담의 MCR(Mental Context Reinstatement)이 "성폭력 피해자를 다시 성폭력하는" 것일 수 있다는 생각에 MCR 사용을 꺼려한다고 보고하고 있다. 즉, 충격 상태에 있는 피조사자에게 인지면담을 실시하는 것이 부적절하다고 여긴다는 것이었다.

이에 학계에서는 "인지면담, 특히 MCR이 피해자를 다시 충격에 빠뜨리게 할 수 있는가?"에 대한 연구를 하게 되었다. 그 중 Williamson(1996)은 인지면담이 성폭력 피해자에게 치료적이었음을 보고하였다. 그는 성폭력 피해자가 최초 성폭력 피해 상황을 맥락회복하고 그것을 자세히 진술하는 것은 피해자로 하여금 그 상황에 대한 통제력, 즉 충격적인 상황에서 벗어날 수 있는 힘을 갖게 한다고 주장한다. 실제로 어떤 사건 때문에 고민되고 혼란스러울 때 누군가에게 속시원하게 다 털어놓는 것이 홀가분해지게 하고 도움이 되는 경우가 많다. Pennebaker와 Hoover(1986)의 연구에서 개인적인 충격에 대하여 말하는 단순한 행위가 생리 · 심리적 후유증을 감소시킬 수 있다고 하였다.

Latts와 Geiselman(1991)은 인지면담의 효능성을 알아보기 위해서 두 명의 경험 많은 성폭력전담수사관들을 면담하였다. 그 결과, 성폭력 피해자들에게 인지면담을 사용하는 것이 어렵지 않았음을 발견하였다. Shepherd, Mortimer, Turner 및 Watson(1999)도 성폭력 피해자를 면담하는 데 인지면담이 유용하다는 현장 사례들을 논하고 있다.

이런 연구 결과와 발견들을 토대로 영국 경찰서장 연합회 '성범죄 운영위원회' 회장인 Williamson(1996)은 정서적으로 흥분되어 있는 피해자들에게 인지면담을 사용하도록 제안하고 있다. 그러므로 범죄피해자를 대상으로 한 인지면담은 면담과정에서 2차 피해를 유발하는 것이 아니고, 오히려 심리적 충격에서 벗어나게 할 수 있는 치료적 면담 기법이라고 할 수 있다.

### 3) 최면수사기법과의 내용상 구분문제

이 문제는 유도질문, 암시질문의 영향과 함께 자주 질문받는 주제이다. 특히 정신적 맥락회복의 지시 과정이 최면과 어떻게 다른가가 관심을 받는다. 최면은 트랜스(Trance)라는 일종의 무아지경 상태에서 질문자가 요구하는 내용을 회상하고 답하는 과정으로 이루어진다(고제원, 2003).

이 트랜스 상태는 피암시성이 매우 높은 상태로, 질문자가 요구하는 대로 순응하려는 경향성이 매우 높은 상태여서, 유도나 암시로 인한 질문에 취약하여 오기억 반응을 산출할 가능성이 높다는 평가를 받는다(Geiselman, Fisher, Cohen, Holland, & Surtes, 1986). 그러나 인지면담은 우리의 일상적인 의식상태하에서 표적이 되는 정보를 잘 인출할 수 있도록 집중력을 높여주는 기법으로 유도나 암시와 같은 질문에 취약하기보다는 오히려 저항력이 크다(Milne, Bull, Köhnken, & Memon, 1995).

인지면담에 대한 국내·외 선행연구들은 인지면담이 표준면담 또는 최면 등 다른 기법들보다 정확한 정보를 더욱 많이 회상시킨다는 것을 실증적으로 밝히고 있다(Memon, Holley, Wark, Bull, & Köhnken, 1996). 인지면담의 효과성을 입증하는 실증적인 연구들이 많아짐에 따라, 잉글랜드와 웨일스에서는 1993년 '국가수사면담 훈련 프로그램'에 인지면담을 포함시켜 일선 경찰들을 훈련시키기 시작하였다(Milne & Bull, 1999).

인지면담은 미국, 독일, 영국, 오스트레일리아, 뉴질랜드, 캐나다 등의 실제 사건 수사에서 사용되고 있으며, 현존하는 수사면담기법 중 가장 성공적인 기법의 하나로 평가받고 있다(Aldridge, 1999). 우리나라의 경우에는 2008년 5월부터 진술분석 업무지침이 변경되기 전까지 진술분석을 위한 면담기법으로 활용하여 법정에서도 증거로 다수 인정받은 바 있으며, 수사단계나 법정 신문 과정에서 아동에게 인지면담기법을 충실히 활용하도록 권고되기도 하였다(김동완, 2010). 2010년 대검찰청은 『조사·신문 핵심원리』를 발간하면서 그 안에 인지면담을 소개하고 '진술청취형 참고인조사' 과정에 많은 부분 활용하도록 설계하였다(김미영, 2017).

법관은 인지면담을 얼마나 신뢰롭고 타당하다고 믿고 있는가? 1995년에 인지면담/향상된 인지면담과 관련된 전문가 증거가 Frye 검사를 통과하는 것으로 발견했다(People v. Tuggle, 1995; for more information on the Frye test, see Memon, Vrij & Bull, 1998). 이 법정 사례에서 전문가의 증언은 인지면담의 신뢰성과 타당성에 관하여 요구되었고, Geiselman과 Fisher는 증거를 위해 초대받았다. 판사는 이 사례에서 인지면담을 실행한 면담이 법정에서 증거로 사용되는 것을 받아들인다고 판결했다. 즉, 이 사례에서 판사는 인지면담을 신뢰할 수 있고 과학적으로 받아들여질 수 있는 접근법으로 여겼다.



## 5 용의자 대상 인지면담(Cognitive Interview for Suspects; CIS)

일반적으로 인지면담 프로토콜은 피해자와 목격자를 대상으로 사용되도록 개발되었지만, 알려진 몇몇 유명한 실제 사건에서 용의자를 면담하는 데에도 성공했다. 이러한 성공 사례에는 일반적으로 하나 혹은 두 개의 시나리오가 포함되어 있다: ① 용의자가 회상하고서 오직 가해자만이 알 수 있는 범죄 관련 세부내용을 무심코 보고하거나 ② 용의자가 이전에 경찰에서 보고한 세부내용과는 모순되지만 이 사건에 대한 대안적 경찰 의견과 일치하는 정보를 회상한다.

용의자 대상 인지면담은 용의자에 대한 수사면담을 수행하기 위한 대안적 방법론으로서의 가능성을 갖는다. 인지면담은 협조적인 범죄피해자와 목격자로부터 최대한의 정보량을 확보하는 것을 돕기 위해 개발된 것이다. 용의자에게 적용할 때, 인지면담은 많은 정보의 양을 발생시킬 잠재력이 있고, 이는 다른 적신호(Red-Flag) 지표들과 비일관성을 탐지하기 위한 가능성을 증가시키는 데 사용될 수 있다.

기만적인 사람들은 자신이 지어낸 허위 이야기의 내적 일관성을 유지시켜야만 하고, 여기에는 인지적 자원이 요구된다. 용의자 대상 인지면담 동안, 면담자는 그림 그리기와 역순 회상으로 예상치 못한 요구를 통해 용의자의 인지적 부하를 더욱 증가시킨다. 제한된 인지적 자원으로, 기만의 좀 더 신뢰성 있는 지표들이 이전의 연구들에서 발견된 것과 같이 나타날 수 있다.

이러한 각각의 이유들 때문에, 본 실험에서 면담자들에게 허용한 용의자 대상 인지면담의 단계들은 진실한 용의자와 기만적인 용의자에 대한 면담자의 식별력을 체계적으로 증가시킨다.

용의자 대상 인지면담은 전체 8단계로, 살펴보면 다음과 같다(Geiselman, 2012).

[용의자 대상 인지면담(Cognitive Interview for Suspects, CIS)]

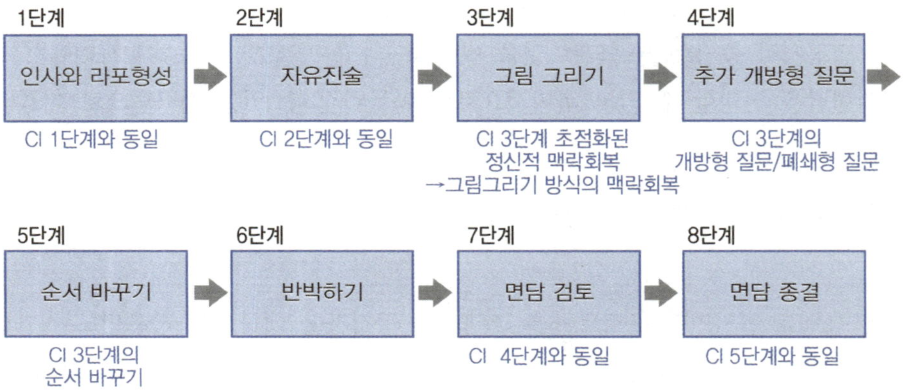


### 1) 라포 / 소개(Rapport / Introduction)

면담자는 비판단적 방식으로 일상적인 대화를 사용하여 용의자와 라포를 생성해야 한다. 이러한 방식으로, 용의자는 실제든 아니든 간에, 공유된 이해관계에 대해 이야기하는 동안 면담자를 좋아하거나 심지어는 신뢰하게 될 수 있다. 용의자는 중립적인 화제에 대해 진실하게 말하기 시작함으로써, 나중에 기만의 징후를 보이지 않고 허위의 이야기를 말하기가 좀 더 어려워질 수 있다.

### 2) 자유진술(Narrative)

연구들에 따르면, 기만적인 사람들은 그들의 진술에서 단지 하이라이트 또는 골자가 되는 내용만을 제공하는 것으로 나타났다. 그러나 원래 인지면담의 요소들은 용의자가 상세하게 진술할 것을 기대하게 한다. 면담자는 용의자에게 진술 전에 가능하면 많은 세부내용을 말하고, 집중하는 데 필요한 충분한 시간을 가질 수 있다고 지시해야 한다.

### 3) 그림 그리기(Drawing & Sketch)

서술 단계에서 면담자의 이야기 삽화 요청은 용의자에게는 예상치 못한 것이다. 예상치 못한 요청이 거짓 화자를 무너뜨릴 수 있다는 연구 결과가 있다. 삽화의 요청은 면담자의 이해를 높이려는 목적에서 진술을 명확히 하기 위한 수단으로 제시되어야 하며, 추가적인 정보를 회상할 수 있는 또 다른 기회를 주도록 해야 한다. 그림 그리기를 할 때 나타나는 특이한 어려움과 비일관성, 추가적인 상세함의 결여를 찾아야 한다. 진실한 용의자와 비교했을 때, 거짓 화자는 더 큰 어려움을 보이며, 좀 더 비일관성을 나타내고, 그게 무엇이든 추가적인 디테일을 거의 산출하지 않는 경향이 있다.

### 4) 후속 질문, 개방형 질문(Follow－Up, Open－Ended Questions)

후속 질문, 개방형 질문은 용의자로부터 좀 더 많은 정보를 발생시키려는 목적에서 정보-수집형으로 제시되어야 한다. 전형적으로, 거짓 화자들은 새로운 내용을 많이 제공하지 않고 최소한의 정교함으로만 이러한 질문에 답한다.

### 5) 순서 바꾸기 기법(Reverse－Order Technique)

후속 질문을 통해 서술로부터 모든 장면을 샅샅이 다루고 났을 때, 추가적인 세부 내용을 위해 용의자의 기억을 건드리기 위한 또 다른 계획으로 역순 기법을 도입한다. 연구들에 의하면, 기만적인 사람들은 허위의 이야기를 거꾸로 말하는 데에 유독 어려움을 겪는다. 거꾸로 이야기를 회상하는 것은 인지적 부하를 증가시키고, 기만적인 용의자의 인지적 자원은 이미 이야기의 일관성을 유지하는 데 한계에 다다르고 있다. 연구들에 의하면, 그들의 인지적 자원에 있어서 추가적인 감소 때문에, 좀 더 신뢰할 수 있는 기만의 지표가 좀 더 많이 나타날 수 있다(누출).

### 6) 반박(Challenge)

이 시점에서 용의자는 비일관성, 범죄 관련 진술, 그리고/또는 외적인 범죄 관련 증거들에 직면하게 될 것이다. 이러한 요소들은 면담의 이 시점 이전에 언급되어서는 안 된다. 면담자는 용의자에게 초점을 맞춘 것을 효과적으로 유지하기 위해 부드럽게 말하고, 존중하며, 잠시 멈춤을 사용해야 한다. 이러한 절차는 추가적인 비일관적 진술의 가능성을 증가시킨다. 라포를 형성하고 정보수집형 방식으로 면담이 진행되어야 한다.

모든 범죄 관련 정보를 한 번에 다루어 용의자를 어쩔 줄 모르게 만들려는 시도보다는 '방울방울 떨어지는(Drip)' 방식으로 수행되어야 한다. 관련 연구 결과들은 가장 약한 증거가 가장 먼저 제시되어야 한다는 것을 보여준다. 이러한 절차는 거짓 화자로부터 한꺼번에 포괄적인 설명을 하는 것을 허용하지 않기 때문에 추가적인 비일관적 진술의 가능성을 증가시킨다. 반박에 대한 대응으로 진실한 용의자는 좀 더 많은 정보를 제공하는 반면, 거짓 화자는 추가적인 신뢰성 있는 정보를 아주 적게만 제공하거나 혹은 아예 제공하지 않는 경향이 있다.

#### 7) 검토(Review)

이 단계에서는 면담내용을 요약하는데, 이때 용의자가 어떤 부정확한 부분을 수정하고 추가적인 사실을 회상할 수 있는 기회를 제공해야 한다. 거짓 화자는 가능하면 면담을 빨리 끝낼 의도에서 부정확한 부분을 수정하지 않고, 대신에 검토 시 빠르게 동의하는 경향이 있다.

#### 8) 종료(Closure)

만약 용의자가 진실한 것처럼 보인다면, 그들의 협력에 감사해야 한다. 만약 용의자가 기만적으로 보인다면, 면담자는 실망감과 결례감을 느낀다는 것을 표현해야 한다(라포형성 단계를 활용하여). 후자의 경우, 지금의 상태보다 진실을 말하는 것이 더 나을 것이라는 것을 용의자에게 설명하는 것은 도움이 된다.

## 6 현실면담(Reality Interview)

#### 1) 현실면담의 개념

현실면담(Reality Interview)은 인지면담의 변형이다. 인지면담은 기억나는 모든 것을 보고하고, 정신적으로 사건의 맥락을 회복시키도록 하며, 다양한 순서로 사건을 회상하고, 여러 가지 관점에서 사건을 보고하는 니모닉(Mnemonic, 기억하기 쉽도록 돕는 연상 기호, 상징 등) 전략을 사용한다.

### 2) 현실면담과 인지면담의 차이

현실면담과 인지면담의 가장 중요한 차이점은 인지면담이 주로 정보를 확보하고 오염을 최소화하는 데 중점을 두는 반면, 현실면담은 추가로 거짓 탐지에 초점을 맞춘다는 점이다. 거짓 진술자들의 인지적 취약성을 공략하는 질문은 진실한 진술자와 거짓 진술자 사이의 언어적 간격을 증가시키는데 이러한 관점을 바탕으로 현실면담 프로토콜이 개발되었다.

현실면담은 DRE(Differential Recall Enhancement)의 원칙에 기초한다. DRE는 진실한 진술자의 회상을 용이하게 하지만, 거짓 진술자의 인지적 · 대인관계적 난이도를 증가시킨다. 인상 관리 또는 정보 통제를 강조할 수 있는 모든 종류의 면담 전략을 의미하는데, 증거의 전략적 사용도 DRE 기법 중 하나이다.

### 3) 강제적 질문의 포함

현실면담은 인지면담의 니모닉을 활용한 절차 외에도 몇 가지 강제 선택 질문을 포함한다. 이러한 강제 선택 질문은 니모닉 전략에 포함되며, 진술내용에 대해 다양한 각도에서 생각하게 함으로써 피면담자로 하여금 진술을 이어 나가는 데 더 깊은 인지 처리를 요구한다. 강제 선택 질문의 목적은 ① 진술자의 (거짓) 스크립트를 벗어난 질문, ② 진술자 본래의 기억에서 정보를 제공하도록 강요, ③ 대상 사건에 대한 심층적인 생각 촉진, ④ 거짓 진술자의 인지적 · 대인관계적 요구 증가, ⑤ 진실한 진술자에게 인출 단서 제공 등이다.

현실면담에서 니모닉과 강제 선택 추론은 진실한 진술자에게 회상 단서를 제공한다. 반면, 거짓 진술자는 거짓을 만들어내기 더 어렵게 되고 인상 관리와 정보 통제의 시도가 어려워진다. 결국 현실면담의 목적은 세 가지이다. 첫째, 진실한 진술자로부터 최대한 많은 정보를 얻는 것, 둘째, 오염 가능성을 최소화하는 것, 셋째, 진실한 진술과 거짓 진술 간 차이를 극대화하는 것이다(Bogaard, Colwell, & Crans, 2018).

# 제 4 절 | 취약한 사람들을 위한 수사면담: NICHD

## 1 NICHD의 개념

NICHD 프로토콜은 미국의 국립 아동 건강 및 발달 연구소(The National Institute for Child Health and Development)에서 개발하였다. 면담자들이 사용할 수 있는 구체적이고 구조화된 면담기법으로 연구자, 면담자, 경찰, 법률 전문가 팀이 합동하여 개발한 것이다.

NICHD 프로토콜은 면담자와 조사 환경에 의한 아동 진술의 왜곡을 최대한으로 줄이고, 아동에 의한 자발적이고 순수한 진술을 풍부하게 얻는 것을 목적으로 하고 있다. 미국, 영국, 캐나다, 스웨덴, 이스라엘 등 여러 나라에서 사용되고 있으며 개방형 질문의 사용을 강조하고 아동과 지적 장애인을 대상으로 활용이 가능하다(김미영, 2017).

아동들은 자신이 실제로 학대를 당했다는 증거가 있을 때에도 피해에 대해 진술하기를 주저한다. 기존 NICHD 프로토콜은 진술 동기를 갖추고 있는 아동들이 경험한 사건에 대한 정보를 보고하도록 돕는 기법을 강조하고, 피해를 폭로하거나 진술하기 주저하는 일부 아동들의 동기적 요인들에 대해서는 상대적으로 주의를 덜 기울인다.

특히, 우리나라 원스톱지원센터의 경찰들 중 96%가 NICHD 프로토콜에 대한 교육을 받았으며, 대부분은 조사 과정에서 NICHD 프로토콜을 사용하고 있다. 그러나 이들은 NICHD 프로토콜을 미취학 아동이나 장애인과 같은 자발적 진술이 어려운 대상에게 적용하기에는 어려움이 따른다고 지적하면서 보완할 수 있는 조사실무지침 등이 필요하다고 제안하였다(김현정, 2011). 이후 Hershkowitz, Lamb 및 Katz(2014)는 진술을 주저하는 아동들을 보다 효과적으로 돕기 위해 개정된 프로토콜을 고안하였다.

이후 Interactive NICHD 가이드가 제시되기도 하였으나 이는 새로운 버전의 프로토콜은 아니다. 매뉴얼 내 하이퍼링크 등이 포함되어 있어 가이드 매뉴얼 자체의 활용 편리성을 높인 것이다. 프로토콜의 큰 흐름은 비슷하나 단계가 보다 세분화되어 있다. 가령 사건 진술 이후 쉬는 시간 단계가 있는데 이러한 모든 단계를 꼭 시행해야 한다기보다는 상황에 따라 적절히 적용할 수 있도록 항목을 보다 세분화한 것으로 보인다.

## 2 개정판 NICHD와 프로토콜 질문지

개정판 NICHD는 기존 프로토콜에 몇 가지 변경과 추가를 통해 이루어졌다. 아동들의 신뢰와 협조를 강화하기 위해, 라포형성을 기본 규칙 및 기대에 대한 설명 (이후가 아니라) 이전에 하도록 하였고, 라포형성 및 유지에 대한 추가 지침을 면담자들에게 제공하도록 하였다. 또한, 라포형성 동안 최근 경험에 대해 진술하도록 권유하고, 자유회상 진술 권유를 통해 아동들에게 일상에서 개인적으로 의미 있는 주제에 대해 더 많은 정보를 달라고 요청한다.

면담자들은 아동을 이름으로 불러 격려하고, 그들을 환영하며, 보살핌을 표현하고, 아동의 경험에 관심을 표하고, 아동의 감정을 반복하고, 그러한 감정을 인식해 주고 또는 그러한 감정을 탐색하고, 자유회상 진술 권유를 통해 아동들에게 개인적으로 의미 있는 사건에 대해 더 많은 정보를 달라고 요청한다. 아래는 개정판 NICHD 프로토콜 단계와 그 내용이다.

[NICHD 단계 요약]

| 단계 | 구성요소 | 내용 |
|---|---|---|
| 1 | 소개 | 1. 인사 및 면담자 소개<br>2. 녹음녹화 설명<br>3. 불편요소 확인 및 해소 |
| 2 | 라포형성<br>진술 훈련 | 1. 좋아하는 것, 즐거웠던 일<br>2. 싫어하는 것, 나빴던 일 |
| 3 | 규칙 설명 | 1. 모르면 모른다고 말하기<br>2. 틀린 내용 정정하기<br>3. 진실 말하기 |
| 4 | 추가 라포형성<br>일화기억 훈련 | 1. 긍정적이고 의미 있는 일화(연휴, 생일 등)<br>2. 피해 사건과 유사한 시기 또는 최근 에피소드(자유진술, 추가질문, 구간별, 단서회상) |
| 5 | 사건 면담 | 1. 사건 관련 주제로 전환<br>2. 사건 진술 확보<br>(사건 구별, 휴식, 아동이 언급하지 않은 정보 촉진 등) |
| 6 | 폭로 정보 | 사건 인지 경위 관련 정보 |
| 7 | 종료 | 중립적인 주제 이야기 후 종료 |

[NICHD 내용]

| 1단계 소개 | |
|---|---|
| [기록용 멘트] | 내 이름은 OOO야. 오늘 날짜는 O월 O일이고, 지금 O시야. 나는 OO에서 OO를 면담할 거야. [녹음녹화 장치 확인] |
| 인사 | OO야, 안녕. 만나서 반가워. |
| 면담자 소개 | 내 이름은 OO야. 나는 아이들에게 무슨 일이 있었는지 이야기하는 일을 하고 있어. |
| 녹음녹화 설명 | 보시다시피, 여기 비디오 카메라(녹음기)가 있어요. OO이가 말하는 모든 것을 기억할 수 있도록 우리가 말하는 것을 녹화(녹음)할 거예요. 오늘 얘기 중에서 내가 잊어버리는 내용이 있을 수 있는데 카메라(녹음기)를 켜놓으면 모든 걸 손으로 적을 필요 없이 OO이 말에 집중할 수 있어요. |
| 불편 요소 확인 및 해소 | 편안하니?<br>OO가 더 편안해지려면 내가 무엇을 하면 좋을까? |
| **2단계 라포형성과 진술 훈련** | |
| 라포형성 1 | OO야, 이제 나는 너에 대해 더 잘 알고 싶어. 네가 좋아하는 것을 말해줘.<br>–(대답하는 경우 감사를 표한다) 말해줘서 고마워. 너를 알게 되는 데 도움이 됐어. 나는 너에 대해 더 잘 알게 되어서 기뻐. [라포형성 3으로 이동]<br>–(대답하지 않거나 단답식으로만 말하는 경우) 오늘 우리가 처음 만나는 거 알고 있지만 난 OO에 대해 알고 싶어. 오늘 OO랑 얘기하게 되어서 기뻐. [라포형성이 더 필요한 경우 라포형성 2로 이동]<br>–(회피나 저항의 비언어적 징후가 관찰되는 경우)<br>OO야, 눈 좀 보여줘 봐. 여기 가까이 와서 앉아 봐.<br>OO야, 지금 울고 있는데 / 말 안 하고 있는데, 도와줄 수 있게 어떤 상태인지 말해줘.<br>OO야, 오늘 네 얘기 들려줘서 고마워. 네가 어떤 일을 겪었는지 말해줘. |
| 라포형성 2 | OO야, 너에 대해서 좀 더 알고 싶어. 나는 네가 [학교에서, 휴식 시간에, 학교 끝나고] 하고 싶은 것에 대해 이야기해 줬으면 좋겠어.<br>–(만일 회피와 저항이 계속되면, 사전에 계획한 중립적인 정보로 대화[예, 보호자가 알려준 취미활동]) 나는 네가 [어떤 활동, 취미]를 좋아한다고 들었어. [그 활동, 취미]에 대해 이야기해 줘.<br>–(특정 물건에 대해 대화[예, 옷차림]) 너 [독특한 옷, 예를 들어, 축구팀 티셔츠]을 입었구나. 그것에 대해 이야기해 줘.<br>–(그림 그리는 기회 제공) [네가 좋아하는 것, 어떤 재밌는 일이 일어났는지]에 대해 그림 그려볼래? 여기 크래용과 종이 줄게. |
| 라포형성 3 | OO야, 이제 [아동이 언급한 행동]에 대해서 더 이야기해 줘. [TV 프로그램, 영화, 상상한 것 등은 피할 것] |
| 라포형성 4 | OO야, 학교에서 네게 일어났던 재미있는 일 좀 이야기해 줘. |
| 라포형성 5 | OO야, [앞서 언급한 내용]에 대해서 말해줘. [다양한 주제에 대하여 이야기할 수 있도록 함. 한 가지 정도는 생각, 느낌, 감각, 감정 등 내적인 것으로 할 것] |
| 라포형성 6 | OO이한테 있었던 행복한(즐겁고 재밌는) 일에 대해서 얘기해 줬어. 이제 (학교에서) OO이 한테 있었던 기분 나빴던(불쾌한) 일에 대해서 얘기해 줘. [주의! 사건이 발생했을 것으로 추정되는 장소에 대한 언급하지 말 것] |

| | |
|---|---|
| 라포형성 7 | [앞서 언급한 내용]에 대해 이야기해 줘. [다양한 주제에 대하여 이야기할 수 있도록 함. 한 가지 정도는 생각, 느낌, 감각, 감정 등 내적인 내용으로 할 것]<br>–(만일 고통스러운 경험을 이야기한다면 그 경험에 대하여 짧게 다루되 지지의 표현도 해줄 것. 그리고 그러한 부정적인 경험을 다른 사람에게도 말한 적이 있는지 확인할 필요가 있을 수도 있음.) OO이가 [고통스러운 사건]을 이야기해 줬어. 그걸 어른에게 말한 적 있니?<br>–(얘기한 경험이 없다고 한다면) 다른 사람들에게 말하는 걸 내가 도와줄까? |
| 라포형성 8 | OO야, 지금까지 (앞서 언급한) 좋았던 일과 나빴던 일에 대해서 얘기해 줬어. 그리고 감정이랑 생각도 얘기해 줬어. 말해줘서 고마워. 너는 나에게 좋은 것과 싫은 것, 모든 것에 대해 이야기해 줄 수 있어. |
| **3단계 규칙 설명 및 훈련** | |
| 면담 규칙 1<br>(모르면 모른다고 말하기) | [피면담자 발달 상태에 따라 질문을 적절히 조정할 것]<br>OO야, 난 너에 대해 궁금하고, 오늘 나는 여러 가지 질문을 할 거야. 내가 질문을 했는데, 질문이 이해가 되지 않으면, "이해가 안 돼요"라고 말해줘. 알았지?<br>네가 하는 말이 내가 이해되지 않으면, 너에게 설명해달라고 할게.<br>내가 질문을 했는데, 답을 모르겠으면, "모르겠어요"라고 말해줘. OO야, 그러면 내가 [예를 들어, 내가 오늘 아침에 뭐 먹었지]라고 물어보면, 넌 어떻게 말할 거야?<br>–(모른다고 답변하는 경우) 맞아. OO야, 너는 모르지?<br>–(추측하여 답변하는 경우) 아니야, OO야, 너는 [예를 들어, 나랑 같이 아침을 먹지 않았잖아], 그러니까 모르지. 답을 모르면 추측하지 말고, 그냥 모른다고 말하면 돼. 그런데 네가 답을 알거나, 기억이 나면, 나한테 말해주는 게 중요해. OO야, 알았지? |
| 면담 규칙 2<br>(틀린 내용 정정하기) | 그리고 내가 잘못 말하면, 꼭 나에게 말해줘야 해. OO야, 알았지?<br>만약 내가 [면담 대상자가 5세 남자아이인데] 너 2살짜리 여자아이구나, 라고 말하면 넌 어떻게 말해야 해?<br>– (만약 부인만 하고 정정하지 않는 경우) 내가 실수해서 너한테 [면담 대상자가 5세 남자아이인데] 2살짜리 여자아이라고 말하면 너는 어떻게 말해야 해?<br>–(올바른 답변을 하면 강화해줄 것) 맞아, OO야. 내가 실수하거나 잘못 말하면 어떻게 해야 하는지 아는구나.<br>–(틀린 내용 정정해줄 것) 아니야, OO야. 너는 [틀린 나이]가 아니고 [실제 나이]이지. 그러니까 내가 너는 [틀린 성별]이구나, 라고 말하면 넌 어떻게 말해야 해? [올바른 답변에는 적절히 강화해주고 틀린 답변은 고쳐준 후 다시 연습]<br>– 너는 서 있구나, 라고 말하면 넌 어떻게 말해야 해?<br>– 그래. OO야, 이제 내가 잘못 말하면 내 말을 고쳐주고, 어떤 게 맞는지 말해줘야 한다는 것을 아는구나. |
| 면담 규칙 3<br>(진실을 말하기) | 나는 [아이들]을 만나서 그들이 무슨 일을 겪었는지 함께 이야기하는 일을 하고 있어. 나는 많은 [아이들]을 만났고, 그 친구들은 자신이 어떤 일을 겪었는지에 대해 진실을 말해줬어. OO야, 오늘은 네가 겪은 일에 대해 진실을 말하는 것이 아주 중요해. |
| **4단계 추가적인 라포형성 및 일화기억 훈련** | |
| 도입 | [면담 전에 피면담자가 최근에 능동적으로 참여한 짧고 긍정적이고 의미 있는 일화를 확인해둘 것. 가능하면 피해와 유사한 시기에 일어난 사건을 선택할 것. 피해 사건이 특정일 또는 사건 중에 발생한 경우, 다른 일화에 대해 물어볼 것]<br>OO야, 오늘 만나서 반가워. 나는 너에 대해 더 잘 알고 싶어. |

| | |
|---|---|
| 일화기억 훈련1 (일화 진술 요청) | 며칠(몇 주) 전에 (연휴, 생일 파티, 다른 사건)이 있었지. [그 사건 동안] 무슨 일이 있었는지 처음부터 끝까지, 네가 할 수 있는 만큼 모두 말해줘.<br>–(특정 일화에 대한 정보가 없는 경우) 최근에 특별한 일 있었니? 어디 갔다 왔다거나, 생일파티에 갔거나?<br>–(적절한 일화를 말하지 않는 경우) (오늘, 어제) 아침에 일어나서부터 무슨 일들이 있었는지 모두 말해줘. |
| 일화기억 훈련2 (추가 진술 요청) | [일화가 시작된 부분/행위를 말하고] OO야, 그리고 무슨 일이 있었어? [이러한 질문을 최대한 많이 사용하여 사건 전체에 대하여 구체적으로 파악할 것]<br>OO야, 고마워. (아동이 그렇게 했을 경우) 나에게 많은 걸 말해줬어. 네가 말해준 것에 대해 좀 더 물어보고 싶어. |
| 일화기억 훈련3 (구간별 진술 요청) | [세 가지 구간을 사용하여 연습하도록 할 것. 아동의 진술능력이나 반응에 따라 질문 유형 및 양은 조정할 것]<br>–OO, 그 일에 대하여 모든 걸 말해주세요.<br>–OO야, [사건]에 대해 모두 말해줘.<br>[아동이 말한 행동] 때부터 [그 다음 행동] 때까지 있었던 일들을 모두 말해줘.<br>[아동이 말한 행동]이 시작할 때부터 있었던 일을 모두 말해줘.<br>–OO야, 말해줘서 고마워. 너에 대해 잘(분명하게) 얘기해 줘서/표현해 줘서 네가 하는 말을 잘 이해할 수 있었어. |
| 일화기억 훈련4 (단서회상 진술 요청) | [단서회상을 사용하여 연습하도록 할 것. 아동의 진술능력이나 반응에 따라 질문 유형 및 양은 조정할 것. 생각이나 느낌에도 집중하도록 할 것]<br>(단서회상은 두 가지 유형을 사용할 수 있음)<br>1. [행동, 물건, 생각, 감정]에 대해 더 이야기해줘.<br>2. 좀 전에 너는 [행동, 물건, 생각, 감정]에 대해 이야기해 줬어. 그것에 대해 좀 더 말해줘. |
| 일화기억 훈련5 | OO야, [그 일]에 대해 이야기해 줘서 고마워. 오늘 우리가 이야기할 때 너에게 진짜로 있었던 일에 대해서 모두 말해주는 것이 아주 중요해. |
| 일화기억 훈련6 | OO야, 지금까지 우리 함께 얘기 나눠봤는데 기분이 어때?<br>[이 단계까지 피면담자가 협조적이지 않고 진술하기를 꺼린다면 면담을 종료할 것. 면담 종결 단계로 넘어가서 지속적으로 라포를 형성하기 위한 추가 면담 일정을 잡을 것] |
| **5단계 핵심 단계** | |
| 핵심 단계1 (핵심 사건으로 전환) | [주의! 만일 언제라도 피면담자가 피해를 부인하지 않으면서 명시적으로 언어적인 저항을 보인다면 "핵심 단계1. a. 명시적인 거부를 지지하기" 파트로 넘어가서 추가 전환 촉진을 멈추고 저항을 해소할 것]<br>이제 우리가 서로를 좀 더 잘 알게 되었으니, OO이가 오늘 여기 왜 왔는지를 알고 싶어.<br>[언제라도 피면담자가 피해를 말한다면 핵심 단계2로 넘어갈 것]<br>–(만일 피면담자가 관련 없는 사건을 이야기한다면) 네가 무슨 말을 하는지 알겠어. 그 얘기는 네가 원한다면 우리는 다음번에 얘기할 수도 있어. 하지만 지금은 너에게 일어난 다른 일에 대해 알고 싶어.<br>1. OO이에게 어떤 일이 일어났다고 알고 있어. 그 일에 대해서 처음부터 끝까지 모든 걸 말해줘. |

2. 내가 말했듯이, 나는 OO이 같은 (아이들)에게 일어났을 수 있는 일들에 대해 이야기를 나누는 일을 해. OO이 보호자(엄마, 아빠, 할머니)가 OO이를 여기 데려온(제가 OO이와 이야기를 나누러 온) 이유를 뭐라고 알고 있는지 말해주는 것이 중요해.
3. (피면담자가 피해를 말하지 않고 회피적이거나 저항적이라면, 피면담자나 피해 내용을 언급하지 않고 일반적인 지지적인 표현을 해줄 것)

> a. OO, 나는 (아이들)에게 일어난 일에 대해서 들어주는 일을 해.
> b. OO, 나는 (아이들)에게 일어난 일에 대해서 정말로 알고 싶어요. 그게 내가 여기 있는 이유야.
> c. OO, 여기서 (아이들이) 겪은 좋은 일이나 나쁜 일이나 다 말할 수 있어.
> d. 나는 아이들을 돕는 일을 해.

4. OO이가 (의사, 교사, 사회복지사, 등 전문가) 선생님한테 (특정 장소)에서 같이 얘기한 적이 있다고 들었어. 그때 어떤 얘기를 했는지 말해줘.
5. OO이 (신체부위)에 (상처, 멍자국)가 있는 걸 봤어(있다고 들었어). 그것에 대해서 다 얘기해 줘.
6. (피해 주장과 관련된 장소, 시간)에 OO이한테 어떤 일이 있었니? [만일 피해 주장을 하지 않는다면 위 a~c와 같은 지지표현을 사용하거나 다음의 표현(피면담자를 지칭하면서도 피해 내용은 언급하지 않음)을 사용할 것]

> e. 지금까지 OO이에 대해서 많이 얘기해 줬어. 나는 너에 대해 더 많이 알게 되었다고 생각해. 이제 OO이한테 있었던 일(좋거나 나쁘거나)에 대해서 더 얘기해 줘.
> f. 지금까지 OO이에 대해서 많이 얘기해 줘서 고마워. 오늘 앞으로도 계속 얘기 나눌 때도 계속해서 OO이한테 있었던 다른 일에 대해서도 잘 말해 줘.
> g. OO이가 나한테 말하고 싶은 게 있다면 (그것에 대해서 알고 싶어/듣고 싶어. 아는/듣는 것이 정말 중요해.)
> (만일 피해 주장도 없고 부인도 하지 않는다면, 다음 단계를 계획할 것)
> [피면담자의 거부감에 대한 언어적/비언어적 징후를 토대로 상황을 판단하고 면담을 지속할 것인지 결정할 수 있음. 면담 종결을 고려하거나(핵심 단계 1. b.로 갈 것), 피면담자가 협조하기를 거부하거나 회피하고 있어서, 추가 라포형성 단계가 도움이 될 수 있다고 보일 때 추가 면담을 계획할 것]
> [다음의 경우가 의심될 때, 전환 표현을 사용하여 서서히 진행할 것]
> – 피해가 발생하지 않았음 (피해에 대한 의혹이 발생하게 된 과정이 중요하기 때문임)
> – 피면담자가 면담의 목적을 이해하지 못함
> – 피면담자가 면담자의 노력에 저항하고 협조를 거부하나 복지나 수사에 심각한 문제점이 우려됨

7. 누군가 너를 괴롭히는 사람이 있니?

8. 누군가 올바르지 않은 일을 너에게 한 적이 있니?
9. 누군가 너한테 (피해 주장이나 의심점에 대해서 구체적인 사항이나 피의자와 관련된 정보를 주지 말고 간략히 설명함) 한 적이 있니?
[만일 피해 주장을 하지 않으면서도 회피/거부적인 태도가 보이고 피해 주장과 관련된 여타 증거가 존재한다면 위 a~g와 같은 지지표현을 사용하거나 다음의 표현을 사용할 것]

h. 나는(다른 사람들은) 너를 걱정해. 만약 네게 무슨 일이 있다면 알고 싶어.
i. OO이한테 어떤 일이 있었고, 그런 일이 멈추길 원하면 나한테 말해도 돼.
j-1. OO야 말하기 힘드니? 무엇 때문에 말하는 게 힘들어?
j-2. OO이는 걱정되는 게 있어?
j-3. OO이가 말하면 무슨 일이 일어날 것 같아?
j-4. 누군가 너한테 말하지 말라고 했어?
k. (아이들은) 어떤 일이 일어난 것이 자기들 잘못이라고 생각할 때도 있어. 그런데 아이들은 그 일에 대해 책임이 없어.
l. OO이가 말하는 건 OO이가 선택할 수 있어. 나는 OO가 그런 선택을 할 수 있도록 도와주는 일을 해.

10. OO야, [네가, 누군가가] [가해자로 추정되는 사람의 이름을 특정하거나 너무 많은 세부정보를 말하지 않고, 피해 내용을 간략히 요약하며] [보고했다는 것을, 봤다는 것을] 알고 있어. 나는 너에게 무슨 일이 생겼는지 알고 싶어.

핵심 단계1. a. 명시적인 거부를 지지하기

[만일 피면담자가 진술을 어려워하거나 거부감을 표하면서도 피해를 부인하지 않았다면, 위 a–l의 지지표현을 사용하거나 아래와 같이 명시적인 거부를 다루는 표현을 사용할 것]

m. OO이가 (이미 언급한 어려움, [예, 부끄러움])~~한다는 걸 알고 있어요. 내가 도와줄 테니 말해봐.
n. 많은 (아이들)이 (이미 언급한 어려움)을 겪는데, 내가 그때마다 도와줘어.
o. OO이가 (이미 언급한 어려움)~~한다고 했지, 더 얘기해 줘.
p. [만일 피면담자가 자신감이 없음을 표한다면] OO이가 잘 말해 줄 수 있을 거라고 믿어.
q. [만일 피면담자가 구체적인 걱정거리를 말하고, 면담자가 안심시키는 내용이 사실이라면] 걱정하지마. 내가 (다른 사람들에게 말하지 않겠다/버스시간을 놓치지 않게 하겠다)
r. 말할지 말지는 OO이 선택이야. 나는 OO이가 선택하는 걸 그대로 받아들일게.

[피해 여부를 탐색하는 과정에서 피면담자가 거부적이거나 비협조적이고 추가 면담을 통한 라포형성 과정이 도움이 될 것이라는 판단이 든다면, 면담을 종료하고 추가 면담을 계획할 것. 면담 종결 단계로 넘어갈 것]

[핵심 단계 전체적으로 피면담자와 형성한 라포를 유지 및 강화하고, 계속해서 지지 표현을 해주고, 명시적인 억압, 고통 및 갈등을 해결하는 것이 중요함]

핵심 단계2 (사건진술 확보)

핵심 단계2. a. 자유진술 요청

11. a. 사건에 대한 첫 번째 진술 요청

- (특정 사건을 언급하는 경우) OO, [피해 주장 간략히 요약]~~라고 말했어. 그 일에 대해서 처음부터 끝까지 모든 것을 말해줘.
- (여러 사건을 언급하는 경우) OO, [피해 주장 간략히 요약]~~라고 말했어. 그 일들과 관련해서 [마지막 / 처음 / 장소 / 시간 / 특정 사건]에 대한 모든 것을 처음부터 끝까지 말해줘.
- (전반적인 설명만 할 뿐, 횟수를 특정할 수 없는 경우) OO, [피해 주장 간략히 요약]~~라고 말했어. 그 일이 한 번 있었어, 아니면 두 번 이상 있었어? [답변에 따라 첫 번째 진술을 요청할 것(11. a)]
- (여전히 전반적인 설명만 하는 경우) OO, [전반적인 피해 주장 간략히 요약]~~라고 말했어. 그 일에 대해서 처음부터 끝까지 모든 것을 말해줘.

11. b. 추가 진술 요청

[사건 발생 시작점의 행위나 상황에 대한 진술을 그대로 말해준 다음] 그다음에 무슨 일이 있었어? [이러한 질문을 최대한 많이 사용하여 피해 사건 전체에 대하여 구체적으로 파악할 것]

11. c. 구간별 진술 요청

어떤 일이 있었는지 이해가 되도록 많은 걸 얘기해 줬어. 이제 그 일에 대해서 OO이에게 조금 더 질문할게.

OO이가 그때(낮, 밤)를 다시 떠올려 보고 ~~~한 때(언급한 행위)부터 ~~한 때(언급한 다음 행위)까지에 있었던 일에 대해서 모든 걸 말해줘. [이러한 질문을 최대한 많이 사용하여 피해 사건 전체에 대하여 구체적으로 파악할 것]

11. d. 단서회상 진술 요청

(단서회상은 두 가지 유형을 사용할 수 있음) 1) [행동, 물건, 생각, 감정]에 대해 더 이야기해 줘. 2) OO야, 좀 전에 너는 [행동, 물건, 생각, 감정]에 대해 이야기해 줬어. 그것에 대해 좀 더 말해줘. [본 단계에서 이러한 질문을 최대한 많이 사용할 것]

[주의! 자유회상 요청은 직접 질문 단계로 넘어가기 전에 충분히 시행할 것]

핵심 단계2. b. 직접 질문

[개방형 질문을 최대한 많이 사용한 후에도 피해 주장의 핵심 세부내용이 여전히 누락되거나 명확하지 않은 경우 지시 질문을 사용할 것]

12. OO이가 그 일(그것, 그때 생각, 그때 느낌)에 대해 말해줬잖아. [어떻게, 언제, 어디서, 누가, 무엇을, 무엇을, 몇 번, 무슨 뜻이었는지 확인]
    [가능한 한 개방형 질문과 직접 질문이 짝을 이루는 것이 중요함] 그것에 대해 좀 더 말해줘.

핵심 단계2. c. 다수의 사건 탐색

(질문 11a~12에 대한 답변에서 아동이 한 가지 사건을 언급하는 경우)

13. 네가 방금 말한 일은 한 번 있었니, 아니면 한 번보다 많았니?

[그러한 사건이 두 번 이상 발생했다고 말한 경우 11. a항 질문으로 돌아가서 추가 사건을 탐색할 것. 마지막, 첫 번째 또는 가장 잘 기억된 사건을 탐색하는 것이 가장 좋음]

| | |
|---|---|
| | 핵심 단계2. d. 휴식<br>이제 OO이가 말한 모든 것을 내가 잘 이해했는지, 또 추가로 물어볼 것이 있는지 확인할 거야. 그러려면 몇 분 걸릴 것 같아.<br>[휴식 시간 동안, 확보한 진술을 검토하고 누락된 정보가 있는지 확인하고 나머지 면담을 계획할 것. 선택 질문을 작성하고 개방형 또는 직접 질문으로 대체하는 것을 고려할 것]<br>핵심 단계2. e. 선택 질문 – 피면담자가 언급하지 않은 정보 추출<br>[다른 질문 방식을 충분히 시도하였음에도 중요한 정보가 여전히 누락된 경우에만 이러한 집중적인 질문을 해야 함. 선택 질문과 개방형 질문("그것에 대해 모두 말해줘")을 짝지어서 하는 것이 매우 중요함. 여러 사건이 발생한 경우에는 각각의 사건에 대하여 피면담자가 진술한 표현을 사용하여 질문할 것]<br><br>14. OO이가 [발생 시공간이 있는 특정 사건]에 대해 얘기할 때 [활동, 대상, 느낌, 생각]도 말했어. [피면담자가 확인하거나 부인할 수 있는 세부사항]~~이 있었어? (예: 그 아저씨와 함께 부엌에 있었을 때 다른 사람도 같이 있었어?)<br>[개방형 질문을 활용할 것] (행위, 대상, 느낌, 생각)에 대해서 모든 것을 말해줘.<br>[다음 사건으로 주제를 바꾸기 전에 각 특정 사건에 대해 누락된 모든 세부정보를 얻었는지 확인할 것] |
| **6단계 폭로 관련 정보** | |
| 폭로 상황 파악 | 오늘 OO이가 여기에 왜 나와 이야기를 나누러 왔는지 얘기해줬어. OO이가 나에게 [많은] 정보를 줬기 때문에 내가 무슨 일이 있었는지 알게 되었어.<br>– (만일 사건에 대하여 타인에게 얘기한 적이 있다고 한다면) 이제 다른 사람들이 그 일에 대해서 어떻게 알게 되었는지 알고 싶어.<br>– (만일 타인에게 얘기하였는지를 언급하지 않았다면, 이에 대하여 질문할 것) 이 일에 대해서 아는 사람이 또 있니?<br>[그런 다음 폭로 과정, 시기, 청자, 사건에 대해 이야기를 나눈 것, 청자의 반응, 그에 대한 피면담자의 반응 등에 대하여 파악할 것. 가능한 한 개방형 질문을 사용할 것] |
| **7단계 면담 종결** | |
| 면담 종결 | OO야, 이거 끝나면 뭐 할 거야?<br>[중립적인 주제에 대하여 몇 분간 이야기할 것] |

# 제 5 절 신문과 허위자백

## 1 리드기법(REID Technique)

미국의 John E. Reid는 1947년 신문기법에 대한 연구와 수사실무자 교육을 위한 연구단체를 설립하였다. John E. Reid and Associates Inc에서는 리드기법을 가르치는데,

현재 미국 등 경찰 수사현장에서 용의자를 신문할 때 많이 사용하는 기법이다. 리드기법에서는 범죄수사를 위한 조사 과정을 사실분석(Factual Analysis), 피의자 면담(Interview), 피의자 신문(Interrogation)의 3단계로 나누어 설명한다.

### 1) 사실분석(Factual Analysis)

사실분석 단계에서는 용의자 및 범죄사실과 관련된 정보의 수집과 분석이 이루어진다. 사실분석의 목표는 수집된 정보에 기초하여 범죄 용의자들의 리스트를 만들고, 자백을 보강할 수 있는 정보를 확인하는 것이다. 리드기법은 조사와 신문의 개념을 분명히 구별하는데 두 과정에는 독특하게 구별되는 목적과 절차가 있기 때문이라고 한다 (Baldwin, 1992).

즉, 면담(Interview)은 범행과 관련된 수사정보를 수집하고 피의자에 대한 혐의 유무를 판단하기 위해 행하여지는 비추궁적 수사를 의미하는 반면, 신문(Interrogation)은 피의자가 진실을 말하도록 설득하기 위해 통제된 신문실 내에서 행해지는 추궁적 수사를 의미한다(Inbau, Reid, Buckley, & Jayne, 2005).

### 2) 피의자 면담(Interview)

면담단계에서는 피의자, 피해자 또는 증인 진술의 신빙성을 판단하기 위해 그 언어적・준언어적・비언어적 행동징후를 분석하는 행동징후분석(Behavior Symptom Analysis)과 피의자 진술의 신빙성 유무를 나타내는 언어적 또는 비언어적 징후를 추출하기 위해 조사 과정에서 활용되는 비추궁적 질문들로 이루어지는 행동분석 면담을 실시한다.

#### ① 행동분석 면담(Behavior Analysis Interview; BAI)

이를 통해 진술의 진위 여부를 분석함과 동시에 후에 있을 피의자 신문을 위한 전략을 세우고 결백한 용의자를 배제하게 된다. 행동분석 면담은 세 가지 형태의 질문들로 진행되는데, 우선 피의자의 인적 사항, 학력, 직장, 가족관계 등을 파악하는 일상적인 대화 형식의 질문들을 한 후 사건 당일 어떤 일이 있었는지, 범행을 저지를 만한 계기가 있었는지 등을 묻게 된다. 그리고 다양한 형태의 행동유발질문(Behavior Provoking Question)을 하게 된다. 이것은 행동징후분석을 위해 행동 변화를 이끌어내는 것이다.

② **행동징후분석**(Behavior Symptom Analysis; BSA)

행동징후분석은 피의자, 피해자 또는 증인 진술의 신빙성을 판단하기 위해 그 언어적 행동징후(Verbal Behavior Symptom), 준언어적 행동징후(Paralinguistic Behavior Symptom), 비언어적 행동징후(Non-Verbal Behavior Symptom)를 체계적으로 분석하는 것을 의미한다. 언어적 행동징후분석은 피의자가 답변에 사용한 단어의 선택, 배열 등의 특징과 답변내용을 분석하는 것을 말한다.

준언어적 행동징후분석은 단어 이외의 언어적 특성, 즉 피의자가 답변을 지체하거나 성량의 변화, 답변의 길이나 지속성, 속도와 음의 고저 변화 등에 의미 있는 특징이 있는지 여부를 분석하는 것이다. 비언어적 행동징후분석이란 피의자의 자세, 손, 발의 움직임, 시선, 얼굴 표정의 변화 등을 관찰하고 분석하는 것이다. 그런데 이러한 분석을 함에 있어 비언어적 행동징후들은 구두 진술과 결합하여 평가되어야 한다. 행동징후를 평가할 때 몇 가지 주의할 점이 있는데 피의자의 정상적인 행동패턴을 익힌 후 조사 과정에서의 변화를 관찰해야 한다는 것이다.

**[리드기법 적용의 순서도]**

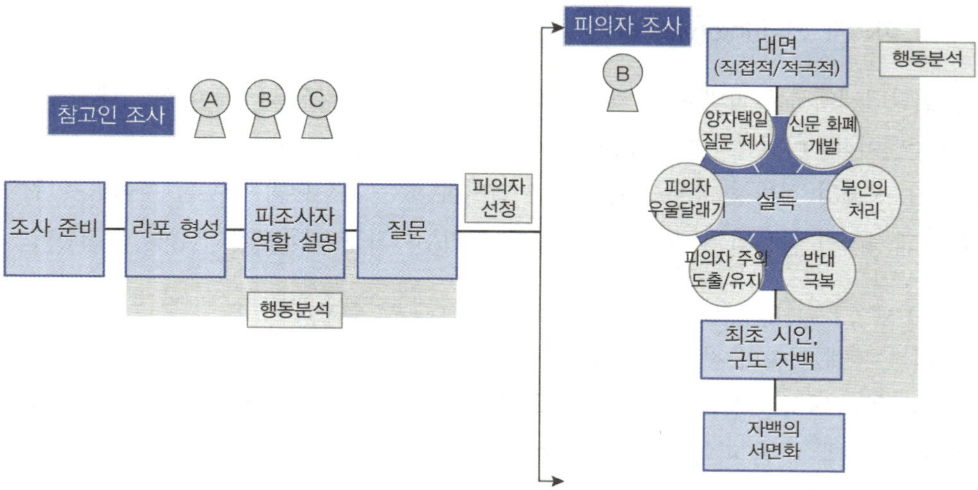

### 3) 피의자 신문(Interrogation)

범죄를 둘러싼 여러 가지 정황 및 증거자료에 의한 사실분석, 행동징후분석 등을 통해 당해 피의자가 유죄라는 확신이 들면 이제 피의자를 상대로 신문을 하게 된다. 이 단계에서 수사관은 범죄와 관련된 신문 화제를 활용하여 피의자를 설득하고 마침내 자백을 받아내는 것이다. 이것은 총 9단계로 구성되어 있다(김종률, 2004). 각 단계를 모두 거쳐야 하거나 순서에 따라야 하는 것은 아니다. 수사관의 판단에 따라 유동적으로 변형해서 적용할 수 있다.

[피의자 신문 5단계 요약]

| | 단계 | 내용 |
|---|---|---|
| 1 | 직접적/적극적 대면 | 신문자의 확신과 권위에 기초한 직접적 추궁을 사용. 피의자 유죄에 대한 절대적 확신을 직접적으로 언급함으로써 시작 |
| 2~7 | 설득<br>(각 요소를 유동적으로 적용) | 신문 화제 개발<br>부인의 처리<br>반대의 극복<br>피의자 주의 도출/유지<br>피의자 우울 달래기<br>양자택일적 질문 제시 |
| 8 | 최초 시인 & 구두 자백 | 피의자로 하여금 범행을 시인하는 진술과 사건의 세부사항을 말하게 함. 피의자에게 범죄에 관해 짧은 대답을 요구하는 질문을 하여 유죄를 인정하게 함. 그 후 자백을 보강하는 증거들을 수집하고 보다 구체적인 범행 경위를 조사함 |
| 9 | 자백의 서면화 | 자백을 증거로 사용할 수 있도록 조서화 |

#### ① 직접적/적극적 대면(1단계)

첫 번째 단계는 피의자와 직접 대면하여 피의자가 범죄와 관련이 있다는 것을 제시하는 것(Direct Positive Confrontation)이다. 통상 수사관은 행동분석 면담을 마친 후 조사실을 나왔다가 5~10분 정도 지나 다시 조사실로 들어가 신문을 시작하게 되는데, 신문은 피의자가 범행과 관련이 있음을 단도직입적으로 밝히는 것부터 시작한다. 이 단계에서 피의자가 곧바로 범행을 자백하는 경우는 드물다. 피의자가 범행을 부인하고 자신의 주장을 말하려고 시도하면 수사관은 이를 일단 제지하고 수사관의 신문 화제를 활용하여 신문을 이어가게 된다.

### ② 신문 화제 개발(2단계)

두 번째 단계는 신문 화제를 전개하는 것(Interrogation Theme Development)이다. 이는 신문하는 동안 심리적 또는 도덕적으로 피의자의 범행을 정당화하는 변명과 구실들을 제공하는 것인데, 부인하는 피의자를 설득하려면 상대를 설득하려는 이야깃거리, 즉 신문 화제가 필수적이다.

리드기법에서는 감정적 피의자와 비감정적 피의자에 대한 신문 화제를 나누어 설명하고 있는데 이러한 신문 화제들은 기본적으로 피의자의 비난을 덜어주고 도덕적인 죄책감을 축소시키며 범행에 숨겨져 있던 의도들을 재기술할 수 있도록 해주는 것이다. 신문 화제 전개 시 고려해야 할 점은 피의자에게 자백하는 경우 선처 또는 관용을 얻을 수 있다는 취지로 말해서는 안 된다는 것이다.

### ③ 부인의 처리(3단계)와 반대의 극복(4단계)

세 번째와 네 번째 단계는 피의자의 부인을 다루고 반대를 극복하는 것(Handling Suspect's Denial and Overcoming Objection)이다. 수사관은 피의자에게 증거에 의하면 유죄가 확실하나 좀 더 조사를 하는 이유는 피의자가 범행을 저지르게 된 어떤 환경들이 있을지도 모르기 때문이라고 말해준다.

이 단계에 이르기까지 수사관은 피의자의 유죄를 입증할 만한 어떤 증거도 제시하지 않았기 때문에 피의자는 범행을 부인하면서 수사관의 확신을 테스트하려 할 가능성이 있다. 범행을 부인할수록 피의자가 진실을 털어놓는 것이 어려워지기 때문에 수사관의 목적은 부인이 현출되는 것을 막는 것이다.

만약 피의자의 부인이 수사관의 확신을 감소시키는 데 효과적이지 못하면 피의자는 자신이 범행을 저지르지 않았다는 경제적·종교적 또는 도덕적 이유 등을 제시하면서 반대(Objection) 주장을 할 가능성이 있다. 이때 수사관은 반대 주장이 사실인지 아닌지에 따라 다르게 대응해야 한다.

### ④ 피의자 주의의 도출과 유지(5단계)

다섯 번째 단계로 피의자의 관심을 끌어내고 유지(Procure Suspect's Attention)해야 한다. 이 단계에 이르면 피의자는 진실을 말하고 범행을 자백하는 경우 닥칠 결과에 대해 고민하면서 두려운 마음이 든다. 피의자는 생각에 잠기고 말을 적게 하며 수사관의 말을 들으려고 하지 않는다. 이 경우 수사관은 의자를 앞으로 당기고 다가가 피의자와의 시선접촉을 유지하고 신문 화제를 계속하여 전개하여야 하며, 범죄를 저지른 이유를 묻거나 너무 일찍 양자택일적 질문을 해서는 안 된다.

#### ⑤ 피의자 우울 달래기(6단계)

여섯 번째 단계로 피의자의 우울한 기분(Suspect's Passive Mood)을 달래주어야 한다. 이 단계에 이르면 피의자는 자주 팔과 다리를 꼬고 눈은 바닥을 향하게 된다. 때로는 깊은 한숨을 쉬거나 눈에 눈물이 맺히기도 하고 어떤 피의자는 울음을 터뜨리기도 한다. 이러한 경우 수사관은 신문 화제의 전개를 마치고 양자택일적 질문을 함으로써 피의자로부터 처음으로 유죄를 인정하는 답변을 얻는다.

#### ⑥ 양자택일적 질문 제시(7단계)

일곱 번째 단계는 양자택일적 질문(Presenting Alternative Question)을 제시하는 것이다. 양자택일적 질문은 피의자에게 범행과 관련하여 두 가지 선택을 제시한다. 어떤 것을 택하더라도 그것은 최초로 유죄를 시인하는 진술이 된다. 물론 피의자는 두 질문을 모두 거부하고 제3의 선택을 할 수도 있으며 단순히 범행과는 무관하다는 진술을 계속할 수도 있다. 양자택일적 질문은 살인, 강도, 방화, 절도, 강간 사건 등 각각의 범죄 유형에 따라 조금씩 그 질문내용을 달리한다. 양자택일적 질문에 유죄를 인정하는 취지로 진술하면 신문은 다음 단계로 진행하게 된다.

#### ⑦ 최초 시인과 구두 자백(8단계)

여덟 번째 단계는 피의자로 하여금 범행을 시인하는 진술과 사건의 세부사항을 말하게 하는 것(Developing Oral Confession)이다. 피의자에게 범죄에 관해 짧은 대답을 요구하는 질문을 하여 유죄를 인정하게 한다. 그다음 수사관은 피의자의 자백을 보강하는 증거들을 수집하고 보다 구체적인 범행경위를 조사하게 된다.

#### ⑧ 자백의 서면화(9단계)

마지막 아홉 번째 단계는 자백을 증거로 사용할 수 있도록 조서화하는 것(Converting Confession to Court-Admissible Document)이다. 피의자가 진술서를 작성하거나 수사관에 의해 작성된 자백서면에 피의자의 서명을 받는 방법 또는 자백 과정을 영상녹화하는 방법이 있다.

## 2 허위자백(False Confession)

### 1) 허위자백의 개념

앞서 살펴본 바와 같이 수사관은 피의자를 신문함으로써 종국에는 자백을 얻고자 한다. 피의자를 기소하거나 유죄 판결을 내리기 위해 자백이 필수적이지는 않다. 그러나 피의자의 자백 유무는 유죄 판결에도 큰 영향을 미치기 때문에 이것을 완전히 간과하기도 쉽지 않다.

특히, 피의자가 범행을 저질렀을 것이라는 강한 확신을 가지는 경우 신문 과정에서 자백을 요구하는 수사관의 압력은 더 강해질 것이다. 문제는 이 과정에서 허위자백이 발생될 수 있다는 것이다. 허위자백은 말 그대로 자신이 저지르지도 않은 범죄를 저질렀다고 인정하는 것이다.

### 2) 허위자백의 사례

실제로 자신이 하지도 않은 범죄 행위를 인정하는 것이 가능하냐고 반문하는 사람도 있을 것이다. 특히 살인과 같은 중대한 사건에서 허위자백하는 경우는 거의 없을 것이라고 믿기도 한다. 그러나 우리는 방송 등을 통해 살인과 같은 심각한 사안에서도 허위자백이 발생한다는 사실을 접한다.

가령 화성 연쇄살인의 8차 범인으로 몰려 억울한 옥살이를 한 윤성여 씨 사건이 그 예이다(2020. 12. 17.자 한겨레신문 「32년 만에 바로잡은 '살인의 추억' … 윤성여 씨 재심 "무죄"」). 사건 당시 윤성여 씨는 수사기관과 1심 재판에 이르기까지 범행을 모두 인정하였다. 이에 1심 재판부는 무기징역을 선고했는데 그제야 윤성여 씨는 경찰의 고문 사실을 털어놓으면서 허위진술을 한 것이라고 주장했다.

그러나 2심 재판부는 수사기관에서 가혹행위를 당하였다고 볼 만한 근거가 없고 자백의 신빙성을 의심할 만한 부분도 전혀 없다고 판단하였다. 즉, 허위자백은 없었다고 본 것이다. 그 이후 대법원에서도 자백의 신빙성이 인정된다며 형을 확정하였다. 그리하여 윤성여 씨는 20년을 복역하였다.

그런데 윤성여 씨가 가석방으로 나온 후 이 사건의 진범인 이춘재가 자신이 범인이라고 밝힌 것이다. 이에 재심이 열렸는데 재심 재판부는 윤성여 씨의 자백 진술은 불법체포 · 감금 상태에서 가혹행위로 얻어진 것이므로 증거능력이 없다고 보아 무죄를 선고했다. 재심에서는 윤성여 씨가 수사기관에서 한 자백이 허위자백이었다고 판단한 것이다. DAN 기술의 발달 등으로 인해 무고한 피고인이 수감되어 억울한 옥살이를 하는 사례를 종종 접할 수 있게 되었다. 이 외에도 수원 노숙소녀 상해치사사건 등 실제로 허위자백이 발생하는 사례는 다수 접할 수 있다.



### 3) 허위자백의 발생 실태

그렇다면 허위자백은 실제로 얼마나 발생하는 것일까. 잘못된 유죄 판결에 관한 연구 결과에 의하면, 전체 오판 사건 중 허위자백으로 인한 사례는 14~25%를 차지했다(이기수, 2014). 우리나라의 경우 허위자백으로 인한 오판 사례는 20.4%로 나타났다(김상준, 2013). 허위자백의 발생 비율과 관련해서는 연구들마다 조금씩 차이가 있다.

연구자들이 자백에 대한 정의를 어떻게 내리느냐에 따라서도 달라질 수 있다. 가령 허위자백의 기준을 범죄와 관련된 연관성이 전혀 없는 경우로 할 것이냐 아니면 해당 범죄와 관련이 되어 있기는 하나 혐의 사실 중 일부를 과장하여 인정한 경우 등도 포함하느냐에 따라서도 그 수치는 달라질 수 있을 것이다.

이렇듯 허위자백의 발생 비율의 차이는 차치해 두고라도, 우리는 현실에서 살인과 같은 중대한 사건에서도 허위자백이 발생한다는 사실을 위 사례 등을 통해 알 수 있다. 게다가 연구자들은 허위자백에만 근거해 잘못된 판결을 내린 사례들이 상당히 많을 것으로 추정한다. 범죄에 대한 자백은 한 사람의 인생을 완전히 뒤바꿔놓는 일이다. 그러한 위험을 감수하면서까지 자신이 저지르지도 않은 일을 했다고 자백하는 이유는 무엇일까.

이와 관련해서 많은 연구자들이 답을 찾고자 시도했으나 완전한 답을 찾는 것은 어렵다. 허위자백의 원인으로는 조사 과정에서 가짜 증거와 목격자를 제시함으로써 피의자로 하여금 죄를 인정하는 것이 보다 적은 형량을 받을 수 있는 길이라고 생각하게 만드는 경우, 다른 사람을 보호하기 위해 자발적으로 대신 죄를 뒤집어쓰는 경우, 정신적인 문제로 인한 경우, 실제로 자신이 범죄를 저질렀다고 착오하는 경우 등 다양하게 생각해 볼 수 있다.

### 4) 허위자백의 발생 원인

Kassin 등(2010)은 허위자백의 가능성을 높이는 위험요소들을 상황적 요소와 개인적 요소로 구분하여 설명한다. 상황적 요소는 신문 과정에서 나타날 수 있는 문제점과 관련된다. 즉, 신체적으로 고립을 시키거나 수면 박탈 등과 같이 강압적인 수사를 하는 경우이다. 허위 증거를 제시하는 등 기망에 의한 방법도 포함한다.

가령, 범죄현장에서 피의자의 DNA가 나왔다고 하거나 공범의 자백, 범행을 목격한 목격자의 존재 등 사실이 아닌 정보를 제시하면서 자백을 확보하려는 경우이다. 또 범죄행위의 심각성을 축소하면서 자백을 유도하는 최소화, 반대로 범죄행위의 심각성을 부각시켜서 결국 처벌받게 될 것이라고 암시하여 자백을 유도하는 최대화 기법 등을 사용함으로써 허위자백이 발생할 수 있다. 허위자백은 낮은 지능과 높은 응종경향성 및 피암시성 등 개인의 기질적 요소와도 관련이 있다. 미성년자, 정신질환이나 지적 결함이 있는 사람들에게서 허위자백이 많이 발생하는 이유이기도 하다.

### 5) 허위자백의 유형과 대책

허위자백은 자발적인 허위자백, 강요된 복종형 허위자백, 강요된 내면화형 허위자백으로 분류할 수 있다. 먼저, 자발적인 허위자백은 외적인 압력 없이도 피의자가 자신이 하지도 않은 범죄를 자발적으로 인정하는 것이다. 여기에는 가족 등 다른 사람들을 보호하기 위한 목적이 있다. 또 유명해지고 싶거나 해당 범죄와 무관한 자신의 잘못된 행동에 대한 처벌을 원하는 등의 이유도 나타난다. 이런 경우 자백이 철회될 가능성이 적다.

다음으로 강요된 복종형 허위자백이다. 자백으로 인한 손실보다 당장의 이익에 더 중점을 둘 때 발생한다. 가령 자백하면 기소, 감금, 명예 실추 등이 발생하지만 힘든 신문 과정을 피하고 싶거나 당장 가족들을 만나고 싶은 욕구 때문에 자백을 하는 것이다. 즉, 이때 피의자들은 자신의 무죄를 알고 있음에도 순종하는 행위를 한다.

이들은 자신이 무고하다고 생각하므로 당장 자백을 하더라도 법정에서 이를 번복하면 무죄를 받을 것이라고 생각하기도 한다. 강요된 복종형 허위자백은 신문기법의 영향이 큰데 신문 과정에서 거짓 유죄 증거를 제시하거나 형을 감경해 주겠다는 약속, 피의자 비난 등이 허위자백을 발생시킬 수 있기 때문이다.

강요된 복종형 허위자백의 피의자들이 자신의 무죄를 믿는 데 반해, 강요된 내면화형 허위자백은 자신의 기억을 믿지 못하고 유죄를 인정하여 내면화한다. 자신들이 죄를 저질렀다고 믿는 것이다. 반복된 신문은 잘못된 기억을 유도할 수 있는데, 피의자들의 높은 취약성과 거짓 유죄 증거의 제시는 무고한 사람들로 하여금 강요된 내면화형 허위자백을 하게 만든다.

학자들은 잘못된 신문방식에 의한 허위자백을 예방하기 위한 목적으로 모든 조사 과정을 녹음·녹화하도록 하는 방식을 제안한다. 이러한 기록을 통해 자백이 이루어진 과정 등을 살펴봄으로써 자백의 신빙성을 판단하는 데에도 도움이 될 수 있다. 그러나 무엇보다 수사관을 대상으로 심리적으로 취약한 피조사자에 대한 보호 조치, 적법한 절차 준수, 올바른 조사·신문방식, 허위자백 발생 요인 등에 관한 지속적인 교육을 통해 이를 예방할 필요가 있다.

# 제5장

# 진술의 진위탐지

True-False Detection of Suspect's Statement

## 제 1 절 | 진술 진위탐지의 개요[1)]

### 1 진술의 진실과 거짓에 대한 이해

실제 범죄수사에 있어서 목격자 진술 확보, 피해자 면담, 용의자 탐문활동 등을 포함한 면담활동이 전체 수사활동의 85%를 차지한다(Rand Corporation, 1975). 이를 통해 인적 증거를 활용한 과학수사가 사건 해결에 있어서 얼마나 중요한 역할을 할지 가늠해 볼 수 있다. 진술은 사건의 방향을 잡는 가장 원천적인 자료가 되며, 이것을 통해 물적 증거를 확보할 수 있는 방안이 마련되기도 한다.

이때 진술이 믿을 만한지 아닌지의 여부를 판단하는 것은 매우 중요하다. 수사 초기 단계에서 수사관이 경험적 지식(감)을 토대로 진술의 진위 여부를 잘못 판단하게 되면 사건 해결이 어려워질 수 있을 뿐만 아니라 수사 과정에서도 방향을 잘못 설정하여 그 효율성이 떨어지기 때문이다.

진술의 진위 여부를 탐지하는 방법을 알아보기에 앞서 진실과 거짓에 대한 이해가 선행되어야 한다. 진실과 거짓을 어떻게 정의 내리는지, 즉 조작적 정의에 따라 분석 결과에 대한 해석이 달라질 수 있기 때문이다. 교통사고 사건의 예를 들어보자. A라는 사람이 횡단보도를 건너가다 사고를 당했는데, 목격자는 A가 보행신호등이 녹색일 때 사고를 당했다고 진술하였다.

그러나 CCTV를 확인해 본 결과, A는 적색 신호등에 무단횡단을 하다 사고를 당한 것으로 확인되었다. 그렇다면 이 목격자는 거짓말을 한 것일까? 사전적으로 진실은 '거짓이 없는 사실'이며, 거짓은 '사실과 어긋난 것 또는 사실이 아닌 것을 사실처럼 꾸민 것'이라고 정의하고 있다(네이버 국어사전). 이런 정의는 '진실이란 거짓이 아니고, 거짓이란 진실이 아니다'라는, 즉 진실의 반대는 거짓이라는 일차원적인 개념인 것으로 파악된다. 이런 정의에 따르면, 위의 목격자는 거짓말을 하였다고 판단될 수 있다.

그 이유는 위의 목격자가 객관적인 사실과 어긋난 내용을 진술하였기 때문이다. 그

1) 본 장의 1절과 2절은 김미영(2017)의 박사학위논문 내용을 정리한 것임.

러나 위의 목격자가 거짓을 말하고자 하는 의도는 없었고, 색맹과 같은 시각적 결함을 가졌거나 아니면 단순히 잘못 본 착오로 사실과 다르게 진술하였다면 어떠한가? 물론 목격자가 사실과 어긋난 것을 말한 것은 변함이 없다. 그러나 사실이 아닌 것을 사실처럼 '꾸민 것'은 아니다. 이런 경우 목격자는 거짓말을 하였다고 할 수 있는가?

Ekman(1992)은 거짓말을 정의하는 데 다음과 같은 세 가지 요소가 중요하다고 주장하였다.

첫째, 거짓말은 의도성(Intention)이 있는 것이다. 즉, 거짓화자란 거짓말을 하려는 의도를 가진 자이어야 한다는 것이다. 이것은 거짓말이 고의적인 행동인 것이므로 이에 대한 도덕적 비난이나 심지어 법적인 처벌의 대상이 될 수 있음을 의미한다.

둘째, 거짓말은 화자가 진실과 거짓의 차이를 인식하고, 사실이 아닌 것을 표현하는 것이다. 즉, 자신이 거짓을 말한다는 것을 모르는 자기기만(Self-Deceit)의 경우는 거짓말이 아니라는 것이다.

셋째, 거짓말은 상대방이 속고 있다는 것을 몰라야 한다는 것이다. 즉, 배우가 연기를 한다는 것은 우리 모두가 잘 알고 있기 때문에 이를 거짓말한다고 생각하지 않는 것과 같은 이치이다.

위와 같은 세 가지를 고려하여 Ekman(1992)은 거짓말을 '상대가 속아주겠다는 뜻을 밝히지 않고, 또 상대를 속일 것이라고 미리 알리지 않은 채 고의로 속이는 행동'이라고 정의하였다. 한편 Vrij(2000)는 Ekman(1992)의 정의를 보다 확대하여 '화자가 사전 경고 없이 진실이 아닌 것을 타인에게 믿도록 하기 위한 성공적이거나 혹은 그렇지 못한 의도적인 시도'라고 정의하였다.

Ekman(1992)과 Vrij(2000)의 거짓말 정의를 살펴보면, 위의 목격자가 거짓말을 했다고 판단하려면 그가 사실이 아님을 알면서도 의도적으로 다르게 말하였는지를 확인하여야 한다. 만약 위의 목격자가 자신이 한 진술이 사실과 다르다는 것을 알지 못했다면 그가 거짓말을 하였다고 할 수는 없다. 이런 경우 소위 거짓말탐지기라고 불리는 폴리그래프 검사 결과는 이론적으로 '거짓 아님'으로 판단될 것이다.

즉, 위의 목격자는 경찰관을 속이기 위해 고의로 사실과 다른 내용을 이야기하지 않았기 때문에, 죄책감이나 탄로의 우려 등 불안감과 관련된 생리적 변화가 나타나지 않을 가능성이 높기 때문이다. 그러나 앞서 언급했던 사전적인 의미로, 거짓의 반대가 진실이라고 해석한다면 폴리그래프 검사 결과는 '진실'이라고 판단될 수 있다. 실제 우리나라 폴리그래프 검사 현장에서도 '진실 반응이 나타남'이라는 결론을 내리는 경우가 종종 있다. 그러나 이것은 잘못된 표현이다.

앞서 언급한 Ekman(1992)과 Vrij(2000)의 정의는 거짓말이 성립될 수 있는 요건만을 규정한 것이며, 이런 요건이 충족되지 않은 진술을 진실이라고 하는 것은 타당하지 않으며 거짓말이 아니라고 해야 함을 의미한다. 즉, Ekman(1992)과 Vrij(2000)의 거짓말에 대한 정의는 진실과 거짓을 일차원적인 반대 개념으로 규정한 것이 아니다.

따라서 위의 폴리그래프 검사 결과 '진실 반응이 나타남'이라는 표현은 과학적으로 타당하지 않은 것이라 할 수 있다. 이런 표현이 타당한 것이 되려면, 폴리그래프가 진실을 말할 때 나타나는 고유한 생리적 지표를 측정하여야 한다. 따라서 폴리그래프 검사를 포함한 모든 거짓말 탐지기법은 '거짓'과 '거짓 아님'으로 판단되어야 한다.

반면, 진실은 Undeutsch(1967) 가설에 따르면 '실제 경험한 바를 있는 그대로 한 진술'이라고 정의 내릴 수 있다. 이를 근거로 진술분석의 내용준거들은 진실한 진술이 갖는 고유한 특징들로 구성되어 있다. 따라서 진술분석의 결과는 '진실' 또는 '진실 아님'으로 해석된다. 여기서 '진실 아님'에는 의도적인 거짓말뿐만 아니라 비의도적인 오류(상상, 공상, 왜곡 등)도 포함된다.

## 2 거짓 탐지기법

앞서 살펴본 바와 같이 최초의 수사 방향을 잡는 데 있어서 진술의 진위 여부를 탐지하는 것은 매우 중요하다. 이때 탐지의 방법은 '감(感)'이 아닌 과학적 방법론에 입각한 것이어야 한다. 진술의 진위 여부를 탐지할 수 있는 방법 중 과학적인 방법론에 입각한 것이면서 수사 초기에 손쉽게 사용할 수 있는 방법은 무엇인지에서부터 시작되었다는 것이 일반적 학계의 의견이다(Carson & Bull, 2003).

거짓말 탐지방법과 탐지능력 향상에 관한 심리학적 연구들은 '심리학과 법(Psychology and Law)'의 하위 분야 중 가장 빠르게 성장하고 있는 분야가 되었다(Granhag & Stőmwall, 2004). 전통적으로 거짓말 탐지 연구는 ① 언어(Verbal), ② 비언어(Nonverbal), ③ 정신생리(Psychophysiological) 측면들을 분석하는 세 가지 접근으로 나눌 수 있다.

먼저, 거짓을 탐지하려는 기법들은 거짓말은 의도적인 행동으로 죄책감이나, 탄로에 대한 불안감, 긴장, 공포, 두려움 등의 정서가 수반된다고 가정한다. 이런 정서적 각성은 교감신경계를 활성화하는데 이 중 심장 박동수, 혈압, 피부전도성, 피부온도 등의 생리적 지표의 변화를 측정하는 것이 폴리그래프 검사(거짓말탐지기 검사 혹은 심리생리검사라고 불리기도 한다)이고, 눈으로 직접 관찰할 수 있는 신체 움직임의 변화를 탐지하는 것이 행동분석이다.

여기서 행동분석은 거짓말하려는 사람은 실제 정서를 숨기려고 하지만 비언어적인 행동들을 잘 통제하지 못한다는 사실을 근거로 하고 있다. 이런 거짓 탐지기법은 진술이 '거짓'임을 밝히려는 과학적 기법이다. 즉, 진술이 거짓말인지 아닌지를 판별해 주는 것으로 고안된 것이다.

거짓 탐지기법에서 '거짓 아님'이 의미하는 것은 '거짓의 특징적인 지표가 나타나지 않았음'을 말하는 것이다. 여기에는 '진실'뿐만이 아니라 '비의도적인 오류(상상, 공상, 왜곡 등)'도 포함된다. 따라서 거짓 탐지기법의 '거짓 아님'이라는 판단 결과를 '진실'이라고 해석해서는 안 된다(김시업, 전우병, 김경하, 김미영, 전충형, 2005).

실제로 폴리그래프 검사는 거짓(Deception Indicated; DI), 거짓 아님(Non-Deception Indicated; NDI), 판단 불능(Inconclusive; INC)의 세 가지 판단을 내린다. 그런데 우리나라 실무현장에서는 '거짓말탐지기 결과 진실 반응이 나타났다'라는 잘못된 표현을 사용하는 것으로 관찰된다. 이런 표현은 거짓말의 정의에 부합되지 않은 것으로 검사 결과에 대한 일반인들의 오해를 불러일으킨다.

## 3 진실 탐지기법

진술분석은 진술의 진실성을 탐지하는 기법으로, 실제 경험한 바를 있는 그대로 진술할 때 나타나는 진술 특징들을 토대로 그 진실성을 판단한다. 이런 진술분석기법 중 가장 널리 활용되고 연구된 것이 본 연구의 주제인 진술타당도분석(Statement Validity Analysis; SVA)이다.

진술타당도분석은 진술의 출처(실제 경험을 진술한 것인지 아닌지)에 대한 가설을 검증하는 절차를 규정해 놓은 것으로, 평가도구인 준거기반내용분석(Criteria Based Content Analysis; CBCA)과 현실모니터링(Reality Monitoring; RM)을 사용해서 그 진실성을 판단한다. 한편 진술의 거짓 가능성을 분석하는 과학적 내용분석(Scientific Content Analysis; SCAN)도 있다.

각 탐지방법들의 장점은 분명히 있지만 수사 초기 단계에서의 활용 측면에서 볼 때 정신생리적 변화를 측정하는 폴리그래프 검사, 뇌파 분석, 동공 측정, 안면 온도변화 측정 등과 같은 방법들은 사람들의 몸에 기계를 부착하거나 도구를 사용해야 한다는 점과 각 측정법과 해석에 대한 전문적인 지식을 갖추고 있어야 사용이 가능하다는 점 때문에 초동 수사 단계에서 수사관들이 손쉽게 이용하기에는 어려움이 있다.

반면, 비언어적 탐지방법인 행동분석과 언어적 탐지방법인 진술분석은 기계를 부착하지 않아도 되고 다른 장비들을 사용하지 않아도 되므로 수사 초기에 손쉽게 사용할 수 있다는 장점이 있다. 특히, 진술분석은 다른 분석기법들과 달리, 진술의 진위 여부를 탐지할 수 있을 뿐만 아니라 진술서를 통해서 사건 당시 진술인의 심리상태나 상황과 관련된 많은 정보들을 확인해 볼 수 있기 때문에 추후 조사 및 신문의 이슈나 내용을 선정하는 데에도 활용될 수 있다. 외국에서는 진술분석이 20세기 초부터 중요하게 다루어져 왔으며 많은 연구들이 진행되고 있다.

**[과학적 진실 탐지기법의 개요도]**

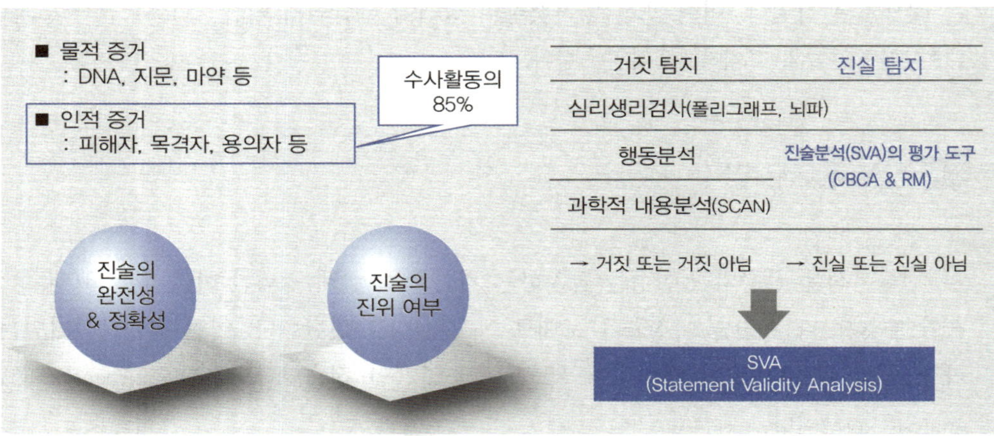

## 제 2 절 | 진술분석

### 1 진술타당도분석(Statement Validity Analysis; SVA)

진술의 신뢰성에 대한 평가는 독일의 심리학자인 William Stern에게서 그 기원을 찾을 수 있다(Undeutsch, 1989). Stern은 목격한 사건을 정확하고 완전하게 이야기하는 데 있어서 개인차가 있다는 것에 관심을 가지고 연구를 시작하였다. 이후 질문 형식이 회상의 정확성에 미치는 영향에 대해 연구하다가 아동 성학대 사건에 점차 관심을 기울이기 시작하였다(Undeutsch, 1984).

아동 성폭력 사건의 경우 일반적으로 빈번하게 비폭력적이다. 가해자는 피해자에게 신체적인 강압을 사용하지 않는다. 따라서 확인할 수 있는 신체적 증거가 없다. 또한, 성학대의 다른 신체적 증거를 남기지 않고, 성적인 행동에 대해 비밀을 요구한다. 대부분의 성폭력 가해자는 그들의 불법적인 성적 행동을 사적인 비밀로 만들려고 노력한다. 그 결과 사건과 관련 없는 제3자에게 관찰되기 어렵다.

목격자가 존재한다면 또 다른 어린 아동인 경우가 많다. 가해자는 자신의 혐의가 거의 드러난 상황에서도 자백하지 않는 경향이 있다. 따라서 피해자의 진술은 사건의 결과를 결정하는 핵심적인 증거가 되며, 피해를 주장하는 아동의 진술능력을 평가하는 것이 성폭력 사건에서 중요한 이슈가 된다(Undeutsch, 1989).

독일에서는 1950년대부터 형사재판에서 전문가들에 의해 진술분석이 시도되었으나 체계적이지 않았다(Undeutsch, 1967). 그러던 중 1954년 12월 4일 독일 연방대법원은 심리학자인 Undeutsch에게 14세 강간 피해자의 증언에 대한 진술 신빙성 평가를 의뢰하였다. 7세 남자 아동 Sigrid와 남매 관계인 13.5세 Hildegard, 15세 여자 Elfriede에 대한 성범죄사건이었다.

원심은 7세 아동에 대해서만 유죄를 선고하였고 이 아동에 대한 전문가 감정은 필요하지 않다고 하였다. 반면 연방대법원은 전문 감정인의 평가가 필요하다고 하였다. 이에 Undeutsch는 피해 아동에 대한 면담 및 분석 결과를 재판부에 보고하였다. 5명의 판사들은 심리 전문가들이 법정심리 과정에서 사실발견자(판사)보다 더 나은 지식과 자원을 가지고 있음을 인식하였다.

이후 독일 연방대법원은 유죄 선고가 미성년 목격자의 증언에만 전적으로 의존해야 하거나 목격자 증언이 다른 증거에 의해서 상당 부분 확증되지 않는다면 그 목격자 증언, 특히 성범죄사건에서 목격자 증언의 진실성에 관하여 정신과 전문의와 심리학자들에게 증언하도록 요청해야 한다는 입장을 취하였다(BGHSt, 1955). 이러한 결정은 독일 증거법 발달에서 획기적인 사건으로 받아들여졌으며 이로 인해 심리학자들이 법정에 불려가는 사례가 증가하였다.

Arntzen(1983)의 연구에 따르면 1950년부터 1980년까지 독일의 심리학자들은 약 40,000건의 사건에서 목격자 증언의 신빙성에 대한 전문가 의견을 제공하였으며, 수사단계에서 소환되기도 하였다. 위 기간에 Undeutsch는 1,500건의 아동 성학대 사건에서 전문가로 위촉되었다(Undeutsch, 1984). 이렇듯 법원에서 전문가 증언을 요청하는 경우가 증가함에 따라 진술의 신빙성을 평가하는 데 보다 과학적이고 체계적인 내용 준거들을 개발하려는 시도가 있었다.

특히 Undeutsch는 이 분야에 지대한 공헌을 하였다. 그는 사법처리에서 결정해야 할 것은 '진술인'의 진실성이 아니라 '진술'의 진실성이라는 사실을 강조하면서, 진술의 진실성에 대한 지표가 있다면 그것은 오로지 진술 자체의 특성에서 발견될 수 있을 것이라고 생각했다. 이러한 접근법은 진실한 이야기는 더 질이 뛰어나기 때문에 허위(날조, 작화, 허구의 왜곡된) 진술과 유의미하게 두드러지는 차이가 있다고 설명하였다.

Undeutsch는 진술의 진실성을 평가하기 위한 특정 준거들을 기술하고(현실성 준거; Reality Criteria), 이를 토대로 진술현실성분석(Statement Reality Analysis; SRA)을 개발하였다. 최초의 SRA는 피해자가 경험한 사건에 대해 정확하고 완벽한 세부묘사를 할 수 있는 능력이 있는지 여부와 동기적인 측면을 고려하여 다음과 같은 준거들로 구성되어 있다(Undeutsch, 1984).

**진술현실성분석의 준거(Undeutsch, 1989)**

**(1) 단일 진술에서 유래된 준거**

① 일반적이고 기본적인 준거: 구체적인 시간과 장소, 현실성(명료하고, 명확하며, 구체적

이고 생생한 진술), 풍부한 세부묘사, 독창성(상투적이고 진부하며 고정관념적인 말이 아닌 개인적인 묘사), 내적 일관성, 특정 유형의 성범죄에 대한 세부사항 및 구체성에 대한 언급

② 전술한 준거의 특별한 징후: 목격자의 증명능력을 넘어선 세부사항에 대한 언급, 주관적 경험에 대한 보고, 예상치 못한 문제에 대한 언급, 자발적인 수정, 설명, 보완, 자기에게 손해가 되는 진술

③ 부정 또는 통제 준거: 내적 일관성 부족, 자연법칙 · 과학과의 일관성 부족, 외적 일관성 부족(다른 명백한 사실과의 불일치)

**(2) 연속 진술에서 유래된 준거**

① 지속성 부족(안정성, 견고함)

② 이전 진술과의 불일치



Undeutsch의 첫 번째 현실성 범주의 기술 이후로, 유사한 내용이 서독일의 Arntzen과 동독일의 Szewczyk에 의해 출판되었다. 초기 SRA은 체계적인 체제와 준거들의 정확한 정의가 불분명하며 준거 간의 구별이 애매하다는 비판을 받았다(Steller, 1989). 이후 Steller와 Köhnken(1989)은 내용 범주를 새롭게 조직화하여 19개의 준거로 체계화시켰다. 이러한 진술분석 방식은 더 나아가 진술타당도분석(Statement Validity Analysis; SVA)이라는 통합된 절차로 발달되었다(Steller, 1989).

SVA는 주어진 진술에 대하여 가설을 세우고 검증하는 일련의 절차를 통칭하는 것이다(홍성열, 2000). 간혹 SVA를 하나의 평가도구로 오해하여 CBCA와 동일시하는 경우가 있다. 그러나 SVA는 사회과학방법론에 입각하여 진술분석절차를 규정해 놓은 것이고, 준거기반내용분석과 현실모니터링은 진술의 내용분석을 통해 그 진실성을 평가하기 위한 도구이다.

모든 과학적 연구처럼 진술분석도 ① 진술의 출처에 대한 연구문제를 가지고 출발하며, ② 관련 사건서류를 분석하여 분석에 필요한 구체적인 가설을 설정하고, ③ 가설 검증에 필요한 평가자료를 선정한다. 그리고 ④ 평가도구를 사용하여 진실성을 평가하고, ⑤ 평가의 오염 가능성 여부를 살펴 결과의 타당성을 확보한 후, ⑥ 최종결정을 한다.

진술분석은 사회과학연구의 수행절차와 똑같이 진행되며, 그 내용도 거의 동일하다는 것을 알 수 있다. 사회과학은 연구자가 다양한 사회현상 중에서 필요한 연구주제를

선택하면서 연구수행이 시작되지만, 진술분석은 진술의 진실성을 다루는 사건을 의뢰받았을 때부터 시작되므로 출발선은 당연히 달라질 수밖에 없다.

그러나 그 이후 진술의 출처에 관한 연구문제를 가지고 수행하는 절차는 사회과학 연구와 모든 면에서 똑같다. 이런 일련의 과정은 진술분석이 과학적 분석절차라는 사실을 보여준다. 따라서 진술분석의 정확한 적용을 이해하기 위해서는 학문적인 배경뿐만 아니라 가장 중요한 절차의 지시와 한계까지 고려할 것이 요구된다(Köhnken et al., 2015).

**[진술타당도분석과 사회과학 연구 과정의 비교]**

| | 진술타당도분석 | 사회과학 연구 과정 |
|---|---|---|
| 1 | 연구문제 | 연구주제 선정 |
| 2 | 사건기록분석 | 문헌검토 |
| 3 | 가설도출 | 가설설정 |
| 4 | 검증방법과 전략 수립: 면담계획 | 연구방법 선택 |
| 5 | 분석자료 선정 | 연구대상 표집 |
| 6 | 면담 실시 | 자료수집(실험/조사) |
| 7 | 진실성 평가: 진술의 내용 분석 | 자료분석(양적/질적) |
| 8 | 일관성, 타당성 분석 | 결과해석 |
| 9 | 최종 판단 | 결론 |
| 10 | 보고서 작성 | 보고서 작성 |
| 11 | 보고서 제출 | 보고서 제출 |
| 12 | 법정 증언 | 학회 발표/출간 |

## 2 준거기반내용분석(Content-Based Content Analysis; CBCA)

피해를 주장하는 아동에 의해 제기된 성학대에 대한 타당성 평가는 이해관계가 없는 목격자의 진술 정확성에 영향을 미치는 요소 이상의 특별한 기술이 요구된다. 따라서 허위고발의 동기가 있거나 다른 사람의 암시나 압력에 영향을 받을 수 있는 목격자에 대한 진술 타당성을 평가하기 위한 기법이 요구되었다.

준거기반내용분석는 실제 성폭력 피해아동의 진술 신빙성을 평가하는 과정에서 귀납론적 접근을 통해 개발되었다. 실제 사건의 기억을 토대로 한 진술은 허구 또는 상상에 기초한 것과 내용의 질 측면에서 차이가 있다는 Undeutsch 가설을 근간으로 한다(Vrij, 2000). 앞서 언급한 바와 같이 초기에 개발된 준거들은 체계적이지 못하고 개념도 불분명하여 서로 구분하기 어렵다는 비판을 받았다(Steller & Köhnken, 1989).

이후 Steller와 Köhnken(1989)은 독일과 스웨덴의 연구에서 사용되었던 준거들을 다음과 같이 19개 준거, 5개의 범주로 정리하여 체계화하였다. 각각의 내용 범주는 진술의 진실성 지표이다(Steller & Köhnken, 1989).

[준거기반내용분석의 5개 범주(Steller & Köhnken, 1989)]

| 범주 | CBCA 준거 |
|---|---|
| 일반적 특징 | 1. 논리적 일관성<br>2. 구조화되지 않은 표현<br>3. 풍부한 세부묘사 |
| 표현상 특징 | 4. 맥락상 깊이<br>5. 상호작용<br>6. 대화의 재현<br>7. 예기치 못한 난관 보고 |
| 내용상 특징 | 8. 독특한 세부묘사<br>9. 부가적인 세부묘사<br>10. 이해하지 못하지만 정확한 묘사<br>11. 관련된 외적 연합<br>12. 주관적 심리상태에 대한 묘사<br>13. 가해자의 정신상태에 대한 추론 |
| 동기적 특징 | 14. 자발적인 수정<br>15. 기억 부족 시인<br>16. 자기의 진술에 대한 의심 제기<br>17. 자기 비난<br>18. 가해자 용서 |
| 범죄 요소 | 19. 범죄 특징에 대한 진술 |

### 1) 논리적 일관성(Logical Structure)

진술의 전체적인 내용이 일관되고 논리적인지를 평가한다. 진술 속의 다른 세부사항들이 똑같은 사건 과정을 기술하고 있는지를 보는 것으로, 전체 진술이 서로 잘 어울리는지와 관련된다(Steller & Köhnken, 1989). 이것은 그럴듯함(Plausibility)을 의미하는 것이 아니다. 진술이 그럴듯해 보이지는 않지만 논리적으로 일관될 수 있기 때문이다.

범죄자 또는 피의자는 진술 과정에서 앞과 뒤의 말이 맞지 않거나 자신이 거짓으로 설명한 정황이 맞지 않는 것에 대해 유의하는 성향이 있다. 때문에 진술 이전에 다양한 방법으로 진술내용을 시뮬레이션하고 진술 과정에 임하는 경우가 많다. 하지만 실제로 일어난 사건에 대한 진술과 달리 거짓으로 이야기하는 진술은 암기를 기반으로 하기 때문에 순서가 맞지 않거나 논리적인 오류를 범하는 경우가 많다.

반대로 리플리 증후군(Ripley Syndrome)을 갖고 있거나, 선천적으로 범죄지능(Crime Intelligence)이 높은 피의자 또는 범죄자는 자신의 진술내용에 논리를 가미하여 공격이나 공박을 당할 여지를 철저하게 차단하는 임기응변을 보여준다. 따라서 논리적이라고 해서 모두 진실일 수는 없다는 점을 유념하고 논리의 일관성을 평가해야 한다.

### 2) 구조화되지 않은 표현(Unstructured Production)

시간 순서에 따르지 않고 기억이 떠오르는 대로 진술하는지를 평가한다. 거짓 진술의 경우 시간순으로 연속적으로 구조화하여 제시하는 반면 진실한 진술은 순간적인 연상에 따라 그때그때 떠오르는 기억을 진술함으로써 구조화되지 않은 진술을 한다(Abbe & Brandon, 2012).

철저하게 시간의 흐름(Time Flow)에 따라서 진술하는 사람은 거짓을 진술할 가능성이 높다. 앞서 언급한 바와 같이 훈련과 연습, 반복적인 시뮬레이션을 통해 자신의 진술이 꼬이지 않도록 주의하고 하고 있기 때문에 이를 위한 목적에서 사건의 시간적 흐름을 기준으로 진술을 하는 경우가 많다. 진실을 진술하는 사람은 시간적 흐름보다는 기억에서 우선적으로 발현되는 내용을 진술하는 경향이 강하기 때문에 시간적 흐름에 역행하거나 앞뒤 순서와 관계없이 진술하는 경우가 많다.

### 3) 풍부한 세부묘사(Quantity of Details)

사건 발생 장소, 시간, 내용, 연루된 사람 등에 대한 구체적이고 상세한 진술을 하는지를 평가한다. 거짓 진술을 하는 경우 자신이 진술한 내용을 기억하기 어렵고 잘못 이야기하여 거짓말이 발각될 수 있다는 우려 또는 상상력 부족 때문에 이런 자세한 진술을 하기 어렵다(Vrij, 2000).

사건을 직접 경험하거나 오감을 통해 느낀 사람은 그 기억이 고스란히 뇌에 남아 있다. 따라서 여러 가지 세부적인 설명(Detail)이 충분히 가능한 반면에 거짓을 이야기하거나 조작적인 기억을 이야기하는 사람들은 세밀한 부분에 대한 설명이나 진술이 어려울 수밖에 없다. 이러한 부분을 진술분석관은 정밀하게 잡아내야 한다. 거짓을 말하는 자는 전반적으로 큰 윤곽에 대한 스토리만을 많이 이야기하며, 세부내용이나 미세한 사항에 대해서는 회피하거나 진술을 하지 않는 경우가 많다는 의미이다.

### 4) 맥락상 깊이(Contextual Embedding)

사건이 발생한 시간과 공간 등에 대한 상황적인 특징을 진술하는지 평가한다(Steller, 1989). 즉, 사건이 일어난 특정 장소, 시간, 사건 전후 상황 및 피해자와 가해자의 관계 등과 관련된 정보를 말한다. 거짓을 진술하는 사람은 진술의 핵심적인 내용이라 할 수 있는 사건에 관련한 부분에 대해서 정확하게 진술할 수 있다. 하지만 맥락(전후사정; Context)을 기반으로 한 진술을 요구할 경우에는 이 부분에서 막히거나 전혀 말이 되지 않는 이야기를 하는 경우가 많다.

예를 들어, 사건 이전에 돌발적으로 식사를 어디서 어떠한 것을 먹었는지 물어보거나, 사건 발생 장소에 어떠한 방식으로 이동하였는지를 물어보거나, 알리바이로 대는 시간대에 같이 만난 사람이나 만난 장소의 상황 설명을 요구할 경우 이에 대한 설명이나 진술을 제대로 하지 못하는 경우가 많다.

### 5) 상호작용(Descriptions of Interactions)

가해자와 피해자 간의 구체적인 행동과 반응에 대해 진술하는지를 평가한다. 상호작용을 평가하기 위해서는 가해자와 관련된 상호작용, 행동, 반응이 존재하여야 한다(Raskin & Esplin, 1991).

### 6) 대화의 재현(Reproduction of Conversation)

사건 당시 가해자와 나눴던 이야기를 축어적으로 기술하고 있는지를 평가한다. 특정 언어행동, 어휘 등을 그대로 인용해서 대화를 재현하고 있는지를 평가하는 것이다. 진실과 거짓 진술 모두 존재하지 않을 수 있지만 존재하는 경우 진실의 강력한 증거가 될 수 있다(Raskin & Esplin, 1991).

### 7) 예상치 못한 난관 보고(Unexpected Complications During the Incident)

사건 진행 과정에서 예상치 못한 일이 발생하여 범행이 중단되거나 자발적인 종료가 있었는지를 평가한다. 거짓 진술을 하는 경우 나중에 다시 기억해야 한다는 부담감 때문에 이와 같은 특별한 에피소드를 만들지 않는다(Vrij, 2000).

### 8) 독특한 세부묘사(Unusual Details)

비현실적인 내용은 아니지만 일어나기 드문 세부사항에 대한 묘사가 있는지를 평가한다(Coolbear, 1991). 사건이나 사물, 가해자 등에 대한 독특한 세부묘사는 사건을 경험하지 못한 사람들이 진술하기 어렵다.

### 9) 부가적인 세부묘사(Superfluous Details)

사건을 설명하는 데 반드시 필요한 것은 아니지만 전체적인 맥락을 이해하는 데 도움이 되는 진술이 있는지를 평가한다. 거짓 진술을 하는 경우 기억의 부담감 때문에 사건에 불필요한 내용은 진술하지 않는다(Vrij, 2000).

### 10) 이해하지 못하지만 정확한 묘사(Accurately Reported Details Misunderstood)

진술자는 자신이 경험한 것이 무엇인지 분명히 이해하지 못하지만 평가자는 그것이 의미하는 것이 무엇인지 쉽게 알 수 있는 진술을 포함하고 있는지를 평가한다. 성폭력 사건에서 아동은 관련 지식이 없기 때문에 자신의 진술이 무엇을 의미하는지 모르지만 실제 경험했기 때문에 관련 진술을 하게 된다.

### 11) 관련된 외적 연합(Related External Associations)

사건에서 직접적인 행위와 관련된 진술은 아니지만 가해자와 피해자 사이에 해당

행위가 있었음을 암시하는 진술이 포함되어 있는지를 평가한다.

### 12) 주관적 심리상태에 대한 묘사(Accounts of Subjective Mental State)

사건 당시 경험했던 인지와 정서상태를 진술하는지를 평가한다. 사건 당시 느꼈던 공포나 불안 등의 감정 또는 도망칠 방법에 대하여 생각했던 것과 관련된 진술을 표현하고 있는지를 평가하는 것이다. 그러나 특정 정서를 단순히 언급하는 것이 아니라 사건 발생 동안 일어난 정서와 인지상태에 대한 변화가 표현되어야 한다.

### 13) 가해자의 정신상태에 대한 추론(Attribution of Perpetrator's Mental State)

사건 당시 가해자의 주관적인 상태(느낌, 생각, 동기 등)를 다른 정보나 행동을 통해 추론하여 진술하고 있는지를 평가한다. 상대적으로 순진한 아동이나 성인의 심리를 잘 이해하지 못하는 아동에게는 나타나기 어렵다(Raskin & Esplin, 1991).

### 14) 자발적인 수정(Spontaneous Corrections)

자발적으로 자신의 진술을 수정하는 부분이 있는지를 평가한다. 복잡한 사건에 대해 진술할 때 처음부터 완벽하게 재현하여 진술하기는 어렵다. 따라서 실제 경험을 진술하는 경우 부연설명을 하거나 진술을 수정할 수 있다. 그러나 거짓 진술을 하는 사람들은 말을 바꾸면 의심받을 것을 우려하여 더 조심하고 수정을 삼가는 경향이 있다.

### 15) 기억 부족 시인(Admitting Lack of Memory)

자신이 경험한 사건에 대하여 자연스럽게 기억나지 않는다는 것을 인정하는 진술이 있는지를 평가한다. 일반적으로 기억나지 않는다는 것은 그 신뢰성을 의심받게 할 수 있는 행동이다. 따라서 거짓 진술을 하는 사람은 자신이 의심받을 수 있는 행동을 최대한 삼가기 때문에 이와 같은 진술을 하지 않는다는 것이다. 그러나 직접적인 질문에 대한 반응으로 기억 부족을 시인하는 경우 준거에 부합되지 않는다.

### 16) 자신의 진술에 대한 의심 제기(Raising Doubts about One's Own Testimony)

자신이 한 진술이 사실이 아닐 수 있음을 염려하거나 부정확할 수 있음을 스스로 의심하는 표현이 있는지를 평가한다. 거짓을 말하는 경우 이러한 의심 제기가 진술을 신뢰하기 어렵게 하고 확신을 떨어뜨리게 만들 수 있다고 생각한다(Vrij, 2000). 반면 진실을 말하는 경우 자신의 말이 이상하고 받아들이기 어려우며 가능성이 없는 것처럼 들린다는 것을 인정하는 표현을 한다.

### 17) 자기 비난(Self-Deprecation)

사건의 원인을 자기 탓으로 돌리거나 자기에게도 일면 책임이 있다는 등의 진술을 하는지를 평가한다. 자신에게 불리하거나 자신이 혐의를 받을 수 있는 정보이므로, 이득을 얻기 위해 거짓말을 하는 경우 나타날 가능성이 없지만 실제 피해를 겪은 아동은 자신에게 일어난 일에 대해 스스로 비난하는 경향이 있다(Raskin & Esplin, 1991).

### 18) 가해자 용서(Pardoning the Perpetrator)

가해자를 비난하지 않거나 용서해 주는 표현이 있는지를 평가한다. 성폭력 피해아동은 성인 가해자에 대해 양가감정을 갖고 있는 경우가 종종 있으며 때로는 가해자에 대한 긍정적인 감정 때문에 폭로로 인해 문제가 생기지 않기를 원한다. 이는 가해자가 가족구성원일 때 더욱 그러한데, 가해자가 자신을 다치게 할 의도가 없었다거나 폭로로 인해 가해자에게 문제가 생겨 미안하다는 등의 표현을 하는 경우에 해당한다.

### 19) 범죄 특징에 대한 진술(Details Characteristic of the Offense)

특정 사건을 진술하면서 범죄 유형과 부합되는 내용들을 표현하고 있는지를 평가한다. 동일한 유형의 사건과 얼마나 유사한 패턴을 보이는지를 평가하는 것으로, 이런 범죄 특정 요소를 진술하는 것은 실제 경험한 사람만이 할 수 있고, 거짓말하는 경우 작화하기 힘들다는 가정에서 출발한다(Marshall & Alison, 2006). 그러나 진술이 전형적인 범죄에서 나타나는 방식과 일치하는지를 알아보는 객관적인 방법이 없다는 등의 이유로 이 준거는 거의 사용되지 않는다.

한편, 일부 학자들은 준거기반내용분석(CBCA)과 현실모니터링(RM) 준거 간에 상당 부분이 중복되며, 일부 기억과 관련된 특성들은 CBCA보다는 RM 준거에서 더 강조된다고 보았다. 또한, Niehaus는 거짓 진술자와 진실 진술자 간의 두드러지는 차이는 인지적 과정, 즉 진술 시 '일화적 기억의 사용과 스크립트화', '전략적 자기 보여주기'에서 나타난다고 주장하면서, 이와 같은 근본적인 쟁점에 더 중점을 두어 CBCA가 수정되어야 한다고 보았다. 이를 바탕으로 Volbert와 Steller(2014)는 진술 과정 중 나타날 수 있는 인지적 특성을 기준으로 기존 CBCA 준거들을 분류하고 준거 제시 순서를 조정하는 방식으로 수정된 CBCA를 제안하였다. 그 내용은 다음과 같다.

**[기존 CBCA와 수정된 CBCA의 준거 구성 비교]**

| 기존 CBCA 준거 구성<br>(Steller & Köhnken, 1989) | 수정된 CBCA 준거 구성<br>(Volbert & Steller, 2014) |
|---|---|
| **일반적인 특징** | **일반적인 특징** |
| 1. 논리적 일관성 | 1. 세부묘사의 양 – 풍부한 세부묘사 |
| 2. 구조화되지 않은 표현 | 2. 사건의 명료성 |
| 3. 풍부한 세부묘사 | |
| **구체적인 내용** | **사건에 대한 일화적 기억** |
| 4. 맥락상 깊이 | 3. 맥락적 정보(시·공간적, 개인적, 상황적) |
| 5. 상호작용 | 4. 상호작용 |
| 6. 대화의 재현 | 5. 대화의 재현 |
| 7. 예상하지 못한 난관 보고 | 6. 주관적인 심리적 상태 |
| | 7. 상황의 결과 |
| | 8. 본인 외 인물에 대한 심리상태 보고 |
| **내용 특성** | **스크립트에서 벗어난/<br>스크립트와 무관한 사건 관련 세부정보** |
| 8. 독특한 세부묘사 | 9. 예상치 못한 상황의 발생 |
| 9. 부가적인 세부묘사 | 10. 독특한 세부정보/사건의 이해를 돕는 세부정보 |
| 10. 이해하지 못하지만 정확한 묘사 | 11. 피해자가 이해하지는 못하나 정확히 보고한 세부정보 |
| 11. 관련된 외적 연합 | 12. 관련된 외적 연합 |
| 12. 주관적 심리상태에 대한 묘사 | 13. 특별한 지식 |
| 13. 가해자의 정신상태에 대한 추론 | |
| **동기 관련 내용** | **기억 회상 과정에 대한 징후** |
| 14. 자발적인 수정 | 14. 구조화되지 않은 진술 |
| 15. 기억 부족 시인 | 15. 자발적인 수정 |
| 16. 자기의 진술에 대한 의심 제기 | 16. 기억 회상에 대한 노력 |
| 17. 자기 비난 | 17. 진술의 부정확성에 대한 염려 |
| 18. 가해자 용서 | 18. 기억 부족 시인 |
| 19. 범죄 특징에 대한 진술 | 19. 지식 부족 시인 |

20. 기억 부족 및 지식 부족에 대한 이유
21. 현실 통제

신빙성에 대한 의문

22. 진술의 부정확성에 대한 염려
23. 자신의 행동에 대한 후회
24. 가해자에 대한 양가감정

위에서 보는 바와 같이 수정된 CBCA에서는 논리적 일관성이 삭제되었다. 이는 질적인 준거라기보다는 전제조건으로 간주되기 때문이다. 독특한 세부묘사와 부가적인 세부묘사는 하나의 기준으로 통합되었다. 이 준거들이 중복되어 평정자가 신뢰도를 떨어뜨린다는 논의가 있었기 때문이다. 또한, CBCA 기초가 된다고 가정된 인지적·심리학적 과정에 따라 준거를 범주화하여 배열하였다. 이는 준거의 순서에 영향을 미친다.

Oberlader(2019)의 메타분석 연구에 따르면 CBCA가 사실 경험에 대한 진술을 변별할 수 있는 효과의 크기는 중간 수준에서 큰 수준에까지 이르는 것으로 확인되었다. 이 메타분석 연구는 사회과학적 기법인 CBCA의 진실 변별력이 100%가 될 수는 없지만 현존하는 최상의 진술내용 분석기법임을 지지한다.

또한, 성폭력 이외의 범죄와 성인에게도 사용되고 있다(Köhnken, Schimossek, Aschermann, & Höfer, 1995; Porter & Yuille, 1996; Ruby & Brigham, 1997; Steller & Köhnken, 1989). CBCA 메타분석 결과, 성학대 외 다른 맥락, 그리고 18세까지의 연령 범위에서도 동일하게 유효하다는 것을 보여주었다. CBCA는 기억의 특성에 기반을 두고 있기 때문에 성인 및 성적 학대와 다른 맥락에서 동일하게 적용될 수 있다고 한다(Amado, Arce, Fariña, & Vilariño, 2016).

## 3 현실모니터링(Reality Monitoring; RM)

### 1) 현실모니터링의 개념

CBCA가 실제 성폭력 피해아동의 진술 신빙성을 평가하는 과정에서 도출된 기법인 반면에 현실모니터링은 기억 특성에 기초한 연구로부터 유래되었다(Johnson, 1988; Johnson & Ray, 1981; Schooler, 1988). 즉, 기억을 실제 경험(외부 출처)이나 상상(내부 출처)에 귀인

시키는 과정을 RM이라고 부른다(Johnson, Foley, Suengas, & Raye, 1988).

RM은 지각 과정을 토대로 한 기억은 내적 과정을 토대로 한 기억과 차이가 있다는 가정에서 출발한다(Johnson & Raye, 1981). 기억내용이 외부의 사건을 직접 목격하고 그것과 상호작용을 통해서 형성된 것이라면 지각 과정을 토대로 한 기억이라 할 수 있다. 이는 실제 경험에 대한 기억내용이다.

반면, 기억내용의 출처가 개인 내부, 즉 개인의 생각에 있는 것은 상상 등 허구의 기억내용을 의미한다. 따라서 RM은 경험에 대한 기억내용은 지각 정보를 더 많이 포함하고 있고 상상 또는 환상을 토대로 한 기억내용은 생각이나 추론 같은 인지적 작용을 더 많이 포함하는 것으로 가정한다(Larsson & Granhag, 2005). 이런 가정을 토대로 진술의 출처를 판단하는 준거들이 개발되었다.

제5장

### 2) Sporer의 8가지 준거

진술 출처를 판단하는 준거 중 대표적인 것은 Sporer(1997)가 개발한 것이다. SMCQ (Self Memory Characteristics Questionnaire)를 제3자가 측정할 수 있도록 변형시킨 JMCQ (Judgment Memory Characteristics Questionnaire)에 대한 요인분석과 이론을 토대로 다음과 같이 8개의 준거를 만들었다.

RM의 준거 1번에서 7번까지는 진실을 탐지하는 준거이다. 그러나 RM은 CBCA와 달리 거짓을 탐지하는 준거도 포함되어 있는데, 이는 준거 8번에 해당한다.

[Sporer(1997)의 8가지 준거]

| 범주 | 준거 |
|---|---|
| 진실 준거 | 1. 명료성(Clarity and vividness of the account)<br>2. 감각 정보(Sensory information)<br>3. 공간 정보(Spatial information)<br>4. 시간 정보(Time information)<br>5. 이야기의 재구성(Reconstructability of the story)<br>6. 정서와 감정(Emotions and feelings)<br>7. 현실성(Realism) |
| 거짓 준거 | 8. 인지적 조작(Cognitive operations) |

① **명료성**(Clarity/Vividness)

이 준거는 진술의 명확함과 생생함을 평가한다. 즉, 사건에 대한 묘사들이 얼마나 자세하고 분명하게, 그리고 이해하기 쉽게 표현되었는지에 관한 것이다.

② **감각 정보**(Sensory Information)

진술 속에 청각, 냄새, 미각, 신체적 감각, 그리고 시각적 묘사와 같은 정보들을 포함하고 있는지를 평가한다. 실제로 어떤 사건을 경험했을 때 이러한 지각적 진술이 나타난다(Vrij, 2000).

③ **공간 정보**(Spatial Information)

진술 속에 사람, 사물 등의 위치나 공간적 배열에 대한 정보가 포함되어 있는지를 평가한다.

④ **시간 정보**(Time Information)

사건이 발생한 시간과 순서 등에 대한 정보가 포함되어 있는지를 평가한다.

⑤ **이야기의 재구성**(Reconstructability)

진술내용이 전체적으로 일관성과 통일성을 갖추고 있어서 그 내용을 토대로 사건의 과정을 분명히 파악할 수 있는지를 평가한다.

⑥ **정서와 감정**(Emotions/Feelings)

사건이 발생하는 동안 진술인이 느꼈던 정서나 감정이 포함되어 있는지를 평가한다. 이것은 실제 경험하지 않은 사건에서는 나타나지 않는 경우가 많은 반면 실제 경험을 진술할 경우에는 나타날 가능성이 높다.

⑦ **현실성**(Realism)

진술이 그럴듯하고 현실적이며 이치와 사리에 맞는지를 평가한다. 진술이 터무니없거나 믿을 수 없는 경우에는 현실성이 없다고 평가한다.

⑧ **인지적 조작**(Cognitive Operations)

사건 당시 진술인이 하였던 추론이나 진술에 대해서 의심의 여지를 보이는지를 평가한다. 감각기관을 통해서 나타나는 정보가 아닌, 자신의 생각이나 추론을 통한 정보인 경우에 해당한다. 위 1~7번 준거와 달리 거짓을 탐지하는 데 사용하는 준거이다.

### 3) 국내 현실모니터링 연구

RM 연구와 관련하여 국내에서는 김현정(2010)이 경찰에 피해 신고를 한 8~13세 35명과 상상으로 성폭력 피해 경험을 진술하게 한 만 13세 아동의 진술을 분석하였다. 그 결과 모든 준거에서 경험집단과 상상집단 간 유의미한 차이가 있는 것으로 나타났다.

Vrij(2008)는 30개의 RM 실험연구를 고찰한 결과, 진실한 화자가 지각 정보, 공간 정보, 그리고 시간 정보를 더 많이 회상하고 있음을 발견하였다. 따라서 RM 연구 결과는 전반적으로 Johnson 등(1981)의 가정을 지지하는 것으로 나타났다. 아동(김현정, 2010; 홍성열, 2007)과 성인(김미영, 전우병, 김시업, 2016; Höfer, Akehurst, & Metzger, 1996)을 대상으로 한 연구들을 살펴본 결과에서도 RM의 준거가 진실한 진술에서 더 자주 나타났다. 그러나 아동의 경우 일부 연구에서 RM의 일부 준거가 가정과 반대로 나타나기도 하였다(Mann, Kristen, Fisher, & Vrij, 2007). 또한, RM의 8번 준거 역시 연구 결과들이 비일관적이었다(홍성열, 2007).

한편, 홍성열(2007)과 양미정(2008)은 RM의 가정을 확대할 수 있는지 알아보았다. 기존 실험연구들에서 전체 진술을 비교한 것과 달리 범죄와 관련된 실제 경험 사건과 실제 경험한 사건 중 일부만 작화하여 거짓 진술을 하는 경우를 살펴보았다. 그 결과, 아동은 RM의 5개 준거(명료성, 공간 정보, 시간 정보, 이야기 재구성, 인지적 조작), 성인은 2개 준거(공간 정보, 인지적 조작)에서 유의미한 차이가 있는 것으로 나타났다. 이러한 결과는 RM의 준거를 수사현장에도 적용할 수 있다는 것을 보여준다. 수사현장에서는 전체 진술보다는 사건의 쟁점이 되는 특정 진술 부분의 진실성을 다투는 경우가 많기 때문이다.

### 4) 현실모니터링 기법에 대한 학계의 논의

이상의 연구 결과들을 종합해 보면 다음과 같다.

첫째, RM은 그 근거가 타당한 것으로 인정받은 기억이론을 토대로 연역적 방식으로 준거들을 구성하고 있다. 따라서 그 이론적 근거가 타당성을 인정받은 것이므로 특정 범죄 유형에 국한하여 적용해야 할 필요는 없다(Vrij, 2008).

둘째, RM은 CBCA의 연구들보다 더 비일관된 결과들을 보여주는 것으로 여겨질 수 있다. 그러나 실제 경험한 사건에 대한 자서전적 기억에 대한 진술을 비교한 연구들은 유의미한 준거들이 서로 달랐지만 RM의 가정과 일치되는 방향을 보이고 있다(양미정, 2008; 홍성열, 2007). 이와 관련하여 Vrij(2008)는 아직 관련 쟁점을 충분히 연구하지 못한 상태이기 때문이라고 긍정적인 전망을 한 바 있다.

셋째, 아동에 대한 준거 적용과 RM 준거 8번에 대한 논란이 있다. CBCA와 마찬가지로 RM의 특정 준거는 연령에 영향을 받을 수 있다(Alonso-Quecuty & Hernandez-Fernaud 1997; Santtila, Roppola, & Niemi, 1998). 그러나 RM은 기억이론을 기반으로 그 근거가 타당하며, 많은 연구들도 각각 다른 연령대상과 실험설계를 사용하여 RM의 가정을 지지하는 결과들을 보고하였다. 따라서 RM도 그 적용대상을 제한시킬 필요는 없는 것으로 평가된다. 한편, RM 8번 준거의 적용에 대해서는 보다 많은 연구들이 필요할 것으로 보인다.

## 4 과학적 내용분석(Scientific Content Analysis; SCAN)

과학적 내용분석은 이스라엘의 전직 폴리그래프 검사관이었던 Sapir(1987)에 의해 개발되었다. 사람은 거짓말을 할 때 없었던 사실을 꾸미기보다는 있었던 사실을 일부 숨기는 방식으로 거짓말을 하는 경향이 있는데, 이는 없었던 사실을 꾸미는 것보다는 숨기는 것이 더 쉽기 때문이다. 거짓말을 하는 사람들이 중요한 대목을 뛰어넘고 진술하는 경우가 여기에 해당된다. 그런데 있었던 사실을 숨기다 보면 없었던 혹은 거짓은 아니지만 관련 없는 다른 정보를 진술에 포함시키는 경우가 발생하기도 한다.

Zuckerman 등(1981)은 거짓을 말하는 것은 진실을 말하는 것보다 인지적으로 더 복잡한 과제라고 주장하였다. 거짓 화자는 다른 사람들이 알고 있는 사실과 모순되지 않으면서도 일관된 의사소통이 되도록 말을 고안해 내야 한다는 것이다. 이러한 인지적 스트레스는 글의 구조나 내용에 변화를 불러일으킨다. 거짓말을 성공적으로 하려는 동기가 강하면 강할수록 스트레스의 정도는 증가하며, 그 결과 진술의 구조와 내용에 변화를 일으키는 것이다.

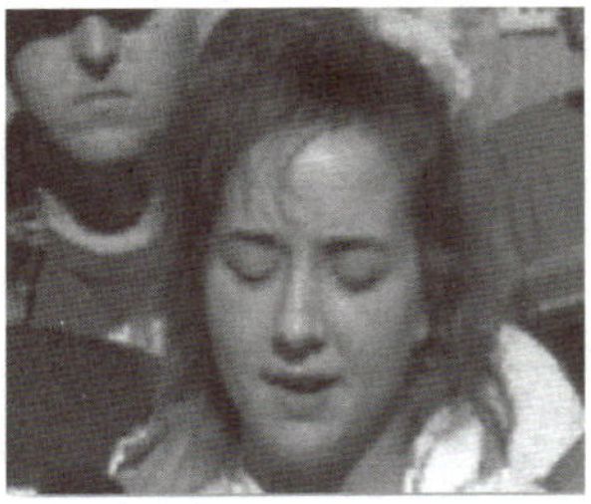

"그들은 내 삶이었어요 (They were my life)."
"내 아이들은 나를 원했어요. 걔들은 나를 필요로 했어요. 지금 나는 걔들을 도울 수가 없어요 (My children wanted me. They needed me. And now I can't help them)."



사람들은 거짓말의 성공을 위해서 어떤 정보를 줘야 하고 주지 말아야 할지에 대해서 생각하게 된다. 진실한 사람은 사건의 핵심과 관련된 이야기를 상세하고 구체적으로 잘 설명하는 반면 그렇지 않은 사람은 주변적인 이야기들로 진술을 채우면서 핵심 사안과 관련된 부분은 회피하는 경향이 있다. SCAN의 기본 전제는 피험자의 진술 구조와 내용은 그들이 거짓을 말하는지 그렇지 않은지 여부를 드러낸다는 것으로, 이는 어떤 문화의 언어에도 적용 가능하다고 이야기하고 있다.

Sapir에 따르면, 적어도 90%의 진술은 진실하며, 대부분의 사람들은 직접적인 거짓말을 시도하지 않는다. 대신에 그들은 방지책으로, 결정적인 부분에 대해 생각이 나지 않는 척하거나, 잊어버린 척하거나, 무지한 척한다. 그들은 거짓 대신에, 그들 스스로가 마지못해 이야기하는 것 대신에, 상황적인 트릭(Trick)을 사용하여 위험스러운 시인을 피하는 것이다.

따라서 SCAN 기법은 진술의 전반적인 진실 여부에 대해서 필요로 하지 않는다. 즉, 거짓말을 하는 사람도 그 진술의 80~90%는 진실이므로 당해 진술이 전반적으로 '진실이다' 혹은 '거짓이다'라는 판단을 필요로 하지 않으며, 다만 전반적으로 진실인 진술 속에 거짓의 부분을 찾아내는 것이 중요하다. 이러한 기본 전제는 용의자 진술 분석에 적합한 것으로 보인다.

Smith(2001)는 SCAN의 준거들을 구체화하였으며, 각 준거를 정리하면 다음과 같다.

**[Smith(2001)의 SCAN의 준거]**

| SCAN 준거 |
|---|
| 1. 언어의 변화(Change in language)<br>2. 진술 내 정서 표현의 위치(Placing of emotions within the statement)<br>3. 대명사의 부적절한 사용(Improper use of pronouns)<br>4. 사건과 관련된 확신/기억의 부족(Lack of conviction/memory concerning the incident)<br>5. 혐의를 부인하지 않음(No denial of allegations)<br>6. 진술의 흐름에서 벗어난 정보(Out of sequence information)<br>7. 사회적 소개(Social introduction)<br>8. 자발적인 수정(Spontaneous corrections)<br>9. 진술의 구조(Structure of the statement)<br>10. 시제의 변화(Tense change)<br>11. 시간(Time)<br>12. 중요하지 않은 정보 부각(Unimportant information becomes important)<br>13. 불필요한 연결/생략된 정보(Unnecessary connections/missing information) |

SCAN 기법의 타당성 연구는 1994년 Driscoll에 의해 실시되었다. 그는 폴리그래프 검사 전에 쓰여진 30개의 진술서에 대한 분석을 하였는데, 진실 집단과 의심 집단의 구분을 위해 자백, 체포, 유죄 판결, 폴리그래프 검사 결과, 사건 처리 결과(기소유예 또는 사건 송치)를 토대로 2개 이상 해당되었을 때, 의심스러운 진술서 또는 진실한 진술서로 분류하였다.

진실한 진술서는 11개, 의심스러운 진술서는 19개로 분류되었고 CBCA의 채점체계를 이용하여 진실함을 시사할 때는 (+)점수, 거짓을 암시할 경우 (−)점수를 부여하여 양적인 계산을 하였다. 그 결과 진실한 집단이 거짓 집단에 비해 유의미하게 높은 점수를 받았다.

한편, SCAN은 실제 사건의 용의자, 피해자들의 진술 속에 드러난 거짓의 가능성을 탐지하는 데 많이 사용되고 있지만 관련 연구들은 사례 연구 수준에 그칠 뿐 기법의 타당성에 관한 객관적 연구 결과들은 거의 없다고 볼 수 있다. 따라서 CBCA, RM과 더불어 보다 많은 연구들이 진행될 필요가 있으며, 실험 및 현장 연구를 통한 기법 타당성에 관한 객관적인 입증이 요구된다. SCAN은 북미를 중심으로 수사현장에서 활발히 사용되는 것으로 알려졌으나, 이 기법에 대한 타당성 연구가 부족하고 이론적 근거도 불분명하다는 비판을 받고 있다(Vrij, 2015).

## 제 3 절 | 행동분석

### 1 행동분석의 개념과 원리

행동분석은 사람들이 진술할 때 나타나는 비언어적 행동, 언어적·준언어적 행동, 얼굴의 미세표정 등을 분석하여 진술의 진위 여부를 분석하는 기법이다. 범죄를 저지른 사람들은 자신의 범죄행위와 관련된 거짓말을 할 때 죄책감, 발각에 대한 두려움, 남을 속인다는 쾌감 등을 경험한다. 거짓말을 하는 과정에서 발생하는 감정 변화 및 인지적 노력, 자기통제의 시도는 외부적으로 행동을 발현시키게 된다. 이것은 진실한 사람과는 다른 행동 변화를 초래하게 되는데, 행동분석은 이러한 원리에 기초한다.

거짓말 탐지와 관련된 여러 가설과 모형이 존재한다. 그중 Zuckerman 등(1981)은 일반화된 각성, 거짓을 말할 때의 감정, 인지적 측면, 비언어적 통제 시도를 제시하였다. 이후 Vrij(2000)는 위 4요인 모형을 기초로 3요인 모형을 주장하였는데, ① 정서적 접근, ② 내용복잡성 접근, ③ 행동통제시도 접근이 그것이다. Zuckerman 등(1981)이 제시한 4요인 모형 중 일반화된 각성은 제외하고, 거짓말할 때의 감정은 Ekman(1985, 1992)의 정서적 접근으로 통합한 것이다.

#### 1) 정서적 접근

Ekman(1985, 1992)은 거짓말에 대해 정서적으로 흥분을 유발하는 행동이라고 설명한다. 사람들은 거짓을 말할 때 죄책감이나 거짓말이 탄로 날 것에 대한 두려움을 느낀다. 반대로 다른 사람을 속이는 즐거움 등을 느낄 수도 있다. 이와 같은 정서로 인해 어떤 신호(비언어적 행동)를 표출하게 된다는 것으로, 이것은 거짓말 탐지의 단서가 된다.

Vrij(2000)의 3요인 모형 중 정서적 접근은 앞서 설명한 Ekman(1985, 1992)의 이론적 개념을 적용하여 설명한다. 정서적 접근에서 제시하는 거짓말과 관련된 단서는 다음과 같다.

**[Ekman(1985, 1992)의 거짓말에 대한 단서]**

① 범죄에 대한 죄책감: 낮은 목소리, 부드럽고 느린 말, 시선 아래로 내리기
② 거짓의 탄로에 대한 두려움: 높은 목소리, 빠르고 큰 소리의 말, 잠시 멈춤, 말실수, 간접적인 말의 증가
③ 속이는 즐거움: 높은 목소리, 빠르고 큰 소리의 말, 빈번한 부연설명 동작

위와 같은 각 정서의 비언어적 행동 단서를 토대로 Vrij(2000), Lakhani와 Taylor (2003)는 거짓말할 때 움직임, 말 주저나 말실수, 시선회피 등의 행동들이 증가할 것으로 예측하였다.

### 2) 내용복잡성 접근

내용복잡성 접근은 Zuckerman 등(1981)의 인지적 측면으로 설명 가능하다. 실제 경험한 사실은 머릿속에 있는 기억을 꺼내어 있는 그대로 진술하면 된다. 그러나 거짓을 말할 때에는 그럴 수 없다. 실제 있었던 일이 떠오르더라도 특정 내용을 숨기거나 과장 혹은 축소 진술을 해야 한다. 그렇기 때문에 거짓을 말하는 경우에는 진실을 말할 때보다 인지적으로 더 복잡해진다. 이러한 인지적 부담(High Cognitive Load)은 비언어적 행동을 유발하게 된다.

내용복잡성 접근에 따르면, 말 주저나 반응지연시간 등이 증가하고 말 속도가 느려지는 행동들이 나타날 것으로 예상한다(Goldman-Eisler, 1968). 인지적 부담은 거짓 화자로 하여금 언어적 내용에 관심을 집중시킴으로써 비언어적 행동을 억제시킬 것으로 예측되기 때문이다(Vrij, 2000).

### 3) 행동통제시도 접근

행동통제시도 접근은 Zuckerman 등(1981)의 가정에서 출발한다. 사람들이 거짓말을 할 때 행동을 통제하려고 한다는 것으로, Köhnken(1989) 역시 같은 취지의 주장을 하였

다. 거짓말할 때 자신의 행동이 상대방에게 어떤 인상을 주게 될지에 대해 의식하므로, 상대방에게 설득력 있게 보이기 위해 자신의 행동을 통제한다는 것이다. 행동통제시도 접근에 따르면, 거짓을 말할 때 비언어적 행동의 움직임이 감소한다고 예측한다.

## 2 행동분석 절차 및 방법

### 1) 분석대상자 행동경향성 관찰

행동분석(Behavior Analysis)에 의한 거짓말 탐지는 분석대상자의 행동경향성을 관찰하는 것에서 출발한다. 우리는 거짓말할 때 나타나는 행동에 대한 여러 가지 잘못된 통념을 가지고 있다. 예를 들어, 거짓말을 하는 사람들은 불안하기 때문에 눈 깜박임이 많고 상대방의 눈을 쳐다보지 못하는 경향이 있다고 믿는다. 또한, 불안한 정서를 해소하기 위해 신체 일부분을 만지거나 긁는 등의 자기조작 행동이 발생한다고 믿기도 한다.

어떤 사람들은 거짓말을 하면서 위와 같은 통념과 유사한 행동을 하기도 한다. 그러나 이를 모든 사람들에게 일반화시키는 것은 오류 가능성이 매우 높다. 거짓말할 때 나타나는 행동 특성은 개개인마다 다르기 때문이다. 행동분석을 통해 분석대상자의 진위 여부를 판단하기 위해서는 그 사람이 '평소' 어떤 행동을 보이는지 그 행동경향성을 파악하는 것이 무엇보다 중요하다.

### 2) 사건 관련 행동관찰

분석대상자의 행동경향성을 관찰한 후에는 사건과 관련된 질문에서 보이는 행동 특성을 관찰하여야 한다. 범죄사건과 관련이 있다면 범죄 혐의와 관련된 질문에서 거짓을 말하려고 하기 때문이다. 거짓말을 할 때에는 그로 인한 정서 변화, 인지적 부하, 자기통제시도 등으로 인해 여러 가지 행동 변화가 나타난다. 따라서 분석대상자의 기본 행동경향성을 파악한 후 사건과 관련된 질문에서 나타나는 행동을 비교하여 평가한다. 이러한 일탈된 행동반응은 불안감 등과 같은 지표일 뿐 거짓말 그 자체로 해석해서는 안 된다.

### 3) 행동반응의 원인

분석대상자가 보이는 행동반응의 원인이 무엇인지를 살펴보아야 한다.

첫째, 상황과 관련된 불안이 있을 수 있다. 범죄 혐의와 관련하여 조사를 받는 것과 같이 평소 경험해 보지 못한 상황에 놓이는 것에 대한 막연한 불안, 혹시 내가 범인으로 몰리는 것이 아닌가 하는 두려움 등 다양한 상황 요인이 있다.

둘째, 거짓말할 때 탄로가 날 것에 대한 우려나 죄책감 등으로 인해 평소와 다른 행동반응을 보일 수 있다. 거짓말을 함으로써 발생되는 인지적 부하 역시 답변 지연 등과 같은 행동 변화를 이끌 수 있다. 그러나 거짓말을 하지 않더라도 기억을 떠올리는 시간이 필요하여 그 과정에서 답변 지연이 발생할 수도 있다. 따라서 그 원인을 제대로 살피지 않고 단편적인 행동반응의 변화를 거짓 지표라고 잘못 해석하면 오셀로의 오류(Othello's Error)를 범하게 된다.

### 4) 일관성과 동시성의 고려 분석

행동분석을 할 때 주의해야 할 점은 단일 행동만을 가지고 판단하지 말아야 한다는 것이다. 분석대상자가 특정 행동을 한다고 해서, 혹은 특정 행동 변화가 나타났다고 해서 그것을 거짓 지표로 해석하면 오판 가능성이 높아진다. 그러한 행동 변화가 얼마나 일관적으로 나타나는지, 얼마나 많은 행동지표가 동시에 나타나는지를 살펴보아야 한다. 단일 행동, 특정 행동만으로 평가하는 것이 아니라 분석대상자의 비언어적 행동, 언어적 · 음성적 행동반응 등을 관찰하여 분석하여야 한다.

## 3 비언어적 행동지표

### 1) 비언어적 행동지표 연구

비언어적 행동에서 나타나는 거짓말 탐지의 객관적 지표를 찾고자 했던 연구들은 매우 많다(Ekman, 1988; Ekman, O'Sullivan, Friesen, & Scherer, 1991). 이 연구들에서 나타난 거짓말의 비언어적 단서들은 말 주저, 말 실수, 높은 목소리, 답변지연시간 증가, 시선 회피, 부연설명동작, 신체 움직임(손/손가락, 발/발가락, 몸, 머리), 그리고 자세 바꾸기 등이었다(Vrij, Edward, Roberts, & Bull, 2000).

그러나 위 연구들은 일관된 결과를 제시하지 않으며 연구들마다 서로 다른 비언어적 행동단서들을 보고하고 있다. 또한, 각 단서들이 거짓을 말할 때 더 많이 나타나는지 아니면 진실을 말할 때 더 많이 나타나는지에 대해서도 일관된 결과를 보이지 않는다. DePaulo, Lindsay, Malone, Muhlenbruck, Charlton, 그리고 Cooper(2003)의 메타분석 연구를 통해 보다 상세히 살펴볼 필요가 있다. 메타분석이란 어떤 한 연구주제에 대한 다양한 연구 결과들을 통계적으로 종합하고 요약하는 것이다.

DePaulo 등(2003)은 120개의 참가자 표본과 거짓말과 관련된 158개 단서들의 측정치 1,338개로 메타분석하였다. 분석에 사용된 참가자는 모두 성인으로 실제 범죄사건의 용의자들을 포함해서 일반인, 약물중독자, 거짓말로 유명한 사람 등 다양하게 구성되어 있었다. 그러나 대다수는 대학생들과 미국 출신이었고 대학 실험실에서 실시되었다. 참가자들은 다양한 주제에 대하여 진실과 거짓을 말하도록 지시받았다.

참가자들에게 주어진 주제는 사실이나 개인적인 의견을 포함하여, 영화나 슬라이드를 보게 하거나 모의 범죄를 저지르게 한 후 거짓이나 진실을 말하게 하는 것이었다. 소수이지만 실제 범죄사건 용의자를 대상으로 한 연구도 포함되어 있다(Horvath, Jayne, & Buckley, 1994; Vrij & Mann, 2001).

### 2) 연구 결과

거짓말과 관련된 비언어적 행동 단서에 대한 위 메타분석 연구 결과를 정리하면 다음과 같다. 첫째, 거짓을 말할 때 동공 크기(확대), 전반적인 초조함(긴장), 긴장한 목소리, 목소리 높이, 만지작거리기 등이 증가한다. 둘째, '자신의 옷이나 머리, 얼굴을 만지작거리는 행동', '연필, 종이 등 사물을 만지작거리는 행동', '구분이 없는 모든 형태의 만지작거리는 행동'으로 나누어 메타분석한 결과, '구분이 없는 모든 형태의 만지작거리는 행동'을 측정한 연구들에서 거짓과 진실을 유의미하게 구분할 수 있었다. 셋째, 눈 깜박임, 자세 변화, 미소, 시선 접촉, 잠시 멈춤, 신체 움직임 등은 거짓 화자와 진실 화자 간 유의미한 차이가 없는 것으로 나타났다.

이상의 결과를 살펴보면, Vrij(2000)의 정서적 접근에서와 같이 초조함, 불안 등의 정서와 관련된 행동은 거짓말 탐지의 지표가 될 수 있다. 그러나 내용복잡성이나 행동통제시도 접근에서 예측하는 비언어적 행동지표는 나타나지 않았다. 즉 이완된 자세, 머리나 다리, 발의 움직임 등은 거짓과 진실을 구별하지 못하였다.

### 3) 연구내용의 상이성

앞서 살펴본 바와 같이 각 연구들은 그 결과가 일관되지 않았다. Vrij와 Mann(2001) 그리고 DePaulo 등(2003)은 각 연구들에서 설정한 거짓말 상황을 그 원인으로 보았다. 즉, 각 연구마다 설정한 거짓말 상황이 서로 다르다는 것이다. 대부분의 연구는 실험실에서 이루어졌으며 거짓말을 성공시켜야 한다는 특별한 동기가 없는 참가자들로 구성되었다. 이런 상황적 특성은 거짓말할 때의 죄책감, 탄로의 우려 등과 같은 정서 반응을 유발하기 어렵다는 문제점이 있다. 참가자들은 단지 실험에 협조하는 차원에서 참가하였을 뿐이므로 거짓말에 성공하느냐 여부는 그들에게 중요한 문제가 아니다.

Vrij와 Mann(2001)은 거짓말을 성공하였을 때 얻는 이득과 실패했을 때 받는 손실이 큰 상황에서 높은 정서를 유발할 것이라고 가정하였다. 이를 높은 이해득실 상황(High Stake Situation; HSS)이라고 부른다. 실험에 협조하는 차원의 참여자들과 달리 실제 범죄 사건의 용의자들은 자신의 거짓말이 성공하지 못할 경우 구금 등과 같은 부정적인 결과가 초래될 수 있으므로 높은 이해득실 상황에 처하게 된다. 연구자들은 이런 상황에서 거짓말과 관련된 비언어적 행동지표들이 더욱 분명하게 잘 드러날 것이라고 주장한다.

이와 관련하여 DePaulo 등(2003)은 이해득실이 높은 상황과 낮은 상황의 연구들을 분류하여 메타분석을 실시하였다. 그 결과, 이해득실 상황에 따라 다른 결과가 나타났다. 즉, 이해득실이 낮은 상황의 연구들에서는 거짓과 진실 화자 간 유의미한 비언어적 행동 특징들을 발견하지 못하였다. 반면, 높은 이해득실 상황의 연구들에서는 목소리 높이, 초조함, 시선접촉, 다리나 발의 움직임과 같은 비언어적 행동 특징들이 나타났다.

목소리 높이, 초조함과 같은 비언어적 행동은 이해득실 상황을 고려하지 않았을 때의 메타분석 결과에서도 발견되었다. 그러나 이해득실이 낮은 연구들에서는 이러한 행동 단서들이 나타나지 않았다. 이런 점을 고려해 보면 이해득실의 정도에 따라서 비언어적 행동 단서들이 달라지는 것으로 보인다.

### 4) 시선의 중요성

시선접촉과 관련된 연구 결과에 대해 눈여겨볼 필요가 있다. 사람들은 종종 시선회피를 거짓의 단서라고 생각한다(조은경 등, 2005; Gordon et al., 1987). 그러나 지금까지의 많은 연구들은 시선회피가 타당한 거짓말 탐지 단서가 아니라는 결과를 보고하였고(김시업, 전우병, 김경하, 김미영, 전충현, 2005; Vrij, 1995) 따라서 사람들의 일반적인 믿음과 거짓말 탐지의 객관적 지표가 일치하지 않다고 여겨졌다. 그런데 이해득실이 높은 상황에서의 연구들을 메타분석한 결과에 의하면 진실을 말할 때에 비해 거짓말을 할 때 시선회피를 더 많이 하는 것으로 나타났다. 따라서 이해득실이 높은 상황에서 시선접촉은 거짓말 탐지의 객관적 지표로 의미가 있다고 보인다.

시선접촉이 정서적 접근에서 설명하는 불안 등을 나타내는 지표라고 한다면, 다리나 발의 움직임은 내용복잡성이나 행동통제시도의 접근으로 설명할 수 있다. 연구 결과에 의하면 높은 이해득실 상황에서 다리나 발의 움직임이 더 적게 나타났다. 이는 거짓화자가 진실 화자보다 더 억제적임을 의미한다(Vrij, 2000).

위와 같이 거짓말 탐지와 관련된 비언어적 행동지표에 관한 연구들을 살펴보면 이해득실 상황에 따라 그 결과가 상이하다는 것을 알 수 있다. 즉, 이해득실에 따라 거짓말 탐지의 비언어적 행동지표가 달라진다. 실제 범죄사건의 용의자라면 높은 이해득실 상황에 처해 있다고 할 수 있다. 그러나 범죄사건과 관련된 사람이라고 하더라도 용의자 외 사건관계인, 가령 목격자나 피해자의 경우에는 그 입장이 또 다를 수 있으므로 이에 대한 고려 역시 필요하다.

## 제 4 절 | 폴리그래프 검사(Polygraph Test)

### 1 검사 원리

폴리그래프 검사(Polygraph Test)는 심리생리학적 원리에 기초하며, 사람의 심리상태가 생리적인 변화를 일으킨다는 가정에서 출발한다. 범죄사건을 저지르고 거짓말을 하는 사람들은 특정 심리상태가 형성된다. 즉, 범죄 자체로 인해 이미 상당한 스트레스를 경험한 상태이며, 범행 후에 느끼는 죄책감, 범행이 탄로날 것에 대한 두려움, 그 후 발생할 처벌, 평판 하락 등으로 인해 심리적 변화가 발생한다.

이런 심리상태는 특정 정서를 유발하고 그로 인해 자율신경계를 통해 다양한 생리적 반응을 일으키게 된다. 즉, 거짓 화자와 진실 화자의 심리상태의 차이는 자율신경계를 매개로 한 생리적 반응과 연결된다. 따라서 호흡, 혈압 및 맥박, 그리고 피부전류저항 등의 생리적 반응을 측정하고 분석함으로써 피검사자 진술의 진위 여부를 추론하는 원리이다.

## 2 검사절차

폴리그래프 검사는 다음과 같은 순서로 진행된다.

① 자료수집 단계
② 검사 전 면담
③ 본검사
④ 차트해석
⑤ 검사 후 면담
⑥ 결과통보

이 중 검사 전 면담 과정이 특히 중요한데, 약 60분간 진행된다. 이 단계에서 검사관은 피검사자와 라포형성을 하고, 피검사자의 신체적 · 심리적 적합성을 확인한다. 또한, 검사 원리를 소개한 후 검사 사안에 대하여 확인하고 질문을 작성하여 이를 확인한다. 검사자와의 라포형성은 원활한 검사 진행과 정확한 검사 결과의 도출에 있어서 꼭 필요한 부분이다. 여기에서 검사관은 검사의 원리를 소개해 주어야 하는데 이때 피검사자가 이해할 수 있도록 쉽게 설명해 주어야 한다.

라포형성 후에는 검사 사안을 확인하고 피검사자가 검사대상자로 적합한지 여부를 확인하는 과정을 거친다. 가령 정신질환이나 신체질환으로 정상적인 심리 형성이나 생리활동을 기대할 수 없는 사람의 경우 부적합하다. 이 외에 수사 단계에서 과도한 신문, 장시간의 수사 혹은 밤샘 조사 직후의 검사, 착오에 의한 확신 또는 경험적인 행위 사실이 아닌 사상이나 생각 등에 관한 사안 역시 검사 반응에 영향을 미칠 수 있다. 따라서 이 경우에는 검사를 실시하지 않아야 한다.

## 3 연구 결과

여러 연구 결과에 따르면 폴리그래프 검사의 정확성은 비교적 높은 수준으로 나타났다. 미국폴리그래프협회(American Polygraph Association; APA)는 1980년 이후 폴리그래프 검사의 타당성 및 신뢰성에 관한 연구 결과들을 제시하고 있다. 총 80편의 연구논문은 6,380회의 검사를 대상으로 하는데 그 중 2,174회는 실제 검사(Field Data)를 토대로 한 것이다. 해당 논문은 12편으로 폴리그래프 검사의 타당성 연구이며 평균 정확성은 98%였다.

또한, 독립적인 증거로 실체적 진실이 입증된 11편의 연구논문은 1,609회 검사를 대상으로 하였는데 평균 정확성이 92%로 나타났다. 모의 범죄 상황에 대한 1,787회의 검사를 토대로 한 41편의 연구는 정확성이 80%였다. 810회의 검사를 대상으로 한 16편의 연구에서는 정확성이 81%였다.

한편, 2011년 APA에서는 양적 · 질적 조건을 충족시킨 연구논문을 선별하여 이를 메타분석하였다. 그 결과, 단일 이슈에 대한 검사 결과의 정확성은 83~95%였다. 유사하게 2019년 수행된 타당도 연구에서는 진실의 경우 95~96%, 거짓의 경우 83~96%로 나타났다. 한편, 우리나라의 경우 폴리그래프 검사의 정확성 관련 연구에서는 70.7~100%까지 보고되고 있다(박희정, 2020; 정재영 등, 2010).

## 4 증거능력

증거는 사실인정의 근거가 되는 자료로, 증거방법과 증거자료의 두 가지 의미를 포함하는 개념이다. 여기에서 증거방법은 사실인정의 자료가 되는 유형물(증인, 증거서류, 증거물 등) 자체를 말하고, 증거자료는 증거방법을 조사하여 알게 된 내용을 말한다. 증거능력이란 증거가 엄격한 증명의 자료로 사용될 수 있는 법률상의 자격을 말한다. 따라서 자유로운 증명의 자료가 되기 위해서는 증거능력을 요하지 않는다(이재상, 1997).

증거능력은 증거의 실질적 가치를 의미하는 증거의 증명력과 구별된다. 증거능력이 미리 법률에 의하여 형식적으로 결정되어 있음에 반하여, 증명력은 법관의 자유심증주의에 맡겨져 있다. 아무리 증거로서 가치가 있는 증거라 할지라도 증거능력 없는 증거는 사실인정의 자료가 될 수 없을 뿐만 아니라, 공판정에서 증거로 제출하여 증거조사를 하는 것도 허용되지 않는다. 왜냐하면 증거로 사용할 수 없는 증거를 조사하는 것은 무익하고, 이를 조사하는 때에 사실상 심증 형성에 영향을 미치지 않을 수 없기 때문이다(이재상, 1997).

정확한 검사 결과의 요건은 재판에서 증거능력을 부여하기 위한 요건과 일치한다고 할 수 있다. 먼저 검사관의 자질이 중요하다. 이는 검사 전 면담, 질문 구성, 차트 해석 등과 밀접한 관련이 있다. 두 번째, 정상적으로 작동하는 기계이다. 세 번째, 사안의 적합성 및 피검사자의 심리생리적 정상성이다. 그리고 마지막으로 적법한 절차로 실시되어야 한다. 피검사자의 동의, 적절한 시설을 갖춘 검사실, 인증된 기법 등을 준수하여 검사가 실시되어야 한다.

우리나라 대법원 판례는 1990년 이전까지는 검사원리 및 검사관 자질, 기계성능, 검사실 조건, 피검사자의 조건 등이 제대로 갖추어졌는지를 입증할 만한 자료가 없다는 이유로 폴리그래프 검사 결과에 대하여 증거능력 자체를 부인하였다. 그러나 그 이후 판례를 살펴보면 검사 결과를 인용하거나 증거로 채택하는 사례가 다수 나타나고 있다(서울북부지방법원 2008고단2898, 서울중앙지방법원 2006고합522, 의정부지방법원 2005고단355, 수원지방법원 2013고합107 등).

하급심에서의 증거 채택 사례가 있긴 하지만 폴리그래프 검사의 신뢰도와 타당성에 대한 의문이 지속적으로 제기되고 있다. 미국국립연구위원회의 2003년 보고서에 따르면, 폴리그래프 검사는 오긍정(False Positive: 결백한 사람을 유죄로 판단함)의 비율을 높이는 것으로 나타났다(Rosenfeld et al., 2013).

# 제 5 절 | 뇌파 검사

## 1 유죄지식검사(Guilty Knowledge Test; GKT)

폴리그래프 검사의 대안으로 뇌파를 이용하기도 한다. 자율신경계의 반응을 측정하는 폴리그래프 검사와 달리, 뇌파 검사는 거짓말할 때 나타나는 뇌의 신호를 보다 직접적으로 측정함으로써 진술의 진위를 구분한다. 가장 널리 사용되는 뇌파 검사 방법으로는 유죄지식검사(Guilty Knowledge Test; GKT)가 있다.

이 방법은 범인이 이미 알고 있는 정보를 제시했을 때 특정 뇌파 성분(P3, 자극 제시 후 300ms 이후 나타나는 정적 파형)이 나타난다는 것을 근거로 한다. 만약 살인에 사용된 독극물이 있다면 여러 종류의 독극물 중 범인이 알고 있는 독극물이 이미 알고 있는 정보가 될 것이다. 이때 자극의 유의미성을 비교하기 위해 특정 반응, 가령 특정 자극 제시에만 키보드 버튼을 누르게 하는 행동을 요구하는 자극을 제시한다. 만약 범인이라면 그가 사용한 독극물 자극에 대한 P3은 키보드 버튼을 누르게 한 자극과 유사한 크기로 나타날 것이다. 반면 무죄인 사람은 범인이 사용한 독극물 자극의 P3 크기가 다른 여러 독극물 자극을 제시했을 때와 비슷하게 나타날 것이다.

연구에 의하면 P3 기반 GKT는 연구에 따라 최대 95%의 정확도를 보인다(Mertens & Allen, 2008). 그러나 피검사자가 뺨을 맞는 상상을 하거나 근육을 조이거나, 발가락에 따끔한 자극을 주는 것과 같은 조작을 하는 것만으로도 매우 큰 P3를 유발할 수 있다는 한계가 있다(Mertens & Allen, 2008; Rosenfeld et al., 2004).

## 2 자전적 암묵연합검사(autobiographical Implicit Association Test; aIAT)

GKT검사의 한계를 극복하기 위해 최근에는 암묵 측정 방법이 제안되었다. 대표적 암묵 측정 방법은 자전적 암묵연합검사(autobiographical Implicit Association Test; aIAT)이다. 반응시간을 이용해 특정 대상에 대한 암묵적 태도를 측정하려는 것으로, 거짓말 탐지 분야에 적용시킨 방법이 aIAT이다. aIAT를 이용한 거짓말 탐지의 정확률은 90% 이상이라고 한다(Agosta & Sartori, 2013).

이 방법은 코카인을 사용한 사람이 '나는 코카인을 사용했다'와 '나는 컴퓨터 앞에 앉아 있다'라는 문장에 대해 동일한 버튼으로 반응해야 할 때 반응속도가 빨라지는 반면, 결백한 사람은 '나는 코카인을 사용하지 않았다'와 '나는 컴퓨터 앞에 앉아 있다'는 문장에 대해 동일한 버튼으로 반응해야 할 대 반응속도가 빨라진다는 점을 이용한다(Sartori et al., 2008). 그러나 aIAT 역시 피검사자가 의도적으로 결과를 바꿀 수 있다는 연구 결과가 제시되었다(Verschuere et al., 2009). 피검사자가 스스로 반응속도를 늦추는 방식으로 결과를 왜곡시켜서 검사 정확도를 낮추는 것이다.

범죄심리학

제6장

# 법정심리학의 개관

Introduction to Forensic Psychology

제 1 절　법정심리학의 의의
제 2 절　법정심리학의 세부 영역
제 3 절　법률체계 내에서 심리학자의 역할

날이 갈수록 우리 사회의 범죄는 흉포화되고, 다양해지고 있다. 그래서 우리는 늘 '범죄'라는 키워드에 관심을 가진다. 현대사회에서 대중들이 범죄에 기울이는 관심이 증대되는 만큼, 이러한 관심은 관련 법의 개정 등 형사사법절차에도 영향을 미친다. 학문적인 영역 역시 마찬가지이다.

범죄자와 그들이 행하는 범죄행동, 이들을 다루는 수사 과정, 나아가 재판까지 형사사법절차에 대한 관심 역시 증가하면서 법률체계 내에서 심리학적 지식이 어떻게 활용될 것인지에 대한 관심도 더불어 증가하고 있다. 이러한 현상을 대변하듯이, 근래에는 '범죄심리학(Criminal Psychology)', '법심리학(Legal Psychology)', '법정심리학(Forensic Psychology)' 등과 같은 용어를 쉽게 접해볼 수 있다.

그렇다면, 이러한 학문 영역이 어떻게 발전되어 왔는지, 이 영역에서 다루는 이슈들은 무엇인지, 해당 분야 전문가들의 역할은 무엇인지 등을 구체적으로 살펴볼 필요가 있다. 이 장은 법률체계 내에서 심리학의 적용 영역과 활용 방안 등에 대한 이해를 목적으로 한다.

## 제 1 절 | 법정심리학의 의의

### 1 법정심리학의 개념

법정심리학은 넓게 보면 법과학(Forensic Sciences)의 하위 분야라고 할 수 있다. 법과학의 하위 분야로는 법정심리학을 포함하여 법공학(Forensic Engineering), 법언어학(Forensic Linguistics), 법해양학(Forensic Oceanography), 법의학(Forensic Medicine), 디지털 포렌식 수사(Digital Forensic Investigation), 법간호학(Forensic Nursing), 법병리학(Forensic Pathology), 법인류학(Forensic Anthropology), 법고고학(Forensic Archeology) 등이 있다.

'Forensic'이라는 단어는 라틴어인 'Forensis'에서 유래하였는데, Forensis는 Forum이라는 의미로, 로마 시대에 재판이 개최되었던 광장을 의미한다(김민지, 2013). 현대에 이르러서는 법과학(Forensic Sciences)이라는 용어와 같이, 법 관련 연구 분야를 칭하는 용어로 사용되고 있다. 그렇다면, 법정심리학(Forensic Psychology)은 무엇인가? 법정심리학의 학문적인 정의는 아직까지 합의되지 않은 상황이며, 학계에서 합치된 의견을 도출하기 어려운 분야라고 평가된다.

Otto와 Ogloff(2014)는 "40년 이상의 학문적 역사를 지니고, 최근 급속하게 발달하는 분야임에도 법정심리학의 정의가 아직까지 합치되지 않았다는 사실이 매우 놀랍다"라는 말을 남겼다. 법정심리학이 무엇인지에 대한 합치된 답변을 도출하기 어려운 이유는 무엇인가? 법정심리학은 관련 영역이나 주제를 광범위하게 보느냐, 협소하게 보느냐에 따라 그 정의가 달라질 수 있기 때문이다.

이 문제에 대하여, 미국심리학회(American Psychological Association; APA) 산하 미국심리학-법학회(American Psychology-Law Society; AP-LS)에서는 법정심리학에 대해 정의를 내릴 때 심리학자들의 제반활동 분야가 포괄될 수 있도록 해야 한다고 권고하고 있다. 실제로, 1991년 미국심리학-법학회와 미국법심리학위원회(American Board of Forensic Psychology)에서 마련한 「법정심리학 전문 지침(Specialty Guideline for Forensic Psychology)」에서는 법정심리학의 개념을 다음과 같이 포괄적인 측면으로 정의하고 있다.

> 법정심리학이란 다양한 전공 분야(임상, 발달, 사회, 인지 등)의 심리학자들이 법적 이슈와 관련된 문제 해결 과정에 필요한 과학적, 기술적, 전문적인 심리학 지식과 방법을 적용하는 실무활동을 의미한다(Specialty Guideline for Forensic Psychology, p. 7).

미국법심리학위원회, 호주심리학회의 정의를 살펴보아도, 법정심리학을 보다 광범위하고 포괄적인 측면에서 개념화하고 있음이 확인된다. 미국법심리학위원회에서는 "법 또는 법체계와 관련된 질문과 문제들에 심리과학을 적용하는 심리학자들의 임상적 · 비임상적 활동들을 포괄하는 분야"라고 정의하고 있다.

또, 호주심리학회(Australian Psychological Society; APS)는 "법과 사법제도와 접점을 이루는 심리학의 한 영역"이라고 하여 법정에서의 전문적인 심리학적 증거, 법과 사법제도에 대한 컨설팅 · 연구의 발전 및 제공, 그리고 법과 관련된 임상적 서비스를 법과 관련된 집단(Forensic Populations)에 제공하는 분야를 포함한다고 설명한다.

결국, 법정심리학은 '법률체계에 심리학적 지식을 적용하고 활용하기 위한 학문'이라고 할 수 있다. 이를 보다 세부적으로 살펴보자면, 법률체계와 관련된 주제의 연구를 수행할 수도 있고, 범죄사건의 수사나 법정 단계에 직접적인 도움을 제공할 수도 있다. 즉, 심리학이 법률체계에 적용되는 영역에 따라 법정심리학의 세부 분야는 얼마든지 다양해질 수 있는 것이다.

가령, 범죄자에게 초점이 맞추어져 있는 범죄심리학, 범죄피해자에게 초점이 맞추어져 있는 피해자심리학(Crime Victim Psychology)도 법정심리학의 한 분야이다. 또는, 심리학이 개입되는 법률절차상의 분류에 따라, 수사 단계의 이슈들을 다루는 수사심리학(Criminal Investigation Psychology), 재판 단계의 이슈들을 다루는 재판심리학(Court Psychology), 교정 단계의 이슈들을 다루는 교정심리학(Correctional Psychology) 등으로도 나눌 수 있다.

한편, 법정심리학은 아직까지도 학계에서 법심리학, 범죄심리학 등의 용어와 혼용되어 사용되고 있다(김민지, 2013). 법정심리학이 법률체계 내에서 심리학적 지식을 적용하기 위한 학문이라는 개념을 따르는 이상, 법심리학과 범죄심리학은 법정심리학에 포함된다. 즉, 법심리학과 범죄심리학의 개념에 대한 차이는 법정심리학이 갖는 '법률적 측면(Legal Aspect)'과 '범죄적 측면(Criminal Aspect)'에서 기인한다.

법률적 측면에서는 법률적 절차에 심리학적 지식과 방법을 적용하는 데 중점을 둔다. 그리고 이러한 측면과 관련된 영역을 다루는 학문을 법심리학(Legal Psychology)이라고 정의 내릴 수 있다. 한편, 범죄적 측면에서는 범죄행동의 이해와 개입, 그를 통한 범죄 예방에 심리학적 지식과 방법을 적용하는 데에 중점을 둔다. 그래서 이러한 측면과 관련된 영역을 다루는 학문을 범죄심리학(Criminal Psychology)이라고 정의 내릴 수 있다. 따라서, 법률적 측면에서는 증거 · 증언 · 재판과 관련된 이슈에, 범죄적 측면에서는 범죄행동과 범죄자에 관련된 이슈에 초점을 맞춘다.

## 2 법정심리학의 발전 과정

### 1) 1800년대 후반~1900년대 초반

법정심리학의 유래는 미국 컬럼비아 대학교(Columbia University)의 McKeen Cattell 교수가 인간 기억의 불완전성을 연구했던 1800년대 후반으로 거슬러 올라갈 수 있다. 1893년 Cattell 교수는 심리학 수강생들을 대상으로 일주일 전 날씨에 대한 기억을 살펴보았는데, 이는 목격자 증언에 대한 최초의 심리학 실험으로 평가된다.

이후 1908년 Hugo Munsterberg의 저서가 출판되면서 목격자 기억의 정확성에 대한 논의가 이루어졌고, 그 이래로 현재까지도 많은 법정심리학자가 관심을 가지고 활발히 연구를 이어가고 있다. 이 외에도 사건 관련인들의 인지적 특성, 아동발달, 이상행동, 기만 탐지 등 법률적 이슈와 관련된 다양한 주제들에 대한 심리학적 연구가 진행되어 왔다.

1917년에는 심리학자 겸 변호사인 William Marston이 최초로 거짓말 탐지 검사기(Polygraph)를 개발하기도 했다(하지만 Frye v. U.S. 1923 재판에서 거짓말 탐지 검사기의 과학성을 인정할 수 없다는 이유로 Marston의 전문가 증언은 증거로 채택되지 못했다). Marston은 이후 1922년 아메리카 대학교(America University)에서 법심리학 교수로 임용되었는데, 이는 최초의 법정심리학 전임교수였다.

1900년대에 들어 심리학자들은 민사재판에서 전문가 증언을 하기 시작하였고 이후 점차 형사재판에까지 영역이 확대되었다. 벨기에의 경우 1911년 J. Varendonck가 심리학자 최초로 형사재판에서 법정 증언을 하였고, 미국은 1921년 심리학자 최초로 목격자 진술과 관련한 전문가 법정 증언이 이루어졌다(State v. Diver). 독일은 1922년 뷔르츠부르크 대학교 심리학과 교수인 Karl Marbe가 심리학자 최초로 민사재판에서 전문가 법정 증언을 하였다.

뿐만 아니라, 심리학자들은 소년법원에서 청소년에 대한 자문을 제공하거나, 청소년 및 성인 재소자를 대상으로 치료 서비스를 제공하고, 교정시설에서 재소자를 평가하는 역할을 맡게 되었다. 1913년에는 Eleanor Rowland가 미국의 여성 전용 교도소에서 최초로 심리 서비스를 실시하였고, 1924년에는 위스콘신주의 모든 교정기관에서 재소자 입소 분류 심사 및 가석방 심사에 최초로 심리검사를 도입하게 되기도 하였다. 이 밖에 1917년 미국에서 심리학자 Louis Terman이 경찰관 선발 과정에 심리학적 검사 도구를 적용하기도 했다.

### 2) 1930~1960년대

1930년대부터 1960년대까지는 범죄와 심리학을 융합한 연구들이 잠시 주춤했던 시기이기도 하다. 하지만, 제2차 세계대전을 전후했던 1940~1950년대에는 심리학자들이 군인이나 경찰을 선발하기 위한 검사 개발에 참여하거나, 경찰관 선발 시에 심리학적인 자문을 제공하기도 하였다.

범죄심리학이 제2차 세계대전에 활용된 대표적인 사례로서 독일의 총통인 아돌프 히틀러에 대한 미국 군사정보기관 차원의 프로파일 프로젝트를 들 수 있다. 독일과의 전쟁을 앞둔 미국 국방부는 히틀러의 심리 분석을 통해 그가 어떠한 방식으로 독일군을 지휘할지, 어떠한 방향으로 독일군을 몰고 갈지를 연구하였다. 오스트리아 출신인 히틀러의 어린 시절부터 시작해서 제1차 세계대전에서 군 정보원으로 어떠한 활동을 했는지, 나치당을 장악하고 정권을 잡는 과정은 어떻게 진행되었는지 등에 관한 전반적인 정보를 확보한 후 이를 기반으로 히틀러의 심리를 분석한 보고서를 만들어 전쟁 중에 활용하였다.

### 3) 1960~1970년대

1960~1970년대에 심리학자의 전문가 법정 증언이 급속하게 증가하면서 법정심리학 역시 빠르게 발전하였다. 이 시기 심리학자들은 심리학적 연구들을 토대로 법적인 판단에 필요한 과학적 정보를 의견서의 형태로 법정에 제출하기도 하였다. 사실 사회과학 전문가의 의견이 첨부된 의견서가 법정에 제출된 대표적인 사례는 그보다 앞선 1908년 오리건주 대법원에 상고된 'Muller 대(對) 오리건 주정부' 재판을 들 수 있다. 이후 점차 법정 장면에서 심리학자의 역할이 증대되면서 심리학자의 법정 의견서가 별도로 제출되었고, 1954년에는 미국 대법원에서 심리학자 Kenneth와 Mamie Clark의 의견서를 채택하여 판결에 인용하는 등의 성과가 이루어졌다.

여기에서 나아가 배심원 선정이나 소송 당사자의 소송능력, 재범 위험성 평가 및 자문 제공 등 법정에서 심리학자의 역할이 증대되었다. 1962년에는 워싱턴 D.C. 법원의 Jenkins v. U.S. 항고심 사건에서 정신질환에 대한 법적 판단에 심리학자를 전문가 증인으로 인정하기도 하였다.

### 4) 1980년대 이후

Loh는 1981년에 심리학과 법학의 관계가 이미 성숙된 국면으로 접어들었다고 평가하였다. 법학과 심리학이 융합되는 기조에 따라, 이 융합 영역에서 활동하는 전문가 역시 늘어나게 되었고, 따라서 자연히 전문가 모임들이 생겨났다. 1968년 개최된 미국심리학회 연차대회에서 심리학자 Eric Dreikurs와 Jay Ziskin은 '일종의 심리학과 법학 학회'라는 전문가 모임의 필요성을 논의하였고, 이를 기화로 이듬해인 1969년 미국심리학-법학회(American Psychology-Law Society; AP-LS)가 발족되었다.

그리고 1984년에 이 학회는 미국심리학회의 41번째 분과가 되었다. 이후 Florence Kaslow를 필두로 미국법심리학위원회(American Board of Forensic Psychology; ABFP)가 발족되었다. 이 위원회는 1978년부터 공식 자격 인증 업무를 시작하였으며, 2001년에 들어서는 미국심리학회에서 법정심리학을 전문 분야로 인증하였고, 2008년에 재인증하기도 하였다. 뿐만 아니라, 미국 법심리학 아카데미(American Academy of Forensic Psychology; AAFP)가 개설되어 법정심리학 관련 서비스 및 평생교육을 제공하고 있다.

영국의 경우, 기존에 존재하던 영국심리학회 산하 범죄심리학 분과(The Division of Forensic Psychology; DFP)가 1977년에 범죄와 법심리학 분과로 명칭을 변경하여 설립되었다. 이후 1999년에 이르러 법정심리학 분과로 명칭을 다시 변경하였다. 법정심리학 분과에는 대학, 교도소, 의료계, 교육계, 사회서비스 분야에서 활동하는 법정심리학자들이 소속되어 있다. 이 밖에도, 유럽 권역을 총괄하는 심리학과 법의 유럽연합(European Association of Psychology and Law; EAPL)이 1992년에 설립되어 심리학과 법학의 접점 분야에 종사하는 심리학자와 변호사를 위한 조직으로 운영되고 있다.

## 3 국내 법정심리학의 발전

국내에 범죄심리학이 처음 소개된 것은 1960년 David(1944)가 저술한 『Crime and Human Mind』를 장병림이 번역하여 『범죄심리학』이라는 저서로 출판된 것이다. 비록 처음에는 심리학자들의 범죄심리학에 대한 관심이나 연구활동이 크게 증대되지 않았으나, 범죄심리학 관련 강의가 개설되거나 일반 대중들의 관심을 끄는 계기가 되었다. 이후 1970년대부터 1990년대에 이르기까지 일부 심리학자들에 의해 범죄심리 관련 연구들이 수행되어 왔으며, 관련 책이 출판되기도 하였고 강의가 보다 활발하게 이루어지게 되었다.

국내에서 심리학자들에게 범죄심리학이 각광받기 시작한 것은 1990년대 중반과

2000년대에 이르러서이다. 『법심리학』(박광배, 1995), 『법의 심리학』(윤현섭, 1995), 『범죄심리학』(홍성열, 2000) 등과 같은 책이 출판되면서 심리학계에서 범죄심리학에 대한 학문적 관심이 증대되었다.

1998년 한국법심리학회가 창립되었고, 2008년에 한국심리학회 산하에 법(정)심리학회 분과가 발족되었다. 뿐만 아니라, 2001년에는 한국심리학회 산하 한국 사회 및 성격심리학회에서 '범죄심리사' 자격증 제도가 도입되었으며, 한국심리학회가 주최하여 '범죄와 심리학'이라는 주제의 춘계 심포지엄, '범죄와 심리학 II'라는 추계 심포지엄이 개최되기도 하였다. 이를 계기로 범죄심리에 관심이 있는 학생들과 더불어 심리학계 전반에서 범죄심리 영역에 대한 관심이 증폭되기 시작하였다.

또, 2003년에 들어서는 최초로 경기대학교 일반대학원에 범죄심리학과 석·박사 과정이, 한림대학교 심리학과 대학원에 범죄심리 전공 석사 과정이 개설되기도 하였다. 그러면서 대학원 과정에서 학생들과 교수진들에 의해 범죄심리 관련 연구와 활동이 적극적으로 활발히 이루어지게 되었다. 현재에는 여러 대학의 심리학 대학원 과정에 범죄심리 전공이 개설된 상태이다.

## 제 2 절 | 법정심리학의 세부 영역

### 1 법정심리학의 하위 분야에 대한 학자들의 분류

앞서 살펴보았듯이, 법정심리학의 하위 영역을 어떻게 구분할 것인지는 학자별로 다양한 의견을 제시하고 있다.

#### 1) Haney(1980)의 분류

법정심리학의 하위 분야에 대한 대표적인 의견으로는 Haney(1980)가 제시한 법과 심리학의 관계에 따른 분류를 들 수 있다. Haney는 이 관계를 세 가지로 개념화한다.

첫 번째는 '법 안에서의 심리학(Psychology in the Law)'이다. 이 관계에서 심리학은 법적 문제를 해결하는 역할을 담당한다. 법률체계 내에서 심리학자들이 법률 전문가인 판사, 검사, 변호사와 함께 법적인 문제를 해결하기 위한 역할을 한다고 본다. 가령, 법원의 요청에 따른 피고인의 평가 및 피고인의 심신상실 여부나 정신장애의 문제, 재범위험성 등에 대한 증언, 법률적인 문제 내에서 다루어지는 심리학적 지식을 토대로 한 자문, 배심원의 선정 등에 대한 자문 등의 주제가 여기에 해당한다.

두 번째는 '심리학과 법(Psychology and Law)'이다. 이 관계에서 심리학은 심리학적인 원칙이나 지식을 적용하여 법률체계를 연구하고 분석하는 역할을 담당한다. 명명에서도 알 수 있듯이, 이 관계에서는 심리학과 법학이 동등하게 여겨진다. 그래서 법이 인간 행동에 어떤 가정을 두는가의 문제와 연결된다. 가령, 목격자 증언의 정확성, 허위자백, 배심원의 의사결정, 목격자의 용의자 지목 절차, 청소년의 소송능력 등에 대한 주제가 여기에 해당한다.

세 번째는 '법의 심리학(Psychology of Law)'이다. 이 관계에서 심리학은 사람들이 법을 준수하는 이유나 법률의 필요성에 대한 사람들의 인식 등을 연구하는 역할을 담당한다. 가령, 왜 사람들이 법을 지키는지, 왜 사람들이 법을 필요한 것이라고 생각하는지 등과 같은 문제에 대한 연구를 수행할 수 있다.



### 2) Heilbrun(1998)의 분류

Heilbrun(1998)은 법과 심리학의 융합 분야를 임상 영역, 실험 영역, 법률 영역으로 나누었다.

임상 영역(Clinical Sphere)은 임상, 상담, 학교심리학 등을 포함하는 영역으로, 임상적인 평가도구, 치료적인 개입의 효과, 특정 범죄행동의 역학, 위험성 평가 등을 토대로 한 범죄자 및 재소자 평가, 법률체계 내의 치료 수행과 같이 실무에 직접적으로 적용되는 영역을 의미한다.

실험 영역(Experimental Sphere)은 인간의 기억이나 지각, 아동발달, 의사결정 등과 같은 분야의 연구를 토대로 한 영역으로, 배심원 선정, 재판 전략을 위한 자문, 전문가 법정증언 등의 주제에서 실무에 적용할 수 있는 영역을 의미한다.

법률 영역(Legal Sphere)은 법학적인 지식이나 훈련에 중점을 두고 행동과학적인 훈련을 받는 영역으로, 정신건강법, 치료적 사법 같은 관련 법적 영역에 대한 연구를 통해 입법이나 정책적 조언에 적용할 수 있는 영역을 의미한다.

### 3) Hess와 Weiner(1999)의 분류

Hess와 Weiner(1999)도 법정심리학의 하위 영역이 세 가지 영역으로 이루어져 있다고 보았다. 첫 번째는 법적인 질문에 기본적인 심리학적 과정을 적용하는 영역이다. 두 번째는 배심원의 의사결정이나 프라이버시(Privacy)에 대한 정의와 같은 법적인 문제에 대한 연구의 영역이다. 세 번째는 법적인 문제에 대한 지식의 영역이다.

### 4) Packer와 Borum(2013)의 분류

Packer와 Borum(2013)은 심리학의 기본 분야에 따라 법률적 문제가 어떻게 적용되는지를 설명하였다. 우선 사회심리학 분야에서는 배심원 선정 및 의사결정, 증인의 신뢰성, 특정 범죄에 대한 일반인의 인식, 사법 판단의 의사결정에 영향을 미치는 개인적 요인 등에 대한 주제를 다룰 수 있다. 발달심리학 분야에서는 아동과 청소년의 특성, 일탈이나 비행행동에 영향을 미치는 발달적 요인, 아동과 청소년의 피암시성과 증언의 정확성, 청소년의 법적 판단능력, 소년범의 형사책임 및 소송능력 등에 대한 주제를 다룰 수 있다. 인지심리학 분야에서는 사건에 대한 지각이나 기억 특성, 목격자의 용의자 지목 절차, 목격자 기억의 정확성, 거짓말 탐지능력 등에 대한 주제를 다룰 수 있다. 임상심리학 분야에서는 재판을 받을 수 있는 능력, 책임능력, 치료의 효과, 위험성 평가와 같은 인지·심리학적인 평가, 피해에 대한 심리적 손상의 평가 등에 대한 주제를 다룰 수 있다.

이 밖에도 다양한 심리학 분야에서 활용되는 이론과 연구 등을 통해 법률체계에 각종 심리학의 영역들을 적용할 수 있으며, 이는 형사재판뿐만 아니라 민사재판, 나아가서는 가사재판에까지 폭넓게 적용이 가능하다.

## 2 수사 및 조사 절차에 관련된 주제

심리학이 법률체계에 적용되는 한, 그러한 심리학적 주제들은 사법절차에 비추어 살펴볼 필요가 있다. 사법절차에 적용되는 심리학의 분야는 크게 네 가지로 나누어 볼 수 있다(박광배, 최상진, 이훈구, 1998). 첫째, 수사 및 조사 절차에 관련된 주제이다. 둘째, 소송절차에 관련된 주제이다. 셋째, 교정절차에 관련된 주제이다. 넷째, 피해자 관련, 가사재판, 민사재판 등 형사재판 이외와 관련된 주제이다(김민지, 2013). 그 각각의 영역에서 다루어지는 구체적인 주제들은 다음과 같이 살펴볼 수 있다.

### 1) 목격 진술의 정확성

현재처럼 과학기술이 발전하지 못한 과거에는 CCTV 등과 같은 증거를 활용할 수 없었다. 이러한 이유로, 사건에 목격자가 존재하는 경우 그들의 진술은 결정적인 증거로 역할을 해왔다. 때문에, 법정심리 영역에서는 과거부터 목격 진술의 정확성에 대한 방대한 연구들이 수행되어 왔다.

그 결과 인간의 기억은 불완전하여 목격자에게 특별한 허위진술 의도나 인지적 결함이 없는 경우라도 목격 진술이 100% 정확하지 않을 수 있음이 증명되었다. 이러한 연구 결과들을 토대로 후속 연구들에서는 인간의 기억에 영향을 미치는 요인이나 기억 회상을 저해하는 요인을 규명하고자 하는 노력이 이루어지고 있다. 그리고 이러한 결과는 법적 맥락에 활용할 수 있다.

### 2) 면담 및 신문 기법

수사 단계에서 사건 관련 진술을 얼마나 정확하게, 그리고 많이 확보하느냐는 사건을 해결하는 데에 핵심적인 역할을 한다. 과학수사 기법이 발전하면서 정확한 물적 증거를 확보할 수 있는 방안이 확대되었지만, 여전히 수사의 대부분은 진술 확보를 위한 인적 수사가 차지한다. 이러한 이유로 수사절차의 영역에서는 사건 관련인인 피해자, 목격자, 피의자 등을 대상으로 정확한 정보를 최대한 많이 확보하기 위한 면담이나 신문 기법에 대한 관심이 높다.

면담과 신문은 그 대상과 목적에서 다소 차이가 존재한다. 면담은 사건 관련 정보의 확보를 목적으로 하며, 사건 관련인의 신분을 막론하고 활용될 수 있다. 반면, 신문은 주로 피의자를 대상으로 추궁하고 압박하여 자백을 확보하기 위한 용도로 활용된다. 그 각각의 목적에 맞게, 다양한 면담 및 신문 기법이 개발되어 왔다. 수사면담기법 중에는 특히 피면담자의 기억을 증진시켜 주는 인지면담기법이 주목받고 있으며, 자백 확보를 위한 대표적인 신문기법으로는 리드기법 등이 존재한다.

### 3) 자백의 신빙성(허위자백)

증거를 수반하지 않은 자백은 법정에서 결정적인 증거로 활용될 수 없지만, 그럼에도 여전히 자백은 수사의 꽃이라고 평가된다. 그만큼, 수사관들은 수사절차에서 자백을 중요하게 여긴다. 실제로, 하자 없는 자백은 사건 해결에 중요한 단서 역할을 한다. 문제는, 자백의 확보 과정이다. 생각해보건대, 유죄인 용의자가 자백한다는 것은 자신에게 불리한 내용을 실토하는 것이다. 쉽게 이뤄지지 않을 일이라는 의미이다.

그런데, 이 자백을 받아내기 위해 강압적이고 무리한 방식으로 수사가 이루어지는 경우가 있다. 이렇게 확보된 자백의 내용은 무조건적으로 신뢰하기에 무리가 있다. 더욱 큰 문제는 무죄인 용의자가 자백하는 경우이다. 무죄인 용의자는 결백하기 때문에 사실 범행을 인정하는, 즉 자백할 이유나 내용이 존재하지 않는다. 그럼에도 무죄인 용의자가 자백하는 것, 우리는 이것을 허위자백이라고 한다. 허위자백이 발생하는 경우 무고한 사람이 억울한 누명을 쓰는 결과가 초래된다. 이러한 경우를 막고자 허위자백으로 밝혀진 사건을 토대로 허위자백의 특징, 유발 요인 등에 대한 심리학적 연구가 이루어지고 있다.

### 4) 범죄자 프로파일링

범죄자에 대한 프로파일링(Criminal Profiling or Offender Profiling)은 범죄심리 영역에서 대중에게 가장 많이 알려진 영역이기도 하다. 프로파일링을 주제로 하는 각종 매체나 미디어의 범죄물이 다수 제작되어 인기를 끌기도 하였다. 범죄자 프로파일링은 범죄자의 일반적인 특징, 성격 및 행동 특성 등을 토대로 용의자의 범위를 축소하거나 행위의 진위 여부를 판단하는 데 도움이 되는 보조 자료를 제공하는 것을 목적으로 한다. 가령, 어느 용의자가 범죄현장에 남겨놓고 간 행동 특징을 토대로 그의 일반적인 특성 등을 추론하기도 한다.

프로파일링에도 유형이 존재하는데, 범죄자나 범죄 행동을 분석하는 범죄자 프로파일링과 범죄 발생 지역이나 장소 등을 토대로 분석하는 지리적 프로파일링이 있다. 한편, 프로파일링을 원활하게 수행하기 위해서는 기존의 범죄 자료들을 잘 기록하고 누적하여 통계적 분석을 수행하는 것이 중요하다.

### 5) 기만 탐지(진술분석, 행동분석, 심리생리분석)

과거부터 우리는 타인의 거짓을 탐지하는 것에 큰 관심을 가져왔다. 더욱이, 혐의를 가진 용의자를 조사하는 수사절차에서는 더욱 그러할 것이다. 우리는 일반적으로 전문가가 일반인에 비해 더 뛰어난 거짓 탐지능력을 가졌을 것으로 생각한다. 하지만, 연구결과들에 따르면 수사관, 첩보요원 등과 같은 전문가의 기만 탐지율 역시 우연 수준인 50%를 조금 넘는 것으로 알려져 있다.

이러한 이유로, 보다 정확하게 기만을 탐지하기 위한 기법들을 모색하려는 노력들이 이루어져 왔다. 기만 탐지는 크게 언어적인 부분, 비언어적인 부분, 생리적인 부분으로 나누어볼 수 있다. 먼저, 언어적인 부분은 진술의 신빙성 분석을 통해 말과 글의 신빙성을 분석하는 것이다. 비언어적인 부분은 말이나 글 이외의 행동적의 측면에서 드러나는 기만의 단서를 포착하는 것이다. 마지막으로 생리적인 부분은 우리가 흔히 거짓말 탐지 검사라고 알고 있는 폴리그래프 등을 통해 조작이 어려운 불수의적인 생리적 반응을 포착하는 것이다. 근래에는 과학기술과 장비의 발달로 뇌파 등을 기만 탐지에 활용하기도 한다.

### 6) 협상

경우에 따라 범죄자와 수사기관이 대치하는 상황이 발생할 수 있다. 이 경우 유괴나 납치 등과 같이 인질의 안전이 위협받는 상황이 생길 수도 있고, 범죄자가 테러를 준비하고 있는 상황에서 극단적이고 과격한 행동으로 말미암아 큰 피해가 유발될 개연성이 있다.

이러한 상황에서 인질의 안전을 담보하고 극단적인 피해를 예방하기 위해 범죄자를 대상으로 사건을 평화롭게 해결하기 위한 협상이 진행된다. 이때 심리학자는 해당 범죄자의 특성을 파악하거나, 협상 전략에 효과적으로 활용될 수 있는 행동과학적 정보를 수집하여 제시하고, 협상가 훈련을 위한 프로그램 등을 개발하는 과정에 참여할 수 있다.

## 3 소송절차에 관련된 주제

### 1) 책임능력 판단(형사책임과 정신장애) 및 위험성 평가

책임능력을 판단하는 것은 법적 영역에서 심리학의 적용 여부와 관련하여 오랫동안 관심을 받아온 문제이다. 책임능력에 대한 최초의 법적 기준은 1843년 마련된 Mc-Naughton 원칙이라고 할 수 있는데, 원칙은 주로 사물을 변별하는 능력인 인지능력을 기준으로 설정되었다. 이후 책임능력에 대한 원칙은 1954년 생성원칙이라고 새롭게 천명되면서 사물의 변별능력과 동시에 행위 통제능력을 함께 살피는 기준이 마련되었다.

그리고 1962년 ALI 원칙이 설정되면서 "충분한 역량의 결여"라는 개념이 도입되었다. 책임능력에 대한 부분은 재판 과정에서 유죄를 확정하는 데에 중요한 역할을 하므로 심리학계와 법학계의 지속적인 관심을 받아왔고, 이에 따라 그 기준이 변화되어 왔다. 이에 따라 어떤 기준을 취하는지에 따라 유무죄 판단이 달라지는지, 책임능력에 대한 일반인들의 기준은 무엇인지, 책임무능력으로 판단된 피고인의 재범 가능성은 어떠한지 등에 대한 심리학적 연구가 수행되어 왔다.

이러한 연구 결과들을 토대로 1986년에는 책임능력에 대한 판단을 보다 객관화하기 위해 표준화된 평가 척도(Rogers 형사책임 평가 척도)가 개발되기도 하였다. 한편, 피고인의 책임능력과 관련해서는 정신장애의 여부 또한 중요한 판단기준이 된다. 이 경우 행위의 기저가 된 정신장애로 인해 범행의 고의성이나 의지 여부에서부터 어느 정도까지 책임을 묻는 것이 적정한가 등에 대한 평가가 필요하다. 이를 위해서는 정신장애나 이상행동에 대한 전문적인 심리학적 지식이 요구된다.

### 2) 범죄의 동기와 원인 연구

범죄 유발 원인은 법과 심리학의 융합 영역에서 근본적으로 관심을 갖는 주제이다. 범죄자와 범죄행동을 이해하기 위해 범죄를 저지르는 동기나 원인을 파악하는 것은 어찌 보면 당연하다. 특히, 범죄의 예방 측면에서는 그 발생 원인을 파악하는 것이 무엇보다 중요하다고 할 수 있다.

심리학에서는 범죄 유발 원인에 대해 유전(Heredity), 지능(Intelligence), 성격(Personality),

가정환경(Family Background), 친구(Peer), 학교환경(School Environment), 범행 당시 상황(Status at the Time of Crime) 등의 요소에 초점을 맞추고 있다. 뿐만 아니라 범죄자 개인의 범죄 관련 내력, 가령 최초 범죄의 발생 시점, 범죄행위의 지속기간, 쇠퇴 시점 등도 연구 주제가 될 수 있다. 나아가, 범죄심리학 이론들에서는 범죄행동의 종류와 정도를 결정하는 요인들, 범죄행동을 제어하는 요인들, 범죄행동을 발현하게 하는 사고체계(Thinking System) 등을 규명하고자 노력한다.

### 3) 사법 판단자의 의사결정

사법 판단자, 즉 판사(Judge)나 배심원(Jury) 역시 인간이다. 그래서 그들의 사법적 의사결정 과정을 이해하기 위해서는 역시 인간 행동에 대한 심리학적 지식이 활용될 수 있다. 우리나라는 판사의 자유심증주의를 채택하고 있으며 일반적으로, 판사의 자유재량적 양형 판단은 네 가지 요인에 의해 결정된다고 한다. 사회인구학적 특징, 범죄와 형사사법제도에 대한 견해 및 가치관, 양형 목적(응보, 제지, 갱생 등), 증거에 대한 평가가 그것이다. 이 네 가지 요인 모두 심리학적 연구 주제가 될 수 있다.

한편, 영미법 체계에서는 배심제도를 채택하고 있으며 배심원에 대한 심리학적 연구가 활발히 수행되어 왔다. 배심원의 규모, 배심원단의 선정, 배심원의 의사결정 과정 등에 대한 주제가 다루어질 수 있다.

### 4) 전문가 증언

심리학자는 법정에 참석하여 전문가 증인으로서 자신의 전문지식을 법정 장면에 제시할 수 있다. 심리학자의 이러한 전문가 증인으로서의 역할은 법정심리학에서 주요하게 다루어지기도 했다. 점차 법률적 주제에 대한 심리학자들의 연구 영역이 더욱 확장되어 감에 따라 전문가 증인으로서 심리학자의 역할 역시 더욱 다양해지고 있다. 가령, 정신장애에 따른 형사책임능력에서부터 학습된 무기력(Learned Lethargy), 가스라이팅(Gas Lighting), 월경전 증후군(Pre-Menstrual Syndrome; PMS), 다중인격장애(Multiple Personality Disorder; MPD) 등 새롭고 다양한 각종 심리학적 문제들이 증언의 대상이 되고 있어 심리학자의 역할도 더욱 커지고 있다.

### 5) 소송 자문가

심리학자는 소송 과정에서 법률적 문제에 심리학적 지식이 요구되는 영역에 대한 자문을 제공하는 역할을 한다. 대표적으로는 배심원의 태도와 역할을 평가하거나, 배심원 선정 시 변호사에게 의견을 제시하여 조력하기도 한다. 또, 소송 당사자들의 갈등이나 논쟁을 중재하는 중재자의 역할을 수행하기도 한다.

## 4 교정절차에 관련된 주제

### 1) 교정·교화 프로그램

어떤 교도정책이나 교화 프로그램이 범죄자에게 갱생의 효과를 갖는지, 또 특정 교정·교화 프로그램이 특정 유형의 범죄자에게 갱생의 효과를 나타낼 수 있는지, 수형기간 동안의 죄수화나 재사회화가 어떤 심리적 과정으로 진행되는지, 교정·교화 프로그램의 장·단점은 무엇인지 등에 대한 주제를 살펴볼 수 있다. 특히, 교정·교화 프로그램이 더욱 강력한 갱생 효과를 보이기 위해서는 범죄자의 개인적 특성에 따른 적절한 상호작용이 요구되므로, 이러한 관계성에 대한 연구도 중요하다.

### 2) 수형자 분류 심사

교정시설과 수형자를 효과적으로 관리하기 위해서는 무엇보다 수형자에 대한 객관적인 분류가 중요하다. 때문에, 수형자를 객관적으로 분류할 수 있는 분류 모델에 대한 개발과 연구가 이루어지고 있다. 특히, 이러한 객관적 분류 모델들은 표준화된 일련의 절차를 적용하여 개별 수형자의 위험성을 평가하여 분류할 수 있도록 하는데, 이로써 수용이나 교화에 효과적으로 활용될 수 있다.

### 3) 재범 위험성 예측

재범 위험성을 평가하고 예측하는 것은 법정심리학에서 활발하게 연구되는 주제이다. 재범 위험성을 예측하는 것은 판결 단계(예: 양형 결정)뿐만 아니라 판결 후 단계(예:

보석이나 가석방 결정)에서도 중요하다. 초창기 재범 위험성 평가는 임상적 판단에 주로 의존했으나, 예측 정확도 등의 문제점을 지적받았다. 근래에는 재범자의 특성을 모아 보험계리적 형태로 개발된 평가도구를 많이 활용하고 있다. 재범 위험성은 일반적인 폭력 범죄뿐만 아니라 성폭력, 가정폭력 등 범죄행동의 종류에 따라 다양한 예측 평가도구가 개발되고 있다.

## 5 기타 관련 주제

### 1) 피해자의 피해 평가

범죄를 경험한 피해자는 여러 측면에서 정신적·신체적 손상을 경험하게 된다. 그리고 이러한 손상은 피해자에게 상당한 심리적 고통을 초래할 수 있다. 범죄피해자들은 심리적 고통뿐만 아니라 외상후스트레스 장애, 삶의 질 저하, 건강에 대한 주관적 인식의 저하 등 여러 가지 심리적인 문제에 직면하게 된다.

그런데, 형사사건은 경우에 따라 이러한 심리적 고통을 안고 있는 피해자가 조사를 받거나 증언을 하는 등 사법절차에 개입해야 하는 상황이 발생할 수 있다. 이때 피해자가 그러한 역할을 적절히 수행할 수 있는지 고려해야만 한다. 나아가서는 민사사건에서 범죄피해에 대한 손해배상을 청구하는 경우도 있는데, 이때 피해자가 입은 피해의 정도를 고려하여 청구/지불해야 하는 손해액을 평가해야 하는 상황이 발생하기도 한다.

### 2) 가사사건에서의 활용

법심리학이나 범죄심리학에서 다루는 여러 가지 주제들은 비단 형사사건이나 민사사건에서만 활용되는 것이 아니다. 경우에 따라서는 가사사건에서도 활용될 수 있는데, 그 대표적인 예가 바로 양육권 판단이다. 자녀가 있는 부부가 이혼하는 경우 양육권을 누구에게 줄 것인지를 판단해야 하는데, 이때 부부 일방 중 누가 자녀를 양육하기에 더욱 적합한지, 가정의 분리에 대해 자녀가 느끼는 심리상태는 어떠한지, 자녀는 부부 일방 중 누구를 더 선호하는지 등 심리적인 부분에 대한 평가가 요구된다.

## 제 3 절 | 법률체계 내에서 심리학자의 역할

### 1 법정 장면에서 외부 전문가의 개입

형사사건 재판에서 법률가 이외의 외부 전문가가 개입한 것은 1800년대에 이르러 의학 전문가들의 증언이 그 시작이었다. 의학 전문가가 형사사건 재판에 개입한 사례 중 가장 널리 알려진 사건은 이른바 '맥노튼(McNaughton) 사건'을 꼽을 수 있다. 1843년 Daniel McNaughton이라는 사람이 영국 수상을 암살하려다 수상의 비서였던 Edward Drummond를 살해한 사건이다.

McNaughton과 변호인 측은 재판 과정에서 McNaughton이 편집망상장애를 앓고 있다고 주장(그래서 이 사건 범행이 제정신 상태에서 발생한 것이 아니라는 취지)하면서 정신과 의사들의 증언을 요청하였다. McNaughton은 자신의 정신상태를 감정한 정신과 의사들의 전문가 증언을 토대로 심신상실로 인한 무죄를 주장했다. 그리고 이러한 McNaughton의 주장이 배심원들에게 받아들여져 무죄가 선고되기에 이르렀다. 이 판결을 토대로 영국과 미국에서 심신상실에 대한 기준, 이른바 '맥노튼(McNaughton) 기준'이 제시되었다.

McNaughton의 사례에서 살펴보았듯이, 외부 전문가의 법정에의 개입은 범죄자의 정신상태 및 책임의 범위에 대한 문제와 관련하여 의학 영역에서부터 시작되었다고 볼 수 있다. 그리고 이 범위는 심리학의 영역으로까지 점차 확대되었다. 특히, 법률적 관점에서 상정하는 인간(그리고 인간 행동)에 대한 접근에서 발생할 수 있는 공백을 심리학적 관점이 채워줄 수 있다는 인식이 확산되면서 법정에서 외부 전문가로서 심리학자의 역할이 증대되었다.

그 대표적인 영역이 바로 목격자 진술의 정확성이었다. 법률적 관점에서는 허위진술을 할 이유가 없고, 감각이나 인지기능에 결함이 없는 목격 증인의 진술은 기본적으로 사실과 부합할 것으로 가정한다. 그래서 대부분의 재판에서 (하자 없는) 목격 증인의 진술은 강력한 증거로 인정받아왔다. 하지만, 1908년 실험심리학의 아버지라고 불리는 Wilhelm Wundt의 제자이자 하버드 심리학과의 교수였던 Hugo Munsterberg의 『증언대에서(On the Witness Stand)』라는 에세이가 출판되면서 이러한 가정은 깨지게 되었다.

법정심리학의 아버지라고도 불리는 Munsterberg는 이 저서를 통해 심리학적인 지식을 법률체계 내에서 적용할 수 있는 방안에 대해 논하였다. 그는 자신의 증언 경험을 토대로 피고인, 피해자, 목격자 등의 심리학적 측면에 대해 언급하면서, 법률적 관점에서의 인간에 대한 이해가 심리학적으로는 달리 설명될 수 있음을 밝혔다.

즉, 허위진술의 의도가 전혀 없는 경우에도 목격 증인의 진술이 사실과 다를 수 있고, 수사와 재판 과정에서 발생하는 암시성에 의해 진술인의 진술이 왜곡될 수 있다는 것을 설명한 것이다. 출판 당시 학계에서 비난받기도 하는 등 큰 주목을 받지 못했지만, 이후 이 에세이는 법정 사건에서 전문가로서 심리학자의 역할에 한 획을 긋는 계기가 되었다.

그가 남긴 저서의 내용은 현재 법정심리학에서 심리학자의 역할을 정의하는 주요 토대가 되었고 Munsterberg는 심리학과 법학의 융합을 시도한 학자로 평가받고 있다. 이후 Elizabeth Loftus, Gary Wells, Stephen Ceci 등과 같은 심리학자들의 연구들을 통해 인간 기억의 한계와 목격 증언의 정확성에 대한 실증적인 증거가 제시되면서 이러한 심리학적 연구 결과들이 법정에서 활용되었다.

1950년대 초에는 미국 재판 역사상 심리학 연구의 내용이 판결에 영향을 미친 기념비적인 판결이 이루어지기도 하였다. 1954년 브라운 대 교육위원회(Brown v. Board of Education, 347 U.S. 483) 사건에 대한 연방 대법원 재판에서 심리학자들이 작성한 법정의견서가 인용되며 판결에 받아들여진 것이다. 1950년대 초반까지도 미국 사회에서는 공립학교에서 백인과 흑인을 분리하여 교육하는 정책이 실시되고 있었다. 이에 1951년 흑인이었던 Oliver Brown 등 13명의 학부모가 캔자스주 교육위원회를 상대로 인종분리정책을 취소하라는 집단소송을 제기하였다. 이 재판에서 심리학자들은 해당 정책이 흑인 아동들의 심리적 측면에 부정적인 영향을 미친다는 종합적인 연구 결과들을 법정 의견서의 형태로 제출하였다. 재판 결과, 인종분리정책이 미국 수정헌법 제14조의 적법절차 조항과 평등보호 조항에 위배된다는 판결이 내려졌는데, 이때 판결문 각주에 심리학자들이 제출한 법정 의견서의 내용이 인용되었다.

## 2 법정 장면에서 심리학자에게 기대되는 역할

일반적으로, 심리학자의 역할은 크게 두 가지로 나누어 생각해 볼 수 있다(박광배, 최상진, 이훈구, 1998). 먼저, 인간 행동을 이해하기 위한 이론을 정립하고 연구를 수행하는 사회과학자로서의 역할이 있다. 또 한 가지 다른 역할은 정립된 심리학적 지식들을 토대로 문제에 직면한 개인들에게 이를 적용하여 도움을 제공하는 응용심리학자로서의 역할이다.

법률체계 내에서 심리학자의 역할을 보다 정교하게 나누어 보자면, 기초과학자, 응용과학자, 정책평가자, 법정심리평가자, 소송자문가의 역할을 기대해 볼 수 있다.

### 1) 기초과학자 역할

기초과학자는 순수한 지적 발전을 위한 학문을 추구한다. 기초과학자는 현상에 대한 이해와 그 분야의 과학적 발전에의 기여를 학문 추구의 목적으로 삼는다. 그래서 기초과학자는 자신이 발견한 과학적 연구 성과를 실제 사례에 적용하거나 문제 해결을 위한 응용에는 큰 관심을 두지 않는다. 그런데, 경우에 따라 기초과학자들의 발견은 법정 사건에서 의미 있거나 중요한 현실적인 문제를 다루기도 한다.

비록 기초과학자들이 수행한 연구가 법정에서 활용될 수 있도록 설계된 것은 아니더라도 법정에 활용 가능한 경우가 있다. 가령, 기억에 대한 연구는 목격자 증언의 신빙성에 대한 이해를 돕고, 사회적 태도와 행동의 관계에 대한 연구는 법의 준수와 위배에 대한 설명을 제공한다. 뿐만 아니라 성격심리학 연구는 테러 집단 가담 가능성을 파악하는 데에, 청소년의 뇌 발달 연구는 청소년 비행의 결정 요인을 이해하는 데에 도움을 제공하기도 한다.

### 2) 응용과학자 역할

기초과학자들이 수행한 순수 학문에 대한 연구 결과가 법정 장면에 도움을 제공하는 반면, 응용과학자들은 법정에서 발생하는 현실적인 문제를 해결하는 데에 지식을 직접 적용함으로써 도움을 제공하는 역할을 한다. 응용과학자로서의 심리학자가 법정 장면에 직접적으로 심리학적 지식을 제공하는 대표적인 사례가 바로 법정에서 전문가 증인으로 활약하는 것이다.

법률 전문가, 즉 판사나 검사, 변호사를 비롯해 배심원이나 입법자에 이르기까지 법률 관련 종사자가 인간 행동의 모든 주제에 정통할 수는 없다. 이 경우 인간과 인간 행동에 대한 심리학적인 문제에 대해 전문 지식을 갖추고 있는 심리학자가 자신의 경험과 지식을 토대로 법정에서 전문가적인 견해를 제공할 수 있다. 이때 심리학자의 역할은 심리학적인 전문 지식을 바탕으로 전문가로서의 의견을 제시하고 이를 토대로 법률 관련인들의 의사결정에 도움을 제공하는 것이다.

### 3) 정책평가자 역할

심리학자가 수행하는 인간 행동에 대한 사회과학적 연구의 결과와 지식들은 직접적(응용과학)·간접적(기초과학)으로 법정 장면에 활용된다. 하지만 이 외에도 다른 방식으로 법률체계 내에서 심리학자의 역할을 기대할 수 있다. 심리학자를 비롯한 다른 여타 사회과학자들에게 요청되는 또 하나의 부분은 바로 평가 연구의 시행이다. 사회를 합리적이고 적절하게 운영하기 위해서는 합목적적인 정책의 도입이 필수적이다.

어떤 목적을 가진 정책을 도입했다고 생각해 보자. 혹은 정책을 도입했거나 도입하려는 경우를 생각해 보자. 정부나 입법자들에 의해 제안된 정책이 효과가 있었는지, 혹은 어떤 효과를 가질 것인지에 대한 검토는 필수적이다. 바로 이 역할 수행에 심리학자가 참여할 수 있다.

가령, 투표권의 연령을 하향하고자 하는 정책을 마련할 때 청소년들의 의사결정이나 판단능력에 대한 예비적인 연구가 시행될 수도 있고, 혹은 이미 그러한 정책을 실시하였을 때 발생한 문제점들에 영향을 미치는 사회·심리적인 요인들을 규명하는 데에 심리학자가 역할을 할 수 있다. 과거부터 심리학자들은 재판능력이 미진한 아동이나 청소년, 장애인, 극심한 트라우마를 겪은 범죄피해자 등이 증언과 같이 재판에 참여해야 하는 경우 도움을 줄 수 있는 정책이나 프로그램을 평가하는 데에 관여해왔다.

한 연구(Nathanson & Saywitz, 2015)에서, 4~17세 아동·청소년들 200명을 대상으로 증언하기 약 1주에서 2주 전 어린이 법정학교(Kids' Count School)에 참가토록 하였다. 각종 법정 관련 프로그램을 실시한 후 아동들의 법원 관련 불안을 평가하였고 그 결과,

불안 감소 효과가 나타났다. 이처럼, 해당 프로그램의 실시(혹은 프로그램의 종류)가 법원 관련 스트레스를 감소시키는 역할을 할 수 있는지 심리학자들의 연구를 통한 평가가 가능하다.

### 4) 법정심리평가자 역할

심리학자들은 정책이나 프로그램을 평가하는 역할을 할 뿐만 아니라, 민·형사 소송에 연루된 개인들을 평가하고, 사법 판단자에게 연구 결과를 제공하거나, 경우에 따라 법정에 직접 출석하여 증언하기도 한다. 법정심리평가자로서 심리학자들이 제공하는 의견의 주제는 주로 소송능력(피고인이 재판 과정에 참여하고 판결을 감당할 능력이 있는가), 피고인의 정신상태, 범죄피해에 대한 피해자의 트라우마 정도, 이혼 과정에서 일방의 양육능력, 추후 폭력성이나 재범의 위험성, 교도소나 보호관찰 시의 교화 가능성 등이 있다.

이러한 주제에 대해 심리학자가 법정 과정에 참여하는 두 가지 방식이 있다. 하나는 법원에서 요청을 받아 특정한 목적으로 한 개인을 평가하는 것이다. 또 다른 하나는 피고나 원고(혹은 피고나 수사기관) 중 어느 한쪽에서 평가 요청이 이루어지는 것이다. 후자의 경우 심리학자는 의뢰인 혹은 의뢰처에게 부합하는 방식으로 객관성과 중립성을 잃지 않도록 각별히 윤리적인 문제에 주의를 기울여야 한다.

### 5) 소송자문가 역할

우리나라의 경우 외부 전문가인 심리학자가 재판에서 자문가(Consultant)의 역할을 하는 것을 쉽게 찾아보기는 어렵지만, 사실 미국에서는 1970년대부터 심리학자들이 이러한 역할을 수행해왔다. 그 대표적인 영역이 바로 배심원 선정 절차에 대한 자문이다. 미국의 오 제이 심슨(O. J. Simpson)과 마사 스튜어트(Martha Stewart) 같은 유명 인사의 재판에서 소송자문가의 사용은 당시 언론에서 대대적으로 다루어지며 대중들에게 큰 이슈가 되기도 하였다.

소송자문가는 공판 전 언론의 태도를 조사하거나, 증거로 사용할 연구 결과를 얻기 위한 사회 공동체 태도 조사 등을 실시하기도 하고, 결정적인 증거의 효과를 검증하거나, 손해배상 소송을 준비하는 변호사들에게 조언을 제공하며, 증언이 예정되어 있을 때 증인의 준비를 돕는 등의 역할을 한다.

앞선 역할, 즉 기초과학자, 응용과학자, 정책평가자, 법정심리평가자의 역할을 하는 심리학자는 법정 장면에서 공정성과 정의가 요구된다. 반면, 소송자문가의 역할에는 이러한 공정성이 반드시 요구되지는 않는다. 하지만, 심리학자는 여전히 정확하고 효과적인 사회과학적 지식을 활용해야 한다는 사실은 변함이 없다.

## 3 법정 장면에서 심리학자 개입 시 윤리적인 문제

법심리학자를 위한 특별 가이드라인인 「법정심리학 전문 지침(Specialty Guideline for Forensic Psychology)」에서는 법 심리학자에게 요구되는 윤리적 사항을 규정하고 있다(김민지, 2010). 여기에는 책임(Responsibility), 능숙함(Competence), 성실성(Diligence), 관계(Relationships), 수수료(Fees), 통지 · 승인 · 동의 · 고지된 동의(Notification, Assent, Consent, and Informed Consent), 업무상 갈등(Conflicts in Practice), 사생활 · 비밀 · 특권(Privacy, Confidentiality, and Privilege), 방법과 절차(Methods and Procedures), 평가(Assessment), 문서화(Documentation), 전문가적 · 공개적 의사소통(Professional and Other Public Communications) 등이 규정되어 있다(김민지, 2010). 즉, 법심리학자로서 윤리적으로 지켜야 할 규정은 법심리학의 과학 · 교육 · 활동에 대해 정확하고, 정직하며, 능숙하고, 성실하게 행동해야 한다는 것이다.

### 1) 법지식과 범죄과학지식의 구비

법심리학자는 법제도와 법적 권리를 분명하게 이해하고, 전문가로서 법정 증언이나 관련 강의 및 연구를 위한 과학적인 기초 지식을 갖추어야 한다. 심리학자가 갖추어야 할 능숙함이란 서비스를 제공하는 데 필요한 심리학적 · 법적 지식이나 기술을 철저하게 갖추어야 한다는 것을 의미한다. 또, 개입하는 법정 사건과 관련하여 가능한 범위 내에서 주어진 모든 자료를 철저하게 검토하고, 합리적인 개입이 가능하도록 상세히 다루어야 한다.

### 2) 객관성과 중립성의 유지

법정 사건이 진행되는 경우, 심리학자는 의뢰된 문제의 내용과 본질뿐만 아니라 의뢰인(또는 의뢰처)과의 관계를 보다 분명히 파악하고 객관성과 중립성을 유지해야 한다. 법정 사건에서는 소송 당사자, 변호사 또는 검사와 판사, 그 외 다양한 소송절차상 관련인들의 관계에서 여러 가지 이해관계의 충돌이 발생할 여지가 많기 때문에 객관성을 유지하려는 노력이 요구된다.

미국 연방증거법 제704조에서는 형사재판 시 전문가가 자신의 의견을 증언할 수 있다고 규정해 두었는데, 단 피고인의 범죄구성요건 여부에 대한 의견은 제시할 수 없다고 명시하고 있다. 한편, 법정 사건 내에서 진행되는 치료의 역할과 심리 전문가로서 심리학자가 법정 사건에 개입하는 역할은 기본적으로 구분되고 충돌되므로 (특별한 경우를 제외하고) 이 두 역할이 동시 또는 순차적으로 수행되어서는 안 된다.

### 3) 비용의 합리적 책정과 부정한 이익추구 금지

심리 전문가로서 법정 사건에 심리학자가 개입되는 경우 이러한 역할에 대한 대가(수수료)는 심리학자의 경험, 능력, 시간과 업무의 내용을 토대로 합리적으로 책정되어야 한다. 더불어, 의뢰인(또는 의뢰처)과의 관계로 공정하지 못한 태도를 취해서는 안 되며, 이러한 공정성에 금전적 대가나 특정한 이해관계가 개입되어서는 안 된다.

### 4) 정확성과 공정성 유지

법정 사건에 개입하는 심리학자가 개인적인 의견을 공개적으로 발언하거나, 전문가적인 판단에 대해 보고서를 제출하고, 관련 내용을 증언할 때에는 거짓되거나 오류가 있는 정보가 없는지 철저하게 검토하고, 정확하고 공정한 내용을 전달하여야 한다.

# 범죄심리학

# 제 7 장

# 법정심리학과 목격 진술

Forensic Psychology & Eyewitness Testimony

# 제 1 절 | 목격 진술(Eyewitness Testimony)의 정확성과 의의

## 1 목격 진술의 정확성

범죄사건의 해결에 있어서 목격자 혹은 피해자의 목격 진술은 사건 관련 정보를 확보할 수 있는 중요한 수단이다. 특히, 발생한 사건에 대한 직접적인 정보를 제공할 수 있기 때문에 이들의 진술은 수사나 공판 과정에서 신뢰도가 높은 것으로 평가된다. 이들이 제공하는 사건 관련 정보는 인간의 기억에 의존한다.

하지만, 최근 연구들을 통해 목격 진술의 정확성이 우리가 인식하는 것보다 정확하지 않을 수 있다는 점이 규명되고 있다. 즉, 인간의 기억은 불완전할 수 있다는 것이다. 형사사법절차에서 목격 진술의 정확성이 범죄사건의 처리에 결정적인 역할을 할 수 있는 만큼, 이에 대한 보다 면밀한 검토와 적용은 필수적이다.

## 2 목격 진술의 의의

형사사법절차에서 사건과 관련된 가장 직접적이고 정확한 정보를 제공할 수 있는 사람은 누구인가? 지위를 막론하고, 사건과 관련된 사람이라면 사건에 대한 정보를 제공할 수 있다. 하지만, 그중에서도 단연 중요한 역할로는 사건에 '직접적'으로 관련된 사람, 즉 피해자, 목격자, 피의자를 꼽을 수 있다. 이들은 사건을 직접 당하였거나(피해자), 직접 보았거나(목격자), 직접 행한(피의자) 사람들이다.

하지만, 이 중 피의자는 기만을 행할 개연성이 상당히 높은 입장에 있다. 기만적인 피의자를 대상으로 사건과 관련된 정보를 확보하는 절차·기법은 수사면담이나 조사기법의 영역에서 상세히 다루고 있으므로, 목격 진술의 영역에서는 주로 (기만을 행할 개연성이 적은) 피해자나 목격자의 목격 진술을 다룬다.

실제로, 사건을 해결하는 데 있어 필요한 대부분의 정보원은 피해자와 목격자가 제공하는 진술이다. 수사 과정에서 목격자는 사건과 관련된 중요한 정보를 다수 제공할 수 있고, 목격자의 증언은 재판 과정에서 증거로 채택되기도 한다. 특히, 사건에 대한 물적 증거가 부족하거나 부재한 상황이라면, 사건 해결은 오직 사건을 목격한 사건 당사자들의 정보에 크게 의존하게 된다.

실제로, 미국의 경우 매년 수천 건의 살인 · 강도와 같은 강력범죄사건이 다른 물적 증거나 과학적 증거가 부재한 상황에서 목격자의 진술로 기소가 이루어지고 있고, 매년 약 75,000명의 피고인이 목격자 진술에 의해 범죄에 연루된다고 추정하고 있다.

하지만, 이처럼 형사사법절차에서 목격자의 진술이 큰 비중을 차지하고 있음에도 한계점이 존재한다. 바로 이들의 진술이 인간 기억에 의존한다는 것이다. 인간의 기억은 완벽하지 않다. 즉, 목격자의 기억은 목격할 당시나 진술할 당시의 여러 가지 요인들에 의해 영향을 받기 마련이다. 그리고 이는 기억의 왜곡 가능성과 연결된다.

세계 각국에서 잘못된 목격자 진술에 의한 오판 사례를 쉽게 찾아볼 수 있다. 잘못된 유죄 판결의 진실을 입증하려는 목적으로 설립된 가장 유명한 단체인 이노센스 프로젝트(Innocence Project)에 의하면, 당시에는 유죄 선고를 받았다가 추후 과학기술의 발달로 DNA 검사 결과를 통해 잘못된 선고로 밝혀진 사건의 약 72%가 잘못된 목격자 진술에 기인한 것이라는 결과가 존재하기도 한다.

이러한 이유로, 목격자 진술은 형사사법절차에서 중요한 의미를 가지는 동시에 그 신빙성에 대해 끊임없는 논란이 이어져 왔다. 영국과 미국 등에서 목격자 진술의 정확성에 대한 연구들이 수행되었고, 그 결과 형사사법절차에서 목격 진술의 정확성을 판단하는 데 있어 각별히 유의해야 한다는 목소리가 모아졌다. 미국에서 목격 진술의 정확성에 대한 연구는 처음에는 무죄오판(Convicted But Innocent), 즉, 무고한 사람이 기소되어 유죄를 선고받았다가 무죄로 방면되는 현상을 연구하는 과정에서 밝혀진 원인에서 이어지게 되었다.

무죄오판의 많은 사례에서 피해자가 범인을 지목하는 과정에서 많은 오류가 발생하였음이 밝혀졌고, 이후 자연스럽게 목격자 진술과 범인식별 진술의 정확성을 연구하게 된 것이다. 특히, 1970년대 말부터 수행된 Loftus의 목격자 진술의 오류에 대한 연구는 목격 진술의 정확성과 오류에 대한 심리학적 이해를 제공하는 데에 결정적인 역할을 하였다.

뿐만 아니라, 1994년 심리학자들은 여러 학자들의 의견을 집대성해 성인 목격자 진술의 오류를 탐구하였고, 1995년에는 심리학자와 법학자가 공동으로 목격자 진술의 오류를 탐구하여 법률 전문가들도 오류에 빠질 수 있음을 지적하고 대안을 제시하기도 하였다. 또, 영국에서는 목격 진술의 오류에 기인한 오판 사례가 사회적인 파장을 일으키자 1974년 내무부 산하에 위원회를 설치, 목격 진술에 대한 보고서를 작성하고, 형사사법절차의 각 단계 내에서 판사에게 유의사항을 제언하기도 하였다.

이렇듯, 목격 진술의 정확성을 이해하기 위해 법학계와 심리학계에서 다각적으로 연구하며 관심을 기울여왔고, 이 문제는 인간의 기억 과정에 대한 이해가 선행되어야 한다는 의견에 합치를 이루었다. 더불어, 이러한 인간 기억의 특성에 대한 연구 결과들이 법정에서 적용될 때 가지는 의의에 주목할 필요가 있다.

## 제 2 절 | 목격 진술과 기억 현상

목격 진술이 이루어지기 위해서는 선제적으로 목격자가 사건을 '목격'해야 한다. 그리고 이후 이루어지는 진술 상황에서 목격했던 사건을 '기억'해내야 한다. 기억은 용량과 유지 기간에 따라 몇 가지 유형으로 분류되는데, 아주 짧은 시간 동안 지각한 감각 정보들을 처리하는 감각기억, 주의 집중을 기울이는 단시간 내에 유지되는 단기기억, 비교적 장시간 유지되는 장기기억이 그것이다.

이 중 목격한 사건 내용을 기억했다가 진술할 때 작동하는 기억은 장기기억에 해당된다. 장기기억은 또다시 그 내용에 따라 의미 기억, 절차 기억, 일화 기억 등으로 분류된다. 여기에서 경험한 사건에 대한 기억을 '일화 기억(Episodic Memory)'이라고 한다. 목격자가 사건 관련 내용을 진술할 때에는 이 일화 기억을 회상해야 한다. 우리는 이 일련의 기억 과정을 마치 녹화된 비디오 영상을 재생하는 것과 비슷한 것으로 이해하기 쉽다.

하지만, 정말로 인간의 기억 회상이 녹화된 비디오 영상을 재생하는 것과 같은가? 그렇지 않다. 기억 현상을 포함한 인간의 인지 과정은 역동적이고 다각적인 요인들에 의해 강하게 영향을 받는다. 그래서 아무리 기억력이 뛰어난 사람이라고 하더라도, 목격한 또는 경험한 내용을 실제 그대로 회상하는 것은 거의 불가능에 가깝다. 이 기제에 관여하는 요인들이 너무나 다양하기 때문이다. 이를 온전히 이해하기 위해서는 기억의 처리 과정과 더불어 기억이 갖는 특성을 살펴보아야 한다.

## 1 인간의 기억 처리 과정: 기억의 정보처리 이론(Information Processing Theory)

정보처리 이론이란 인간의 정보처리 기제를 설명하는 이론으로, 정보의 입력에서부터 저장, 인출 방식인 내적 처리 기제를 컴퓨터의 처리 과정에 빗대어 설명한다. 이 이론에서는 인간이 경험과 지식을 내적으로 표상하고 기억하는 정신 과정을 설명하기 위해 전산 과학의 개념을 적용하여 인간의 기억 기제를 부호화, 저장, 인출이라는 3단계의 처리 과정으로 설명한다. 각 단계에 대한 개념과 법정 맥락에서 목격 진술에 영향을 미치는 요인들을 구체적으로 살펴보자면 다음과 같다.

### 1) 부호화(Encoding)

부호화는 감각기관으로 입력된 정보들을 저장할 수 있는 형태로 바꾸는 일종의 준비 과정으로, 쉽게 말하면 정보의 습득을 의미한다. 우리가 어떤 것을 '경험'한다는 것은 그 사건에서 접하는 여러 가지 형태의 감각 정보들이 우리 내부로 유입되는 것이다. 감각 정보들이 감각기관을 통해 내부로 유입되면 우리는 이것을 여러 가지 형태나 기호로 부호화하여 저장하게 된다.

이때 자극의 다양한 측면들은 부호화에 영향을 미칠 수 있다. 가령, 자극의 노출 시간이나 빈도, 자극의 복잡성, 자극이 유발하는 정서적 각성 수준, 목격자의 개인적 특성 등이 부호화에 영향을 미칠 수 있다. 짧은 시간 동안 혹은 단 한 번만 자극을 보고 들을 수 있었다면 그러한 자극은 완전히 부호화되기 어렵다. 또, 자극이 복잡하다면 자극의 모든 측면을 정확하게 부호화시키기 어려울 수 있다.

자극의 노출 방식이나 내용은 목격자나 피해자의 내적 상태보다는 외부적 환경과 관련된 요소라고 할 수 있다. 외적 요소 이외에도, 내적 요소 역시 부호화에 영향을 미칠 수 있다. 즉, 자극이 적정 수준으로 정서적 각성을 유발하는 경우 더 잘 부호화할 수 있겠지만, 지나치게 높은 수준으로 스트레스나 부적 정서를 유발한다면 해당 자극이 부호화되기는 다소 어려울 수도 있다. 뿐만 아니라, 개인적인 성향이 불안하고 예민한 사람이라면 같은 자극이더라도 덜 혹은 더 지각하기 쉽거나 어려울 수 있다.

### 2) 저장(Storage)

저장은 부호화를 통해 유입된 정보가 기억의 저장고에 들어와 유지되는 단계이다. 저장된 정보는 정보의 양과 유지 기간에 따라 감각기억 정보, 단기기억 정보, 장기기억 정보로 분류된다. 앞서도 언급했듯이, 법정 맥락에서 목격자가 경험하거나 목격한 내용을 기억해 두었다가 수사기관이나 재판정에서 진술하는 것은 장기기억 정보에 해당된다.

저장과 관련하여 주목할 점은 부호화한 정보가 얼마나 잘 유지되는가 하는 것이다. 기억의 망각곡선(Forgetting Curve)을 주창한 Ebbinghaus(1913)는 시간 경과에 따른 기억의 감퇴를 연구한 학자이다. Ebbinghaus는 기억의 손실이 우리가 생각한 것보다 빠르다는 것을 증명하였다. 즉, 기억은 사건을 경험한 직후부터 급격하게 망각되다가, 일정 시간 시간이 경과한 후에는 완만하게 망각된다는 것이다.

이러한 기억의 특성은 사건 경험 혹은 목격 시점과 이후 진술 시점 간 시간 간격에 따른 기억의 정확성 문제와 직결된다. 기억의 파지 기간(Retention Interval; 경험한 시점과 진술하는 시점 사이의 간격)에 따른 차이를 살펴본 연구들에 따르면, 목격 후 진술 시점까지의 기간이 길수록 기억의 정확도가 감소하는 것으로 나타났다.

한편, 저장 단계에서 발생할 수 있는 또 다른 기제로 사후정보효과(Post-Event Information Effect)를 살펴볼 필요가 있다(Loftus, 2005). 이것은 사건을 경험하거나 목격한 이후 목격자가 접하는 다른 정보에 의해 기억의 혼합이 발생하여 원기억이 바뀌는 현상이다. 사후 정보가 기억에 미치는 영향에는 다른 목격자와의 정보 교환 여부, 목격 후 매체나 수사기관에서 접한 사건 관련 정보의 내용과 형태, 제공된 정보의 부정확성 및 개인의 인지처리 양상 등 다양한 요인들이 존재한다. 이는 기억의 재구성적 특성이 작용한 결과인데, 이와 관련해서는 후술할 기억의 특성에서 상세히 다룬다.

### 3) 인출(Retrieval)

인출은 기억에 저장된 정보를 저장소에서 회상(Recall)해내는 단계이다. 법정 맥락에서 목격자나 피해자가 수사기관 혹은 재판 과정에서 경험하거나 목격했던 사건 관련 내용을 진술한다는 것은 기억의 단계 중 인출 과정에 해당한다. 즉, 사건을 경험하거나 목격한 당시에 부호화가, 그것을 수사기관이나 재판절차에서 진술하기 전까지 잊어버리지 않고 유지하고 있는 동안에 저장이, 사건 내용을 진술할 때 인출이 일어나는 것이다.

전술하였듯이, 사건 관련 정보를 진술한다는 것은 장기기억(특히 일화기억)을 인출하는 것인데 일반적으로 장기기억의 용량은 무제한이라고 알려져 있다. 즉, 우리가 경험했던 과거의 일을 기억하지 못하는 것은, 실제로 그 내용이 기억에 남아 있지 않아서가 아니라 장기기억으로 저장은 되어 있지만 '인출'에 실패하기 때문이라는 것이다. 이러한 이유로, 정확한 정보를 많이 확보하기 위해 인출을 향상시키기 위한 기억술이 수사적 면담에 활용되기도 한다(대표적인 예로, 인지면담).

정보를 인출하는 단계에서도 기억에 영향을 미치는 몇 가지 요소가 있다. 우선, 회상, 즉 진술 상황과 관련된 외적 요소이다. 가령, 질문자의 질문방식이나 태도, 진술이 이루어지는 환경 등이 있다(이러한 내용에 대해서는 수사심리학에서 목격자의 범인식별절차 등에서 자세히 다룬다). 이 외에도 목격자나 피해자의 언어능력에 기인한 인출된 정보의 전달상 문제가 발생할 수 있다.

## 2 인지 과정(Cognitive Process)으로서 기억의 특성

제7장

정신 과정(기억을 포함한)의 산물이 경험 그 자체를 온전하게 반영하는 것은 아니다. 인지 과정 중 하나인 기억의 작용 역시 복잡한 인지처리체계에 영향을 받기 마련이다. 그리고 이 과정에서 다양한 인지적 기제가 작용하면서 입력 과정에서부터 출력 과정에 이르기까지 요소요소에서 기억의 변형이나 혼란, 편향 등 각종 이유로 왜곡이 발생할 수 있다. 이러한 기억 현상을 이해하기 위해서는 인간의 기억이 갖는 특성을 살펴볼 필요가 있다.

### 1) 인지처리 과정으로서의 지각 현상

인간은 목격한 모든 요소를 다 기억할 수 없다. 우리는 목격한 사건내용 중에서 보다 더 강렬히 지각된 요소를 중심으로 기억한다. 그뿐 아니라 동일한 내용을 목격하였더라도 그 내용을 설명할 때에는 사람마다 각양각색으로 표현한다. 즉, 무언가를 경험하고 목격할 때 그 내용을 지각하는 것은 상당히 능동적이고 선별적인 과정인 것이다. 우리는 상황을 인식하는 데에 수많은 다른 요소를 적용시킨다.

외부의 정보(감각적 정보)를 처리함에 있어 그 개인이 가진 고유의 독특한 인지체계가 영향을 미친다. 그래서 동일한 것을 겪거나 목격하더라도 사람마다 기억하고 있는 내용이 완전히 같을 수는 없다. 우리가 인식하는 세상은 '있는 그대로의 존재 자체'가 아니다.

불행하게도, 인간의 인지적 자원은 한정적이므로 우리는 감각기관으로 입력된 수많은 정보를 모두 처리할 수 없다. 결국, 우리가 처리할 수 있는 정보 역시 한정적이다. 그래서 인간의 인지체계는 적은 자원으로 최대한의 효율성을 낼 수 있는 방식을 취한다.

그중 하나가 '선택적 주의(Selective Attention)'이다. 입력된 수많은 감각 자극들 중에서 보다 고차적인 의미를 가진 정보에 (개인의 인지도식에 의해 거의 자동적으로) 선택적으로 주의를 기울이고, 이러한 정보만을 선별적으로 다음 인지 단계로 보내는 것이다. 이러한 현상을 단적으로 보여주는 심리학 실험이 있다. 인지심리학자 Chabris와 Simons(1999)의 일명 '고릴라 실험'이다.

실험 참가자들은 흰색 티셔츠를 입은 팀과 검은색 티셔츠를 입은 팀이 농구를 하는 동영상을 시청하게 된다. 그리고 이때 흰색 팀이 서로 간에 패스를 몇 회 하는지 세도록 지시를 받는다. 이 동영상에는 농구와 전혀 관련이 없는 생뚱맞은 내용이 중간에 삽입되어 있다. 바로 고릴라 복장을 한 사람이 농구 시합 중인 코트에 등장해 카메라를 보고 고릴라 흉내를 낸 후 사라지는 것이다.

놀랍게도, 이 동영상을 시청한 실험 참가자 중 무려 절반가량이 영상에 고릴라가 등장했다는 사실 자체를 전혀 인식하지 못했다. 이 실험의 의미는 우리는 의미를 둔 중요 자극에 더 많은 관심을 기울이고, 주의를 기울이지 않은 불필요한 자극은 무시하게 된다는 것이다. 여기서 '의미 있는 중요' 자극은 그 개인이 살아오면서 축적된 인지적 도식에 따라 결정된다. 범죄를 겪거나 목격하였을 때도 마찬가지이다.

결국, 해당 범죄에 대한 인식은 '객관적'인 것이 아니라 그 사건에 대한 개인의 해석적 측면이 반영되는 것이다. 법정 맥락에서 목격자 기억과 관련하여, '무기초점효과(Weapon Focus Effect)'라는 것이 있다. 범인이 무기를 들고 있는 경우 목격자는 범인의 얼굴보다 무기에 초점을 맞추어 기억하는 현상이다. 이 역시 보다 정서적인 각성을 유발하는 자극인 무기에(혹은 위급 상황에서 인지적 능력의 감소에 의해) 선택적으로 주의를 기울이게 되기 때문이라고 설명되고 있다.

### 2) 기억의 재구성적(Reconstructive) 특성

앞서 우리가 정보를 받아들이는 인지 과정에서 선택적 처리가 수반된다는 것을 살펴보았는데 이는 인간 기억과 실제 사이에 간극이 존재함을 의미한다. 그리고 우리는 개개인의 인지도식(이 인지적 도식의 형성에는 개인의 성격 등과 같은 기질적인 요인에서부터 다양한 사회 · 문화적 맥락에 따른 환경적 요인이 폭넓게 영향을 미친다)에 따라 기존에 가지고 있던 정보나 지식으로 이 간극을 채우려고 한다.

이것은 사실, 새로운 지식을 처리하기 위한 효율적인 인지처리 방식 중 하나이다. 어떤 새로운 정보를 접했을 때 기존에 가지고 있던 지식구조에 맞추어 보다 빠르고 쉽게 그 새로운 정보를 이해하고 처리할 수 있기 때문이다. 그런데 문제는 이 과정에서 오류가 발생될 수 있다는 점이다.

즉, 우리의 기억이라는 것은 입력된 정보를 과거 경험이나 지식을 통해 이해하고, 재해석한 결과의 산물이다. 이를 기억의 재구성적(Reconstructive) 특성이라고 한다. 그리고 이 과정에서 실제 원형 그대로가 아닌, 기억의 왜곡이 발생할 수 있다. 사실, 정보처리 과정에서의 왜곡은 정보 입력 당시의 요소들로 인해 애초에 실제와 다른 내용으로 입력되는 경우도 있을 수 있고, 정보를 정확하게 입력했음에도 저장 및 인출 당시의 요소들로 인해 그 내용이 왜곡되는 경우도 있을 수 있다. 그리고 흥미롭게도, 우리의 기억은 아주 단순한 요인에 의해서도 쉽게 영향을 받을 수 있다.

이를 규명한 대표적인 연구로는 Elizabeth Loftus의 실험이 있다. Loftus는 사후정보효과(Post-Event Information Effect) 또는 오정보효과(Misinformation Effect)라는 현상을 연구로 밝혀냈다(Loftus, 1974, 2005). 연구 결과, 사건 후에 접하는 정보가 원 사건의 기억을 재구성하는 데에 영향을 미친다는 사실이 확인됐다. Loftus는 이러한 현상을 규명하기 위해 다양한 실험 패러다임을 사용했다(Loftus, 1974).

한 연구에서는 실험 참가자들에게 자동차 사고 슬라이드를 보여준 후 사고 발생 시 차의 속도에 대해 질문했다. 이때 속도를 묻는 질문을 '차가 충돌했을 때(Crush)'와 '차가 접촉했을 때(Contact)'로 조금 달리해 보았다. 흥미롭게도, 실험 참가자들은 '접촉했을 때'라고 물었을 때보다 '충돌했을 때'라고 물었을 때 차의 속도를 더 높게 인식하여 응답했다. 이뿐만 아니라, 실제 영상에서는 깨지지 않았던 자동차의 전면유리를 '깨졌다'고 진술한 빈도도 '충돌했을 때'라고 물었을 때가 더 많았다.

또 다른 실험에서는 실험 참가자들에게 자동차가 표지판 앞을 지나가고 있는 장면을 제시하였는데, 이때 표지판에는 '서행'이라고 적혀 있었다. 그 후 참가자들에게 "자동차가 '일시정지' 표지판 앞에 있을 때 다른 차가 지나갔습니까?"라고 물었다. 이 질문에서 표지판의 내용을 '서행'이 아니라 '일시정지'라고 한 것은 실험자의 의도적인 왜곡(오정보의 제공)이었다. 놀랍게도, 참가자들은 이 질문에 의해 기억 속에 들어 있던(실제 보았던) '서행' 표지판을 '일시정지' 표지판으로 완전히 착각하는 현상을 보였다.

이처럼, 추후에 제공된 정보가 애초의 기억에 영향을 미쳐 손쉽게(단지 단어 하나의 차이에도) 기억이 와전되거나 왜곡되는 현상이 발생할 수 있다는 것이다.

사후정보효과의 극단적인 형태인 허위기억(False Memory)이라는 개념도 살펴보아야 한다. 허위기억이란 실제로 봤던 기억이 변형되는 정도가 아니라, 보거나 경험하지 않은 기억이 생기는 현상이다. 이러한 현상을 살펴보고자, 한 연구(Hyman et al., 1995)에서 대학생들을 대상으로 어린 시절의 기억을 기반으로 실험을 실시하였다.

이때 실험 참가자들에게 다음과 같이 한 가지 질문을 하였다. "당신의 부모님에게 전해 들었는데, 어린 시절 당신이 부모님 차에서 장난을 하다가 주차 브레이크를 건드려 다른 차와 접촉 사고가 났던 적이 있습니까?" 실제로는 이러한 사건이 전혀 발생하지 않았다. 참가자들은 처음에는 전부 그런 사건이 기억나지 않는다고 했다. 하지만, 시간이 지나갈수록 점차 그 사건이 기억나는 것 같다고 하는 참가자들이 나타났고, 이들을 대상으로 수회 면담을 실시한 결과 최종적으로는 약 30%의 참가자들이 (실제로는 발생하지 않은) 차 사고 사건이 기억난다고 응답하였다.

한편, 공동 목격자가 존재하는 경우 이들과 이야기를 공유하는 과정을 통해서도 기억이 영향을 받을 수 있다. 공동 목격자들이 서로 이야기를 나누는 과정에서, 한 사람이 오류를 저지르면 그것이 다른 사람들에게까지 퍼져나가게 되는 현상을 '기억 동조(Memory Conformity)'라고 한다.

이를 대표적으로 보여준 사례가 바로 영국의 유명 방송인 '질 단도(Jill Dando) 총격 사건'이다. Jill Dando가 귀가하던 중 계단에서 총격을 당해 사망했는데 Barry George라는 남성이 용의자로 지목되었고, 그를 Line-Up(용의자를 일렬로 세우고 목격자 또는 피해자에게 지목하도록 하는 경찰 수사절차)에 포함하여 다수의 목격자들에게 지목하도록 하였다. 16명의 목격자들 중 그를 알아본 사람은 단 한 명에 불과했는데 이러한 사실이 목격자들 사이에서 퍼져나갔고, 목격자들은 이에 대해 서로 이야기를 나누기도 하였다.

이 과정은 처음에는 George를 알아보지 못했던 목격자들에게 영향을 미쳤다.

처음 지목 절차에서 한 목격자는 자신이 용의자를 지목할 만큼 목격에 확신이 없다고 했었는데, 다른 목격자들과 이야기를 공유하고 난 후에는 자신이 목격한 남성이 George가 맞다고 95% 확신한다고 하였다(목격자들의 진술을 토대로 George는 1심에서 유죄를 받아 종신형을 선고받았지만, 이후 재심 과정을 통해 유죄 판결이 기각되었다). 연구들에 따르면, 이러한 기억 동조 현상은 통상 처음에 가장 강한 확신을 가진 사람에게 동의하는 식으로 이루어진다고 한다. 이것은 누군가 확신 있게 하는 말은 정확한 것으로 간주됨을 시사한다. 법정 맥락에서는 목격자의 확신감과 정확성의 관계를 파악하기 위한 시도가 이루어져 왔다.

### 3) 망각(Forgetting) 현상

기억을 잃어버리는 현상과 관련하여, '억압(Repression)'의 개념을 살펴볼 필요가 있다. 인간은 충격적인 사건을 경험하게 되면 이를 장기간에 걸쳐 '억압'하고, 결국 그 사건에 대한 기억을 무의식 속에 깊이 묻어버린다. 이러한 기억을 '억압된 기억'이라고 한다. 그리고 이후 어떤 계기를 통해 잊고 있던 내용이 다시 의식 위로 떠올라 기억해낼 수 있게 되기도 하는데, 이를 '회복된(Recovered)' 기억이라고 한다.

1990년대에 미국과 영국 등지에서는 아동기 성학대와 억압된/회복된 기억이 사회적으로 뜨거운 쟁점이 되기도 하였다(Hyman, Husband, & Billings, 1995). 부모로부터 성적 학대를 당해왔던 '기억'을 심리치료 과정에서 떠올리게 되어 부모에게 소송을 제기하는 경우가 다수 발생한 것이다. 이들이 기억을 회복하게 된 과정에는 공통점이 존재했는데, 상담자는 내담자가 경험하고 있는 우울이나 불안과 같은 심리적인 문제의 원인이 어린 시절 부모로부터의 성적 학대에 있고, 그것을 기억해내 치료해야 한다는 방식으로 상담을 진행하였다는 점이다.

이 과정에서 상담사의 유도나 암시로 인해 내담자는 실제로 겪지 않았던 사건을 '기억'해냈고, 이를 토대로 부모를 학대죄로 고소하기에 이르렀다. 하지만, 재판을 통해 실제로 그런 피해가 없었음이 규명되는 사건들이 속속 드러나면서, 이러한 현상을 허위기억증후군이라고 명명하였다. 허위기억이 자신이 경험하지 않은 사건을 실제로 경험한 것처럼 기억한다는 점에서, 용의자가 자신이 저지르지 않은 범죄를 자신이 저질렀다

제7장

고 생각하고 자백하는 유형의 허위자백 역시 일종의 허위기억의 유형이라고 볼 수 있다.

## 제 3 절 | 취약한 목격자

목격 진술의 질(Quality)은 진술인의 특성에 크게 좌우된다. 경험한 바를 조리 있게 말로 설명할 수 있는 언어능력이나 인지기능을 갖춘 일반 성인의 경우에도 수사기관이나 법정에서 사건 관련 내용을 진술하는 것은 쉬운 일이 아니다. 진술해야 하는 내용이 일반적으로 경험하기 어려운 범죄사건에 대한 것이라는 점과 수사나 재판 과정 역시 일상생활에서 쉽게 접하기 어려운 이례적이고 낯선 상황이라는 점에서 더욱 그러하다.

하물며, 성인에 비해 발달상 미성숙한 어린 아동이나, 지적인 능력에 결함이 있는 지적 장애인의 경우라면 자신이 겪은 직·간접적인 사건내용을 정확하고 분명하게 진술하는 것에 더욱 한계가 있을 수밖에 없다. 이들은 언어능력이나 인지기능에 제한이 있기 때문이다. 뿐만 아니라, 정상 성인의 경우라도 피해 경험이나 충격적인 장면의 목격에 따른 정서상태나 스트레스 수준에 따라 진술능력이 일시적으로 저하될 가능성이 존재한다.

### 1 연령이 목격 진술에 미치는 영향; 아동 목격자

#### 1) 아동 진술의 확보와 판단의 문제

사법적 맥락에서 아동이 사건 관련 진술을 할 때는 아동의 발달적 특성을 충분히 고려해야 한다. 성인에 비해 언어를 포함한 인지기능이 미성숙하기 때문이다. 이는 정신적으로나 언어적으로 미성숙한 아동의 진술을 어디까지 신뢰할 수 있을지에 대한 문제와 직결된다. 아동은 언어능력이 충분히 발달하지 못하였고, 형사사법절차나 법률에 대한 지식이나 이해가 미흡하다.

특히, 아동의 경우 직접적인 범죄피해자가 되는 것뿐만 아니라 범죄 상황을 목격하는 것만으로도 상당한 충격을 받을 수 있어서 PTSD(외상후스트레스장애)를 포함한 다양한 심리적 · 정서적 어려움을 겪을 수 있다. 이러한 심리적 어려움은 아동 목격자로 하여금 진술을 저해하는 요인으로 작용한다.

뿐만 아니라, 아동은 성인인 질문자의 질문방식에 따라 답변이 좌우될 가능성, 즉 피암시성 역시 높다고 알려져 있다. 이렇듯, 취약한 특성을 보이는 아동 목격자에게서 사건 관련 내용에 대한 진술을 어떤 식으로 확보할 것이며, 그렇게 확보된 진술의 신빙성을 어떻게 판단해야 할 것인지는 법정심리학의 중요한 연구 주제 중 하나이다.

아동 목격자가 형사사법절차에 효율적으로 참여하기 위해서는 몇 가지 사항에 유의해야 한다. 아동이 사고하고 대화하는 방식은 아동의 발육상태에 의해 결정된다. 따라서, 사법절차 내에서 아동을 다루는 경우 해당 아동의 각기 다른 발달상 특성에 대한 이해가 요구된다.

하지만, 법률 업무의 담당자(경찰, 검찰, 법원)는 아동 전문가가 아니다. 따라서, 형사절차 내에 아동에 대한 도움과 이해를 제공할 수 있는 전문가의 개입이 바람직하다. 나아가, 아동을 대하는 수사기관 실무자들을 대상으로 한 아동 관련 기초 지식에 대한 충분한 훈련도 수반되어야 한다. 우리나라에서는 아동을 대상으로 진술을 확보하는 경우 전문 훈련을 받은 조사자가 아동에게 적합화된 면담기법(예: NICHD 기법 등)을 적용하는 방식으로 진행한다.

뿐만 아니라, 성폭력 피해 사건의 경우, 「성폭력범죄의 처벌 등에 관한 특례법」 제33조 전문가의 의견 조회 조항에 따라 아동 피해자 진술내용에 대한 전문가(정신건강의학과 의사, 심리학자, 사회복지학자, 그 밖의 관련 전문가)의 의견을 조회할 수 있다. 특히, 이때 피해자가 13세 미만의 아동이거나 지적 장애인인 경우 전문가의 의견조회를 필수사항으로 규정하고 있다. 이에 따라, 현재 13세 미만 아동 및 지적 장애인 대상 성범죄 피해 사건에서는 각 경찰청에 위촉된 외부 전문가의 진술 신빙성 평가를 필수적으로 실시하고 있다.

### 2) 아동 진술의 특성 – 피암시성

아동은 성인에 비해 일반적인 지식 수준, 사건에 대한 이해능력에 한계가 있다. 이러한 한계는 아동이 범죄사건을 경험 · 목격하고 이를 진술하는 일련의 과정에 모두 영향을 미치게 된다. 즉, 아동이 사건을 경험·목격하는 상황에서의 주의나 초점, 관련 지식의 추론 등에도 영향을 미치기 때문에 사건의 지각 단계에서부터 한계를 갖는다.

뿐만 아니라, 이를 수사기관이나 법정에서 진술해야 할 때 아동들은 사건의 어느 부분을 어떤 식으로 진술해야 하는지에 대한 지식이 부족하다. 더욱이, 아동이 사건에 대해 기억하고 있다고 하더라도 관련 진술을 확보하는 방식에 따라 회상오류가 발생할 수도 있다. 이처럼, 아동의 여러 가지 특성에 의해 진술이 영향을 받을 수 있고 결국, 이러한 점은 사건에 대한 아동 진술의 신빙성 문제와도 직결된다.

한편, 아동 진술의 확보와 판단에 있어서 고려해야 할 대표적인 한 가지 특성은 바로 피암시성(Suggestibility)이다. 피암시성이란 넓은 의미에서, '사건을 부호화, 저장, 인출, 그리고 진술하는 과정에서 사회적·심리적 요인의 영향을 받는 정도'라고 정의할 수 있다(Ceci & Bruck, 1993). 형사사법절차 내에서의 진술에 초점을 맞추어 보다 구체적으로 피암시성의 정의를 살펴보자면, '제한적인 사회적 상호작용 상황에서 공식적인 심문이 이루어지는 동안, 암시를 받아들이거나 배척하는 행동적 반응이 전달되는 메시지에 의해 좌우되는 정도'라고 할 수 있다(Gudjonsson & Clark, 1986).

아동의 피암시성에 영향을 미치는 요소는 크게 아동 내적인 요소와 아동 외적인 요소로 나누어볼 수 있다. 아동 내적 요소에는 연령, 인지능력, 언어능력, 심리 특성 등이 있는데, 이는 아동의 진술을 확보하고 판단하는 데 있어 고려해야 할 중요한 발달적 고려 사안이다. 하지만, 진술을 확보하는 과정에서 아동의 개인적 측면들을 통제할 수는 없는 노릇이다.

이때 중요한 점은 아동 외적 요소, 즉 진술을 확보하는 과정에서 피암시성이 진술에 미치는 부정적인 영향을 최소화해야 한다는 것이다. 아동의 발달 단계나 수준에 따라 인지적·언어적 기능은 각기 다를 수 있지만, 통상 연령이 비교적 어린 아동의 경우에도 경험한 것을 정확하게 회상할 만한 어느 정도의 능력은 갖추고 있다. 하지만, 문제는 회상한 내용을 진술하는 과정에서 환경으로부터 주어지는 암시에 의해 진술이 왜곡될 가능성이 성인에 비해 높다는 점이다.

가령, 개방형 질문을 통한 자유회상 진술을 확보하는 과정을 거치지 않고 조사자가 곧바로 아동에게 특정한 내용의 구체적인 질문을 하는 경우, 조사자의 기대나 편향이 아동에게 암시적으로 작용할 수 있다. 이때 조사자와 아동 사이에 어느 정도 신뢰감이 형성되어 있거나, 아동이 성인에게 순응적인 성격인 경우 성인인 조사자가 내비친 암시된 정보를 사실로 받아들이고, 이는 아동 진술의 일부로 반영되어 나타날 수 있다.

이렇게 확보된 진술은 아동이 기억하고 있는 그대로의 내용이 아니라, 왜곡되어 변형된 내용이다. 정리하자면, 아동의 피암시성에 조사의 물리적 환경, 조사자의 태도, 질문의 방식, 조사의 반복 빈도, 사건 발생 후 면담까지의 시간적 간격 등과 같은 외적인 요인이 영향을 미치는바, 진술 확보 과정에서 이로 인해 진술이 왜곡되지 않도록 각별히 주의하여야 한다.

## 2 지적 수준이 목격 진술에 미치는 영향; 지적 장애인 목격자

### 1) 지적장애의 정의 및 특성

지적장애는 발달장애의 한 유형으로, 일반적인 기능 수준에 비해 상당한 제한을 보인다. 지적장애의 진단은 주로 '정신질환 진단 및 통계편람(DSM)'의 기준에 따라 내려지는데, 통상 지적장애의 기준은 IQ가 약 70 이하인 경우를 의미한다. 국내의 경우 1991년 제정된 「장애인복지법 시행규칙」에서 지능, 일상생활, 사회생활, 직업을 함께 고려하여 3개급으로 분류하고 있으며, 지능지수의 상한은 70에 두고 있다.

지적 장애인은 아동과 함께 증언능력에 대해 불신을 받는 또 다른 대표적인 취약 집단이다. 지적 장애인의 진술에는 많은 요소들이 취약 요인으로 작용한다. 가령, 미진한 인지능력, 의사소통능력의 미흡, 상대적 약자로서의 사회적 위치, 보호자 및 조력자에 대한 의존, 사회적 지지체계의 부족, 부족한 대인관계, 순응 욕구 등 취약한 특성을 다수 갖고 있다.

### 2) 지적 장애인의 목격 진술 능력에 대한 관점

지적 장애인이 갖는 범죄 취약성으로 인해 이들은 일반인들에 비해 범죄의 피해자인 동시에 목격자가 될 가능성이 더 높다. 그러나 지적 장애인의 목격 진술의 신빙성은 과거부터 배척되어 온 경향이 있다. 즉, 지적 장애인은 목격자로서의 능력이 없다고 보는 것이 형사사법체계 내의 지배적인 견해였다(Valenti-Hein & Schwartz, 1993).

지적 장애인 목격자를 바라보는 이러한 관점은 사법체계 전반에 만연해 있어서, 지적 장애인이 목격자로서 진술하는 경우 불필요한 신문이나 강요, 잘못된 질문방식의 사용 등은 이들 진술의 질이 더욱 저해되는 요인으로 작용했다. 지적 장애인 목격자에 대한 사법체계의 이러한 대우는 진술의 신빙성 문제에 그치는 것이 아니라, 나아가 자신이 입은 피해를 사법기관에 발고하는 것을 주저하게 하는 결과를 야기하기까지 했다.

그러나 지적 장애인의 증언능력에 대한 관심이 증대하면서 여러 연구들이 수행되었다. 이러한 연구들을 종합해 보면, 지적 장애인이 일반인들처럼 온전하고 풍부하게 사건의 전체적인 내용을 설명하는 것은 한계가 있더라도, 이들 역시 자신이 직접 경험한 일에 대해서는 일정 수준(나아가서는 비교적 구체적으로)으로는 진술할 수 있는 능력을 갖추었다는 점이 입증되었다. 가령, 한 연구에 따르면, 지적 장애를 가진 성인과 아동 모두 자신이 주의 깊게 목격했던 사건에 대해서는 신뢰할 수 있는 내용을 진술할 수 있는 것으로 나타났다(Kebbell & Hatton, 1999).

더 나아가, 지적장애 목격자에 대한 연구들을 개관한 결과에서도, 지적 장애인들은 자신이 목격한 사건에 대해 정확한 내용을 보고할 수 있다는 결론이 도출되었다. 다만, 이 과정에서 무엇보다 중요한 점은 진술을 확보하는 과정에서 지적장애 목격자의 피암시성을 악화시키는 유도나 암시 질문, 답변하기 어려운 질문 등의 사용을 지양해야 하며, 이들의 진술능력과 인지 수준을 고려하여 적절한 방식으로 진행될 때, 이들을 대상으로 신뢰로운 정보를 확보할 수 있다는 것이다. 실제로 연구들에 따르면, 적절한 질문방식을 사용할 때 지적 장애인의 목격 진술의 정확성과 완전성을 상당히 높일 수 있는 것으로 나타났다(Milne, Clare, & Bull, 1999).

## 3 정서적 각성 수준이 목격 진술에 미치는 영향

목격 진술은 인간의 기억에 의존한다. 그리고 인간의 기억에는 정서가 영향을 미친다. 정서가 기억에 미치는 영향에 대한 이론들은 크게 긍정적인 영향을 미친다는 견해와 부정적인 영향을 미친다는 견해로 나뉜다. 실제로, 각성 수준과 목격자 진술의 정확성에 관한 21개의 실험연구를 개관한 연구(Deffenbacher, 1983)에서, 10개의 연구는 각성 수준이 높을수록 정확성이 증가한다는 결과를 얻었고, 11개의 연구는 각성 수준이 높을수록 정확성이 감소한다는 결과를 발견했다.

정서가 기억에 긍정적인 영향을 미친다는 입장에서는 정서적 각성은 사건에 더 큰 주의를 기울이게 하여 초기 정보처리 단계에서 보다 더 기억에 잘 남게 한다고 설명한다. 이 외에 강한 정서적 각성을 일으켜 마치 사진처럼 선명하게 기억되는 현상인 섬광기억(Flashbulb)도 존재한다. 반면, 정서가 기억에 부정적인 영향을 미친다는 입장에서는 반대로 기억 과정의 초기 단계인 정보 입력 과정에서 부정적인 정서상태가 정보의 입력을 방해한다고 본다.

한편, 여키스-도슨 법칙(Yerkes-Dodson Law, 1908)에 따르면, 정서적 각성 수준에 따라 인지적 수행의 질이 상이하다고 본다. 즉, 정서적 각성이 적정한 (너무 낮지도, 높지도 않은) 수준에서 인지적 수행의 질은 최대로 나타나고, 낮거나 높은 각성 수준에서는 수행의 질이 떨어진다(역 U자형 곡선)는 것이다.

이렇듯, 정서가 기억에 미치는 영향에 대해서는 많은 연구들에서 그 견해가 상반된다. 하지만, 여기서는 제시된 자극의 유형에 초점을 맞추어 볼 필요가 있다. 즉, 범죄사건의 목격이라는 자극은 그 내용 자체가 상당한 부적 자극에 해당한다. 따라서, 부정적인 자극에 따른 부정적인 정서의 각성이 기억이나 진술에 미치는 영향에 보다 집중하여 살펴볼 필요가 있다. 이에 대해서는 예상한 바와 같이, 진술의 정확성에는 부정적인 결과를 초래한다는 것이 연구 결과 밝혀졌다. 가령, 폭력적인 장면을 목격한 목격자와 비폭력적인 장면을 목격한 목격자들의 진술 정확성을 비교한 연구(Clifford & Scott, 1978)에서, 사건에 대한 주요 줄거리와 중심 정보에 대한 진술의 정확성에는 큰 차이가 없었으나, 세부적이고 주변적인 정보는 비폭력적 장면 목격자에 비해 폭력적 장면 목격자의 정확성이 더 떨어졌다.

이 외에도 긴장 수준이 낮은 상황보다 높은 상황에서 주변적인 정보에 비해 핵심적인 정보가 더 잘 기억된다는 연구 결과도 존재한다. 스트레스 역시 정보의 기억 처리 과정 전반에 걸쳐 영향을 미친다. 이와 관련하여, 스트레스 수준이 높을수록 기억의 정확성은 감소하고, 피암시성은 높아진다는 연구 결과들이 확인된다(Read, Yuille, & Tollestrup, 1992).

한편, 연구들에 따르면, 목격자인 동시에 피해자인 경우 범죄로 인한 피해가 심각할수록 목격 진술의 양이 더 적으며, 그 질 역시 더욱 저하된다고 한다. 즉, 범죄 유형이나 신체적 부상 여부 등에 따라 진술에 차이가 발생할 수 있다는 것이다. 가령, 강도나 강간사건의 피해자들은 절도사건의 피해자들에 비해 자세하게 진술하지 못하는 경향이 있고, 신체적 부상을 입은 피해자들은 상해를 입지 않은 피해자들에 비해 더 적은 양의 진술을 하는 경향이 있다. 반면, 또 다른 연구들에 따르면, 피해자와 제3의 목격자의 진술을 비교해본 결과, 정서적 각성 및 스트레스 수준에서 차이가 없었음에도 진술의 정확성 측면에서는 피해자가 목격자보다 더 정확했다는 결과가 존재하기도 한다.

## 제 4 절 | 목격 진술 정확성의 제고 방안

목격 진술은 초기 수사의 방향을 결정하는 데에 도움이 될 뿐만 아니라, 이후 재판 단계에 이르기까지 사건의 실체를 파악하기 위한 중요한 증거로서 유죄인 피고인의 처벌 및 무고한 피고인의 방지라는 측면에서 핵심적인 역할을 한다. 하지만, 사건 발생과 진술 시점 간 시간적 간극이 존재한다는 점, 목격의 내용이 되는 범행 장면은 강렬한 정서적 각성을 유발한다는 점, 범죄 상황이라는 특성상 장면 자체를 정확하게 목격하기 어려울 가능성이 존재한다는 점, 그 밖에도 발달 수준이나 인지능력 등 목격 진술의 취약 요인들이 존재한다는 점 등으로 인해 진술의 신빙성은 태생적인 한계를 가진다.

그럼에도, 여전히 객관적인 자료를 확보할 수 없는 경우나 목격 진술이 사건의 핵심과 강력하게 연관되어 있는 경우에는 목격 진술의 신빙성이 수사와 공판에서 결정적인 요소로 작용한다. 따라서, 목격 진술의 정확성을 확보할 수 있는 방안에 대한 논의는 사법체계 내에서 중요성을 갖는다.

한편, 목격자의 진술에 영향을 미치는 다양한 요인 중 사건의 발생 및 목격 당시의 상황적 요인(예: 목격 현장의 위치, 밝기, 노출 정도 등), 목격자가 되는 개인적 측면이나 특성과 관련된 요인(예: 나이, 성별, 심리상태 등)은 사전에 통제가 불가능한 영역이다. 그래서 목격 진술의 정확성을 높이는 방안에 대한 논의는 주로 수사와 공판 과정의 시스템적인 측면과 관련된 요인들을 위주로 실시되어 왔다.

통상, 목격 진술은 범죄의 발생－목격자 확보－목격 내용 진술(목격 진술이 용의자 신원 확인과 관련된 경우 신원 관련 묘사 진술을 확보하고 용의자를 체포한 후 범인식별 진술의 확보가 이루어짐)－재판 과정에서의 목격자 증언 순으로 이루어진다. 이 과정에서 수사 및 공판 과정의 시스템적 측면과 관련하여 목격 진술의 정확성을 확보하기 위한 방안에는 어떤 것들이 있는지 살펴볼 필요가 있다.

## 1 범인식별 진술 및 절차에 관한 형사소송법상 개선점

우리나라는 형사소송절차상 목격 진술의 정확성에 대한 판단이 법관의 자유재량에 맡겨져 있는 실정이다. 즉, 목격 진술의 판단에 대한 별도의 명문 규정이 마련되어 있지는 않고, 목격 진술에 영향을 미칠 수 있는 다양한 요소들을 법관의 재량으로 고려하여 목격 진술의 신빙성을 판단하고 있는 것이다.

이러한 상황에서, 목격 진술의 신빙성에 대한 판단은 판례 법리가 규범적 기준으로 작용할 수밖에 없다. 대법원의 판결을 살펴보면, 2000년대 초반부터 목격 진술에 관한 판례 법리를 정립해 가고 있다. 이후 2004년 대법원에서 범인식별절차에 있어 목격자 진술의 신빙성을 높이기 위한 절차적 요건에 대해 설시한 것을 계기로 수사기관인 경찰과 검찰에서도 관련 세부지침을 시달하였다. 하지만, 향후 보다 구체적이고 실무적인 방안의 마련에 대한 필요성이 대두되고 있다.

### 1) 목격 증언의 신빙성 판단에 대한 대법원의 입장

목격자 진술의 신빙성에 대해서는, 사실 비교적 오래전부터 인간 기억력의 한계나 부정확성에 따른 제한점을 인식해 왔다. 대법원은 1980년 이후 목격 진술의 정확성 문제에 관심을 기울여 왔다. 그리고 많은 판결들에서 타당하지 못한 목격 진술의 확보 과정을 이유로 무죄를 선고하기도 하였다. 1984. 6. 5. 선고 84도460 판결을 기점으로 하여 이후 여러 판례에서 목격 진술의 판단을 위한 규준을 언급하고 있다.

가령, 2001. 2. 9. 선고 2000도4946 판결에서 대법원은 수사기관의 부적절한 범인식별절차가 목격자에게 무의식적인 암시를 주었다는 점을 판결에 반영한 바 있다. 이 사건은 야간에 짧은 시간 동안 발생한 강도 범행 피해자를 대상으로, 수사기관이 잘못된 단서에 입각하여 지목 및 신병 확보한 용의자를 일대일로 대면시켜 범인을 확인하게 한 사안이 문제가 되었다.

이에 대해 대법원은 인간 기억력의 한계와 부정확성, 목격자에게 미치는 무의식적인 암시 가능성 등으로 미루어 볼 때 목격자 진술이 신빙하다고 보기 어렵다는 입장을 내놓았다. 대법원은 이 판결에서 직접적인 목격자인 피해자 진술의 증명력을 높이고 평가하기 위해서 필요한 부가적인 사정을 언급하고 있다.

즉, 용의자가 이전부터 피해자와 면식이 있는 사람인지 여부, 피해자 진술 이외에 용의자를 범인으로 특정할 만한 다른 정황이 있는지 여부, 피해자가 중립적인 상태(선입견을 갖지 않고 인상이 비슷한 여러 사람을 동시에 제시)에서 범인을 식별했는지 여부 등을 함께 고려해야 한다는 것이다. 이러한 부가적인 사정이 없는 한, 일대일 대면이나 단독 대면 방식(Show-Up)의 증거가치를 부정한다는 입장이다.

한편, 대법원은 2004년 판례에서 목격 진술의 신빙성 제고를 위한 구체적인 절차적 준수 요건을 제시하였다. 2004. 2. 27. 선고 2003도7033 판결에서 대법원은 용의자를 식별하는 절차 시 목격자에게 단독 인물/사진을 제시하여 확인한 경우 목격 진술의 신빙성 정도, 목격 진술의 신빙성을 높이기 위한 절차적 요건 등에 대해 설시하고 있다. 이 사건은 목격자가 용의자를 노상에서 밤 11시경 잠시 만나 금전과 마약을 주고받은 내용인데, 이 사건 판결을 통해 대법원이 언급한 입장은 이후 목격자 진술의 신빙성을 판단하는 규준으로 활용되었다. 그 구체적인 설시 내용을 살펴보면 다음과 같다.

> "용의자의 인상착의 등에 의한 범인식별절차에 있어 용의자 한 사람을 단독으로 목격자와 대질시키거나 용의자의 사진 한 장만을 목격자에게 제시하여 범인 여부를 확인하게 하는 것은 사람의 기억력의 한계 및 부정확성과 구체적인 상황하에서 용의자나 그 사진상의 인물이 범인으로 의심받고 있다는 무의식적 암시를 목격자에게 줄 수 있는 가능성으로 인하여, 그러한 방식에 의한 범인식별절차에서의 목격자의 진술은, 그 용의자가 종전에 피해자와 안면이 있는 사람이라든가 피해자의 진술 외에도 그 용의자를 범인으로 의심할 만한 다른 정황이 존재한다든가 하는 등의 부가적인 사정이 없는 한 그 신빙성이 낮다고 보아야 한다. 이와 같은 점에서 볼 때, 범인식별절차에 있어 목격자의 진술의 신빙성을 높게 평가할 수 있게 하려면, 범인의 인상착의 등에 관한 목격자의 진술 내지 묘사를 사전에 상세히 기록화한 다음, 용의자를 포함하여 그와 인상착의가 비슷한 여러 사람을 동시에 목격자와 대면시켜 범인을 지목하도록 하여야 하고, 용의자와 목격자 및 비교대상자들이 상호 사전에 접촉하지 못하도록 하여야 하며, 사후에 증거가치를 평가할 수 있도록 대질 과정과 결과를 문자와 사진 등으로 서면화하는 등의 조치를 취하여야 할 것이고, 사진 제시에 의한 범인식별절차에 있어서도 기본적으로 이러한 원칙에 따라야 한다."

위 판례의 입장은 다음과 같은 네 가지 측면으로 정리해 볼 수 있다. ① 목격자 진술의 신빙성은 다른 부가적인 상황이 없는 한, 인간 기억력의 한계 및 부정확성, 수사기관의 무의식적인 암시 가능성으로 인해 낮아질 수 있다. ② 목격자의 진술이 문제되는 영역은 목격 진술의 증거능력이 아니라, 그 진술의 신빙성 정도와 관련된 증명력의 영역이다. ③ 목격 진술의 신빙성을 높게 평가하기 위해서는 목격자 진술의 상세한 사전 기록, 유사한 인상착의를 적용한 동시대면 방식의 사용, 목격자와 용의자 및 비교대상자들의 사전 접촉 차단, 대질 과정과 결과의 서면화 조치 등이 요구된다. ④ 목격 진술의 신빙성을 높일 수 있는 이러한 조치는 사진을 제시하여 실시하는 경우에도 동일하게 적용되어야 한다.

이 밖에도, 2007. 9. 7. 선고 2007도3031 판결, 2008. 1. 17. 선고 2007도5201 판결, 2009. 6. 11. 선고 2008도12111 판결 등이 잇달아 나오면서, 기존 수사기관의 절차상 문제, 일정한 가이드라인의 미준수 등의 상황에서는 목격 진술의 신빙성을 인정할 수 없다는 입장을 계속해서 확인하고 있다.

한편, 2009년 사건에서는 기존의 판례에서 제시하였던 원칙적인 식별절차의 방식(동시대면) 이외에 예외적으로 일대일 대면이 허용되는 기준을 새롭게 제시하기도 하였다. 대법원은 이 사건에서 "범죄 발생 직후 목격자의 기억이 생생하게 살아 있는 상황에서 현장이나 그 부근에서 범인식별절차를 실시하는 경우에는 목격자에 의한 생생하고 정확한 식별의 가능성이 열려 있고 범죄의 신속한 해결을 위한 즉각적인 대면의 필요성도 인정할 수 있으므로, 용의자와 목격자의 일대일 대면도 허용된다"라고 판시하고 있다. 결국, 위와 같은 대법원의 일련의 입장을 정리해 보면, 수사기관에서 범인을 식별하는 과정에 적법절차를 준수하는 것이 목격 진술의 신빙성을 인정할 수 있는 핵심적인 사안이라고 보는 관점이라고 할 수 있다.

### 2) 범인식별 진술 및 절차에 대한 수사기관의 세부지침

위 2004년 대법원 판례를 계기로 대검찰청에서는 2004년 4월 9일에 강력과에서 '수사기관의 범인식별절차에 관한 세부지침'을 마련하였다. 이 지침에서는 범인식별절차를 실제 인물을 대상으로 하는 방식과 사진을 사용하여 비교·관찰하는 방식으로 구분하고, (실제 인물이든 사진이든) 원칙적으로 제시하는 사람은 2인 이상, 가급적이면 선택사항을 다수로 구성하는 방식을 사용하도록 권고하고 있다.

또, 제시하는 인물/사진은 모습(예: 연령, 체격, 인상착의)이 유사한 대상으로 선정하여 활용하도록 권고한다. 뿐만 아니라, 목격자가 범인식별 과정에 참여할 때 심리적으로 안정된 상태에서 임할 수 있도록 필요한 조치를 취해야 한다고 한다. 더불어, 식별 절차에 제시된 인물/사진의 구체적인 인적 사항을 기재하여 당사자의 기명날인을 받고, 목격자가 각 대상자에 대해 언급한 진술내용을 수사보고 형식으로 기재하여 기록에 편철하게끔 하고 있다. 한편, 경찰청에서도 동일한 내용의 지침을 2005년 5월경 일선 경찰서에 시달하였다.

다만, 이와 같은 세부지침에도 불구하고, 실제 시행 과정에 필요한 세부적인 장치를 마련하지 못했다는 점, 실제 수사 장면에서는 이와 같은 점이 제대로 이행되지 못하고 있다는 점 등에서 여전히 개선되어야 할 부분이 남아 있다. 가령, 개별 사건별로 사용하는 범인식별방식(예: Line-Up, Show-Up 등)이 제각각이며, 담당 수사관의 암시적이고 편향된 부적절한 진행 및 질문방식, 목격자를 대상으로 하는 구체적인 진술 확보의 미진 등이 문제점으로 지적되고 있다. 따라서 수사기관의 범인식별 관행에 대한 개선 및 세부적인 지침의 마련과 더불어 국가 차원에서의 입법 조치 등에 대한 필요성이 논의되고 있다.

## 2 법 집행 전문가들의 인식 개선 및 체계적인 교육의 필요성

### 1) 목격 진술의 신빙성 판단 요건과 정황 요소 활용방법의 중요성

목격 진술의 신빙성 문제에 있어, 절차의 적법성과 더불어 또 한 가지 중요한 것은 신빙성 판단을 위한 요건과 정황 요소를 법 판단자들이 어떻게 적절하게 활용할지와 관련된 문제이다. 위에서 살펴보았듯이, 목격 진술의 신빙성을 판단할 때 정황적 요소의 검토가 수반되어야 한다는 원칙이 대법원의 판례에 의해 언급되기는 하였으나, 문제는 활용 기준이 명확하지 않다는 점이다.

바꿔 말하자면, 재판 과정에서 목격 진술의 신빙성을 판단하기 위해 고려해야 하는 사안에 대한 관점이 법 집행자마다 각기 다를 수 있다는 점이다. 이 경우, 균형 잡힌 판단이 어려울 수 있다. 이러한 문제를 방지하기 위해서는 기본적으로 목격 진술의 신빙성 판단을 위한 포괄적이고 체계적인 기준이 마련되어야 할 것이다. 하지만, 이에 앞서 근본적으로는 목격 진술의 특성에 대한 보다 심도 있는 이해가 법 집행자에게 수반되어야 한다. 영국은 목격자의 범인식별절차가 제도적으로 마련되어 있다.

미국의 경우에는 목격자 증언에 대한 연구 결과들을 토대로 1999년 미국 법무성의 국립사법연구소에서 목격자 증언 관련 가이드라인(Technical Working Group for Eye-witness Evidence; TWGEE, 2003)이 마련되었다. 이 가이드라인은 경찰, 검사, 변호사, 심리학자들로 팀을 구성하여 작성되었으며, 법 집행자들을 대상으로 목격자 증언 관련 증거들의 보존과 범인식별 과정 절차의 향상을 주된 목적으로 한다.

### 2) 목격 진술 신빙성 판단에 대한 법 집행자들의 인식

목격자 증언 전문가들의 의견을 살펴보면, 실제 법정 장면에서 목격자를 판단할 때 신뢰롭게 활용될 수 있는 요소에는 목격 진술을 확보하기 위한 질문 방식, 식별절차 진행 방식, 목격자에 대한 태도와 기대, 목격자의 자신감과 정확성의 관계, 취약한 목격 증인의 피암시성, 노출 시간, 망각곡선, 무의식적 전이 등이 있다고 한다.

이렇듯, 목격자의 진술이 신뢰할 만한지 판단하는 데 여러 가지 요인이 작용하는데 정확한 판단을 위해서는 판단 시 어떤 요인들을 고려해야 하는지, 그러한 요인들이 가지는 의미는 무엇인지 등에 대한 심도 있는 이해가 요구된다. 실제로, 목격자의 잘못된 증언에 따른 오판 가능성을 최소화하기 위한 방안들 중 하나로 판사뿐만 아니라 재판에 참여하는 검사와 변호사, 목격 진술을 확보하는 수사기관 등을 대상으로 하는 목격자 증언에 대한 교육의 필요성이 여러 나라에서 꾸준하게 제기되고 있다.

더불어, 목격자 증언에 영향을 미치는 요인에 대한 판사의 인식에 대한 연구들도 수행되어 왔다. 노르웨이와 미국의 판사들을 대상으로 한 한 연구(Magnussen, Wise, Raja, Safer, Pawlenko, & Stridbeck, 2008)에 따르면, 목격 진술에 영향을 미치는 여러 요인들 중 일부 측면에서는 노르웨이 판사의 지식 수준이 미국 판사보다 높게 나타났지만, 전반적으로 두 국가의 판사들 모두 목격 진술에 영향을 미치는 요인에 대한 지식 수준이 높지 않음이 확인되었다.

동양 문화권인 중국 판사들을 포함하여 살펴본 한 후속 연구(Wise & Safer, 2009)에서도 역시 중국 판사들이 일부 측면에서 미국 판사들에 비해 지식 수준이 낮았지만, 여전히 두 국가의 판사들 모두 목격 진술에 영향을 미치는 요인에 대한 지식 수준은 높지 않다는 동일한 결과가 확인되었다. 아쉽게도, 국내 판사를 대상으로 한 관련 연구는 미비하다.

이와 관련하여 소수의 연구를 찾아볼 수 있는데, 일부 수행된 국내 연구(고민조, 박주용, 2012) 결과에 따르면, 목격 진술에 영향을 미치는 요인에 대한 한국, 중국, 미국, 노르웨이 판사들의 지식 수준을 살펴본 결과, 한국 판사들의 지식 수준은 전반적으로 높은 편으로 나타났으나(근소한 차이로 노르웨이 판사들보다는 낮았으나, 중국이나 미국 판사들에 비해서는 높은 편), 일부 측면(예: 자신감과 정확성의 관계, 인간 기억의 특성 등)에서는 낮은 수준을 보이기도 하였다.

한편, 이 연구에 참여한 한국 판사 중 약 1.7%만이 목격자 증언에 대해 충분한 교육을 받고 있다고 응답하였고, 93%는 목격자 증언에 대해 더 많은 교육이 필요하다고 응답했다. 이는 국내 판사들 역시 대다수 목격자 증언 관련 교육의 필요성에 대해서 인식하고 있음을 의미하는 동시에, 관련된 체계적인 교육이 부재한 상황임을 시사하는 것이다. 더불어, 법정에 도달하기 전 수사 과정에서 확보되는 목격 진술의 정확성을 향상시키기 위해서는 경찰 수사관들을 대상 목격 진술의 확보 방식과 절차의 진행에 있어 명확한 인식과 제고를 위한 체계적인 교육 역시 필요한 실정이다.

우리나라는 2008년 1월부터 국민참여재판 제도가 실시되었다. 현재 국내의 국민참여재판에서 배심원 평결이 법적 구속력을 갖지는 못하나, 배심원들은 유무죄 평결이나 형량 결정에 직·간접적으로 참여하는 기회를 갖는다. 그러나 목격 진술에 영향을 미치는 요인에 대한 일반인들의 지식 수준은 더욱 낮다.

실제로, 연구들에 따르면 일반인들의 경우 경험과 지식의 부족 등으로 인해 목격 진술의 정확성에 영향을 미치는 요인들을 제대로 파악하기 어렵고, 심지어 잘못된 직감에 의한 판단 결과가 초래하는 영향에 대해서도 제대로 인식하지 못하는 것으로 알려져 있다. 이러한 점은 국내의 국민참여재판에 참여할 배심원들 역시 마찬가지일 개연성이 높다. 따라서, 배심원들을 대상으로 하는 목격 진술 판단 관련 구체적인 지침 및 교육이 이루어질 필요가 있다.

# 범죄심리학

# 제8장

# 법정심리학과 전문가 증언

Forensic Psychology & Expert Testimony

현대사회는 과학기술이 발달하고 가치관이 다양해지고 있으며 이에 따라 갖가지 사회현상들은 점차 전문화되고 복잡해지고 있다. 그리고 이러한 변화는 사법체계의 운용에도 영향을 미친다. 즉, 사회현상이 복잡화됨에 따라 그 사회 안에서 발생하는 범죄사건의 내용 역시 복잡화되게 마련인데, 그러한 사건의 법적 판단에 점차 전문화된 지식이 요구되기 시작한 것이다.

법 집행자는 법률의 전문가이기는 하지만, 그 외 기타 사회 전반에 대한 전문 지식을 모두 갖추기 어렵다. 따라서 형사사법절차에서 전문 분야에 대한 지식이 요구되는 경우 관련 지식을 갖춘 외부 전문가의 의견이 활용된다. 이때 관련 전문가는 해당 분야에 대한 전문화된 지식을 바탕으로 전문가로서의 의견을 법정에 제시하는 역할을 한다. 이렇게 제시되는 전문가의 의견은 형사사법체계 내에 속한 법 집행자들에게 다양한 방식으로 영향을 미친다.

## 제 1 절 | 전문가 증언의 의의

과거부터 사건의 실체에 대한 판단은 전적으로 법관에게 달려 있었다. 하지만, 법관은 법률 이외의 전문 분야에 관한 지식이 부족할 수밖에 없다. 따라서 사건을 올바르게 처리하기 위해서는 전문가의 도움이 필요하다. 이러한 필요성에 따라, 현대에 들어 재판에 전문가의 지식이 활용되는 영역이 넓어지고 있으며 빈도도 점차 증가하고 있다. 재판 과정에서 법원이 선정한 전문가가 전문 지식을 적용하여 제시하는 의견은 독립적인 증거로 다루어지기도 한다. 전문 지식이 반영된 전문가의 의견은 소송의 승패에 결정적인 영향을 미치기도 하므로 그 의미가 크다.

### 1 전문가 증언의 개념

불확실하거나 잘못된 증거는 잘못된 판단을 야기한다. 재판의 결과가 보다 정확하고 엄정하기 위해서는 그 판단의 근거가 되는 증거가 객관적이고 정확해야 한다. 이러한 이유로 재판에 관련한 증거의 확보는 과학적일 것이 요구된다. 과학적 증거(Scientific Evidence)란 과학적 원리나 방법을 적용하여 특정 개인의 신원이나 특성에 관한 진단적 결론을 내리는 것을 의미한다. 즉, 과학적 증거는 특정 학문이나 지식의 원리 및 기술을 응용하여 수집된 증거로서, 해당 영역의 전문가나 기술자에 의해 검사가 실시되거나 결과가 해석된 내용 등이 여기에 해당한다. 과학적 증거의 범위에 물리학, 생물학, 지질학, 천문학 등과 같은 자연과학이 포함된다는 점은 자명하다.

이뿐만 아니라 인간의 행동을 과학적으로 연구하는 심리학, 사회학 등과 같은 사회과학 역시 과학적 증거의 범위에 해당된다. 특히, 인간 행동을 연구 대상으로 하는 심리학의 경우 법정 장면에서 피해자, 목격자, 가해자들의 행동을 이해하는 데에 활용 가치가 높다. 이러한 이유로, 형사사법절차 내에서 심리학자들은 전문가로서 다양한 방식으로 사건에 대한 의견을 제공해왔다.

전문가의 전문 지식을 재판에 반영하는 수단으로서, 전통적으로 영국과 미국 같은 영미법계에서는 전문가 증언 제도를, 우리나라를 포함한 독일, 일본, 프랑스 등과 같은 대륙법계에서는 감정인 제도를 채택해왔다. 이 두 체계와 시스템상 재판에서의 전문가 활용 방식은 다소 차이가 있다. 영미법계의 전문가 증언 제도는 당사자나 소송대리인, 외부 전문가의 역할이 상대적으로 주도적인 성격을 띤다.

반면 대륙법계의 감정인 제도에서는 전문가의 활용에 법원이 상대적으로 주도적인 역할을 한다. 한편 같은 대륙법계 국가라고 하여도 법률을 운용하는 각국의 역사와 특수성에 따라 감정인 제도를 운영하는 구체적인 방식에는 차이가 있다. 국내의 경우 기존에 감정인 제도를 운영하다가 2008년 「형사소송법」이 개정되면서 전문심리위원 제도를 도입하였다(이러한 형태는 일본과 유사하다).

### 1) 영미법계의 전문가 증언 제도

영미법계, 특히 영국과 미국에서 전문가는 증인의 신분으로 의견을 제시하므로 전문가가 법정에 제시하는 의견을 전문가 증언(Expert Testimony)이라고 한다. 이러한 이유로, 형사사법절차에서 전문가 증언 제도를 채택하는 경우 신용성이 담보되지 않은 전문가의 증언을 법 판단자(배심원이나 법관)로부터 차단하기 위해 사전에 그 증거능력을 판단하는 것이 특징이다.

그 밖의 EU 국가에서의 전문가 증언 제도와 관련해서는, 우선 영국이나 호주의 경우 전문가 증언은 증거법을 토대로 운영된다. 증거법에 따르면, 전문 증거는 특정 전문 영역에 한정되며, 증언을 하는 전문 증인은 그 분야의 전문가일 것이 요구된다. 전문가가 제공하는 의견은 해당 사건과 관련하여 의뢰된 사안과 관련성이 있어야 하며, 전문가의 의견은 일반 상식 수준 이상의 전문성을 갖출 것을 요한다. 더불어, 전문가가 제시한 의견은 유무죄에 대한 것이 아니어야 하며, 의견의 근거가 되는 자료들은 법정에 공식적으로 제출되어야 할 뿐만 아니라, 입증 가능하고 편향되지 않은 것이어야 한다는 원칙을 제시하고 있다.

이 밖에도, 슬로바키아의 경우 대부분의 전문가 풀(Pool)을 법무부에서 관리하며, 전문가들은 일종의 시험을 통하여 전문가로서 사전 등록을 해야 한다. 이후 공판 과정에서 검찰, 법원은 물론 변호인 측의 요청 등에 의하여 전문 의견을 제시한다. 이와는 달리, 덴마크는 전문가들을 사전에 등록하여 관리하지 않는다. 각 전문가가 특정 사건과 관련한 관련 지식을 갖추고 있는지를 개별적으로 심사한 후 사건에 개입할 것인지 여부를 결정한다.

특히, 덴마크는 소송 과정, 즉 법원이나 검찰뿐만 아니라 경찰에서도 전문가를 활용할 수 있다. 한편, 변호인 측이 전문가를 지정하는 경우 선정 여부는 법원의 승인이 필요하다. 핀란드는 법원이 전문가 지정을 주도한다. 전문가에게 제공되는 정보의 범위나 전문가에게 구할 자문 사항들을 판사가 결정한다.

### 2) 대륙법계의 감정인 제도

대륙법계, 특히 독일의 경우 미국과 달리 증인과 구별되는 독립된 증거방법의 하나로서 감정인(Sachverständigen) 제도를 채택하고 있다. 독일 법정은 감정의 적정성과 소송 당사자의 절차 참여권을 보장하기 위해 상세한 규정들을 마련해 두었으며, 감정과 관련된 판례들도 상당량 축적되어 있다.

통상적으로 법원은 각 직능단체로부터 제공받은 공적 감정인 명부에서 감정인을 선정한다. 감정인은 독립된 법관의 조력자로서의 지위를 가지며, 법관에 준하는 공정성과 객관성이 요구된다. 재판 과정에서 감정인이 선정되더라도, 편파성이 우려되는 경우 등에는 당사자의 신청이나 직권에 의해 기피 신청이 가능하다.

편파성으로 인해 불공정한 결과가 발생할 수도 있다는 우려가 존재하면 기피 사유가 있다고 보며, 반대되는 감정 결과가 존재하거나 전문 지식이 부족하다는 주장만으로는 기피 사유가 인정되지 않는다. 이러한 절차에 따라 감정인이 특별한 문제 없이 선정되어 재판 절차에 참여하게 되면, 의뢰받은 감정 내용에 대해 자신의 전문적인 지식과 경험을 토대로 한 감정 결과를 제공한다.

독일의 경우, 감정인이 감정 결과를 제시하고 난 후 법관이 비전문가로서 감정 내용을 검토할 때에 갖추어야 할 최소의 점검 사항에 대한 기준을 정립하려는 노력을 하고 있다. 더불어, 판결문에 감정 의견에 대하여 법관이 검토한 내용 및 이를 토대로 한 법관의 심증 형성 과정을 상세히 설시하도록 함으로써 간접적으로나마 감정내용에 대한 실체적 통제를 시도하도록 강제하고 있다.

## 2 전문가 증언의 기본 원칙

### 1) 과학적 증거에 대한 기본 원칙

전통적으로, 과학적 증거에 대해서는 세 가지 원칙이 논의되어 왔다(이성기, 2019). 첫 번째는 '로카르드 원칙(Locard's principle)'이다. 범인은 범죄 현장에 흔적을 남기거나, 반대로 범죄현장에서 흔적을 가져가기 때문에 수사와 재판 과정에서 그 내용을 살펴야 한다는 것이다.

두 번째는 '개별성의 원칙(Principle of Individuality)'이다. 각기 다른 사물이 매우 유사하여 구분이 어려울 순 있지만, 그 어떤 사물도 동일하지는 않다는 것이다.

세 번째는 '개인화의 원칙(Principle of Personalization)'이다. 이는 과학적 분석의 대상들 간에 충분한 유사성이 있어서, 여기에 우연히 일치할 확률을 배제할 수 있는 정도에 이르면 두 대상을 동일한 것으로 간주한다는 것이다.

과학적 증거는 요증 사실을 증명하는 직접 증거는 되지 못한다. 이는 사건 발생의 '가능성'을 나타내는 영역에 머물고 있기 때문이다. 즉, 과학적 증거에 대한 전문가의 의견은 사건의 '개연성'에 대한 정황 증거에 해당하고, '개연성'이라는 것은 사건 발생 가능성에 대한 주관적 판단이기 때문이다. 따라서, 전문가의 의견은 '옳고 그름'의 문제가 아니라 전문가가 제시한 의견, 즉 증언의 신뢰성에 대한 선택의 문제로 접근해야 한다.

### 2) 전문가 증언의 법적 인정을 위한 요건

전문 증거들이 법정에 어떻게 유입될 것인지에 대한 기준보다는 판결에서 이러한 증거들이 어떻게 고려될 것인지에 더 많은 관심을 두는 대륙법 체계와는 달리, 영미법 체계에서는 다양한 판례들을 통해 어떤 종류의 증거가 법정에서 허용되고 배제될 것인지에 대한 통제 기준의 설정에 더 관심을 둔다.

특히, 전문적인 내용을 법정에 현출할 때, 이러한 전문성에 대한 제한이 없다면, 관련 내용에 대해 전문적인 지식을 갖추지 못한 비전문가인 배심원들은 엉터리 전문 지식에 현혹될 가능성이 있다. 이를 방지하기 위해서는 허용될 수 있는 전문가 증언만을 배심원이 판단할 수 있도록 하는 조치가 필요하다. 또한, 당사자가 신청하여 전문가를 증인으로 활용하거나 일방이 제시한 전문가 의견에 상대방이 반대 증거를 제출해야 하는 경우 양측 모두 과다한 비용을 지출하게 된다.

이뿐만 아니라, 소송 과정에서 전문가 증인들이 상반되는 의견을 진술할 경우 배심원이나 법관이 그 사건의 내용을 이해하는 것이 어려워지며, 경우에 따라 재판의 상당 시간이 전문가들의 의견을 확인하는 데에 소모되기도 하는 등 여러 문제가 발생할 수 있다. 이러한 이유로, 미국에서는 오래전부터 전문가 증언을 적정한 범위에서 제한할 필요가 있다는 의견이 대두되어 왔다.

그리고 여러 판례를 통하여 전문가 증언의 허용 범위에 관한 관점이 자리 잡아 왔다. 대표적으로, 전문 증거의 허용 기준을 학계의 '일반적 수용(General Acceptance)'이라고 명명한 Frye 기준이나 그보다는 전문 증거로서 제시되는 과학적 사실들의 신뢰성을 더욱 중요시한 Daubert 기준 등이 그 예이다(이원복, 2017).

Frye 기준이 확립되기 이전 미국 내에서 전문가 증언은 ① 배심원의 판단에 도움이 되고, ② 전문적인 훈련을 받고 해당 분야에 종사한 경력이 있으면 인정되었다. 그러다가, 1923년 워싱턴 D.C.의 연방항소법원은 Frye v. U.S. 사건에서 '일반적 승인설(General Acceptance Test)'을 채택하였다. 이 판결에서, 법원은 "법원은 오랫동안 충분히 그 분야에 속한 일반적 승인이 확립된 과학적 원칙이나 발견에 기초한 과학적 증거에 대하여 허용 여부를 결정하여 왔다"라고 설시하면서 전문가 증언의 기준에 대해 언급하였다.

즉, 전문가 증언은 관련된 과학적 공동체에서 일반적으로 승인된 과학적 기술에 근거할 경우에만 허용된다는 것이다. Frye 기준은 1993년 연방대법원이 Daubert 판결을 내리기 전까지 미국 대부분의 주에서 과학적 증거의 허용 여부에 관한 기준으로 적용되어 왔다(Daubert 판결이 선고된 후에도 미국의 일부 주에서는 여전히 적용되고 있다).

이후, 1993년 미국 연방대법원에서 Frye 기준 대신 '신뢰성 기준(Reliability Prong)'을 새로이 제시하였다. Daubert v. Merrell Dow Pharmaceuticals, Inc. 사건에서 원고인 Jason Daubert와 Eric Schuller는 심각한 선천성 장애를 갖고 태어난 사람들이다. 원고들은 자기 어머니들이 임신 중에 복용한 벤덱틴(Bendectin, 헛구역질 방지약물)이라는 약물로 인해 자신들이 장애를 입게 되었다고 주장하면서, 해당 약물이 그러한 장애를 일으킬 수 있다는 내용의 전문가 증언을 제출하였다(이수정, 서상진, 2010).

Frye 기준을 적용한 제1심 법원은 원고 측의 전문가 증언이 기초하고 있는 과학적 원리가 일반적으로 승인되지 않았다고 판단하였고, 2심 역시 1심 법원의 판결을 승인하였다. 한편, 1975. 7. 1.에 연방증거규칙이 시행되었는데, 「연방증거법(Federal Rules of Evidence)」에서는 제702조에 전문가의 자격 요건을 규정하고 있다. 즉, 전문가는 "지식, 기술, 경험, 훈련 또는 교육"에 의한 전문성을 갖추어야 하며, 신빙성 요건으로서 증언이 ① 사실 인정에 도움이 되고, ② 과학적 사실 또는 데이터에 근거를 두며, ③ 신뢰할 만한 원칙, 방법을 사건에 적용한 것이라고 규정하고 있다.

위 Daubert 사건으로 돌아가서, 문제는 연방증거규칙이 시행된 이후에도 연방법원의 재판에서 Frey 기준을 적용하는 것이 타당한지에 대한 것이었다.

결국, 연방대법원은 1975년 연방증거규칙이 제정된 이상, 연방소송절차상 전문가 증언의 허용 여부는 위 규칙 제702조에 따라 관련 요소를 판단하여야 한다는 입장을 취했다. 그러면서 네 가지 요건을 내용으로 하는 Daubert 기준에 대해 언급하였다. 즉, 신뢰성 요건의 인정 여부를 판단할 때에는 ① 이론이나 기술이 검증되어야 하며, ② 이론이나 기술이 동료 집단에 의해 검토 또는 출판될 수 있거나 되었는지를 고려해야 하고, ③ 알려진 혹은 잠재적인 오차율의 정도와, ④ 관련된 과학자 집단에 의한 일반적인 수용 및 그 속에서 증언의 수용 정도 등을 고려해야 한다는 것이다.

Daubert 기준이 적용되기 이전인 1991년과 Daubert 기준이 적용된 후인 1998년에 실시된 설문조사 결과를 비교해 보면, 미국 연방 민사재판에서의 판사들은 Daubert 기준이 적용된 후에 재판 전부터 전문가 증언에 대해 좀 더 자세히 검토하고 전문가 증언을 제한하거나 배제시키는 비율이 25%에서 41%로 더 높아진 것으로 나타났다. 1998년 설문에서 나타난 전문가 증언의 배제 이유는 재판과 관련성 없음(47%), 전문가의 자격

미달(42%), 전문가의 증언이 판단자에게 도움이 되지 않음(40%)이 주된 이유였다(김민지, 2010). 이 외에도 전문가의 증언이 신뢰롭지 못함(22%), 사실 판단에 좋지 않은 영향을 줄 확률이 더 높음(21%), 전문가 증언에 사용된 기초한 원리와 방법의 신뢰성이 확보되지 않음(18%), 재판 과정에서 전문가 증언이 반복되고 시간이 낭비됨(10%) 등의 이유도 나타났다.

이러한 결과로 미루어볼 때, Daubert 기준 적용 이후 미국의 판사들은 실제로 전문가의 증언이 기초한 원리와 방법의 신뢰성 여부를 판결의 판단 기준으로 사용하고 있는 것으로 보인다.

### 3) 국내 형사사법절차에서 전문가 의견 활용 방식

우리나라 법원은 사실적 쟁점을 다툼에 있어 발생하는 사건의 다양성과 전문성의 수요를 감당할 목적으로 2007년 「민사소송법(民事訴訟法)」을 개정하여 전문심리위원 제도를 도입하였다. 이후 법원은 2008년 「형사소송법(刑事訴訟法)」도 개정하여 형사사건의 재판에도 전문심리위원 제도를 도입하였다. 이전에도 전문가를 감정인으로 지정하는 전문감정인 제도가 존재하였으나 공판중심주의를 강화하면서, 전문감정인 제도와는 별도의 전문심리위원 제도를 마련하게 된 것이다.

한편, 2008년 1월부터 시행된 「국민의 형사재판 참여에 관한 법률」에 따라 한국형 배심제가 본격적으로 시작되었다. 또, 같은 시점을 기하여 공판중심주의를 강조하는 방향으로 「형사소송법」 역시 대폭 개정되었다. 이러한 변화를 통해 기존에 운영되어 왔던 형사소송절차에 비해 소송 전 작성된 형태의 증거들, 가령 피의자의 자백 조서와 참고인의 진술 조서, 법과학자의 감정서 등이 증거로 제출되고 채택되는 빈도는 낮아지는 반면, 소송 과정에서 증거가 현출되는 방식, 즉 피고인의 법정 진술, 증인의 법정 증언, 법과학자의 법정에서의 감정 의견(Live Expert Testimony) 진술의 중요성이 점점 더 부각되고 활용 빈도도 늘어날 것으로 예상할 수 있다.

실제로, 형사소송 과정에서 전문가의 활용과 관련하여 2008년 1월 22일부터 형사소송절차에 전문심리위원 제도가 도입된 이래, 법원은 형사전문심리위원을 지정하여 활용하고 있다. 형사전문심리위원은 각 분야의 전문가들로 이루어져 있는데, 이들은 사건에서 쟁점이 되는 사안에 대해 전문 지식과 경험에 기초한 설명 또는 의견을 재판부에 제시하는 역할을 한다. 그럼으로써 재판부가 보다 다양한 정보들을 활용하여 판단할 수 있도록 조력한다. 최근 형사전문심리위원으로 지정된 전문가들은 연쇄살인, 무동기 범죄, 매 맞는 아내 증후군에 기인한 배우자 살인사건, 아동 대상 성폭행 사건 등에 지정되어 적극적으로 의견을 개진하고 있다. 근래에 들어 법원에서 전문가들에게 요청하는 주요 분야로는 피고인의 위험성 분석, 아동 성폭력 피해자의 진술에 대한 신빙성 분석, 성범죄 피고인의 치료 가능성 등이 있다.

## 3 국내 운영 제도

### 1) 전문심리위원 제도

전문심리위원 제도는 전문적인 지식이 요구되는 사건(예: 원래 지적재산권, 건축, 의료, 환경 등)에서 법원이 관련 분야의 외부 전문가를 전문심리위원으로 지정하여 전문적인 지식과 경험에 기초한 설명이나 의견을 들음으로써 소송절차에 도움을 받는 제도이다.

국내에서는 전문심리위원 제도의 도입에 대해 2007년 7월 13일자로 「민사소송법」 개정안이 국회에서 가결되었고, 2007년 8월 14일부터 시행되어 민사소송절차에서 먼저 시행되었다. 이후 2007년 12월 21일 형사소송절차에서도 전문심리위원 제도를 활용할 수 있도록 개정된 「형사소송법」 제297조의2에 전문심리위원에 관한 규정을 신설하여 입법하였다.

형사재판에서의 전문심리위원 제도는 특히 사회과학 분야에서의 활용이 두드러지며, 전문심리위원 제도에 의한 전문가의 활용은 점차 확대되고 있다. 이는 「형사소송법」이 개정되면서 공판중심주의가 강화되었고, 이에 따라 재판 과정에서 전문가 증언의 비중이 증가하게 된 결과라고 할 수 있다. 특히, 전문가 증언이 증가하게 되면서 소송 당사자가 첨예하게 대립하는 경우 이에 대한 전문가의 객관적이고 과학적인 지식에 대한 수요 역시 증가하게 되었다.

전문심리위원 제도가 처음 도입된 2008년에 형사전문심리위원들이 법원으로부터 의뢰받은 사건에 제공한 전문가 의견이 판결에 미친 영향을 분석한 한 국내 연구(이수정, 서상진, 2010)에 따르면, 전문심리위원들의 의견이 판결에 상당한 영향을 미친 것으로 나타났다고 한다.

이 연구에 따르면, 법원에서 전문심리위원들에게 가장 빈번하게 의견 개진을 요구한 사건의 유형은 성폭력과 살인사건이었다. 성폭력 사건에서는 피고인의 재범 위험성과 치료 가능성에 대한 의견을 요구하였으며, 살인사건에서는 범행 전후의 심리상태에 대한 의견을 요구하였다. 또, 재판 결과를 보았을 때 전문심리위원들의 의견이 판결과 양형에 연관되어 있었다는 결과가 나타났다.

우리나라의 감정인 또는 전문심리위원은 미국에서의 전문가 증인(Expert Witness)의 개념이나 역할과 유사하다. 우리나라의 경우 전문가를 재판에 활용하기 위해서는 법원의 지정이 필요하다. 즉, 법원의 직권 또는 검사, 피고인, 변호인의 의견을 듣고 각 사건마다 1인 이상의 전문심리위원을 법원이 지정하게 되어 있다.

「형사소송법」 제279조의2에 따르면, 전문심리위원은 "소송관계를 분명하게 하거나 소송절차를 원활하게 진행하기 위해 공판 준비 및 공판 기일 등 소송절차에 참여"할 수 있으며 "전문적인 지식에 의한 설명이나 의견을 서면으로 제출하거나 법정에서 전문적인 지식에 의하여 설명이나 의견을 진술"할 수 있다고 규정해 놓았다.

한편, 전문심리위원은 「형사소송법」 제169조의 감정인과는 구분되는 개념으로, 두 전문가의 활용 및 법적 책임 부분에서는 다소 차이가 존재한다. 감정의 경우, 법원이 학식과 경험이 있는 자에게 감정을 명할 수 있다는 점, 감정을 명할 때는 감정 사항을 명확하게 해야 하는 점, 감정인은 감정 전에 선서의 의무가 부여되는 점, 감정은 증거 자료가 될 수 있다는 점 등은 전문심리위원과는 구분되는 개념이다.

### 2) 전문수사자문위원 제도

전문수사자문위원에 대한 규정은 「형사소송법」 제245조의2와 3에 규정되어 있다. 즉, 전문심리위원 제도가 재판 과정에서 외부 전문가를 활용하는 것이라면, 전문수사자문위원 제도는 수사 과정에서 외부 전문가를 활용하는 것이다. 전문수사자문위원은 검사가 공소 제기 여부와 관련된 사실관계를 분명하게 하기 위하여 객관적이고 전문적인 지식을 갖춘 외부 전문가로부터 조력이 필요한 경우에 활용될 수 있다.

전문수사자문위원으로 지정된 전문가는 수사절차에 참여하여 사건 관련 설명이나 의견을 제공한다. 전문수사자문위원의 세부 전문 분야로는 가정폭력, 성폭력, 소년사건 등 각종 형사사건을 비롯하여 강력, 특수, 공안, 외사 등 다양한 분야가 포함된다.

## 제 2 절 | 형사사법절차 전문가 증언의 영향

우리는 일반적으로, 전문적인 지식을 갖춘 전문가가 어떤 주제에 대해 의견을 제시했을 때, 그것을 조건 없이 신뢰하여 받아들이는 경향이 있다. 하지만, 형사사법절차에서 전문가의 의견을 어떻게 받아들일 것인가에 대해서는 일반적인 시각으로 접근해서는 안 된다. 그들의 의견이 유무죄나 양형과 같은 중요한 문제에 대한 판단에 영향을 미치기 때문이다.

전문가들의 증언이 유무죄 판단에 얼마나 중요한 역할을 하는지, 그들의 유능성과 신뢰성은 어떠한지 등을 판단하는 데 있어서 일반적인 인식과 실제 재판에서의 인식은 차이가 있다. 전문가에 대한 일반적인 평가와 달리, 소송 과정에서 법 판단자(판사나 배심원들)들이 전문가의 의견을 어떻게 평가하고 영향을 받는지를 살펴볼 필요가 있다.

미국의 경우, 1980년대에 들어 과거의 판결 중 오판이었음이 확인되는 사례들이 증가하면서, 이러한 오판의 원인을 파악하고자 하는 움직임이 일어났다. 그 결과, 법과학 증거 분석의 실수, 적절하지 않은 분석방법의 사용, 전문가의 부적절한 법정 증언 등으로 인해 오판이 야기되었음이 확인되었다.

그러자 점차 법과학 분야에 대한 개선의 목소리가 높아지면서 미국국립과학학술원(National Academy of Science)은 법과학 증거의 감독 및 강화와 연구 및 지원에 대한 권고 사항들을 제시하였는데, 이는 법과학 증거가 법정에 도입됨으로 인해 발생할 수 있는 문제의 해결책을 모색하는 계기가 되기도 하였다.

### 1 성범죄 피해아동 사건에서의 전문가 증언

미국에서는 아동 성학대 사건의 재판에서 이루어지는 전문가 증언의 역할에 대해 많은 연구가 이루어져 왔다. 아동 성학대 사건의 경우 폭로의 지연으로 말미암아 신체적·의학적 증거가 부재하거나, 피해를 당했다는 아동의 증언을 뒷받침해 줄 만한 증거가 부족한 경우들이 많다. 때문에, 아동의 성폭력 피해 양상을 설명하기 위하여 다른 사건에 비하여 심리 전문가에 대한 의존도가 상대적으로 더 높다.

대표적으로, 아동 성학대 증후군(Child Sexual Abuse Accommodation Syndrome; CSAAS)에 대한 전문가 증언은 성학대 피해를 입은 이후 보이는 아동의 태도를 설명하는 데 이용되어 왔다. 연구들에 따르면, 성학대 피해 아동은 학대 사실을 즉시 알리지 못하고 폭로까지 지체 기간이 있으며, 일상 장면에서 마주치는 성인 남성에게까지도 두려움을 보이고, 공격당하는 내용의 악몽을 꾸는 등의 전형적인 반응을 보인다는 것이다.

또한, 전문가들은 아동이 면담을 받는 동안 조사 도구로서 해부학적(Anatomically Detailed) 인형의 사용과 관련된 내용을 증언하기도 한다. 1990년대 이전까지는 Summit(1983)가 주장한 CSAAS나 AD(Anatomical Doll) 인형을 통한 면담을 통해 임상적 관찰과 면담을 통해 성적 학대를 확인하고자 하였다. 아동의 경우 상세한 성적 지식을 갖추고 있지 않은데, 성적으로 피해를 당한 아동이라면 그와 관련된 구체적인 성행동을 해부학적 인형으로 설명할 수 있다고 보는 견해이다.

그러나, 해부학적 인형이 갖는 의미에 대해, 해부학적 인형은 대화 도구로만 보아야 하며 진단에 도움이 되는 것은 아니라는 견해도 있다. 해부학적 인형에 대한 접근과 그로 인한 결과는 신뢰성에 관한 Daubert 기준이나 전문가 증언 허용에 대한 연방증거규칙 기준에 부합하지 않는다는 이유로 재판에서 이를 허용하지 않는 추세가 나타났다. 지금은 객관적 접근방법이나 객관적인 방법과 임상적 접근(면담)을 혼합하여 검사하는 방법을 선호하는 학자들이 늘어났고, 법원도 이러한 검사를 통한 결과들을 전문가 증거로 받아들이는 추세이다.

한편, 전문가의 증언이 법 판단자들의 아동 진술에 대한 판단에 미치는 영향도 중요한 문제이다. 법원에서 필요하다고 판단할 경우 심리학 전문가가 아동 증언의 신뢰성(Credibility)에 대해 증언한다. 이때 전문가의 증언은 피해 아동 진술의 신빙성에 초점을 맞추어야 하며, 그 주제를 벗어난 주제, 즉 피고인의 유무죄 여부에 대한 언급은 삼가야 한다고 연구들은 권고해 왔다.

연구들에 따르면, 아동의 신뢰성에 대한 전문가의 증언이 받아들여지는 이유는 성학대 아동 피해자에 대한 전문가의 임상적 경험(Clinical Experience)이 신뢰성 판단에 있어 타당한 근거를 제공하는 역할을 할 수 있다고 생각되기 때문이다. 아동 성학대 재판

장면에 포함된 다양한 형태의 전문가 증언이 일반인들의 법적 판단에 어떠한 영향을 미치는지 살펴본 한 연구(Gabora, Spanos, & Joab, 1993)에서, 전문가 증언은 참여자들의 판단에 영향을 미치는 것으로 나타났다.

전문가 증언의 형태를 막론하고, 증언을 들은 판단자는 듣지 못한 판단자보다 피고인의 유죄를 인정하는 경향이 있었다. 전문가 증언이 아동 성학대 사건의 의사결정 과정에 영향을 미친다는 이러한 결과는 목격 증인, (성폭력 이외) 다른 유형의 다양한 범죄사건들에서 전문가 증언이 배심원들의 결정에 미치는 영향에 대한 결과와 일치한다.

한편, 연구들에 따르면 법 판단자들은 아동 진술의 신빙성이나 해부학적 인형에 대한 전문가의 증언에 비해 병리증후적 전문가 증언에 대해서는 덜 유용하고 덜 중요한 것으로 판단하는 경향이 있다(Kovera, Levy, Borgida, & Penrod, 1994). 아동 성학대 피해사건의 경우, 전문가의 증언이 재판에 영향을 미치는 것은 이미 입증된 바인데, 전문가의 증언이 아동 증인에게 유리한 방향으로 의사를 결정하도록 하는 방향으로 영향을 미친다는 연구 결과들도 존재한다(Kovera & Borgida, 1996; Mason, 1991).

## 2 정신감정과 전문가 증언



영미법에서 채택하고 있는 보통법(Common Law)에서는 형사소송절차와 유죄의 법적 책임에 있어 피고인에게 정상적인 인지능력을 요한다. 즉, 피고인의 형사소송 역량(Competence to Stand Trial)과 정신이상 변호에 대한 법조항을 마련해 두고 있다. 이는 정신장애나 결함이 있는 개인들(피고인)이 소송 과정에서 공정하고 적절하게 취급받을 권리를 보장하기 위해 정립된 것이다.

피고인의 형사소송 역량과 관련하여, 재판정에 서기 위해 피고인은 자신이 받고 있는 혐의의 본질과 소송절차를 이해해야 하고 변호인과 의사소통할 수 있는 능력을 갖추어야 한다. 이러한 능력을 갖추지 못한 경우, 피고인은 정신장애로 인해 재판받기에 적합하지 않다고 여겨진다(이진국, 2011).

한편, 형사소송 역량이 재판 당시 피고인의 정신상태와 관련된 문제라면, 정신이상 변호는 피고인의 범행 당시 정신상태와 관련된다. 형사책임능력에 있어 정신이상이 책임능력의 면책 사유로 작용된 것은 1843년 영국의 맥노튼(McNaughton) 사건이다. 당시 영국 수상(Robert Peel)을 암살하려던 피고인에게 법원은 정신이상을 이유로 무죄 판결을 내렸다.

이전에도 유사한 사건은 존재하였지만, 맥노튼 사건을 통해 관련법이 새롭게 제정되었는데, 법적 책임이 배척되는 정신이상에 해당한다는 것은 ① 피고인이 범행 당시 정신장애로 인해 자신이 하고 있는 일의 본질을 모르거나, ② (자신이 어떤 행동을 하고 있는지) 알고 있다고 하더라도 그 일이 어떤 측면에서 어떤 식으로 잘못되었는지를 모르는 것이다.

대부분의 대륙법계 국가들에서는 정신장애의 개념을 형법의 책임능력에 대한 규정에서 정의내리고 있다. 가령, 독일의 경우 「형법」 제20조에서 책임무능력자의 개념을 규정하고 있다. 즉, "병적 정신장애(정신병), 심한 의식장애, 정신박약, 기타 중대한 정신이상으로 인하여 불법을 인식하고 그 인식에 따라 행위할 수 없는 자"로, 생물학적 요소(정신장애 등), 심리학적 요소(판별능력, 제어능력)를 모두 책임무능력의 구성요소로 규정하고 있다(이진국, 2011).

반면 우리나라의 경우, 「형법」 총칙 제10조에는 심신장애인에 대한 구체적 규정이 없다. 대신 심신장애인을 '사물을 변별할 능력이 없거나 의사를 결정할 능력이 없는 자'로 다소 모호하게 규정하고 있다. 따라서 국내 형사소송에서는 책임무능력을 정신장애의 생물학적 기초에 근거하여 행위자가 사물을 변별하고 의사를 결정할 심리적 능력이 있었는가 여부를 검토하여 결정한다. 이때 사물을 변별할 능력이나 의사를 결정할 능력은 (범죄) 행위 당시를 기준으로 판단해야 한다.

정신장애에 따른 피고인의 책임능력 여부를 판단하기 위해서는 정신의학 전문가 등에게 정신감정을 의뢰해야 한다는 것이 학계와 대법원의 공통된 의견이다. 이와 관련하여 초기 대법원의 판결은 해당 문제의 판단에 전문가의 의견이 꼭 필요한 것은 아니라는 입장이었다. 즉, 대법원 1995. 2. 24. 선고 94도3163 판결이나 대법원 1999. 8. 24. 선고 99도1194 판결에서 대법원은 "심신장애의 유무 및 정도의 판단은 법률적 판단으로서 반드시 전문 감정인의 의견에 기속되는 것이 아니고 범행의 경위, 수단, 범행 전후의 피고인의 행동 등 기록에 나타난 관계 자료와 피고인의 법정 태도 등을 종합하여 법원이 독자적으로 판단할 수 있다"고 하면서, 최종 판단은 법원의 재량이라 보았다.

하지만, 이후 최근의 판례에서는 그 관점을 다소 달리하고 있다. 대법원 2009.4.9. 선고 2009도 870 판결에서는 정신질환 병력을 가진 피고인이 범행 당시에 심신장애 상태인지에 대한 판단에 있어, 정신과 전문의로 하여금 감정하게 하지 않거나 객관적 정신감정기관을 통해서 자세한 정신감정을 실시하지 아니하면 심리미진의 위법이 있다고 판시하였다. 따라서, 현재는 피고인의 책임능력에서 정신장애의 판단은 법원의 자의적인 재량이 무작정 허용되지는 않는다.

정신감정은 주로 정신과 전문의에 의해 이루어진다. 미국의 경우 Jenkins v. the United States(1962) 사건을 기점으로 정신장애 판단에 대한 전문성을 심리학자에게까지 확장하게 되었다. 이 사건 이전까지 미국 법원은 정신감정에 있어 심리학자의 자격을 신뢰하지 못하는 경향이 있었다.

현재 미국에서는 「Crime Control Act」와 1991년 재개정한 「the Federal Rules(연방증거법)」 제35조 조항에 따라 심리학자와 정신과 전문의 둘 다 정신건강 전문가로 인정하고 있다. 국내의 정신감정은 주로 정신과 전문의에 의해 수행되고 있다. 정신과 전문의는 정신이상의 대표적인 진단 편람인 DSM(Diagnostic and Statistical Manual of Mental Disorders)-5의 기준에 따라 정신장애를 진단한다. 이때 많은 경우 임상심리사들의 심리평가 결과를 참조한다.

## 3 위험성 평가와 전문가 증언

미국의 경우, 1911년 주 법에서 민간 위탁(Civil Commitment)을 다루기 시작했는데(법원행정처, 2007), 이후 위험한 성범죄자들을 '결함이 있는 범죄 성향을 보이는 사람'이나 정신병질(Psychopathy) 범죄자로서 규정하고, 그에 따라 성범죄자에 대한 부가적인 개입의 문제가 법적으로 다루어지게 되었다(Mich. Comp. Laws § 780.501-.509, 1937).

이러한 추세는 범죄행동에 있어 '(처벌을 넘은) 치료적 목적'을 강조하고자 하는 관점으로 이어졌다. 그리고 그 결과, 1960년대를 거치며 26개의 주와 컬럼비아 특별구에서 법원이 지정한 '성적인 사이코패스(Sexual Psychopaths)'에 대해 민간위탁을 허가하는 특별법이 제정되는 데에 이르렀다.

1990년에는 워싱턴주에서 성범죄자에 대한 개입에 있어 '제2의 물결'이라고 불리는 새로운 형태의 민간위탁을 처음으로 제정하였다. 이 법에 따라 워싱턴주는 형기를 종료한 범법자에 대하여, 위험성이 인정되는 경우 보호구치(예방구금)를 허용하고 있다. 현재 미국의 21개 주와 연방정부는 '성적으로 위험한 범법자들(Sexually Violent Predators)'을 대상으로 비자발적인 개입 조항을 마련해 두고 있다. 주마다 다소 차이는 존재하나, 이 법들은 '성적으로 위험한 범법자'를 사전에 선별하여 부정기형으로서 치료 · 구금한다.

독일의 경우, 과거에는 보안감호 제도와 사회치료 제도가 마련되어 있었지만 유명무실하다가, 1998년 1월 26일 「성범죄 및 기타 위험한 범죄행위에 대한 대책 법률(Gesetz zurBekämpfung von Sexualdelikten und anderen gefährlichen Straftaten vom 26. 1. 1998)」을 통해 제66조 제3항이 신설되었다. 이 조항에서는 몇 개의 보안감호 부과 대상 범죄가 추가되었다.

이에 따라, 주로 성범죄, 피보호자 학대, 위험한 상해, 중독 상태에서의 범죄 등을 대상으로 미성년자, 요보호자(要保護者) 등에 대해 보안처분이 내려졌다. 이후 2002년 「유보적 보안감호의 도입을 위한 법률(Gesetz zur Einführung der vorbehaltenen Sicherungsverwahrung vom 21. 8. 2002)」을 통해 독일 「형법」 제66조a가 신설되었다.

이로써, 제66조 제3항에 열거된 특정 범죄를 저지른 자에게 형의 선고 시점에 법원이 보안감호를 부과하기에 그 위험성이 확실히 판명되지 않은 경우에는 일단 보안감호의 선고를 유보하고 대신에 형의 집행종료가 가까운 시점에 형 집행 법원에서 위험성 여부를 검토한 후 보안감호의 부과 여부를 결정하도록 하는 유보적 보안감호 제도를 도입하였다(법원행정처, 2007).

미국의 민간 위탁은 형의 종료 후 이루어지는 일종의 보안처분으로, 우리나라의 사회보호법과 유사하다. 1980년 12월 18일 법률 제3286호로 제정된 사회보호법은 죄를 범한 자가 재범의 위험성이 있고, 특수한 교육과 개선 및 치료가 필요하다고 인정되는 경우 보호처분을 통해 사회복귀를 촉진하고 나아가 사회 보호를 목적으로 한다. 하지만 이후 사회보호법은 헌법에 규정된 기본권을 침해한다고 하여 일부 규정에 대해 1989년 위헌 결정이 내려졌다(헌법재판소 1989. 7. 14. 선고 88헌가5,8 및 89헌가44).

하지만 최근 전자감시제도와 보호감호제도가 부활하여 고위험범죄자들에 대하여 징역형 이외에 부가적인 처분을 내리고 있다. 2006년대부터 잔혹한 범죄로 논란이 된 (아동) 성범죄에 영향을 받아 보안처분이 늘고 있는 실정이다. 2006년 2월 용산 초등학생 성추행 · 살인사건을 계기로 아동 성범죄자 치료감호제도 도입, 유전자 정보은행 설치 시도, 성범죄자 신상 공개 확대 등의 대책이 도입되기 시작되었다(법원행정처, 2007).

이후 2007년 4월 제주 초등생 납치·살인사건을 계기로 아동 성폭력범죄에 대한 친고죄가 폐지되었으며, 성폭력전담 수사제도가 도입되기도 하였다. 또, 같은 해 12월 안양 초등학생 납치·살인사건을 기화로 전자발찌 제도가 도입되었고, 「성폭력범죄의 처벌 및 피해자 보호 등에 관한 법률」이 개정되면서(13세 미만 아동 대상 성폭력범죄 후 납치·살해할 경우 가석방 금지 및 사형이나 무기징역 선고) 유전자 정보은행 설치, 위치 추적용 전자태그 부착 등의 대책이 마련되었다.

또한, 2009년 10월 조두순 사건을 계기로 유기징역 상한 폐지, 신상공개 확대, 유전자 정보 영구 보존, 전자발찌 부착 연한 30년으로 확대 등 보안처분을 확대하였다. 특히, 2008년 치료감호대상자를 정해놓은 「치료감호 등에 관한 법률」 제2조 법규에 3항을 추가하여 이상 성벽(예: 소아성기호증, 성적가학증 등)이 있는 정신성적 장애인으로서 금고 이상의 형에 해당하는 성폭력범죄를 지은 자를 규정하고, 현재 치료감호소에 15년까지 수용할 수 있도록 했다. 이러한 부가적인 보안처분을 결정하기 위해서는 그와 관련된 세부분야에의 전문 지식이 필요하다. 이를 위하여 현재는 「형사소송법」을 개정하여 전문심리위원 제도 등을 두어 법정 전문가로서 심리학자들의 개입을 늘리고 있다.

## 4 배심원의 판단과 전문가 증언

연구들에 따르면, 법과학 증거, 특히 DNA 증거는 일반인들의 법적 판단에 강한 영향을 미치는 것으로 알려져 있다. 특히, 연구들을 통해 DNA 증거를 포함한 물리적인 영역의 법과학 증거들 역시 신뢰도의 측면에서는 100% 완전하지 않다는 점이 논의되고 있음에도, DNA 분석기법에 대한 연구나 증거로서의 신뢰도는 전반적으로 아주 높게 평가되고 있다.

실제로, 미국에서는 CSI와 같은 법정 드라마가 인기를 끌면서, 드라마에서 다루어지는 법과학적 증거들이 실제 법정에서도 그와 유사하게 활용될 것이라는 일반 대중 및 배심원의 기대, 재판 과정에서 이러한 증거를 요구하는 배심원의 증가 등의 현상을 두고 'CSI 효과(CSI Effect)'라는 신조어가 생기기까지 하였다(김민지, 2010).

이후 이러한 현상에 대해 배심원의 법정 드라마 시청 정도가 실제 법정에서 유무죄 판단에 미치는 영향에 대한 연구들이 수행되기도 하였다. 초기 연구들에 따르면, 법정

물과 같은 미디어의 시청이 직·간접적으로 배심원의 판단에 영향을 미친다는 견해가 많았으나, 최근에는 큰 영향을 미치지 않는다는 견해가 더 지배적이다(Shelton, 2009).

뿐만 아니라, 각기 다른 전문 분야의 전문가들에 대한 배심원의 판단을 살펴본 또 다른 연구에 따르면, 배심원들이 다른 분야의 전문가들에 비해 특정 분야의 전문가에 대해서 보다 더 긍정적인 모습을 취하는 등 편견을 가진 태도가 있음이 나타났다(Saks & Wissler, 1984). 이는 배심원들이 전문가에 대해 편견을 가지는 경우, 재판에서 특정 전문가가 한 증언의 의미나 중요성을 실제보다 높게 평가할 가능성이 있음을 시사한다.

범죄심리학

제 9 장

# 사법 판단자의 의사결정

Decision Making of Justice

형사사법체계 내에서 사법 판단자들이 내리는 판단은 개인의 관점에서나 사회적인 관점에서나 매우 중요한 의미를 갖는다. 피해자의 관점에서, 국가의 보호를 받는 한 국민으로서 범법행위로 인해 발생한 피해에 대한 응당한 법률적 조치가 취해질 것이라는 믿음은 매우 중요하다.

가해자의 관점에서도, 자신의 행위로 인한 결과가 법률로서 어떻게 처분되고, 향후 자신에게 전개될 법적 상황이 어떠한지는 상당히 중요한 문제일 것이다. 더불어, 사회적인 관점에서 범법자에 대한 유무죄의 결정과 양형의 판단은 법치국가의 근간, 즉 법률로서 사회질서를 유지한다는 측면에서 큰 의미를 갖는다.

따라서, 사법 판단자가 내리는 의사결정은 최대한 객관적이고 중립적으로, 사실과 원칙에 입각하여 이루어져야 한다. 하지만, 결국 사법 판단자 역시 인간이므로, 인간의 판단 과정에 개입하는 여러 가지 오류를 피해가기가 어렵다. 사법 판단자들의 의사결정에 영향을 미치는 요소들에는 어떤 것이 있으며, 각기 요인들이 의사결정에 어떤 방식으로 영향을 미치는지 살펴볼 필요가 있다.

## 제 1 절 | 사법 판단자의 의사결정

기본적으로, 법률적 판단은 법관의 고유 영역이다. 따라서, 우리는 보통 '사법 판단자'라고 하면 일반적으로 판사를 떠올리게 된다. 하지만, 2008년 「형사소송법」이 개정되면서 국내에도 국민참여재판 제도가 도입되었다. 이로써, 만 20세 이상의 일반 국민 중에서 무작위로 배심원을 선정하여 공판 절차에 참여하게 하고 있다.

공판(公判)에 참여한 배심원은 다른 배심원들과의 논의를 거쳐 유무죄에 대한 평결을 내리게 된다. 물론, 현재까지는 배심원들이 내린 유무죄에 대한 평결과 양형에 대한 의견은 권고적 효력을 가질 뿐, 법적인 구속력은 없다. 다만, 판사가 배심원의 평결과 다른 선고를 내리는 경우 피고인에게 배심원의 평결 결과를 알리고, 평결과 다른 선고를 내린 이유를 판결문에 적시하여야 한다.

이처럼, 좁은 의미에서 사법 판단자라 함은 공판 과정에 참여하는 법관과 배심원을 포함한다. 여기에 더불어, 보다 범위를 넓혀 보자면 재판 과정의 판단자 이외에도 수사 과정에 참여하는 검찰과 경찰까지 포함해 볼 수 있다. 수사 과정에서도 용의자를 특정하고 그에 따라 수사 방향을 설정하거나, 용의자의 혐의에 대해 판단하고 기소 여부를 결정하는 등의 과정에서 법적 의사결정이 요구되기 때문이다. 따라서, 이들이 사법절차에서 내리는 판단과 의사결정에 어떤 요소들이 어떠한 방식으로 영향을 미치는지를 이해하는 것은 중요하다.

## 1 재판 과정에서의 의사결정; 사실 판단과 양형 판단

형사사법절차에서 사법 판단자들이 내려야 할 결정은 크게 사실 판단과 양형 판단이라고 할 수 있다. 사실 판단이란 피고인의 유무죄를 결정하는 것으로, 피고인의 행동에 대해 범죄의 구성요건(構成要件), 형사책임능력(刑事責任能力), 위법성(違法性) 조각사유 등을 살핀다. 사실 판단에 따라 피고인이 유죄로 판단된 경우에는 범죄 상황, 피고인의 특성 등 여러 요인들을 살펴 형의 양과 질을 결정하는 양형 판단이 필요하다(김병수, 2012).

양형이란 유죄가 인정된 피고인에 대한 형벌의 종류와 범위를 정하는 것이다. 우리나라의 경우, 법관이 합리적이고 적정한 양형을 도출할 수 있도록 양형 기준이 마련되어 있다. 각 범죄는 유형별로 감경/기본/가중이라는 3개의 권고 영역으로 나뉘는데, 다양한 양형 인자를 질적으로 평가하여 권고 영역을 정한다.

양형 판단을 하기 위해서는 형종의 선택, 법률상 임의적 감경, 작량 감경, 구체적 형량 결정, 집행유예 여부의 결정 등과 같이 다양한 양형 인자들을 고려해야 한다. 물론, 우리나라 「형법」 제51조에 양형의 조건을 규정하고 있지만, 개별 사건에서 각 양형 인자들을 적용하는 구체적인 지침은 부재하다.

사실 판단 절차를 거쳐 피고인이 유죄라고 판단되면 판사와 배심원들은 양형 기준을 참고하여 형벌의 종류와 정도를 결정하게 된다. 두 절차는 서로 다른 증거와 정보를 필요로 한다. 즉, 사실 판단과 양형 판단은 각기 다른 분야이다. 하지만, 국내 사법체계에서는 사실 판단과 양형 판단이 동시에 이루어진다. 피고인의 유무죄 여부 판단을 위한 사실 판단 절차와 형량 결정을 위한 양형 심리 절차는 분리되어 있지 않다. 이 경우, 양형과 관련된 정보들이 사실 판단에 영향을 미칠 가능성이 존재한다(김병수, 2012).

특히, 양형 관련 정보는 피고인의 범죄 유무, 즉 유무죄 여부를 증명하는 자료가 아님에도 판단자로 하여금 피고인에 대한 유죄 심증을 강화 또는 약화시켜서 불공정한 결과를 초래할 위험성이 존재한다. 가령, 피고인의 과거 전과기록은 양형 판단에 참조할 수 있는 정보이지만, 유무죄 판단을 위한 사실 판단의 자료와는 별개의 정보이다. 하지만, 피고인이 과거에도 범죄를 저질렀다는 점은 판단자로 하여금 부정적인 선입견을 갖게 해 사실 판단에까지 영향을 미칠 수 있다. 즉, 피고인의 전과기록이 사실 심리에서 공개되면 피고인에게 유죄가 선고될 가능성이 높아진다.

이러한 일원적 공판절차는 2008년 도입된 국민참여재판에도 그대로 적용되어서, 재판에 참여하는 배심원들 역시 피고인에 대한 사실 판단과 양형 판단을 동시에 진행하게 된다(「국민의 형사재판 참여에 관한 법률」 제46조 제4항). 이러한 이유로, 판사뿐만 아니라, 국민참여재판에 참여하는 배심원들의 사실 판단 역시 양형 정보에 영향을 받을 수 있다.

영국과 미국 등 영미법계 사법절차에서는 이러한 편향을 방지하기 위해 전과기록 등과 같은 양형 정보가 사실 판단에 미치는 영향을 최소화하고자 공판절차를 이분화하고 있다. 하지만, 여전히 모든 양형 정보를 통제하는 데에는 어려움이 있다. 가령, 피해자의 나이는 공판절차를 이분화하여도 사실 판단 중인 판단자에게 감출 수 없는 정보이다.

## 2 수사 과정에서의 의사결정; 경찰과 검찰의 의사결정

검사가 가진 검찰권은 검사의 인식과 판단하에 이루어진다. 특히, 우리나라를 포함한 대륙법계 국가들은 기소권을 검사에게 독점적으로 부여하고 있는 경우가 많다. 우리나라도 검사의 기소독점주의를 채택하고 있다. 따라서, 혐의를 받는 피의자를 법정에 세워 재판을 받게 할 것인지 여부는 오직 검사가 결정한다.

기소권을 가진 검사가 내릴 의사결정의 유형은 다양하다. 가령, 피의자에게 혐의점이 있는지, 혐의를 가졌다면 어떤 죄목에 해당하는지, 혐의 입증을 위해서 어떤 증거를 어떤 식으로 채용할 것인지, (기소를 한다면) 구형은 얼마나 할 것인지 등의 다양한 영역에 대해 의사결정을 내려야 한다.

검사가 검찰권을 부당하게 행사하여 잘못된 결정을 내리는 경우는 크게 세 가지로 분류해 볼 수 있다(이상원, 2017). 우선, 검사 개인의 비위로 인한 경우이다(비위의 이유는 금전, 명예, 성공, 상사에 대한 무조건적인 충성 등 다양할 수 있다). 즉, 검사가 위법행위나 부당행위를 저지르는 경우가 이에 해당한다. 다음으로, 자신이 내린 결정이 잘못되었음을 자각하였지만 종국에는 그것이 정의로운 결정이라고 믿는 경우이다. 마지막으로는, 결정이 잘못되었음을 자각조차 하지 못하는 경우이다.

첫 번째 경우는 개인의 비리 문제이므로 인적 쇄신 등을 통해 개선이 가능하다. 두 번째와 세 번째의 경우는 인간의 판단 과정에서 발생할 수 있는 원천적인 문제로서, 이는 비단 검사라는 특정 직업 특성에 한정된 문제가 아니라 경찰, 법관이나 배심원 등 인간이라면 누구나 보일 수 있는 인지적인 오류에 해당한다. 인간의 판단 과정에서 나타날 수 있는 인지적 오류들에 대해서는 주로 법관의 의사결정 과정에 초점이 맞추어져 연구가 이루어졌는데, 이러한 문제는 비단 법관만의 문제가 아니라 검사에게도 동일하게 적용된다.

한편, 최초로 사건을 인지하고 수사를 개시할 것인지 여부(수사 개시권)는 거의 대부분 초동 수사기관인 경찰기관에서 이루어진다(일부의 경우 검찰로 직접 고소/고발이 이루어지기도 한다). 경찰에서 가장 처음 사건에 대해 접하고, 사건과 관련된 증거나 자료를 수집하는 초기 수사활동을 담당하게 된다. 그리고 수집된 증거들을 분석하고, 피의자를 특정하며, 그것을 토대로 수사 방향을 설정하고, 추가 증거 수집 등의 과정을 거쳐 최종적으로는 사건을 검찰에 송치할 것인지 여부를 결정하게 된다.

즉, 경찰 수사의 결과물은 검사의 수사를 통해 기소의 근거가 되고, 나아가 재판에서 유무죄 판단의 토대가 된다(임지현, 2020). 결국, 경찰의 수사는 형사절차의 시작부터 종료에 이르기까지 형사사법체계 전반에 걸쳐 영향을 미친다. 경찰 수사 단계에서 사실적 오류가 발생하면 최악의 경우 재판 단계의 법률적 오류로 이어져 오판에 이르게 될 가능성도 존재한다.

이러한 과정에서 경찰 수사관의 모든 의사결정 과정 속에는 오류의 발생 가능성이 존재한다. 가령, 예단을 야기할 수 있는 수사관의 직감이나 속단, 그리고 그러한 직감이나 속단을 유발하는 정황 증거, 증거 유형별 편향성 등에 의해 영향을 받을 수 있다.

이러한 결과로, 경찰관이 특정 증거에 맹목적으로 매몰되거나 혹은 증거가치를 무시하는 등 객관성이 배제된 채 주관적인 인식에 기초한 추론이나 판단이 유발될 수 있다. 실제로, 국내의 한 연구(임지현, 2019)에 따르면, 수사 과정에서 확보한 물적·인적 증거를 수사관이 신뢰할수록 해당 피의자를 유죄로 판단하는 경향도 높아졌다는 결과가 존재한다. 따라서, 증거에 대한 편향성이나 편견이 수사 예단에 미치는 영향에 대해 비판적인 사고를 갖고 오류 가능성을 인지하여 종합적으로 추론하는 것이 무엇보다 중요하다.

## 제 2 절 | 사법 판단 과정에 오류를 발생시키는 원인들

사법 판단 과정에서 발생할 수 있는 인간의 인지적 오류는 과거부터 연구되어 온 주제이다. 연구들에 따르면, 인간이 범하는 인지적 오류 중 사법 과정 내에서 발생할 수 있는 대표적인 것들에는 정박 효과, 가용성 휴리스틱, 확증 편향, 선별적 정보처리, 자기중심 편향, 신념 고수, 인지부조화 회피 등이 있다(이상원, 2017).

### 1 정박 효과(Anchoring Effect)

인간은 결론을 도출할 때 자신이 알고 있는 초기값을 토대로 결론에 이르는 경향이 있다. 정박 효과란 초기값을 기준점으로 삼아(이에 닻을 내려 정박한다는 의미에서 정박 효과라고 지칭한다), 이를 토대로 세부적인 조정을 하며 최종 결론에 이른다는 것을 의미한다. 이러한 의미에서 정박 효과를 '닻 내림 효과' 또는 '기준점과 조정(Anchoring and Adjustment) 휴리스틱'이라고도 한다.

처음 제시된 어느 하나의 이미지나 기억에 사고가 박혀서 관련 판단을 할 때 그것에 영향을 받아 새로운 정보를 수용하지 않거나 부분적으로만 반영하는 행동 특성을 의미하는 것이다. 정박 효과가 법정 장면에서 특히 거론되는 이유는 검사의 구형이 마치 닻과 같은 역할을 하여 판사의 판단에 영향을 미칠 수 있기 때문이다. 검사의 구형이 판사의 판단에 미치는 영향을 살펴본 국내의 한 연구(박광배, 2005)에서, 실제로 판사의 양형 판단에 검사의 구형 수준이 영향을 미치는 것으로 나타났다(강준만, 2014, 재인용).

법정형이 5년 이상인 형법상 강간치상 사건을 판사들에게 제시한 후 한 집단에는 검사 구형 2년, 한 집단에는 검사 구형 10년, 다른 한 집단에게는 검사 구형을 제시하지 않았다. 그 결과, 검사 구형을 10년으로 제시한 경우와 검사 구형을 제시하지 않은 경우의 양형 평균은 유사하였다(각각 57.2개월, 57.5개월). 반면, 검사 구형을 2년으로 제시한 경우는 상대적으로 상당히 낮은 양형을 내렸다(42.5개월). 이러한 효과는 법관이나 일반인들에게서 큰 차이 없이 두루 나타난다.

즉, 배심원의 판단에도 이와 같은 점이 영향을 미칠 수 있다는 것이다. 특히, 유사한 연구들에 따르면, 판단자에게 제시한 검사의 구형 수준이 전문적인 법적 근거를 토대로 한 것이 아니라, 터무니없이 책정되거나 심지어는 무작위로 할당된 값이라는 것을 판단자가 알고 있을 때도 정박 효과가 나타나는 것으로 밝혀졌다.

## 2 가용성 휴리스틱(Availability Heuristic)

가용성 휴리스틱이란 떠올리기 쉬운 정보나 자료에 근거하여 해당 사건이 발생할 확률이 더 높다고 여기는 인지적 경향성을 의미한다. 즉, 어떤 사건이 발생할 가능성을 판단할 때, 그와 관련된 정보나 자료를 쉽게 떠올릴 수 있는가에 따라 판단한다는 것이다. 가용성은 친밀도, 현저성, 최근성 등 기억을 떠올리는 데 용이하게 작용하는 요인들에 의해 좌우된다. 가용성 휴리스틱이 작동하여 내리게 된 판단은 신중하거나 면밀한 검토 과정을 거치지 않기 때문에 이 과정에서 오류가 발생할 수 있다.

## 3 확증 편향(Confirmation Bias)

확증 편향이란 사람들이 현재 자신이 가지고 있는 신념, 기대, 믿음을 지지하는 방향으로 증거를 찾고 해석하는 경향성을 의미한다. 확증 편향은 새로운 정보를 찾고 입력하는 과정에서부터 이후 판단을 내리는 과정에 이르기까지 사고의 전 과정에 영향을 미친다. 확증 편향이 있는 경우 자신의 생각에 반대되는 정보는 배척하고 자신의 생각에 부합되는 정보를 선호하여 그것을 선별적으로 받아들이게 된다.

심지어, 이미 머릿속에 저장된 정보를 인출할 때에도 확증 편향이 작용하는 것으로 알려져 있다. 사법 판단에서 확증 편향의 영향을 살펴본 한 연구(Devine & Ostrom, 1985)에 따르면, 모의 배심 실험에서 배심원들은 공판 초기부터 심정적으로 어떠한 결론을 내리는 경우가 많은데, (공판을 진행하면서 점차 모순되는 증거들이 제시되더라도) 초기에 내렸던 마음속 결론이 공판 과정을 거쳐 최종적으로 내리는 결론과 동일한 경우가 많았다. 또, 증거를 가지고 평의를 거치고 나서도 기존의 견해가 더욱 강화되는 방향으로 작용하는 경향을 보였다.

## 4 선별적 정보처리(Selective Information Processing)

확증 편향에서 살펴본 것처럼 사람들은 정보의 수집과 저장, 회상에 있어 자신의 기존 생각에 부합하는 정보를 선호하고 반대의 정보는 배척한다. 이는 사람들이 자신이 중요하게 생각하는 정보를 선별적으로 수용한다는 것을 의미한다. 이를 선별적 정보처리라고 한다.

사법적 판단에서도 선별적 정보처리 현상이 나타난다는 점은 연구 결과로 입증되어 왔다. 가령, 사형의 범죄 억제력을 주제로 한 한 연구(Lord, Ross, & Lepper, 1979)에서, 사전 조사를 통해 사형이 억제력을 가진다는 사형존치론자와 억제력이 없다는 사형폐지론자를 구별하였다. 그리고 이들에게 각각 '사형이 범죄 억제력이 있다/없다'는 연구 결과를 모두 제공하였다.

그 결과, 사형존치론자는 억제력이 없다는 연구에 비해 있다는 연구가 더 설득력이 있다고 하였고, 사형폐지론자는 억제력이 있다는 연구에 비해 없다는 연구가 더 설득력이 있다고 답하였다. 여기서 재미있는 것은 사실 사람들에게 제공된 사형이 범죄 억제력이 있다거나 없다고 한 이 두 연구는 실험 과정이 똑같고 결과만 달랐을 뿐이라는 점이다. 즉, 사람들은 같은 논지의 글을 보고서도 자신의 견해에 부합하는 연구가 더 설득력이 있다는 결론을 내린다는 것이다.

## 5 자기중심 편향(Egocentric Bias)

자기중심 편향이란 자기 자신에 대해 과대평가하는 경향을 의미한다. 사람들은 기본적으로 성격, 건강, 전문성, 삶의 질, 공동 업무의 기여도 등에서 자신을 과대평가하는 경향이 있다. 이러한 경향성은 사법 판단자들 역시 예외가 될 수 없다. 물론, 모든 사람이 이러한 편향을 보이는 것은 아니지만, 사법 판단자가 이와 같은 편향을 보일 때 문제가 발생할 수 있는 것이다.

실제로, 연구들에 따르면 판사들도 자기중심 편향에 빠져 자신이 남들보다 더 나은 판단을 내린다고 생각하는 경우가 존재한다. 가령, 판사들은 자기 판결에 대한 파기율을 과소평가하고(Guthrie, Rachlinski, & Wistrich, 2001), 변호사는 재판에서 불공평한 대우를 받았다고 생각하는데도 판사 자신은 공평하게 대우했다고 생각한다는 점이 밝혀졌다(Eisenberg, 1994).

## 6 신념 고수(Belief Perseverance)

신념 고수란 자신이 가졌던 기존 생각의 원천이 된 증거들이 명백히 잘못되었었다는 점을 드러내는 새로운 증거가 나타나더라도 기존의 생각을 그대로 고수하는 경향을 의미한다. 선별적 정보처리가 애매한 정보를 편향되게 받아들이는 것이라면, 신념 고수는 기존의 생각이 완전히 잘못되었다는 증거에도 불구하고 이를 수용하지 않는 것이다.

즉, 선별적 정보처리에 비해 비합리성이 더 높은 인지작용이라 할 수 있다. 특히, 신념 고수 현상은 자신에 대한 평가뿐만 아니라, 타인에 대한 인식에서도 나타난다. 사법절차에서 판단자들에게 신념 고수가 나타나는 것은 잘못된 판결을 초래할 수 있는 위험성을 갖는다. 가령, 사법 판단자가 신념 고수에 빠져 있을 경우, 초기에 유죄 심증이 형성되고 나면 그 이후 유죄 심증을 형성한 근거가 된 자료가 완전히 잘못된 것임이 밝혀지더라도 유죄 심증을 버리지 못한다.

### 7 인지부조화 회피(Avoidance of Cognitive Dissonance)

사람들은 외적 행동과 내적 생각이 일치되지 않으면 불편감을 느끼게 된다. 이러한 충돌이나 불편감을 완화시키기 위해 행동에 부합되는 방향으로 생각을 조정하여 둘을 일치시키려는 경향을 인지부조화 회피라고 한다. 이러한 인지적 경향성이 사법절차에서 나타나는 경우 최종 판결 전 형성된 유죄 심증을 거두지 않는 방향으로 부적절하게 작용될 수 있다.

가령, 피의자에게 범죄 혐의가 있다고 판단하여 공소를 제기하였는데(행동) 이후(선고가 나기 전) 피고인이 무죄일 수도 있을 것이라는 생각이 드는 경우, 공소 제기 행위와 무죄라는 생각의 충돌로 불편감을 느끼게 되고, 그 결과 조정 가능한 무죄 가능성에 대한 생각을 회피하고 유죄의 심증을 고수하게 될 수 있다.

## 제 3 절 | 법적 의사결정에 영향을 미치는 개인 내적 요인

전과(前科)는 피고인의 형을 가중시키는 양형 정보에 해당한다. 그리고 피고인의 전과 정보는 피고인에 대한 부정적인 편향을 형성하여 유죄를 선고할 가능성을 높인다는 점은 여러 연구들을 통해 입증되었다(Greene & Dodge, 1995). 이 밖에 피해자의 나이, 피해자와 가해자의 관계, 범행동기 등과 같은 요인도 유무죄 판단에 영향을 미칠 가능성이 있다.

### 1 피해자의 나이

피해자 나이 관련 정보의 경우, 사실 피해자의 나이라는 그 요소 자체가 유무죄의 판단 기준이 되는 것은 미성년자 의제강간 및 추행과 같이 법률로서 연령을 제한한 경우에 한한다. 우리나라의 경우 해당 연령의 기준을 13세 미만 혹은 13세 이상 16세 미만으로 정하고 있다. 피해자의 연령이 이 기준에 해당되면 성 접촉의 합의 여부와 상관없이 처벌의 대상이 될 수 있다. 즉, 피해자의 나이가 범죄구성요건에 해당된다.

하지만, 16세 이상의 청소년을 대상으로 한 성관계 사건에서 피해자의 나이는 유무죄를 결정하는 데에 고려되는 사항이 아니다. 그럼에도 불구하고, 피해자의 나이가 어릴수록 피고인에 대해 더욱 부정적인 인상이 형성되고, 그것이 유무죄 판단에 영향을 미칠 수 있다.

이와 관련하여 미국과 영국, 호주 등의 각국에서는 피해자의 나이와 아동 피해 진술의 신빙성 및 유죄 판단율의 관계를 살펴보는 연구들이 수행되었는데, 그 결과 일반적으로 아동이 어릴수록 사건을 정확하게 진술할 능력이 낮다고 보면서도 한편으로는 나이가 어린 아동은 (성적으로 순진하기 때문에) 성적 피해에 대해 거짓말을 할 이유가 없다고 생각하는 경향이 나타났다(Allen & Nightingale, 1997; Davies & Rogers, 2009).

뿐만 아니라, 20대 성인 여성과 10대 청소년보다 10세 미만의 아동 피해자를 더 신뢰할 수 있는 증인으로 판단하였다는 연구 결과도 존재한다(Bottoms & Goodman, 1994). 특히, 아동의 피해 진술이 사실이라고 판단하는 경향은 유죄 판단에까지 영향을 미쳤는데, 피해 아동의 나이가 어릴수록 유죄 판단율은 상승하고, 10세 이상이 되어 나이가 들수록 감소하는 결과가 나타나기도 했다(Nightingale, 1993).

## 2 판단자의 성별



판단자의 성별이 판단의 결과에 영향을 미치기도 한다. 이러한 특성이 대표적으로 나타나는 범죄 유형이 바로 성범죄사건이다(이다니, 박광배, 2017). 강간사건에서 판단자의 성별은 특히 유무죄 여부 판단에 영향을 미친다고 알려져 있다. 여러 연구들(황인정, 2007)에 따르면, 판단자가 여성일 경우 남성보다 강간사건의 피고인을 유죄로 판단하는 비율이 높다. 이러한 결과는 유죄 판단에 활용될 수 있는 증거의 강도가 약하거나 불분명한 경우에도 여전히 동일하게 나타난다. 반면, 판단자가 남성인 경우에는 강력한 유죄인 증거가 존재하는 경우에도 무죄 판단율이 여성보다 높았다는 연구 결과도 존재한다.

성범죄사건에 대한 판단에서 남녀 간의 성차가 나타나는 이유는 결국 피고인-피해자에 대한 인식, 피해자 행동에 대한 인식이 성별에 따라 다르기 때문이라고 설명된다.

즉, 남성은 동성인 남성에게, 여성은 동성인 여성에게 자신을 동일시하여 그 입장을 수용하고 공감하기 때문에 (통상의 성범죄사건은 남성 가해자-여성 피해자의 형태를 취한다) 남성은 피고인, 여성은 피해자의 입장을 더욱 공감한 결과로서 피고인-피해자에 대한 인식에서 성차가 발생한다는 것이다. 보다 구체적으로는, 남성 판단자들은 피해자가 강간을 부추기는 행동을 했을 것이라고 생각하는 등 피해자에게 부정적인 감정을 느끼는 반면, 여성 판단자들은 피해자에게 강간 발생의 책임이 있다고 생각하지 않고 피해자의 입장을 더 공감하는 경향을 보인다.

## 3 비난 소재 경향성

비난 소재에 대한 판단 경향성은 특히 성범죄사건에서 잘 나타난다. 성범죄사건에서 피해자들이 사건 발생에 부분적으로 책임이 있다고 보고 피해자를 비난하는 것을 피해자 비난(Victim Blame)이라고 한다. 반대로, 사건의 발생이 피고인의 부적절한 행동에 원인이 있다고 보고 피고인을 비난할 만하다고 여기는 것을 피고인의 비난 가능성(Blameworthiness)이라고 한다.

피해자 비난은 성적 접촉의 발생에 피해자의 책임을 두고 이를 비난하기 때문에, 결국 범죄사건을 피해자 책임으로 귀인하여 법정에서 판사와 배심원들의 판단에 영향을 미칠 수 있다. 사실 판단자의 피해자 비난 경향성이 강한 경우에는 피고인이 무죄 판결을 받거나 가벼운 처벌을 받을 수도 있다(Baumer, Messner, & Felson, 2000).

한편, 판단자는 피해자의 나이가 어릴수록 피해자 비난을 약하게 하는 경향이 있다. 성범죄사건에서 아동은 미숙하기 때문에 피해에 대해 책임이 없고, 폭행에 저항하기 힘들다고 생각한다. 피해자 비난 경향성은 판단자의 성별에 따라 달라질 수 있는지에 대해서는 연구 결과들이 상반된다. 즉, 피해자 비난에 판단자의 성차가 나타나지 않는다는 결과도 있고, 여성이 남성보다 피해자 비난을 많이 한다는 결과도 있다. 하지만, 남성이 여성보다 피해자를 더 비난한다는 의견이 훨씬 지배적이다(Maurer & Robinson, 2008).

피고인의 비난 가능성은 피고인이 범죄에 대해 처벌받는 정도, 즉 양형과 연관된다(Shaver, 2012). 피해자가 연약하고 공격에 취약하다고 평가될 경우에 피고인의 비난 가능성을 더 높게 평가하는 경향이 있다(Strömwall, Alfredsson, & Landström, 2013). 또, 피해자의 나이가 어릴수록 피해자가 더 연약하다고 평가될 가능성이 높으므로 피해자의 나이에 따라 피고인의 비난 가능성이 달라질 수 있다. 특히, 성범죄사건에서 피해자가 미성년자인 경우에는 피고인의 비난 가능성이 더욱 높아져 유죄 판단율이 상승할 수 있다(이다니, 박광배, 2017). 한편, 성범죄에서 성행동에 대한 비난 가능성을 남성이 여성보다 낮게 지각하는 경향이 있다(Krahé, Temkin, & Bieneck, 2007).

## 4 가해자의 사회경제적 지위

일반적으로, 사람들은 공정한 세상에 대한 믿음을 가지고 있다고 한다. 이러한 측면에서, 연구들에 따르면 위법 행위자의 사회경제적 지위가 높을수록 처벌 판단 시 더 가혹한 기준으로 판단한다고 알려져 있다(Devine & Caughlin, 2014). 이는 처벌의 강도, 양형 판단, 보상 판단에서 모두 그러한 특성을 보인다. 즉, 행위자가 높은 사회경제적 지위에 있는 사람이라면 그렇지 않은 사람에 비해 보다 더 높은 처벌을 받아야 한다고 생각하고, 실제로 더 많은 양형을 부과하며, 피해자에게 배상하는 보상금의 액수도 더욱 높게 판단하는 경향이 있다.

한편, 이에 대해서는 반대의 연구 결과도 존재한다(Fragale, Rosen, & Merideth, 2009). 즉, 사회경제적 지위가 낮은 행위자에게 더욱 가혹한 처벌을 한다는 것이다. 이러한 차이는 연구가 수행된 국가의 문화적·사회적 특성의 차이에서 기인할 수 있다. 결국, 사회경제적 지위의 높고 낮음을 그 사회가 어떠한 방식으로 받아들이는지에 대한 시각이 반영될 것이기 때문이다.

## 제 4 절 | 법적 의사결정에 영향을 미치는 개인 외적 요인

### 1 공판절차 및 구조 관련 요인

공판절차상의 요인으로 판사의 양형 판단에 영향을 미치는 경우들이 있다. 가령, 공판 과정에서 제시되는 검사의 구형량이 정박 효과로 작용하여 판사들의 양형 판단에 영향을 미치기도 한다(이지은, 박노섭, 2021). 또, 일원화된 공판절차, 즉 사실 판단과 양형 판단을 분리하지 않고 진행하는 공판 구조에서 오는 영향이 존재한다. 이러한 구조에서는 사실 판단과는 관련이 없는 양형 판단의 자료가 불합리하게 사실 판단에 영향을 미치게 되는 결과를 초래하기 때문이다.

뿐만 아니라, 공판 과정에서 피고인 측에서 합의를 거론하는 경우 합의 자체는 사실 판단과는 관련이 없고, 양형 판단과 연관된 요인임에도 사실 판단에 영향을 미치기도 한다(김유진, 2021). 합의라는 것이 이미 혐의를 인정하겠다는 전제처럼 판단자에게 받아들여지기 때문이다. 한편, 용의자의 자백 여부 역시 유무죄 판단에 영향을 미친다. 즉, 용의자가 자백하는 경우(사실 자백만으로는 유죄를 선고할 수 없다) 유죄 판단 비율이 높아지며, 제출된 증거의 판단에도 영향을 미친다는 연구 결과들이 존재한다(이서진, 2020).

또, 이미 자백을 하였으면 추후 어떠한 이유에서건 그것을 번복하더라도 잘 받아들여지지 않는 경향이 있다. 이러한 결과는 형사법의 대원칙인 무죄 추정의 원칙, 즉 재판의 전 과정에서 제시된 증거만으로 유죄 입증이 불충분한 상황에서는 (유죄의 결정적인 증거가 부재하므로) 무죄로 보아야 한다는 원칙에 반하는 판단을 초래한다.

### 2 범죄 유형 및 심각도

범죄의 유형이나 심각성도 판단에 영향을 미치는 요인 중 하나이다. 범죄 유형에 있어, 대물범죄(예: 사기, 절도, 손괴 등)에 비해 대인범죄(예: 강간, 상해, 살인 등)를 보다 더 심각한 범죄라고 인식하며, 이에 따라 양형 판단이나 재범 위험성 판단이 더 높게 나타났다는 연구 결과가 존재한다(장여경, 2008). 한편, 범죄의 심각성에 있어서, 중범죄를 접한 사람들이 상대적으로 처벌 욕구를 더욱 강하게 보이며, 유죄라고 판단하는 경향도 더 높다는 점은 다수의 연구들을 통해 입증되어 왔다(이서진, 2020).

즉, 사람들은 범죄의 심각성이 높을수록 사건 관련 증거의 가치를 더욱 높게 평가하고, 이것이 결국 유죄나 양형에 대한 판단에 영향을 미치게 되는 것이다. 하지만, 범죄의 심각성이 사실 판단에 영향을 미치는 것은 적절하지 않다. 어떤 유형의 사건이든지 간에 사실 판단은 객관적이고 중립적으로 이루어져야 한다.

## 3 전문가 의견 제시 여부

공판 과정에서 전문가가 의견을 제시하는 것이 판단에 영향을 미치기도 한다. 공판 과정에서 사실 판단이나 양형 판단과 관련된 전문가의 의견 영역으로는 범행 당시 심리상태, 목격자 기억, 재범 위험성 평가, 진술 신빙성 등에 대한 의견이 있을 수 있다. 재범 위험성 평가에 대한 전문가의 의견이 판결 전에 제시되는 경우 제시되지 않은 경우에 비해 유죄라고 판단할 가능성이 더 높았다는 연구 결과가 존재한다(이윤정, 2019).

또, 목격자 증언의 경우 특히 배심원들이 이를 신뢰할 확률이 높다고 알려져 있는데, 목격자 증언에 대해 전문가가 신빙성이 있다고 평가는 경우 유죄 판결을 할 경향이 더 높다고 한다(조소연, 2007). 한편, 피해자 진술의 신빙성에 대한 전문가 의견이 제시되는 경우, 전문가의 의견이 신빙하다는 견해일 때 유죄 확률을 높게, 신빙하지 않다는 견해일 때 유죄 확률을 낮게 평가하는 경향이 있다(김채원, 2021). 즉, 피해자 진술 신빙성에 대한 전문가의 견해에 따라 유죄 확률이 영향을 받는 것이다.

## 4 재판 전 언론 노출 여부

범죄사건이 발생하면 각종 미디어나 매체를 통해 사건 내용을 접하게 된다. 이와 관련하여 재판 전 언론 노출이 사법적 판단에 미치는 영향에 대해서는 과거부터 연구들이 수행되어 왔다(Otto, Penrod, & Dexter, 1994). 언론을 통해 사건에 노출이 되면 증거능력이 있는 증거들이 현출된 재판을 본 후에도 재판 전에 가졌던 판단을 바꾸지 않으려는 경향이 있다고 한다.

뿐만 아니라, 재판 전 접한 언론의 매체물에 피고인의 성격이나 범죄 관련 사항이 보도될 경우 재판 후 피고인에 대해 유죄로 판단할 확률을 높인다고 알려져 있다. 특히, 재판 전 접한 매체물에서 피고인이 부정적으로 묘사되면 재판에서 증거가 제시되어도 유죄로 판단할 확률이 높아진다.

# 범죄심리학

# 제 10 장

# 형사책임에서의 정신장애와 위험성 평가

Mental Disorder and Offender Risk Assessment

## 제 1 절 | 정신장애와 형사책임

형사사법절차에서 피고인의 정신장애 여부는 범죄의 책임성을 조각시켜 범죄행위를 행했음에도 무죄가 선고될 수도 있고, 형벌보다 상대적으로 가벼운 처분이 내려질 수도 있다. 이 경우 피해자에게는 상당한 정신적 · 경제적 피해를 초래할 수 있기 때문에 피고인의 정신장애에 대한 판단은 매우 신중하고 정확하며, 정신과학적으로 접근해야 하는 문제이다. 피고인의 형사책임과 직결된 정신장애의 문제에 대한 판단은 규범적 지식 이외에도 정신의학과 심리학적 이해가 반드시 수반되어야 한다.

### 1 형사법상 심신장애의 의미와 판단 요건

우리나라의 형사사법체계에서는 심신장애 범죄자에게 형벌의 책임을 면제하거나 필요적으로 그 책임을 감경하는 규정을 「형법(刑法)」 제10조에 마련해 두었다. 형법에서 말하는 심신장애인은 크게 심신상실인과 심신미약인으로 구분된다(전보경, 2015).

#### 1) 심신상실의 개념

「형법」 제10조 제1항에는 "심신장애로 인하여 사물을 변별할 능력이 없거나 의사를 결정할 능력이 없는 자의 행위는 벌하지 아니한다"고 하여 정신장애인에게 형사책임을 부과하지 않도록 하는 내용을 규정하고 있다. 즉, 이 항에 해당하는 경우를 '심신상실'이라고 하는데, 이 경우 생물학적 또는 심리학적 비정상 상태로 인해 책임능력을 인정하지 않는다. 따라서, 이 조항은 책임을 부정하는 요건인 책임무능력자와 관련된 것이다. 「형법」 제10조 제1항에 해당하는 경우 책임능력이 부인되어 형벌을 받지는 않지만, 「치료감호 등에 관한 법률」상 치료감호(제2조 제1항 제1호)에 처해질 수는 있다.

### 2) 심신미약의 개념

「형법」 제10조 제2항에서는 "심신장애로 인하여 전항의 능력이 미약한 자의 행위는 형을 감경한다"고 하여 정신장애인에 대한 형사책임의 감경 규정을 마련해 두고 있다. 이 경우는 '심신미약'이라고 하는데, 이는 자기행위에 대한 통찰이나 조종능력을 완전하게 갖고 있지는 않지만, 그렇다고 하여 완전한 심실상실상태에 이르지 않은 경우를 뜻한다. 따라서, 이 조항은 책임을 감경시키는 요건으로 한정책임능력자와 관련된 것이다. 「형법」 제10조 제2항에 해당하는 경우 형벌에 대한 완전 면책 사유는 되지 않지만, 형벌 부과의 대상이 되거나 「치료감호 등에 관한 법률」상 치료감호의 대상은 될 수 있다.

## 2 형법상 심신장애인의 판단 요건

법원은 심신장애인 여부를 판단할 때 혼합적 방식을 취하고 있다(신관우, 2017). 혼합적 방식에 따르면, 우선 '심신장애'라는 생물학적인 요소를 확인한 후에 다음 단계에서 '사물변별능력'이나 '의사결정능력'과 같은 심리적 요소를 검토해야 한다고 본다. 우리 대법원에서도 위와 같은 혼합적 방식에 대해 다음과 같이 판시하고 있다(대법원 1991. 9. 13. 선고 91도1473 판결, 대법원 2013. 1. 24. 선고 2012도12689 판결).

> "형법 제10조에 규정된 심신장애는 생물학적 요소로서 정신병 또는 비정상적 정신상태와 같은 정신적 장애가 있는 외에 심리학적 요소로서 이와 같은 정신적 장애로 말미암아 사물에 대한 변별능력과 그에 따른 행위통제능력이 결여되거나 감소되었음을 요하므로, 정신적 장애가 있는 자라고 하여도 범행 당시 정상적인 사물변별능력이나 행위통제능력이 있었다면 심신장애로 볼 수 없다."

### 1) 생물학적 판단 요소

생물학적 요소로서 '심신장애'에 대한 해석은 학자들마다 상이하다. 대표적인 견해를 몇 가지 살펴보면, 우선 심신장애를 '정신적 장애'로 보는 견해가 있다. 이 견해에서는 심신장애를 정신병(조현병, 노인성 치매, 조울증, 간질, 뇌 손상 등), 정신박약(유전적 원인, 질병, 뇌장애로 인한 정신발달의 지체상태), 비정상적 정신상태(실신, 마취, 혼수상태, 만취, 깊은 최면상태, 극심한 피로, 충격 등 심한 의식장애)로 구분하고자 한다. 이 입장에 따르면 정신의학적 관점에서 증상의 진단이 가능하며, 다양한 생물학적 상태를 다룰 수 있다.

또 다른 견해에서는 심신장애를 생물학적 · 심리학적 질병(뇌 조직의 손상, 정신병, 정신병질, 중증의 신경쇠약 등)과 법적 질병(음주 만취, 약물중독상태 등)으로 구분하고자 한다. 이 밖에, 심신장애를 정신병(조현병, 조울증 등과 같은 내인성 정신병과 진행성 뇌연화증, 뇌 손상, 간질 등과 같은 외인성 정신병), 정신박약(선천적 지능박약), 중증 의식장애(자기의식과 외계의식 사이에 정상적인 연관이 단절된 상태), 중증 심신이상(심한 노이로제, 충동조절장애, 신경쇠약, 심한 소아기호증 등)으로 구분하고자 하는 견해도 존재한다.

### 2) 심리학적 판단 요소

심신장애의 심리적 요소에 대한 판단에 있어서는 사물변별능력과 의사결정능력으로 구분하여 판단하자는 견해와 통합적인 관점에서 법원이 심신장애 사유의 존부를 판단하자는 견해로 나뉜다(정세종, 신관우, 2017).

먼저, 심신장애를 사물변별능력과 의사결정능력으로 구분하여 판단하자는 견해에서 말하는 '사물변별능력'이란 자신의 행위와 그로 인한 결과를 이해할 수 있는 지적 능력을 의미한다. 이는 독일 형사사법체계에서 말하는 '행위의 불법을 통찰할 수 있는 능력'이나 미국 형사사법체계에서 말하는 맥노튼 법칙(McNaughton Rule)의 '자신의 행위의 성격과 의미를 알고 자신의 행위의 시비를 가릴 수 있는 능력'과 같은 개념이다. McNaughton은 공판 과정에서 망상에 의해 행동 억제력을 제대로 행사할 수 없는 상태였다고 하면서 정신이상 항변(Insanity Defense)을 주장하였다. 이 사건에 대해 배심원단은 무죄를 평결하였는데, 이러한 결과에 사회적으로 큰 반향이 일었다. 이 판결은 책임능력에 대한 명확한 기준을 마련하는 계기가 되었다.

한편, '의사결정능력'이란 사물변별능력에 따라 의사를 결정하고 자신의 행위를 통제할 수 있는 능력을 의미한다. 이는 독일 형사사법체계에서 말하는 '불법에 대한 통찰에 따라 행동할 수 있는 능력'이나 미국 형사사법체계에서 말하는 '자신의 행동을 통제할 수 있는 능력' 또는 '자신의 행동을 법의 요구에 따르도록 하는 능력(Model Penal code

§4.01(1))'과 같은 개념이다.

저항할 수 없는 충동(Irresistible Impulse)이란 정신장애의 형사책임 배제의 입장에서 정신장애로 인한 의사결정능력의 여부로 책임능력을 판단하는 기준 중 하나이다. 영국에서는 맥노튼 법칙이 성립되기 이전까지 정신장애에 대한 형사책임능력의 판단 기준이 되었다.

미국에서는 1844년에 최초로 'Irresistible Impulse'라는 용어가 사용되었다. 특히 행위자가 그 행위의 본질과 성질을 알고 그것이 사악하다는 인식을 하였어도 저항 불능 또는 제어 불능의 충동으로 인해 그 행위를 조절할 수 없는 경우에는 그 책임을 면책하였다(Smith v. United States, 36 F. 2D 548, 1929). 한편, 1950년경부터 미국법조협회(ALI)에서는 판단 기준의 작성사업을 시작하였다.

이후 1953년부터 1961년까지 13회에 걸쳐 예비초안(Tentative Draft)을 공표하고 1962년에 정식초안(Proposed Draft)이 완성되어 일부 수정을 거쳐 모범형법전(Model Penal Code)에서 정신이상의 항변에 대한 기준을 제안하기에 이른다. 모범형법전에서 정신장애 판단에 대한 규정은 제4.01조로, 범행 당시 정신질환이나 결함으로 인하여 그 행위의 범죄성(사악성)을 식별할 수 없는 자 또는 자기 행위를 법률 요건에 따르게 하는 실질적 능력(Substantial Capacity)을 결여한 자는 당해 범죄행위에 관하여 책임이 없다고 규정하고 있다.

한편, 법원이 통합적 관점에서 '심신장애 사유의 존부'를 판단해야 한다는 견해에서는 책임능력 여부를 법관이 형벌의 목적에 따라 판단해야 할 법률문제로 본다. 따라서 이에 대한 법관의 판단 시에는 원칙적으로 행위자의 책임능력이 존재한다는 것을 전제로 하고, 예외적으로 생물학적 · 심리학적 · 법적 질병의 개념을 활용하여 책임능력의 존부를 살펴야 한다고 주장한다.

### 3) 심신장애 판단을 위한 형사사법체계 내의 조사제도

형사사법 장면에서 인간의 정신상태를 대상으로 범죄성립의 요건인 책임능력 여부를 판단하기 위해 '현재 및 범죄행위 시의 정신상태 내지 판단능력'을 감정하여 판단 근거를 제시하는 것을 정신감정이라고 한다. 우리나라의 경우 「형사소송법」 제169조와 제221조에서 정신감정을 규정하고 있다. 이 조항의 일반적인 감정 규정에 의거하여 두 가지 유형, 즉 법원이 명하여 공판 과정에서 행하는 정신감정과 기소 전 단계에서 수사기관이 위촉하는 정신감정으로 구분된다.

법원에서 심신장애인을 판단하기 위한 자료를 수집하는 방법은 원칙적으로 「형사소송법」상 '감정'에 해당한다. 하지만 이 형태 외에도, 심신장애가 의심되는 피고인에게 보안처분이 청구된 경우에는 정신건강의학과 전문의의 '진단이나 감정' 혹은 보호관찰관의 '청구(판결) 전 조사' 절차가 각각 활용된다. 각 법률에 따라 심신장애의 법원 판단을 위한 방법을 살펴보면 다음과 같다. 먼저, 「형사소송법」 제169조부터 제179조의2 조항에는 법원이 재량으로 판단한다고 규정하고 있다. 이때 시행은 감정의 형태로 전문가가 실시한다.

「치료감호 등에 관한 법률」에도 관련 조항이 존재한다. 제4조에 따르면, 검사가 주체가 되어 전문의에 의한 진단이나 감정의 형태로 정신장애 판단이 이루어질 수 있고, 검사는 이 결과에 기속된다. 제5조에서는 검사가 주체가 되어 보호관찰관이 실시하는 청구 전 조사 결과를 재량으로 판단할 수 있다고 규정하고 있다. 제44조의3과 4 조항은 법원이 주체가 되어 재량으로 판단한다고 규정하고 있다. 이때 시행은 보호관찰관의 판결 전 조사나 의사 및 전문가의 진단 형태로 실시한다.

「성폭력범죄자의 성충동 약물치료에 관한 법률」에서도 관련 내용이 규정되어 있다. 제4조에 따르면 검사가 주체가 되어 전문의의 진단이나 감정 형태의 결과로 실시될 수 있고, 이 결과에 기속된다. 제5조에서는 검사가 주체가 되어 보호관찰관의 청구 전 조사를 재량으로 판단할 수 있다고 규정하고 있으며 제9조에서는 법원이 주체가 되어 전문의가 실시한 감정 결과를 재량으로 판단한다고 규정하고 있다.

「특정 범죄자에 대한 보호관찰 및 전자장치 부착 등에 관한 법률」 제6조에서는 검사가 보호관찰관이 시행한 청구 전 조사를 재량으로 판단하거나, 전문가가 실시한 진단이나 감정 결과에 기속되는 내용이 규정되어 있다. 또, 「보호관찰 등에 관한 법률」에서는 제19조와 제19조의2에 보호관찰관이 시행한 판결 전 조사나 결정 전 조사에 대한 내용을 법원이 재량으로 판단할 수 있다고 규정하고 있다. 뿐만 아니라, 「성폭력범죄의 처벌 등에 관한 특례법」 제17조와 「아동 · 청소년의 성보호에 관한 법률」 제22조에서 각각 보호관찰관이 시행한 판결 전 조사에 대해 법원이 재량으로 판단할 수 있다고 규정하고 있다.

## 제 2 절 | 형사사법체계 내에서 형사책임능력이 갖는 의의

정신장애인이 범죄를 저지른 경우 그 책임의 범위를 어디까지 적용할 것인가에 대한 문제는 위법행위에 대한 응보의 목적에서 국가가 부과하는 형벌을 정당화하는 근거인 책임능력과 관련된다. 18세기 이후 근대 형법의 근간을 이루는 기본원칙인 책임주의는 '책임이 없는 자에게는 형벌을 부과할 수 없다'는 전제를 포함한다.

여기에는 인간에 대한 철학적 관점이 반영되어 있다. 즉, 책임주의는 인간의 보편적인 자유의지를 전제로 하는데, 옳고 그름을 스스로 판단하여 그에 따라 행위를 할 능력이 없는 사람은 비난할 수 없으며, 따라서 형벌의 대상이 될 수 없다고 본다. 따라서 정신장애로 범죄를 저지른 피고인은 법원의 판단에 의해 범죄행위에 대한 책임을 감면받을 수 있다. 뿐만 아니라, 형사사법체계에서 정신장애는 형벌을 감면받을 수 있는 요소가 되는 동시에 치료감호, 치료 명령과 같은 보안처분의 근거가 되기도 하며, 일반 정신보건체계가 범죄자를 임시 관리하는 수단으로 활용되기도 한다.

### 1 정신장애인의 형사책임능력

법률 영역에서 가장 중요한 분야 중 하나는 범죄를 저지른 당시에 피고가 정신이상이었는지에 대한 전문가들의 증언을 둘러싼 논쟁이다. 법원은 재판에서 피고의 정신상태를 참작하도록 하고 있는데, 정신장애 때문에 그 행동이 나쁘다는 것을 알지 못하거나 혹은 그 행위를 통제하지 못하는 사람을 처벌하는 사회는 부도덕하다고 보기 때문이다.

배심원제를 채택하고 있는 영미법계에서는 범행 당시 피고가 제정신이 아니었음이 입증되면 무죄로 방면되는 결과를 가져올 수 있고, 이 경우 배심원 평결은 '정신이상에 의한 무죄(Not Guilty by Reason of Insanity; NGRI)'에 해당한다. 반면에, 피고가 범행 당시 정신이상을 주장하더라도, '정신질환 상태에서의 유죄(Guilty But Mentally Ill; GBMI)'로 평결받을 수도 있다(Kramer, 황순택 · 강대갑 역, 2012).

제10장

이러한 평결이 내려지면, 다른 피고인들처럼 유죄 선고를 받지만 대신 교정기관의 판단하에 정신치료 명령이 내려진다. 우리나라를 포함한 대륙법계에서도 '범행 당시의 정신상태'를 고려하여 그 책임성을 판단한다. 행위 시 정신상태에 이상이 있는 경우 형사책임이 배제되기도 한다.

범죄는 의도적인 행위라는 점에서 형법에 대한 위반 행위이므로 정신적인 요소인 '범의(Mens Rea)'는 유죄 성립의 요소가 된다. 따라서 범인의 행동을 처벌하고자 할 때 기본적으로 형사피고인은 범의를 가졌다고 추정된다. 그러므로 피고인이 정신이상에 따른 무죄를 주장하기 위해서는 형사책임을 면책하는 데 필요한 정신상태의 결핍 증거를 제시해야 하는데, 이를 위해서는 정신이상에 대한 판단 기준이 필요하다. 최근 미국 형사사법체계(Criminal Justice System)에서는 정신이상에 대한 기준이 주마다 조금씩 다른 실정이다.

하지만 일반적으로 범행 당시에 피고인이 심각한 정신질환 혹은 정신적 결함으로 고통을 받고 있었으며, 자신의 행위가 범죄이거나 잘못임을 인식할 수 있는 능력이 결핍되어 있었거나, 자신의 행동이 법률의 요구사항에 맞는지를 확인할 능력이 없었음에 대한 입증책임을 요구하고 있다.

정신이상에 대한 평가(Assessing Sanity)를 위해서 외부 전문가들이 개입되기도 하는데, 이때 전문가는 피고인의 가족, 교육, 직장, 전과, 의학적 상태(특히 정신장애 및 치료 상태) 등에 대한 전력, 현재 받고 있는 범죄 혐의점에 대한 피고인의 인식이나 정신상태 등을 확인해야 하며, 여러 종류의 심리평가 도구를 사용하는 등의 다양한 방식으로 실행한다(Kramer, 황순택 · 강대갑 역, 2012).

통상적으로, 정신상태에 대한 평가를 할 때는 피고인을 대상으로 한 구조화된 면담, 웩슬러 성인용 지능검사(Wechsler Adult Intelligence Scale)나 스탠퍼드-비네 지능검사(Stanford-Binet Intelligence Scale)를 이용한 지능검사, 미네소타 다면적 인성검사-2(Minnesota Multiphasic Personality Inventory-2; MMPI-2), 사이코패스 체크리스트-개정판(Psychopathy Checklist-Revised; PCL-R), 로르샤흐 잉크반점검사(Rorschach Test), 주제통각검사(Thematic Apperception Test; TAT)와 같은 성격검사 등이 사용된다. 또, 경우에 따라서는 병력, 관찰된 행동, 지능검사의 결과에서 뇌 기능 장애의 가능성이 의심되는 때에는 홀스테드-라이탄(Halstead-Reitan Neuropsychological Battery) 혹은 루리아-네브라스카(Luria-Nebraska Neuropsychological Battery) 종합검사와 같은 신경학적 검사나 뇌 영상 검사가 실시되기도 한다.

## 2 소송 역량으로서의 형사책임능력

소송 역량에 대한 논의는 주로 미국과 영국 등 영미법 체계에서 다루어지는 문제이다. 미국의 법률에서는 범죄 피고인에게 자신을 변호를 할 수 있을 만한 역량이 있어야 한다고 정하고 있다. 이것을 형사소송 역량(Criminal Competence)이라고 한다. 미국의 경우, 어떤 범죄에 대해 유죄(有罪)가 되려면 자신의 행동이 틀렸다는 것을 피고인이 반드시 이해하고 있어야 한다는 점이 소송 과정에서 필수적으로 요구된다.

이는 반대로 형사소송의 본질과 목적을 이해하지 못하는 피고인에 대한 형사소송을 계속 진행시키는 것을 허용하고 있고 있음을 의미한다. 피고인이 이러한 능력을 갖추었는지는 심리학적 판단에 해당하므로 형사책임에 대한 결정에 심리학 전문가들이 관여하고 있다(Kramer, 황순택 · 강대갑 역, 2012).

미국 형사소송체계에서 소송 역량에 대한 기준은 1960년 미국 연방대법원의 소송 역량에 대한 법률적 기준(Dusky v. United States, 362 U. S. 402)을 따르고 있다. 이 판결에서 연방대법원은 "(피고가) 자신의 변호사와 타당한 수준의 이성적 이해력을 가지고 상담할 수 있을 만큼 충분한 능력이 현재 있는지, 자신에 대한 소송을 합리적으로, 사실에 입각하여 이해할 능력이 있는지가 판단의 기준이 될 것이다"라고 판시하고 있다. 즉, 피고인은 반드시 현재 진행하고 있는 절차를 이해할 수 있어야 하며, 변호인들의 변론 준비를 도울 수 있는 능력이 있어야 한다고 보는 것이다.

소송 역량은 선고까지의 절차를 지속할 수 있는 피고의 '현재' 능력에 초점을 두기 때문에 재판 시점뿐만 아니라, 선고 시점, 나아가 사형 선고를 받았을 경우에는 사형 집행의 시점에서도 역량을 지니고 있어야 한다고 본다. 형사피고인의 소송 역량 외에도 범행 자백능력, 변호인에게 권리를 넘기는 능력, 정신이상에 기인한 면책 변호에 호소하지 않는 방식을 선택하는 능력, 판결을 받고 처벌을 받는 능력 등 다양한 역량에 대해 전문가들이 평가를 실시한다.

피고인의 역량에 대한 문제는 형사재판 도중 어느 때이든지 검사, 변호사, 혹은 재판장이 제기할 수 있는데, 미국에서는 매년 25,000~39,000건의 형사피고인 역량평가검사가 수행되고 있다. 근래에는 청소년범죄가 증가하면서, 청소년들의 인지적 미성숙이 그들의 사법적 역량에 어떻게 영향을 미치는지에 대해 관심이 증대되고 있기도 하다.

피고인의 소송 역량에 대한 전문가의 평가는 보통 정신상태검사(피고의 기억, 기분, 지남력, 사고, 집중능력 등을 위한 평가)를 위한 집중면담에서 시작하여 각종 평가도구를 이용해 피고인의 능력을 판단한다. 소송 역량 평가에 사용되는 대표적인 평가도구에는 역량선별검사(Competency Screening Test; CST), 역량평가도구(Competency Assessment Instrument; CAI), 맥아더 역량평가도구-형사재판용(MacArthur Competency Assessment Tool-Criminal Adjudication; MacCAT-CA) 등이 있다(Kramer, 황순택 · 강대갑 역, 2012).

이러한 도구들을 통해 평가할 수 있는 내용은 다양하다. 소송 과정에서 받고 있는 혐의의 내용 · 유죄 판결에 따른 형사처벌의 본질과 범위 · 사법 절차 대립제도의 본질(기소 對 변호) 등에 대한 이해능력, 범행 관련 사실을 변호인에게 전달하고 변호인과 의사소통할 수 있는 능력, 검사 및 검사 측 증인에 대해 이의를 제기할 수 있는 능력, 법정 안에서 제대로 행동하고 타당한 증언을 할 수 있는 능력, 소송절차 전 과정에서 자신에게 유리하게 행동하는 능력 등이 평가된다.

## 제 3 절 | 위험성 평가

사회 범죄가 사회에 미치는 손실은 말할 것도 없이 너무나 자명하다. 특히, 재범으로 인한 사회경제적 손실은 더욱 막중하다. 이러한 이유로 형사사법체계에서는 재범방지를 위한 방안으로 범죄자의 재범 위험성에 대한 평가가 실시되고 있다. 범죄적 위험성의 측정 및 예측은 주로 수형자의 선별 구금, 보호관찰의 선고와 집행의 유예, 보호관찰부 가석방 등 형사사법절차상 다양한 의사결정 과정에서 활용되어 왔다. 이렇듯, 위험성 측정을 토대로 한 범죄의 예측은 형사사법의 전 절차, 즉 예방, 수사, 재판, 교정 단계에서 폭넓게 유용한 정보를 제공한다.

## 1 재범 위험성 평가도구의 발달 과정

범죄적 위험성 평가와 재범 예측에 활용되는 분류체계들은 다양하지만, 크게는 두 가지 평가체제, 즉 정신의학적 예측법과 통계적 예측법으로 분류해 볼 수 있다(이수정, 윤옥경, 2003). 정신의학적 예측법은 주로 대상자의 인격상태, 환경조건, 과거의 성장환경에 대해 전문가가 종합적으로 검토하여 판단하는 형식으로 이루어진다. 그래서 이러한 방법을 전체적 평가법이라고도 부른다. 하지만, 판단 과정이 평가자의 직관에 의존한다는 한계가 있다. 즉, 정신의학적 예측은 통계적 · 경험적 사실에 근거하지 않은 채 판단자의 직관에 의해 이루어진다는 것이다. 이 때문에 판단 근거의 타당성과 신뢰성에 대한 의문이 제기된다(정지숙, 신정, 이장규, 2012).

반면, 통계적 예측법은 집단을 두 범주(범죄자집단 對 비범죄자집단; Criminal Group vs Non-Criminal Group)로 분류하고, 이들을 대상으로 체계적이고 통계적인 방식과 기준에 따라 재범 관련 요인들을 조사하고 분석하는 방식이다. 즉, 개인의 위험요인을 계량적인 방식으로 측정한다. 이러한 방식은 과거의 많은 사례들을 토대로 한 실제적 경험에 의존하고 있어서 객관성과 타당성이 담보된다는 이점이 있다(이윤정, 2019). 재범의 예측에 있어서도 이러한 범죄통계학적인 변인들이 예언 타당도를 갖는다는 것은 여러 연구들로도 입증되어 왔다(Hoffman, 1994).

### 1) 1세대 도구 – 임상적 의견

1세대 재범 위험성 평가는 Bonta(1996)의 분류법에 따른다. 이는 임상가의 주관적인 전문성에 의존하여 재범 위험성을 예측하고 평가하는 방식이다. 이를 '비구조화된 전문적 의견'이라고 한다. 이러한 방식은 전문성을 지닌 전문가들에 의해 평가가 실시된다는 점에서 고위험군의 범죄자를 구별하는 데 어느 정도 효과가 있다고 알려져 있지만, 객관적인 평가 방식으로 진행되는 것은 아니기 때문에 오류 가능성이 높다.

### 2) 2세대 도구 – 계리적 예측

2세대 재범 위험성 평가는 계리적(Actuarial) 예측이라고 불린다. 이는 고정적 위험요인(한번 정해지면 변하지 않는 요인으로, 대표적으로 연령, 성별, 범죄력 등이 있음)에 기반하며, 통계적 모형을 사용한 실증적인 연구를 통해 개발되었다. 미국은 1973년부터 SFS (Salient Factors Score) 모형을 사용하고 있고, 캐나다는 1980년대부터 SIR(Statistical Information on Recidivism Scale) 모형을 사용하고 있다. SFS와 SIR 모두 재범 예측의 정확도가 높은 것으로 알려져 있다.

#### 3) 3세대 도구 – 구조화된 전문적 판단

3세대 재범 위험성 평가는 2세대 방식인 계리적 예측 방식과 유사하지만, 1세대 접근 방식의 특정 요소를 혼합한 방식이다. 즉, 2세대 평가도구가 고정적 요인에 기초한 것이라면, 3세대 평가도구는 역동적 요인(변하지 않는 특성 이외에 환경에 의해 변할 수 있는 요인으로, 대표적으로 약물 사용 여부, 정신병질적 특성 등이 있음)을 사용한 계리적 위험성 평가도구에 해당한다. 3세대 도구는 '구조화된 전문적 판단'이라고 하며, 고정적 요인에 역동적 요인을 반영하여 예측의 정확도를 높인다. 또, 범죄자뿐만 아니라 범죄 유발 욕구에 대한 평가가 동시에 이루어진다.

#### 4) 4세대 도구 – 구조화된 임상 평가 도구

4세대 재범 위험성 평가는 3세대 방식과 상당 부분 유사하다. 하지만, 4세대 도구는 범죄자의 평가에 그치는 것이 아니라 사례관리, 처우관리, 양형 이행 계획 등에 대해서까지 초점을 맞추고 있다. 대표적인 4세대 도구로는 캐나다의 LS/CMI(Level of Service/Care Management Inventory), 영국의 OASys(The Prison-Probation Offender Assessment System) 등이 있다.

## 2 형사사법절차에서 위험성 평가의 활용

#### 1) 범죄수사에 활용

범죄수사 단계에서 수사 종결을 하면서 범죄자의 처분을 결정하기 위한 목적으로 위험성이 평가되는 경우가 있다. 특히, 소년사건의 경우에는 사법기관의 개입 여부, 시기와 정도를 결정하기 위해 비행성을 측정하기도 한다. 연구들에 따르면, 청소년의 비행 가능성에 영향을 미치는 주요 위험요인으로는 반사회적 행동, 부모의 양육태도, 가족의 전과 및 비행력, 불안정한 가족구조, 가정의 낮은 경제력, 낮은 학업성취도 등이 있다. 우리나라에서도 소년범의 재범 가능성 판단 시 이러한 요인에 대한 자료를 수집하여 활용하고 있다(이수정, 윤옥경, 2003).

### 2) 기소유예 결정에 활용

검찰 단계에서는 선도조건부 기소유예 결정을 내릴 수 있다. 이 경우 여러 측면에서 피의자의 죄질이 평가된다. 미국의 경우 검찰 단계의 기소 결정에 가장 많이 활용되는 것은 검찰관리정보체계이다. 이에 따르면 범죄자의 죄질을 평가할 때 사건의 특성(본범의 심각성)과 과거 범죄경력이 주된 평가요인이 된다.

우리나라에서는 주로 소년사건에서 기소유예 결정을 내릴 때, 재범 위험성이 중요한 판단 기준이 될 수 있다. 소년사건이 검찰로 송치된 경우, 검사는 해당 사건을 어떤 형태로 처리할지(형사사건 또는 보호사건), 아니면 기소할 것인지 여부(기소유예 결정)를 판단해야 한다. 특히, 보호사건으로 처리되는 경우 최종적인 판단에 비행소년의 개선 가능성과 재범 위험성이 주요 평가요인으로 작용한다.

한편, 보호사건으로 처리되지 않는 사건의 경우 기소할 것인지 여부와 기소유예 시의 조건(조건 없는 기소유예 혹은 선도조건부 기소유예) 등을 결정하여야 하는데, 이 판단에는 범죄 위험성과 선도 보호의 필요성이 주요 평가 요인으로 작용한다.

### 3) 재판에 활용

#### ① 형의 유예 선고에 활용

우리 「형법」에서는 특정한 경우 양형의 조건을 참작하여 '개전(改悛)의 정이 현저하다고 보여질 때' 선고유예를(형법 제59조 제1항), '정상참작의 이유가 있을 때' 집행유예를(형법 제62조 제1항) 선고할 수 있도록 규정하고 있다. 특히, 「형법」 제59의2와 제62조의2에 따르면, 선고유예 시 보호관찰을, 집행유예 시 보호관찰과 사회봉사 및 수강명령을 명할 수 있다고 규정하고 있는데, 이는 재범 방지를 염두에 둔 의미라고 해석할 수 있다.

즉, 선고유예나 집행유예는 궁극적으로 피고인을 사회로 복귀시키는 조치이기 때문에 이들이 사회에 나가서 범죄를 다시 저지를 가능성에 대한 판단이 반드시 고려되어야 한다. 이러한 이유로, 사회로 복귀하되 보호관찰이나 사회봉사, 수강명령 등을 통해 재범의 위험성을 억제하기 위한 조치를 수반하는 것이다.

한편, 소년범을 대상으로 선고유예나 집행유예를 결정할 때 해당 법원은 관할 보호관찰소에 판결 전 조사(Pre-Sentence Inquiry)를 요구할 수 있다. 판결 전 조사는 선고유예나 집행유예 선고 시 보호관찰이 필요할지 여부와 감독 및 준수사항 수준을 결정하기 위한 것이다. 판결 전 조사서에는 범죄 원인, 보호관찰 대상자로서의 적격성과 더불어 재범 위험성에 대해 조사를 실시한 보호관찰관(Probation Officer)의 의견이 첨부된다. 이렇게 작성된 판결 전 조사서는 법관이 형의 기간과 특성을 결정하는 데에 활용된다. 이때 피고인의 재범 가능성이 낮다고 판단하는 경우 보호관찰부 형의 유예가 선고된다.

#### ② 감호처분 결정에 활용

(보호)감호처분은 사회보호법(社會保護法)에 의거하고 있다. 사회보호법 제1조에 따르면, 사회보호법의 목적은 재범 위험성이 있고, 특수한 교육 및 치료가 필요한 범죄자를 대상으로 사회 복귀와 사회 보호를 달성할 수 있도록 하기 위함이다. 즉, 사회보호법에 따라 감호처분을 받을 수 있는 조건에 재범 위험성이 포함되는 것이다. 하지만, 이때 재범 위험성의 평가가 사회 보호라는 목적을 달성할 수 있도록 효율적으로 실시되는가에 대한 논란이 일었고, 2005년 8월 4일에 이 법은 폐지되었다.

#### ③ 소년사건의 재판 단계에 활용

검찰에서 소년부에 송치한 사건을 '소년보호사건'이라고 하는데, 이 경우는 소년부 판사에 의해 보호처분을 받게 된다. 이때 처분을 결정하기에 앞서 소년법원은 소년의 조사를 위해 소년을 소년분류심사원에 위탁할 수 있다. 위탁되게 되면 해당 시설에 수용되어 여러 가지 검사와 교육을 받게 된다. 이때 비행 원인, 재비행성 예측 등을 조사하고, 그에 따라 적절한 교정 처우 방식이 제시된다.

### 4) 형행 단계 시설 분류 및 가석방 결정에 활용

#### ① 시설 분류에서의 활용

형행 단계에서 재범 위험성 예측이 활용되는 분야는 크게 보호관찰자 분류와 시설

수용자 분류이다. 우선, 보호관찰자 분류와 관련하여, 1997년 이전에는 성인과 청소년 보호관찰 대상자의 분류처우 기준이 달랐으나, 1997년부터는 성인과 청소년의 구별 없이 동일한 지침을 적용하고 있다(이수정, 윤옥경, 2003).

보호관찰 대상자 분류는 보호관찰관의 지도, 감독에 순응한 정도, 개선의 가능성, 환경과 더불어 재범 위험성을 함께 고려한다. 보호관찰 분류는 세 등급으로 구별되는데, 재범 가능성이 가장 낮은 일반관리 대상자(B급), 재범 가능성이 어느 정도 있어서 감독 및 준수사항 부과가 필요한 주요관리 대상자(A급), 재범 가능성이 높아 필요 시 신속히 신병 확보를 요하는 추적조사 대상자(A중)로 나뉜다.

한편, 시설수용자들을 대상으로도 이들의 관리와 처우를 위해 분류가 필요하다. 수형자 분류는 수형자 분류처우 규칙에 관련 규정이 마련되어 있는데, 신입 수형자 분류 시에는 미래의 재범 위험성보다 수용생활 적응력에 초점을 둔다. 신입 수형자는 생활 과정, 교육 및 직업 과정, 본범 내용, 범죄경력, 심사 평점의 총 다섯 가지 측면을 점수화하여 네 등급으로 분류한다.

### ② 가석방 결정에 활용

가석방의 요건은 「형법」 제72조에 규정되어 있다. 이 규정에 따라 가석방의 기본요건('징역이나 금고의 집행 중에 있는 사람이 행상이 양호하여 뉘우침이 뚜렷한 때에는 무기형은 20년, 유기형은 형기의 3분의 1이 지난 후 행정처분으로 가석방을 할 수 있다')이 충족되는 수형자는 가석방을 신청할 수 있다.

가석방을 신청한 수형자들을 대상으로 가석방심사위원회가 가석방의 적격 여부를 판단하게 된다. 가석방 적격 여부 판단 시에는 수형자의 다양한 요소들(예: 연령, 죄명, 범죄동기, 형기, 수형생활 중 행장, 가석방 후 생계수단과 생활환경 등)이 평가되는데, 이때 재범 위험성에 대한 평가가 포함된다. 우리나라의 경우 과거에는 주로 범죄사실 위주로 이루어지던 가석방 심사 기준이 1998년 5월에 이르러 재범 가능성 유무로 전환되었다. 가석방 심사위원회가 조기 석방을 결정하기 위해서는 먼저 다양한 자료를 토대로 한 개별화된 재범 예측이 실시되어야 한다.

# 제 4 절 | 사법절차에서 활용되는 위험성 평가도구

## 1 범죄 유형별 평가도구의 분류

위험성 평가도구를 분류하는 방식은 크게 범죄 유형을 막론하고 모든 유형의 범죄에 적용할 수 있는 평가도구와 특정 유형의 범죄에만 적용할 수 있는 평가도구로 분류할 수 있다(이윤정, 2019).

### 1) 일반적인 범죄 유형에 활용되는 평가도구

범죄의 유형을 막론하고 모든 범죄에 적용될 수 있는 대표적인 평가도구로는 SIR(Statistical Information on Recidivism Scale)와 OASys(The Prison-Probation Offender Assessment System)가 있다. SIR은 캐나다 교정국에서 사용되는 도구로서, 재범과 관련된 인구통계학적 정보와 전과기록 등 15개 항목으로 이루어져 있다. 평가 결과는 '아주 높음', '높음', '보통', '낮음', '아주 낮음'의 5단계로 이루어져 있다.

OASys는 영국 내무국에서 개발한 도구로서, 형행기관(교도소와 보호관찰소)에서 사용되는 도구이다. OASys는 위험성 평가도구들 가운데 가장 많은 동적 위험요소를 측정하며, 현재 영국뿐만 아니라 전 세계적으로 사용되고 있다. 영국에서는 모든 법원에서 모든 범죄자들을 대상으로 이 도구를 이용한 판결 전 조사서 작성을 요구하고 있다. OASys는 전과, 주거환경, 교육 수준, 대인관계, 정서상태 등을 포함한 12개 항목을 평가하며, 각 항목은 고정적 요인과 역동적 요인을 모두 판단해야 한다. 이 도구는 특히 성범죄의 재범 예측력이 높다고 알려져 있다.

### 2) 특정 범죄 유형에 활용되는 평가도구

특정 유형의 범죄 중 특히 폭력범죄와 성폭력범죄에 한정적으로 위험성을 평가하는 도구들이 많이 개발되어 왔다. 폭력범죄에 있어 재범 예측력이 높다고 알려진 도구로는 HCR-20(Historical Clinical Risk Management-20)와 PCL-R(Psychopathy Checklist-Revised)이 있다. HCR-20는 과거 폭력 전력, 대인관계, 성격장애 기록 등과 같은 고정적 요인 10개 항목과 정신장애, 충동성, 스트레스 등과 같은 역동적 요인 10개 항목, 총 20개 항목으로 구성되어 있다.

PCL-R은 애초 정신병질적인 특성을 측정하기 위해 개발되었는데, 이 도구의 평가 결과가 폭력범죄에 대한 예측력이 높은 것으로 밝혀지면서 폭력범죄의 평가도구로 광범위하게 사용되게 되었다. 국내의 경우 한국어로 번역한 한국판 PCL-R이 개발되어 형사사법절차에서 활용되고 있다. 특히, 판결 전 조사 시 재범 위험성을 평가할 때 활용된다. 25점 이상인 경우 고위험군으로 정의된다.

한편, 성폭력범죄의 재범 위험성을 평가하는 데 활용되는 대표적인 도구에는 Static-99와 SORAG(Sex Offender Risk Appraisal Guide)가 있다. Static-99는 이후 원 개발자들에 의해 Static-2002가 개발되었고, 후자가 전자에 비해 더 높은 예측력을 가진다. Static-99는 출소 후 나이, 성범죄 지속 경력, 일탈적인 성적 기호, 가족 이외의 피해자 여부 등을 평가하며 재범 예측력은 중간 수준으로 알려져 있다.

SORAG는 고정적 위험요인 14개 항목과 더불어 음경 측정기 검사 결과를 함께 고려한다. 평가하는 고정적 요인에는 부모의 생존 여부, 취학 시절 부적응 여부, 알코올 문제, 결혼 여부, 폭력범죄 전과, 14세 이하 성범죄 전력 등이 있다. SORAG는 범죄자 집단에서 성폭력범죄의 재범을 잘 예측하는 것으로 알려져 있다.

## 2 국내에서 활용되는 위험성 평가도구

국내에서도 여러 유형의 평가도구가 위험성 평가에 활용되고 있다. 그중 외국에서 개발된 척도를 국내에 적절하게 적용하기 위해 한국판 척도로 개발되어 사용되고 있는 대표적인 척도로는 한국 범죄자 위험성 평가척도(Korean Offender Risk Assessment System-General; KORAS-G)와 한국 성폭력 범죄자 위험성 평가척도(Korean Sex Offender Risk Appraisal Scale; K-SORAS)가 있다(이윤정, 2019).

### 1) KORAS-G

KORAS-G는 2005년 사회보호법이 폐지된 이후 재범 위험성이 높은 만기 출소자 관리가 적절히 실시되지 못함에 따라 공공안전에 대한 위협이 증가하고 있다는 우려에서 개발되었다. 국내 사법절차에서는 특히 판결 전 단계에서의 재범 위험성 평가에 활용되고 있다. 이 도구는 나이, 교육 수준, 결혼상태, 최초 경찰 입건 연령, 청소년기 시설수용 경험, 전과, 동종범죄 여부 및 횟수, 학령기 문제행동, 알코올이나 약물사용, 반사회적 경향 등과 같은 항목을 평가한다. 총 24점 중 13점 이상인 경우 고위험군으로 분류된다.

### 2) K-SORAS

K-SORAS는 2008년에 법무부에서 성범죄자의 위험성을 예측하기 위해 개발한 척도이다. 특히, 2008년 9월부터 성폭력 범죄자를 대상으로 한 위치추적장치에 대한 법률(특정 성폭력 범죄자에 대한 위치추적 전자장치 부착에 관한 법률, 현행 「전자장치부착 등에 관한 법률」)이 시행되면서 해당 처분을 받을 대상자를 선별하기 위해 개발되었다.

이 도구는 국내 성범죄자들의 특징을 고려하여 고정적 위험요소 항목으로만 이루어져 있다는 점이 특징이다. 나이, 혼인관계, 이전 성범죄 횟수, 성범죄 유형, 전과, 해당 성범죄 양상, 피해자와의 관계 등과 같은 항목을 평가하며, 총 29점 중 13점 이상이면 고위험군에 해당한다. 현재 국내 사법절차에서는 위치추적 전자장치 부착, 신상정보 등록 및 등록정보의 공개, 신상공개 명령 등의 결정 시 K-SORAS와 PCL-R 등의 도구를 활용하고 있다.

# 범죄심리학

# 제11장

# 초동수사와 현장관찰 및 기록

Preliminary Criminal Investigation, Crime Scene Searching and Recording

## 제 1 절 | 초동수사

### 1 초동수사의 개요

#### 1) 초동수사의 의의와 목적

초동수사(Preliminary Criminal Investigation, 初動搜査)란 사건 발생 초기에 범인을 체포하고 증거를 확보하기 위하여 행하는 긴급한 수사관의 수사활동을 의미한다. 특히 범죄가 발생한 현장에 최초로 도착한 수사관이 현장을 보존하고 범죄증거를 수집하며 상황을 파악하는 등 범인을 검거하기 위한 초기활동을 의미하기도 한다. 초동수사 체제를 확립하면 사건의 발생을 인지한 즉시 시의적절하고 정확한 수사활동을 개시할 수 있다. 올바른 초동수사를 통해 물적 증거나 참고인을 신속히 확보하여 범인을 최대한 빨리 체포할 수 있고, 갈수록 광역화·기동화·교묘화되어 가는 범죄에 대응할 수 있다.

초동수사에서 가장 우선하는 목적은 범인의 체포이다. 범죄신고가 접수되면 해당 경찰기관(경찰청, 해양경찰청, 특별사법경찰기관 등)은 상급기관에 즉시 보고한 후 현장에 긴급출동해야 한다. 이렇게 최대한 신속하게 현장에 가는 이유는 범인이 아직 현장이나 그 주변에 있을 것을 예상하기 때문이다. 긴급출동을 통해 수사관이 현장에 도착했을 때 범인이 범행 중이면 적절한 대응을 통해 즉시 체포할 수 있고, 범인이 도주한 뒤라도 범인의 생김새나 차림새 등의 인적 사항을 파악하여 즉시 추적할 수 있다(신상화, 2024: 225-230).

#### 2) 수사긴급배치

수사긴급배치(搜査緊急配置)란 범죄사건이 발생했을 때 범죄 해결을 위해 필요하다고 판단한 경우 경찰력의 긴급배치를 시행하여 범인의 도주 경로를 차단하고 검문검색 등을 통해 범인의 체포에 힘쓰는 초기 수사활동을 말한다. 수사긴급배치와 관련하여 각급 경찰관서는 일정 기간마다 교양훈련을 해야 하는데, 이를 긴급배치훈련이라고 부른다.

경찰청은 각 지방경찰청을 대상으로 하여 연 1회 이상 긴급배치훈련을 실시하고, 각 지방경찰청은 관할 경찰서를 대상으로 반기에 1회 이상 긴급배치훈련을 실시하도록 의무화하고 있다. 경찰서의 경우 자체 계획을 수립하여 분기당 1회 이상 실시하게 되어 있지만, 경찰서장은 소속 경찰관을 대상으로 긴급배치에 관련한 지식과 실무교육을 훈련을 통해 실시해야 하며, 훈련계획은 사전에 지방경찰청장에게 보고할 의무가 있다.

수사긴급배치의 대상이 되는 범죄는 중요도와 시급성에 따라 갑(甲)호 사건과 을(乙)호 사건으로 구분한다. 갑호 사건은 살인사건 중 강도살인, 강간살인, 유괴살인, 방화살인, 약취(略取)살인 범죄가 해당되고, 강도사건 중 인질강도와 해상강도, 금융기관 및 5,000만 원 이상 다액강도, 총기 또는 폭발물을 소지한 강도, 연쇄강도 및 해상강도가 갑호에 들어간다. 방화사건 중에서는 관공서, 산업시설, 시장, 열차, 항공기, 대형선박 등에 대한 방화와 연쇄방화, 중요한 범죄은닉 목적의 방화, 보험금 취득 목적의 방화, 기타 계획적인 방화 등이 갑호에 포함된다. 이 외에 총기와 대량 탄약 및 폭발물 절도, 조직폭력 사건, 약취 · 유인 또는 인질강도, 구인 또는 구속 피의자 도주가 있다.

을호 사건에는 살인, 강도, 방화, 주요 상해치사, 1억 원 이상 다액절도, 관공서나 국가중요시설에 대한 절도, 국보급 문화재 절도 중에서 갑호 사건을 제외한 사건이 해당되고, 이 외에 경찰서장이 중요하다고 판단하여 긴급배치가 필요하다고 인정하는 사건이 을호에 해당한다(황영구, 2008).

수사긴급배치의 발령권자는 사건의 내용에 따라 달라진다. 긴급배치를 사건발생지 관할 경찰서나 인접 경찰서에 시행할 경우에는 발생지 관할 경찰서장이 발령한다. 인접 경찰서가 타 시 · 도 지방경찰청 관할인 경우도 동일하다. 긴급배치를 사건발생지 지방경찰청의 전 경찰관서, 또는 인접 지방경찰청에 시행할 경우에는 발생지 지방경찰청장이 발령하게 되어 있다. 전국적인 긴급배치를 요하는 경우는 경찰청장(본청장)이 발령한다.

수사긴급배치의 조치로는 수사긴급배치 실시보고가 있으며, 차상급기관의 장에게 지체 없이 보고해야 한다. 수사긴급배치 해제보고는 실시보고와 같은 방법으로 6시간 이내에 해제일시, 사유, 단속실적 등을 보고하게 되어 있다. 경력 동원의 경우 갑호 사건은 형사(수사)요원, 파출소 및 검문소의 가동 경찰력 100%를 투입하게 되어 있다. 을호 사건의 경우에는 형사(수사)요원의 가동 경찰력 100%와 파출소 및 검문소 요원의 가동 경찰력 50%를 투입해야 한다.

수사긴급배치의 생략 사유도 있는데, 첫째, 사건 발생 후 상당한 시간의 경과로 범인체포가 불가능하다고 판단되는 경우, 둘째, 범인의 인상착의가 확인되지 않고 사건내용이 애매한 경우, 셋째, 범인의 성명, 주거, 연고지 등이 판명되어 조속히 체포할 수 있다고 판단되는 경우에는 생략이 가능하다. 수사긴급배치의 해제는 범인을 체포하였을 때, 허위신고로 판명되었을 때, 중요사건에 해당하지 않음이 판명되었을 때, 긴급배치를 하더라도 효과가 없다고 인정될 때에 명할 수 있다.

### 3) 초동수사의 일반적 사항

#### ① 신속한 참고인 진술 확보

우선적으로 참고인을 확보하여 진술을 받아야 한다. 참고인은 피해자와 범행목격자 등 범죄자를 제외한 사건관계자를 의미하는데, 이들을 신속히 확보하여 사건 직후에 그들의 진술을 청취하고 기록하는 것이 필요하다. 사건 직후에 범죄 상황을 진술하는 목격자들은 비교적 기억이 정확하며, 다른 여러 이해관계의 영향으로 진술이 왜곡될 여지가 없어 신빙성이 높다. 진술을 받을 때 생생한 그대로 촬영 또는 녹음을 해두는 것이 필요하다(강맹진, 2011).

#### ② 초기 정황의 확보

초기에 사건의 정황을 알 수 있는 모든 자료를 확보해야 한다. 화재현장의 연소 상황이나 범죄현장과 주변의 상황, 현장과 주변 인물의 동태 또는 이동성이 있는 물건 등을 촬영하거나 녹음하여 수사를 위한 자료로 관리해야 한다.

#### ③ 신속한 현장출동

사건인지 또는 접수 후에 신속하게 출동하는 것도 중요하다. 경찰관은 사건의 발생을 인지하였을 때 사건의 경중을 불문하고 신속히 현장에 출동하여 긴급히 수사해야 한다는 것을 항상 명심해야 한다. 이를 위해서 평소에 준비해 둘 사항이 있는데, 우선 사건이 발생했을 때를 대비하여 최단 시간에 범죄현장에 도착할 수 있도록 관내 지리를 숙지해야 한다. 또한, 근무일은 물론 휴무일에도 항상 자신의 소재를 밝혀서 언제든지 비상소집이나 출석연락이 가능하도록 해야 한다.

경찰서 및 지방경찰청의 초동수사체제와 비상소집을 위한 연락방법 및 수사긴급배치의 요령과 배치장소를 숙지하는 것도 필요하다. 갑작스러운 현장출동에 대비하여 사진기, 휴대용 녹음기, 감식기재, 기타 수사장비의 사용방법에 숙달하도록 노력해야 한다. 실제 사건이 발생했을 때 냉정함과 침착함을 잃지 말아야 하며, 신속하게 효과적인 초동수사를 하기 위하여 평소에 과거 범죄 사례에 관한 연구를 꾸준히 해야 한다.

## 2 초동수사체제의 확립

### 1) 보고와 연락의 신속성과 정확성 확보

보고와 연락의 신속성과 정확성을 확보해야 한다. 중요사건이 발생했을 때 적절한 초동수사를 시행하기 위해서는 사건 발생을 인지한 경찰관의 보고와 연락이 신속하게 이루어져야 한다. 또한, 수사관리자나 수사지휘관은 현장 경찰관의 보고내용에 맞게 해당 사건에 적절한 지휘명령을 해야 한다. 중요사건의 보고책임자와 보고・연락의 방법들을 미리 구체적으로 정해두어야 하며, 그 내용은 경찰관 전원이 숙지해야 한다(Baskin & Sommer, 2010: 1141-1149).

### 2) 수사관 근무의 시스템화

수사관의 근무체제는 사전에 유기적으로 구축해 놓아야 한다. 중요사건의 초동수사에는 많은 인원이 필요하므로 신속히 인원을 확보할 수 있는 체제의 확립이 핵심이며, 특히 수사관의 근무체제가 정확하게 확립되어 있어야 한다. 주・야간, 외근 등 근무 중인 수사관이 수시로 자신의 소재를 상사에게 보고하도록 하여 항상 분명하게 해 두어야 한다. 수사력에 공백이 생기는 일이 없도록 근무할당에 대한 세밀한 조정이 필요하다.

중요사건은 수사관이 부족한 야간에 발생하는 경우가 많으므로 야간 근무체제의 확립도 중요하다. 사건 발생 시 초동조치 및 현장출동요령에 대한 기본계획을 수립하고, 상급 수사간부의 부재 등 현장수사활동을 입체적으로 추진하기 어려운 상황에서도 정확한 원칙대로 수사활동이 전개되도록 사전에 매뉴얼을 구성해야 한다. 수사원칙과 체제를 구체적으로 기술한 매뉴얼을 인쇄물로 만들어 교부하고 교육하여 누구라도 이해할 수 있고 언제라도 활용할 수 있도록 해야 한다(Wintemute, Kass, Stewart, Cerda, &

Gruenewald, 2016: 302-307).

### 3) 수사기동력의 확보

수사기동력의 확보를 위한 조치가 필요하다. 소요 인원, 수사 장비 등에 대한 준비가 필요하며, 수송 및 사건 발생 시 필요한 차량과 운전요원을 확보하고 항상 점검해야 한다. 순찰차에는 항상 조명도구, 확성기, 현장보존용구 등 초동수사에 필요한 기재를 적재해 놓아야 한다. 또한, 중요사건 발생 시 수사간부가 순찰차 근무자를 지휘・명령할 수 있는 체제를 확립하는 것이 필요하다.

### 4) 통신설비 관련 준비

수사용 전자장비, 통신설비 및 기자재 등을 시의적절하게 이용할 수 있도록 사전에 준비해야 한다. 수사용 장비의 사용방법이나 성능 등에 대해서는 수사관뿐 아니라 모든 경찰관이 숙지해야 하며, 장비를 항상 점검・정비해서 일정한 장소에 보관해야 한다. 다른 과・계에서 보관・관리하는 기자재도 필요할 때는 이용할 수 있도록 미리 협의해 두는 것도 필요하다.

통신설비와 기자재는 보고・연락, 사건의 지휘 및 각종 수배 등을 위해 없어서는 안 되는 장비이므로, 평소 경찰통신기관과의 긴밀한 소통을 통해 언제나 최고의 기능을 발휘할 수 있도록 준비해 두어야 한다. 특히, 휴대전화와 소형 무전기에 대하여는 신속한 지출(持出)이 가능하도록 대비해야 한다.

### 5) 수사긴급배치 사전계획 수립의 철저(徹底)

수사긴급배치 계획은 초동조치가 순차적으로 이루어질 수 있도록 사전에 철저히 수립해야 한다. 사건 발생 시 적시(適時)에 범인의 예상 도주로를 파악하여 신속히 경찰관을 배치하고 검문검색을 실시하며, 범인을 체포하고 현장을 보존하는 등의 적극적인 초동조치가 가능하도록 구성해야 한다. 또한, 필요하다고 판단될 때는 평상시 근무체제를 일시적으로 변경해 다수의 경찰관을 집중적으로 동원하여 검문이나 검색, 잠복관찰과 미행 등이 가능하도록 사전에 계획되어 있어야 한다(Stewart, Wintemute, & Kagawa, 2021).

수사긴급배치의 계획을 수립하는 과정에서 관내의 지형·도로 등의 지리적 조건과 교통 상황 등에 대해서 면밀하게 확인해야 한다. 범죄 발생 상황에 따라 대처할 수 있도록 과거 사건에 등장하는 범인의 도주 상황 등도 참작해 여러 경우를 가정하여 경찰관을 배치할 구역과 규모 등에 차등을 두는 등 두 가지 이상의 계획을 세우는 것이 필요하다. 신고(즉보) 접수 시 현재 인원으로 어떻게 효율적으로 배치할 것인가를 확인하고, 증원되는 인원수에 따라서 어떻게 배치를 보충할 것인가도 확인할 필요가 있다.

인접 경찰서나 기타 관계 공무원 등과도 협의하여 관할지역의 경계지점 부근에 수사의 사각지대가 생기거나 근무배치가 중복되는 일이 없도록 주의를 기울여야 한다. 수립한 계획은 발생한 구체적 사건에 기초하여 계획의 적정성과 실효성 등을 검토하고 반성을 통해 보완해야 한다. 또한, 끊임없이 관내 정세의 변화에 맞춰 계획을 수정하여 완성도를 높이고, 항상 최상의 내용이 되도록 준비해야 한다.

긴급배치계획의 주요 고려사항에는 긴급배치를 해야 할 사건의 종별, 긴급배치의 종별, 발령권자 및 해제권자, 배치인원의 소집, 임무 분담, 배치 요령, 배치 개소 및 배치방법, 보고 및 연락방법 등이 있다. 범죄 발생의 급속화·광역화에 효과적으로 대응하기 위해 인접한 경찰이나 타 시·도 경찰과의 공조도 고려하여 효율적인 조직적 수사가 이루어질 수 있도록 체제를 구축해야 한다(Kagawa et al., 2020).

### 6) 수사 관련 기초자료의 수집과 정비

현재 경찰청 훈령으로 「범죄수사규칙」을 수립하여 이를 일종의 수사매뉴얼로 사용하고 있다. 「범죄수사규칙」은 '수사에 제공하기 위하여 쓰인 범죄에 관련한 모든 자료 및 죄를 범할 우려가 있는 자나 기타 수사상 주의가 필요하다고 인정되는 자의 동향 등 수사에 필요한 기초자료를 항상 수집하고 정비해 두어야 한다'라고 정의된다. 온전히 수집과 정비가 되어 있는 기초자료는 그대로 초동수사에도 이용될 수 있다.

초동수사 자료로 활용되기 위해서 기초자료에 필수적으로 있어야 하는 내용으로는 범죄 발생 관내지도, 교통수단별 노선도, 지하철이나 열차 등의 발착시각 및 영업소 또는 역의 소재지와 전화번호, 정시운행 화물자동차의 운행시각과 노선, 화물취급소의 위치와 전화번호, 물품 일시보관소의 소재지와 전화번호, 유흥음식점·유기장(遊技場)의 소재지 및 전화번호와 영업자명 등이 있다. 특히, 심야영업을 하는 곳은 따로 분류해 두어야 한다. 여관, 여인숙, 하숙 등 숙박업을 하는 경영자와 각 소재지 및 전화번호, 전과자와 보석자의 성명과 주거지 및 동향, 폭력단체 등의 명부와 그 동향, 공사장 합숙소의 소재지 및 책임자의 연락처 등도 확보할 필요가 있다(박영수, 오세연, 조형근, 이창용, 2023).

### 7) 신속한 열람 가능성의 확보

초동수사는 신속성을 요구하기 때문에 기초자료 중 필요한 것은 누구든지 언제든 찾아볼 수 있도록 관리해야 한다. 기초자료를 분류·정리하여 항상 일정한 장소에 보관해 두는 것이 필요하며, 유사시 수사활동에 지장을 초래하는 일이 없도록 그 내용에 대하여 수시로 조사·확인하여 변동사항을 수정해 기록해야 한다. 담당자는 날짜를 정해 놓고 정기적으로 점검해야 하고, 간부는 이러한 점검활동이 제대로 이루어지고 있는지를 수시로 확인하고 필요한 지시를 해야 한다.

### 8) 타 기관 및 교통기관 관계자와의 협력체계 확립

긴급히 범인의 도주로를 차단하거나 범인의 동선 관련 정보를 입수하기 위해서는 철도공사나 각 지역의 도시철도공사 등 교통기관의 관계자와 협력체계를 구축해 두어야 한다. 범인이 기차를 이용하여 도주했을 때에는 상황에 따라 철도특별사법경찰대와의 협력이 필요하기도 하며, 범인이 범행 전이나 후에 택시를 이용한 사실이 있으면 택시 운전사의 협력을 통해 범인의 인상과 차림새, 동선 등을 알아낼 수 있다. 이러한 협력을 끌어내는 과정에서는 수사상의 비밀을 고려하여 사건의 내용과 범인의 인상 등에 대해서 어느 정도 노출할 것인지를 신중히 검토해야 한다(Ulmer & Steffensmeier, 2014: 377-396).

## 3 초동수사의 방법

### 1) 초동수사의 중요성

살인, 강도, 강간, 방화 등의 중요범죄사건같이 사람의 생명과 신체에 심각한 영향을 미치는 사건이 발생하면 초동수사는 더욱 핵심적인 수사 과정일 수밖에 없다. 초동조치의 신속성과 정확성에 인명의 구조 여부가 달려 있으므로 범죄의 발견과 진압, 체포를 위하여 긴급한 조치는 필수적이다. 이런 사건의 초동수사는 수사를 담당하는 경찰뿐 아니라 다른 기능의 인원까지 투입하여 종합적인 수사활동을 해야 하므로 많은 경찰인력을 필요로 한다(유재두, 2013).

강력범죄나 잔혹범죄 등의 중요범죄사건은 인접 경찰서나 시・도 지방경찰청의 지원이 필요할 만큼 대규모의 조직적 수사활동이 요구되는 사례도 많은 실정이다. 초동수사의 실패는 범인 검거와 함께 사건의 실체를 밝혀야 하는 수사에 결정적인 악영향을 준다. 무엇보다 범인이 도주한 경우 제2, 제3의 범행이 일어날 수 있고, 사건을 해결하는 데 시간이 지체되기 때문에 비난을 받을 가능성이 크다. 사건 해결에 시간이 오래 소요되면 기존의 범죄를 모방하는 범죄가 발생하는 등 회복하기 어려운 중대한 결과를 초래할 위험이 있다.

모든 범죄는 신속한 초동조치가 필수적이지만, 특히 강조되는 중요사건에는 ① 살인, 강도, 강간, 방화 등의 흉악사건, ② 미성년자 약취나 유인사건, ③ 조직적 집단 폭력사건, ④ 수인(囚人) 또는 구속피의자, 피고인의 도주사건, ⑤ 집단 또는 다액절도사건 등의 절도사건, ⑥ 사고 야기 도주차량 및 폭발물 사고, ⑦ 기타 사회적 영향이 큰 중요 특이사건 등이 해당된다(황영구, 2010).

### 2) 초동수사의 순서

#### ① 신고의 접수

중요범죄사건의 신고는 112 전화 등을 통해 경찰서나 지방경찰청에 직접 접수되는 경우와 외근경찰관의 신고로 접수되는 경우가 있다. 신고를 접수할 때 반드시 청취해야 할 사항은 다음과 같다.

첫째, 신고인의 주거지와 직업, 성명과 연령 등의 인적 사항이 있다. 피해자가 직접 신고하는 것인지, 가족이나 지인 또는 피해자의 의뢰를 받아서 신고하는 것인지를 분명하게 파악해야 하며, 정확한 신고시각을 확인해야 한다.

둘째, 사건의 내용이 있는데, 사건의 내용은 긴급성을 판단하는 결정적 요소이므로 왜곡이나 오류 없이 온전히 파악할 수 있어야 한다. 신고 접수 중 청취하여야 할 사건

[초동수사의 순서체계도]

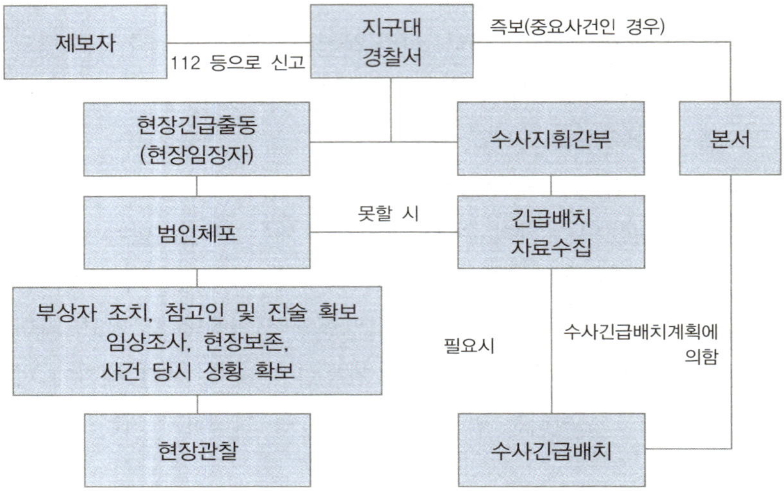


의 구체적 내용은 발생일시(언제), 발생장소(어디서), 범인(누가 누구와 같이, 연령, 인상착의, 그 외 특징 등), 피해자(누구에 대하여), 범행동기(왜), 범행방법(어떻게), 행위(무엇을 하였다.), 결과(어떻게 되었다.), 범인의 도주방법(도보 또는 차량 이용), 부근에 있었던 자(목격자 등) 등이 있다. 사건 파악의 기본적 8하 원칙에 범인의 도주방법과 목격자 등을 추가하여 정확하게 파악해야 한다(박영수, 오세연, 조형근, 이창용, 2023).

신고를 받을 때는 순발력과 통찰력이 발휘되어야 하고, 무엇보다 안정적인 심리적 대응이 필요하다. 신고자는 범죄의 피해자이거나 범죄행위 또는 범죄의 결과를 직접 목격한 사람이기 때문에 매우 흥분한 상태이고 격한 감정에 빠져 있으므로, 이러한 신고자의 상태에 휘둘리거나 끌려가서 냉정을 잃지 않도록 각별히 주의해야 한다. 신고자의 언어적 표현과 내용을 잘 파악하여 허위신고인지를 판단하는 것도 필요하다. 하지만 자신의 경험을 토대로 선입견이나 편견을 갖고 있으면, 사건의 진상을 잘못 파악하게 되어 수사에 결정적인 악영향을 미친다는 것 또한 명심해야 한다.

② 즉보(卽報)

첫째, 제1보는 사건의 개요만을 간략하게 즉시 보고하는 것이다. 중요사건의 신고가 있을 때 우선 어떤 사건인지 확인하고 신빙성이 있다고 판단될 경우, 상세내용을 듣기 전에 "○○에서 ○○사건 발생"이라는 제목으로 "사건 청취 중"이라고 본서에 즉시 보고해야 한다. 이러한 제1보는 본서 차원의 출동준비체제에 만전을 기하기 위하여 반드시 실행해야 한다. 보고할 때 보고자의 위치가 경찰시설이 아닌 경우에는 무선이나 핸드폰, 기타의 통신수단을 이용하여 신속히 보고해야 한다(강맹진, 2011).

둘째, 제1보 이후 이루어지는 제2보부터는 범인을 추적하고 체포하거나 수배를 하는 데 필요한 사항과 피해자의 상황을 가장 우선으로 파악해서 보고해야 한다. 경찰서에서 근무하던 경찰관이 사건을 인지한 사람으로부터 직접 신고를 받거나, 피해자의 신고 전화를 받은 경우에는 다른 경찰관 등에게 협력을 요청해야 한다. 협력을 요청받은 경찰관은 동시에 다른 전화기나 무전기 등으로 즉시 보고하여 수사간부가 상황에 맞는 지휘를 할 수 있도록 해야 한다.

### ③ 긴급출동과 현장접근

「범죄수사규칙」에 '경찰관은 현장임검(現場臨檢)을 요하는 범죄의 발생을 인지하였을 때는 신속히 그 현장에 가서 필요한 수사를 해야 한다'라고 규정하고 있다. 현장에 급히 가서 조사할 때는 기동력을 최대한 발휘하여 최단 시간 내에 도착하도록 하고, 이 경우 현장과의 실시간 통신 연락을 신속 · 정확하게 해야 한다. 적확한 통신 연락을 위해서는 무전기의 활용과 통신기재의 휴대에 대하여 특히 유의해야 한다(신상화, 2024).

신고내용에 따라 필요하다고 판단되는 경우 호신용구 또는 현장보존이나 현장관찰에 필요한 기자재를 챙겨서 휴대해야 한다. 현장에 출동할 때는 되도록 두 사람 이상의 경찰관이 출동하고, 가능하면 피해자나 현장에 대하여 연고가 있는 사람이 동행하는 것이 유리하다. 현장에 긴급출동을 하는 중에도 범인으로 의심되는 사람이나 거동수상자에 대한 주의를 게을리하지 말아야 하며, 출발시각과 도착시각을 확인하여 기록하는 것 역시 중요하다.

신고받은 현장의 상황에 따라 접근이 쉬운 대로(大路) 외에 사용빈도가 낮거나 알려지지 않은 다른 도로를 통한 조심스러운 접근도 고려할 수 있어야 한다. 현장에 접근할 때는 경광등이나 경보음 사용을 자제하고, 사건현장에 최대한 가까운 곳에 주차하도록 한다. 현장에 진입한 후에는 어떤 상황이 발생할지 모르기 때문에 진입 전에 현장의 상황을 파악하고 보고하는 주의 깊은 자세가 필요하다(박영수, 오세연, 조형근, 이창용, 2023).

### 3) 지휘간부의 의무와 현장 출동자의 조치

#### ① 지휘간부의 의무

먼저 현장을 지휘하는 간부는 사건의 성격을 판단하여 수사방침을 결정해야 한다. 그다음으로 주요 수사활동에 있어서 실효적 수사를 위한 노력을 해야 하고, 중복수사를 피하고자 각 소속책임자와 긴밀하게 협의해야 한다. 주요한 수사활동으로는 피해자 구조, 목격자와 참고인 확보 후 조사, 현장 부근의 검색과 탐문, 현장관찰, 유류품 등 수사자료의 발견과 확보, 피의자의 추적과 체포, 검거 후 조사 등이 있다.

이러한 수사활동을 각 요원의 특성에 맞게 분담하고 담당구역 등을 명확하게 나누어 임무를 지시하는 등 전문성 있는 시의적절한 현장지휘로 수사의 실효를 거두도록 해야 한다. 필요 인력이 부족할 때는 가까운 경찰관서의 인력을 수배하고 소집해야 한다. 아울러 범인의 인상착의와 특징, 도주 방향과 동선 등 긴급배치에 필요한 사항을 우선해서 수집해야 한다.

#### ② 현장 출동자의 조치

현장에 출동한 경찰관이 해야 할 역할은 세 가지로 나누어 볼 수 있다.

첫째, 범죄 상황을 진압하고 범인을 체포하는 것이다. 현장에 도착했을 때 아직 범행이 계속되고 있다면 즉시 범인을 제압하고 현행범(現行犯)으로 체포해야 한다. 중요범죄사건의 범인은 흉기를 휴대하고 있는 경우가 많아서 체포 과정에서 경찰관이 다치는 일이 발생할 수 있으므로 신중해야 하고, 평소에 체계적인 모의훈련을 수행하여 흉기 제압을 위한 능력을 갖춰야 한다(Kagawa et al., 2020).

둘째, 피해자뿐 아니라 범죄로 인한 부상자의 구호에도 빈틈이 없어야 한다. 경찰관이 현장에 도착했을 때 부상자가 있다면, 지체하지 말고 구호를 위한 적절한 조치를 해야 한다. 현장에 도착한 경찰관은 범죄현장의 원상을 파괴하지 않아야 하는데, 이를 이유로 인명을 도외시하는 것은 허용되지 않음을 명심해야 한다. 일부 현장 출동자는 피해자 구호보다 현장보존을 중요시하여 잘못된 판단을 하는 경우가 있는데, 이는 명백한 원칙 위반이다.

셋째, 수사의 성공 여부를 결정할 만큼 중요한 역할인 현장보존과 통제가 있다. 범죄현장에 남아 있는 모든 물건은 매우 중요한 범죄의 증거이기 때문에, 누구에 의해서도 훼손되거나 변경되어서는 안 된다. 경찰관뿐 아니라 일반인의 부주의로 인한 훼손이 많이 발생하므로, 경찰은 매뉴얼에 따라 현장업무를 처리하고 일반인의 출입을 철저히 통제해야 한다. 구경꾼이나 기자, 사건 관련자 등과 같은 일반인의 출입을 막고 출입통제구역임을 표시하기 위해 경찰통제선(Police Line)을 반드시 설치해야 한다(Schleimer, Wright, Shev, McCort, Asif-Sattar, Sohl, & Sheley, 1994).

#### ③ 신속한 보고

최초로 범죄현장에 도착한 경찰관은 신속하고 정확하게 현장에 맞는 조치를 하고, 초동조치 후 변화된 상황과 인지한 범죄 관련 사항을 지체하지 말고 본서에 보고해야 한다. 특히 이미 보고한 내용과 다른 사실이 발견되면 이를 즉시 보고하여 수사에 혼선이 없도록 해야 한다. 또한, 인상과 차림새를 비롯한 범인을 특정할 수 있는 인적 특징과 도주 방향 및 도주로 등 범인을 체포하는 데 반드시 필요한 사항이 확인되면 이에 대해서도 즉시 보고를 해야 한다.

## 제 2 절 | 현장의 관찰 및 기록

### 1 범죄수사에서 현장관찰과 기록의 개요

#### 1) 현장관찰과 기록의 중요성

범죄현장에 있는 수많은 물건과 관련된 사람 등 유형·무형의 자료 중에 범행과 직·간접적으로 결부되었다고 판단되는 여러 자료를 수집하기 위하여 현장의 상태를 관찰하고 기록하는 것은 매우 중요하다. 현장을 내밀히 관찰하고 정확히 기록하는 것은 수사활동의 기초로서 이후의 수사에 미치는 영향이 매우 크고, 사건 해결의 관건이므로 중요할 수밖에 없다. 범행이 발생한 시점에 가까울수록 범죄현장의 훼손이 적고 최대한 보존된 상태에서 광범위한 관찰이 가능하므로, 시간이 흐르면 두 번 다시 동일한 상태로 관찰하고 기록할 수는 없을 것이란 생각으로 임할 필요가 있다(Darke, 2010: 202-215).

### 2) 현장관찰과 기록의 목적

범죄현장에서 현장관찰과 기록의 목적은 두 가지로 나누어 살펴볼 수 있다.

첫째, 범죄사실을 확인하는 목적이다. 현장의 모습과 피해상태 등을 면밀히 확인하고 조사하여, 발생한 사건이 자연현상이나 불가항력에 기인했을 가능성이 없고 사람에 의해 발생했다는 사실을 확실히 하기 위해서 시행한다. 신고된 내용과 실제 발생한 범죄 상황이 어느 정도 일치하는지를 확인하고, 범죄의 유형과 범인을 확인하는 일도 현장관찰의 목적에 포함된다(Laqueur, Kagawa, Wright, & Wintemute, 2019: 1719-1726).

둘째, 범행의 증거를 수집하고 보존하기 위한 목적이다. 현장에 남겨진 범행의 흔적, 범인이나 범행과 인과관계가 있는 사물의 상태와 관계성 등을 발견해야 하는데, 이를 증거라고 부르며 이런 자료들을 수집하는 것은 사건 해결의 핵심 과정이다. 현장관찰을 통해 수집한 증거자료들을 원형 그대로 보존하기 위해서 기록으로 남겨두는데, 범행현장의 상황과 증거를 사진이나 동영상 촬영 등의 방법으로 보존한다.

### 3) 현장관찰과 기록의 일반적 유의사항

#### ① 범죄현장의 중요성 인식

범죄현장은 증거의 보고(寶庫)라는 사실을 항상 잊지 않아야 한다. 해당 현장에 사건 해결의 열쇠가 있다는 신념으로 수사에 임해야 하며, 냉정하고 침착한 관찰을 통해 확보 가능한 증거자료를 최대한 모아야 한다. 현장에 도착하여 사건의 잔혹성 등에 정신적으로 당황하거나 조급해져서 냉정을 잃으면 안 되며, 범죄의 규모와 방법, 기타 제반 사항을 착실하게 수집해야 한다(Moore & Bergner, 2016: 1-20).

#### ② 선입견과 편견의 배제

선입견과 편견을 버리고 객관적 관찰을 통해 신빙성 있는 증거와 흔적을 발견해야 한다. 관찰과 기록을 법규와 원칙에 따라 질서 있게 수행하는 것이 중요한데, 이는 주관적 관점과 생각을 내려놓고 모든 증거를 빠뜨리지 않으며 종합적으로 관찰하기 위함이다. 광범위한 관찰이 필요한 이유는 범인의 의도적 유기나 무의식적 행동 등에 의해 범행증거가 현장에서 멀리 떨어진 곳에도 존재할 가능성이 있기 때문이다. 따라서 현장관찰과 기록은 될 수 있는 대로 넓은 범위로 확장하여 실시하는 것이 원칙이다.

### ③ 관찰과 기록의 반복

관찰과 기록은 치밀하게 반복해야 한다. 범행의 과정을 모르는 상태에서 현장의 상태와 증거만으로 사건을 해결해야 하므로 주도면밀하게 구석구석까지 치밀하게 관찰해야 한다. 또한, 사람의 시야와 주의를 기울이는 초점에는 한계가 있으므로, 같은 장소라 할지라도 다른 패턴과 관점으로 반복해서 관찰하는 끈기 있는 노력이 필요하다. 관찰과 기록을 수행할 때는 확대경이나 조명기구 등 가용 가능한 모든 도구를 적극적으로 활용해야 한다(박영수, 오세연, 조형근, 이창용, 2023).

### ④ 주의력의 집중

방심하지 말고 모든 주의력을 집중해야 한다. 수사관이 현장에서 방심하거나 주의력을 잃는 문제는 육체적으로 피로하거나 개인적 사유로 생각이 복잡하고 감정적인 상태에 놓여 있을 때 발생한다. 더욱이 범죄현장은 예측할 수 없으며 고도의 정신적 스트레스를 받을 수밖에 없는 환경이므로, 수사업무를 하는 경찰관은 항상 심신을 잘 관리하여 최상의 상태를 유지할 의무가 있다. 관찰 중에 불필요한 언행을 남발하거나 다른 사람과 대화하는 것은 삼가야 한다(McGinty, Choksy, & Wintemute, 2016: 5-31).

### ⑤ 현장지휘 및 관리 철저

수사지휘관의 통제하에 일사불란(一絲不亂)하게 움직여야 한다. 수사지휘관의 통제와 관리가 개입하는 이유는 이를 통해 현장에 나가 있는 경찰관의 주관적 판단을 최대한 경계하여 배제하고, 혹시 발생할 수 있는 실수나 잘못으로 인한 간과(看過)나 누락(漏落)을 줄이기 위해서이다. 또한, 체계적이고 질서 있는 관찰과 기록활동을 견인하고 유지하도록 하고, 모순이나 불합리한 점을 발견하여 종합적인 판단을 하기 위함이다.

## 4) 세부적인 내용

현장에 대한 관찰과 기록은 현장과 그 일대에 걸쳐 진행된다. 범행현장을 세부적으로 관찰하기 전에 먼저 현장과 주요 지점 사이의 거리, 현장 주변의 지형과 교통, 도로・가옥의 밀집 상황과 수준 등 현장 부근의 총체적인 상황을 파악하도록 한다. 범행현장이 옥내(屋內)에 있는 경우에는 집이나 건물의 주변을 관찰하고 기록하는 것 역시 중요하다. 담장이 있는 주택이면 외벽만을 관찰한 후에 즉시 안으로 들어가지 말고 가능한 한 주변을 광범위하게 관찰한 다음에 안으로 들어가도록 한다(Grinshteyn & Hemenway, 2016: 266-273).

이때 가옥의 외벽을 좌(우)회하여 관찰하면서 범인이 침입하고 도주한 흔적을 빠뜨리지 않도록 특히 신중해야 한다. 내부를 관찰하기 전에 먼저 가옥의 넓이·높이와 방실(房室)의 출입구 등 전체적 구조와 형태를 잘 파악하는 것이 도움이 되는데, 침입한 위치로 추정되는 출입구에서 시작하여 순차적으로 범행현장 중심부로 향하며 관찰과 기록을 진행한다.

빠짐없이 현장을 관찰하고 기록하기 위해서는 일반적인 순서를 정해두는 것이 도움이 된다. 입구로부터 좌측 구석의 벽 다음에 정면의 벽, 우측의 벽, 또는 우측 구석에서 입구까지의 벽, 정면의 벽, 좌측의 벽 순으로 진행하는 것이다. 천장의 상태와 설비된 조명을 점검하는 것에서 시작해 바닥(방·마루)의 상태를 관찰하고, 밝은 곳에서 어두운 곳으로 이동하는 등 일정한 경로를 정해서 순서대로 관찰하는 것이 필요하다.

## 2 현장관찰기록 작성요령

현장을 관찰하는 수사관은 수시로 빠짐없이 관찰한 내용을 사진이나 영상촬영, 메모나 녹음 등으로 남겨서 보존해야 한다. 이때 관찰 및 조사를 진행한 시간적 순서에 따라서 기록해 나가는 것이 가장 쉽고 좋은 방법이다. 증거물이 어디에 위치한 것인지를 알아볼 수 있도록 기준점이 되는 것을 골라 그것과의 거리를 측정하여 대상의 위치를 명백히 밝히고 촬영해 두어야 한다. 기준점은 반드시 2개 이상의 고정된 사물을 선정하도록 한다.

증거가 될 수 있는 물체의 크기나 거리는 반드시 실측을 해야 하며, 실측할 수 없을 때는 눈대중으로 추정한 목측(目測)임을 명시해야 한다. 소소한 물건이거나, 별거 아닌 것으로 보이더라도 빠뜨리지 않고 관찰하여 기록하는 것이 중요하다. 관찰한 내용을 기록할 때는 '침입구로 생각되는 곳에는 흔적이 없다' 또는 '재떨이에 꽁초가 없다' 등과 같이 이후에 누가 보아도 내용을 인식할 수 있도록 기록하는 역량도 반드시 갖춰야 한다(전대양, 2015).

## 3 현장관찰의 확인사항과 관찰요령

### 1) 범인에 관한 사항

#### ① 범인의 신체적 · 생리적 특징

먼저 범인의 지문(指紋), 장문(掌紋), 족문(足紋) 등의 신체적 특징과 혈액형이나 체액 등의 생리적 특징에 대한 관찰과 채증(採證)이 진행된다. 사람의 지문은 같은 사람이 없는 만인부동(萬人不同)과 한 사람의 지문의 특징은 사망할 때까지 변하지 않는 종생불변(終生不變)의 성질을 가지고 있는 것으로 평가받고 있다.

서로 다른 두 사람의 지문이 일치할 확률에 대한 학설은 다양해서 10억분의 1에서 1만분의 1까지 다양한데, 이러한 학설들이 실증적이고 과학적으로 한 치의 오차도 없는 사실임이 완벽하게 입증된 것은 아니다. 또한, 범죄현장이나 범행도구에서 지문을 채취하는 과정에서 사람의 실수가 개입될 수 있고, 채증된 지문과 전산시스템에 등록된 지문 또는 살아 있는 사람의 지문과 대조하여 일치 정도를 판단하는 과정에도 역시 사람의 실수가 개입될 여지가 있다(이만종, 2004).

지문이 아무리 유일성의 특성이 있다 하더라도 인간의 실수와 오판 등의 문제가 개입될 수 있음을 항상 염두에 두고, 관찰과 기록의 단계에서부터 주의를 기울여야 한다. 또 지문의 생물학적 증거력만을 맹신하여 수사 과정에서 발생한 심각한 오류를 발견하지 못하면 영구적 미제사건을 만들 수도 있다는 경각심을 가질 필요가 있다.

현장 지문은 사람이 손을 댈 수 있는 곳에 남겨지므로 이를 중심으로 관찰하게 되는데, 이 외에도 장문과 족문 등이 범인의 방심으로 남아 있는 경우가 많다. 지문이나 장문, 족문 등은 현장에서 상당히 떨어진 장소에서도 발견이 되기 때문에, 현장관찰의 범위를 넓히고 장소와 상태에 상관없이 채증할 수 있도록 모든 전문적 수단을 동원할 수 있는 조치가 필요하다.

혈액형을 알 수 있는 것에는 혈액을 비롯하여 타액(唾液), 정액(精液), 콧물 등의 분비물과 토사물(吐瀉物), 대소변(大小便) 등의 배설물이 포함된다. 이것들은 시간의 경과에 따라 색이나 성분이 변하는 등 훼손과 멸실(滅失)의 가능성이 있으므로 특히 주의해야 한다. 족문을 통해 발의 길이나 넓이를 측정하여 신장을 추정할 수 있고, 족문과 족문의 간격을 측정하여 보폭을 측정할 수 있다(河上和雄, 1991).

현장에서 발견된 모발을 통해 성별이나 모발을 깎은 후 경과한 일수, 혈액형 등을 알아낼 수 있다. 치아의 흔적도 고유성을 갖고 있어서 용의자가 범인이 맞는지를 알아내는 데 결정적인 역할을 할 수 있다. 만약 피해자가 범인을 물어서 범인에게 피해자의 치열(齒列)이 남아 있으면 몇 명의 용의자 중 피해자의 잇자국이 있는 사람을 범인으로 특정할 수 있다. 반대로 범인이 피해자를 물었다면 피해자에게 남아 있는 치열을 용의자의 치과기록과 대조해 범인을 찾아낼 수 있다.

#### ② 범인의 의상과 소지품, 휴대품

범인은 범죄행위로 인한 정신적 동요나 흥분, 피해자의 저항 등으로 인해 의상이나 휴대품 등을 떨어뜨리기도 하고, 때로는 의식적으로 은닉하기도 한다. 범인이 자신도 모르게 소지품을 흘리는 장소로는 주로 범행 전 시간을 보냈던 장소나 범행현장에 침입한 입구 부근, 범행의 장소, 도주 경로와 그 일대 등이 해당된다.

의식적으로 물건을 방치하거나 은닉하는 장소로는 범행현장이 가장 많은데 예를 들어, 휴지통이나 장롱 등 가구의 뒤쪽, 침구 속, 선반 뒤, 천장, 마루 밑, 화장실 안 등이 있다. 범행현장 주변의 경우 길거리 쓰레기통이나 하수구, 이웃집의 담벼락 안쪽이나 지붕 위, 방화용수의 수중, 풀 속, 공원, 공중화장실 안 등이 물건을 은닉하는 장소로 꼽힌다(백건하, 2019: 53-78).

옷이나 옷의 일부가 현장에서 발견됐다면 적극적으로 확보하여 수사해야 한다. 현장에 남아 있는 입었던 옷이나 모자, 장갑, 사용한 손수건이나 타월, 의류에서 떨어진 단추나 섬유 등은 유용한 증거가 된다. 옷 관련 증거의 품질과 형태, 사이즈, 오염의 정도 및 파손이나 수선의 정황 등을 근거로 추적 수사를 하면 범인의 성별, 연령, 직업, 신장, 체격 등을 추정할 수도 있다.

의류의 제조처 또는 판매점의 마크, 세탁 영수증 등도 유력한 수사의 단서가 될 수 있다. 의류는 땀이나 때, 모발 등을 부착하고 있는 경우가 많으므로 범행현장의 의류를 검사하여 혈액형 등 많은 것을 알아낼 수 있다. 현장에서 발견되는 휴대품으로는 흉기(凶器), 범행에 사용된 도구, 성냥이나 라이터, 담배꽁초, 마스크, 보자기, 휴지, 껌종이 등이 있다.

#### ③ 범인의 지능 수준과 직업

현장관찰을 통해 범인의 교육 정도와 지능 수준에 대한 파악도 가능할 수 있다. 현장에서 발견한 편지나 낙서, 협박을 위해 작성한 범인의 문서나 범인이 했던 말 등을 통해서 범인의 지식 수준과 교육 정도, 연령대 등을 추정할 수 있다. 그러나 범인이 수사에 혼선을 주기 위해서 평소와 다른 목소리나 말투를 사용하거나, 평소 자신이 사용하던 손이 아닌 다른 손으로 글을 쓰는 등의 의도적 기만행위를 할 수 있으므로, 현장의 자료를 분석할 때는 이런 점을 어느 정도 감안해야 한다(박영수, 오세연, 조형근, 이창용, 2023).

범인은 범행이 용이하고 목적한 사물이나 사람이 존재하되 도주가 가능한 일시와 장소를 선택하여 범행하는 것이 일반적이다. 또한, 범행에 사용된 흉기와 도구는 범인이 상습적으로 사용하거나 평소 익숙하여 잘 다룰 수 있는 것일 가능성이 있다. 따라서 범인이 잘 알고 익숙한 지리적 조건과 물건 등에 대해 집중하여 현장 상황을 면밀히 관찰하면 범인과 범행 과정을 추정하여 수사범위를 좁힐 수 있다.

특수한 전문적 지식이나 경험이 없으면 할 수 없는 범행인 경우에는 용의자의 직업범위를 한정해 수사할 수 있다. 전문적 지식과 기능이 필요한 범행으로는 시한적(時限的) 장치에 의한 방화나 폭발, 독극물이나 의약품을 사용한 살상, 해부학을 기반으로 한 인체 해체, 고공(高空) 등과 같이 일반적으로 위험하다고 생각하는 장소에서의 범행, 산소용접기를 사용하여 절단하는 등 특수한 도구를 사용한 범행, 별도로 제작한 수제 흉기를 사용한 범행, 고압선을 절취하는 전선 절도, 화학약품류를 사용한 범행, 지폐나 유가증권 위조, 명화의 위조와 변조 등이 있다(강주헌, 2007).

#### ④ 공범 여부와 범인의 수

현장관찰을 통해 공동 정범이 있는지 여부와 있다면 몇 명일지를 추정할 수 있다.

첫째, 현장에 피해자의 것을 제외하고 종류가 다른 둘 이상의 족흔(足痕)이 있으면 위장이 아닌 한, 2인 이상의 범인에 의한 범행으로 추정할 수 있다. 흉기도 범인의 숫자와 관련하여 중요한 단서가 되는데, 현장에 여러 종류 또는 여러 개의 흉기가 있는 경우에는 단독범임을 확신할 수 있는 증거가 발견되지 않는 한 2인 이상의 범행으로 판단할 수 있다.

둘째, 유류품과 관련하여 현장에 두 벌의 장갑이 있거나 범행 전후에 머물렀던 장소에 두 종류의 꽁초가 있는 등의 상황이라면 범인을 2인으로 추정할 수 있다. 그러나 범인이 피해자의 물건을 사용하고 남긴 경우나 살상의 수단과 방법이 복잡한 경우 등은 잘못 판단하기 쉬우므로, 여러 수사관이 함께 논의하는 신중한 검토가 필수적이다(강맹진, 2011).

셋째, 현장의 상황이 한 사람의 범행으로 보기 어렵다고 판단되는 경우에도 현장관찰을 통해 공범 관계를 추정할 수 있다. 침입방법과 관련하여 현장을 관찰한 결과 사다리나 발판을 사용한 흔적이 없는데도 높은 담을 뛰어넘었거나 높은 창문을 통해 침입한 경우라면, 누군가가 어깨를 빌려주거나 기타의 방법으로 침입을 도운 것으로 추정할 수 있다. 장물의 운반과 관련하여 혼자서는 불가능하다고 생각되는 가구나 물건을 옮겼거나 중량이 있는 장물을 운반했다면, 2인 이상이 협력하여 범행한 것으로 추정하는 것이 가능하다.

### ⑤ 범인의 생활환경과 경제적 수준

유류품의 오염 상황과 냄새, 부착물 등을 통해 범인의 생활환경이나 경제적 수준을 추정할 수도 있다. 또한, 특정한 냄새나 얼룩을 찾아내어 직업을 추정할 수도 있다. 예를 들어, 생선 비린내는 어부나 어물상, 기름 냄새는 기계공, 목재 냄새나 나무 부스러기는 목공업자, 페인트나 락카 얼룩이나 냄새는 도장공, 산소용접 시 발생하는 불꽃의 흔적은 용접공으로 추정할 수 있을 것이다. 그러나 냄새나 얼룩만으로 직업을 추정하는 것은 오류의 위험이 있으므로, 이를 확정할 수 있는 다른 증거자료가 있어야 할 것이다. 남겨진 물품의 단가나 브랜드, 생산 연도나 사용한 습관 등은 범인의 생활환경과 경제적 수준을 추정하는 중요한 단서가 될 수 있다(서정범, 2011: 91-129).

### ⑥ 전과 또는 상습성의 유무

최근에 여러 강력범죄의 범행수단이 지능화되면서 범행에 관련한 정보의 취득이 더욱 중요한 수사 과정으로 꼽히고 있다. 범행수법 중 범인의 전과 여부나 상습성이 가장 잘 드러나는 것으로 침입방법과 범행대상의 물색방법이 있다. 침입방법을 예로 들면 수건을 물에 적셔서 유리를 깨는 방법, 자물쇠를 외부에서 여는 방법 등으로 침입했다면 범죄 전력이 있거나 상습범죄자일 가능성이 있다고 보는 것이다.

범행의 목적물에서 전과나 상습성의 유무를 판단하는 것은 다른 상황과 함께 살펴 신중히 검토해야 한다. 왜냐하면 범행의 대상이 되는 물건이나 사람을 고르는 데 있어 부피가 있는 의복보다 간편하고 값진 귀금속, 고유한 특징이 있어 추적이 쉬운 물건보다 특징이 없는 안전한 물건을 선정하는 것이 현재 범죄자들의 일반적인 패턴이기 때문이다. 또한, 물품은 단서가 잡히고 추적되기 쉬워서 현금을 목적으로 하는 범죄자가 최근 많아지고 있다(손재영, 2010: 289-312).

### 2) 범행일시에 관한 사항

범죄의 전반적 상황을 파악하고 여러 용의자 중에 범인을 특정하거나 잡기 위해서는 범행이 발생한 날과 시각을 가능한 한 정확하게 추정할 수 있어야 한다. 여러 증거를 통해 특정한 범행일시에 알리바이(Alibi)를 증명할 수 있다면 용의선상에서 벗어날 만큼 범행일시는 매우 중요한 자료이다. 피해자나 목격자의 진술이 있거나 시신이 있어 부검을 할 수 있다면 범행시각을 비교적 정확하게 추정할 수 있다(Mills, Nurius, Matsueda, Rivara, & Rowhani-Rahbar, 2018: 298-307).

문제는 목격자가 없는 사건 또는 범행 후 상당한 일수를 경과하고 발견된 사건들이 실제 많다는 것이고, 이 경우 범행일시를 파악하기는 힘들어진다. 따라서 범행현장에 존재하는 모든 물건에 대한 광범위하고 치밀한 관찰과 증거수집을 통해 최대한 범행일시를 밝히기 위해 노력해야 한다.

범행현장에 있는 시계나 라디오, 텔레비전에 표시된 시각이 멈춰 있다면 범행으로 인해 정지했을 가능성을 수사해야 한다. 이것을 입증한다면 매우 정확한 범행시각으로 인정될 수 있다. 달력이나 일기, 가계부, 기타 메모의 기재사항을 통해서도 범행일시를 추정할 수 있으며 신문이나 우유 등과 같은 정기 배달물이나 우편물의 투입 상황을 확인하여 범행일을 추정할 수 있다. 살인사건의 피해자가 독신이거나 가족이 장기간 부재 중에 집에 있는 사람이 살해된 경우, 피해자 집의 입구에 정기 배달물이 쌓여 있다면 가장 오래된 것의 일자를 확인하여 범행날짜를 추정하게 된다(Ladapo, Elliott, Kanouse, Schwebel, Toomey, Mrug, Cuccaro, Tortolero, & Schuster, 2016: 742-749).

식탁에 널려진 식기의 상태나 음식의 종류를 보고 아침·점심·저녁이나 술자리 등 시기를 추정할 수 있고, 현장에 남겨진 음식물의 상태와 부패의 정도 등으로 식사 전과 후를 구별하고 일시를 추정할 수 있다. 족흔, 혈흔 등의 온습(溫濕) 상태를 통해 침입시각을 추정할 수 있는데, 혈흔의 경우에는 변색(變色)이나 응고(凝固)의 상태를 통해 어느 정도 경과된 시간을 유추할 수 있다(박영수, 오세연, 조형근, 이창용, 2023).

옥내 범행현장의 바닥에 찍혀 있는 족적을 비롯한 여러 흔적 등으로 범행 당일 비나 눈이 왔는지를 추정해 날씨를 알 수 있다. 청소나 세탁 같은 피해자의 생활 관련 활동, 주전자나 목욕탕 등에 남아 있는 물의 온도, 전기나 수돗물의 사용내역 등도 범죄가 발생한 시각을 추정하는 데 큰 도움이 된다. 피해자가 이용한 이불 속의 온도, 피해자가 입고 있는 옷의 종류와 상태를 통해 취침 중 혹은 기상 후에 사망했는지를 추정할 수 있기도 하다.

피해자와 참고인의 진술을 통해 피해자의 외출 및 귀가시각, 기차나 전철 등의 통과시각, 기타 정기적으로 발생하는 음향이나 개가 짖는 소리 등의 발생시각을 알 수 있다. 이 경우 범행시각을 추정할 수 있으며 주로 현장 일대를 탐문하여 사실관계를 밝히는데, 광범위한 탐문을 통해 수집한 여러 자료를 종합하여 침입시각과 범행시각을 구분하여 알아낼 수도 있다(전대양, 2015).

범행의 일시는 수사의 진실성을 확보하는 데 필요할 뿐 아니라, 범인이 범행일과 범행시각을 정한 의미를 밝힘으로써 유력한 단서를 얻을 수도 있으며 구체적 범행수법을 알아낼 수도 있다. 예를 들어, 현장관찰을 통해 범행일이 급여일이나 현금수납일 등과 같이 특정한 날로 추정될 경우, 범행과 이러한 특별한 날과의 연관성을 수사하면 실마리가 풀릴 수 있다.

### 3) 범행장소에 관한 사항

범행장소의 위치와 상태, 주변 도로 및 교통수단과의 관계, 주변 주거환경과 수준 등 범행장소와 관련한 정보를 파악하고 관찰하면 범행동기와 범행수법, 범인 등을 추정할 수 있다. 현장 부근에 미로 같은 좁은 골목이 있는데 이 골목을 통해 단시간에 도주했음을 알 수 있는 증거가 관찰될 때에는 범인이 잘 아는 장소를 선택했음을 추측할 수 있다. 또한, 범행장소가 너무 어두워서 조명기구를 사용하지 않으면 사물의 분별이 어려운데 현장에 조명을 사용한 흔적이 없다면, 범행장소에 익숙한 사람으로 범인을 한정하여 조사할 수 있다(Baiden, Jahan, Onyeaka, Thrasher, Tadeo, & Findley, 2021).

누가 보아도 부근의 다른 집에 비해 별로 부유해 보이지 않는데도 침입하여 현금을 다량 탈취했다면 범인이 사전에 피해자의 실제 재정상태를 파악하고 있었음을 알 수 있다. 따라서 피해자 주변 사람이나 연고가 있는 사람을 범인으로 추정하여 수사망을 좁힐 수 있다. 피해자는 야간에 한적한 장소에서 살해되었는데 시신에 저항한 흔적이 없다면 피해자가 자발적으로 간 것으로 볼 수 있으므로 범인이 피해자와 아는 사이임을 상정할 수 있다.

살인사건과 같이 시신이 있는 장소가 범행현장인지 다른 곳에서 살인한 후에 시신을 옮긴 것인지를 확인해야 범행의 장소를 특정할 수 있는 상황에서는 현장관찰을 통해 범행장소를 확정하기 위해 노력해야 한다. 유기된 시신의 신발이나 발바닥 상태, 시신의 옷이나 부착물, 손에 쥐고 있거나 입안에 머금고 있는 물질 등 시신의 안팎을 면밀하게 조사하면 많은 정황증거를 찾을 수 있다(河上和雄, 1991).

### 4) 범행동기에 관한 사항

범죄는 계획에 의한 것이든 충동에 의한 것이든 의식적 행위이기 때문에 죄종(罪種)과 관계없이 반드시 동기가 있다. 따라서 범죄의 동기를 규명하는 것이 무엇보다도 수사나 기소, 공소유지, 유죄 판결 등을 위해 중요하다. 범죄수사학에서는 범행일시나 장소와 함께 빼놓을 수 없는 주요 수사요건 중의 하나로 범행동기를 꼽는다. 살인사건이나 방화사건 등의 경우 범행동기를 알 수 없으면 수사방침을 수립할 수가 없을 정도로 중요한 요소이다. 범행동기를 유추하기 위해 살펴야 할 사항은 다음과 같다.

#### ① 피해품의 유무와 특성

피해품의 유무 여부와 특성을 확인해야 한다. 이는 장물에 대한 수사를 위해 필요할 뿐 아니라 범행동기를 추정하는 수사상 유력한 자료가 된다. 살인사건 현장에서 금품의 피해가 있을 때는 물욕(物慾)에 의한 범행으로 추정할 수 있고, 반대로 뭔가를 찾기 위해 뒤진 흔적이나 피해품이 없을 때는 일반적으로 원한(怨恨)이나 치정(癡情)에 의한 살인으로 추정한다.

피해품의 존재 유무뿐 아니라 피해품의 종류, 품질, 형상, 수량, 특징, 가격 등을 정확하게 파악하는 것이 중요하다. 피해품이 증서나 권리증 등 특수한 것이라면 피해자의 재정 상황을 잘 아는 주변인과의 이해관계에 의한 범죄로 추정할 수 있다. 피해품이 일반적으로는 가치가 없으나 피해자 개인에게는 의미가 있고 중요한 것이라면, 범행의 동기를 원한으로 추정할 수 있다(강주헌, 2007).

### ② 신체적 피해 상황

살인 또는 상해 사건에서는 피해자의 사인, 흉기의 종류, 공격의 부위와 횟수, 상해의 정도, 피해자의 저항 여부 등을 정확하게 확인해야 한다. 이러한 범죄의 결과는 동기의 추정에 중요한 자료가 되기 때문이다. 예를 들어, 살인 피해자의 안면(顔面)이나 두부(頭部) 등에 수차례 타격의 흔적이 있거나, 시신에 칼과 같은 무기에 의한 창상(創傷)이 많으면 원한에 의한 살인으로 추정할 수 있다(염건령, 최영인, 2016).

살인 피해자가 나체상태로 음부(陰部)가 손상되어 있을 때는 치정을 범행동기 중 하나로 상정해 볼 수 있다. 그러나 재물 탈취를 목적으로 침입한 범인이 흥분하고 당황하여 필요 이상의 잔혹한 방법으로 살인하는 이례적인 경우도 있기 때문에, 피해자의 신체적 피해 상황을 보고 범행동기를 추정할 때는 여러 가능성 중의 하나 정도로 봐야 한다. 범행동기를 추정할 때 오류 없이 실체적 진실에 접근하기 위해서는 반드시 현장의 다른 증거들과 함께 종합적으로 검토하여 신중하게 판단해야 한다.

### ③ 우발성과 계획성

범행이 계획적이라고 해서 언제나 범행동기를 확실하게 추정할 수 있는 것은 아니나, 범행이 계획적일 때는 대체로 범인이 범행장소나 피해자와 연관되어 있고 따라서 단서를 잡는 것이 비교적 용이한 것이 일반적이다. 예를 들어, 피해자와 잘 아는 관계의 사람은 절도를 목적으로 할 때 굳이 피해자를 살해하고 목적한 물품을 입수하려는 계획은 하지 않기 때문에, 살인과 절도가 함께 발생한 범행이 계획된 것이라면 일단 재물 이외의 동기라고 추정한다(권현섭, 김동주, 서영주, 황도경, 2024: 13-21).

범죄가 발생한 현장의 상황, 특히 범행수단과 방법에 대한 상세한 관찰이 필요하다. 흉기는 그 소유자를 명백히 밝혀야 한다. 범인이 사전에 준비한 것인지 피해자의 것인지를 알아야 하고, 피해자의 것이면 보관했던 장소와 상황을 살펴서 누구나 쉽게 발견할 수 있었는지 위치를 아는 사람만이 사용할 수 있는 흉기였는지 등을 관찰해야 한다. 이를 통해 범행이 사전에 계획된 것인지 우발적인 것인지를 추정할 수 있다.

침입구(侵入口)의 상태도 잘 살펴야 한다. 문단속이 안 된 곳을 노려서 침입했는지, 유리창문을 깬 후 안고리를 벗기고 침입했는지, 자물쇠를 드라이버로 비틀거나 돌로 깨고 침입했는지 등 침입구의 상태를 조사함으로써 침입방법을 알 수 있고 계획된 범죄인지 우발적 범죄인지도 어느 정도 가늠할 수 있으므로 세밀한 관찰이 필요하다.

출입구와 그 부근에는 침입한 방법을 드러내는 흔적이 반드시 남아 있다는 사실을 간과해서는 안 된다. 침입이 이루어진 곳의 상태를 살펴야 하는데, 침입방법이 교묘하다면 상습자나 전과자의 범행으로 추정할 수 있다. 또 침입구의 파괴방법으로 범인에 대한 직업을 유추하기도 한다. 강제로 침입한 흔적이 전혀 없다면 내부자의 범행 또는 내부자와 내통한 범행으로 추정할 수 있다(정길환, 2005: 33-42).

### 5) 범죄행동의 구체적 사항

#### ① 도구사용의 흔적

침입구나 침입을 시도한 곳에 남아 있거나 범행현장에 남아 있는 도구사용의 흔적, 살인사건 피해자의 시신에 남아 있는 흉기 자국 등은 반드시 사진 촬영을 해서 길이와 폭, 깊이 등을 실측하여 범행도구의 종류와 특징을 찾아내야 한다. 이러한 자료와 용의자나 피의자의 소유물로 판명된 도구를 대조하면 범인을 특정할 수 있고, 무엇보다 범인을 검거해서 조사할 때 그 진술의 진실성을 뒷받침할 주요한 자료가 된다. 그래서 도구를 사용한 흔적은 수사의 유력한 단서가 된다.

#### ② 범행의 행동적 특성

범행현장과 그 주변에 대한 치밀한 관찰을 통하여 채집한 증거자료는 범인의 행동을 유추하는 단서가 되고, 이런 행동적 특성은 범인이 누구인지를 특정할 강력한 단서가 된다. 절도범은 대체로 현금을 노리는 게 일반적이지만, 현장에 현금이 없을 때도 있고 소형의 고가품은 환금(換金)이 쉬우므로 보통 절도현장에 남아 있지 않다. 그런데 장롱 등 집 안 곳곳을 뒤진 흔적이 있는데 시계나 보석, 카메라 등 고가품에는 손도 대지 않았다면, 현금만 절도하는 상습자나 전과자의 범행으로 추정해볼 수 있다.

상습자나 전과자일 가능성이 크다고 판단하는 범인의 행동적 특성에는 범행현장에서의 흡연이나 음주, 취식(取食), 대소변을 보는 행동 등이 있다. 주목해서 관찰하는 범인의 행동 특성으로 침입구 근처에서 한참 기다리는 행동, 초인종을 누르거나 돌을 던져 거주자의 부재를 확인하는 행동 등도 있다(강주헌, 2007).

범인의 행동에 대한 특이점을 발견하기 위해서는 범행 단계에 따라 관찰하고 검토하는 과정이 필요하다. 침입 경로, 옥내 행동의 경로와 순서, 도주 경로를 따라서 문의 개폐 상태를 포함한 옥내·외의 상태에 대해 여러 각도에서 관찰하고 흔적의 유무와 변화 상황에 집중하여 추리해야 한다. 특히 물품의 탈취가 목적인 범죄의 경우 흩어져 있는 물건과 끌어낸 물건의 상태와 이동 상황 등을 세밀히 관찰함으로써 범인의 옥내 동선을 어느 정도 추정할 수 있다.

도주로는 침입구와 동일한 장소인 경우가 많으나, 범인에 따라서 범행에 착수하기 전 미리 도주로를 만들어 놓는 자, 범행 중 발각되어 잠긴 문을 파괴하고 도주하는 자, 도주할 때에 문을 원상태로 닫아두고 밖으로 문을 잠가 두는 자 등 다양한 행동 특성이 나타난다. 상습범이나 전과자의 대부분은 침입 후 반드시 도주로를 준비해 두고 범행을 시작하는데, 만약 침입구 이외의 장소로 도주했다면 도주로를 미리 준비한 것인지를 반드시 검토해야 한다. 도주로 부근에는 유류품 등 흔적을 남기는 경우가 많으므로 신중하게 관찰하여 발견하도록 해야 한다(김진봉, 2005: 419-458).

## 4 현장자료의 수집과 보존

### 1) 현장자료의 수집

유류품(遺留品)의 경우에는 놓여 있는 상태가 자연스러운지 아닌지에 대한 조사가 필요하고 범행에 쓰인 것인지에 대한 확인도 필요하다. 유류품에 붙어 있는 모발이나 섬유조각 등을 확인하여 범인의 연령이나 직업, 성별 등을 알아낼 수도 있다. 유류품에서 지문, 장문, 족적 또는 DNA를 확보할 수도 있고, 피해자의 손톱 등에 남은 피부조직이나 혈액, 범인이 버린 담배꽁초나 휴지 등으로부터 생물학적 증거도 채취할 수 있다(박영수, 오세연, 조형근, 이창용, 2023).

### 2) 현장자료의 보존

#### ① 중요성

현장자료, 즉 범죄현장에서 발견된 지문, 족적, 혈액, 흉기, 모발 등은 범죄의 발생 확인과 범인의 추정을 위한 근거가 되고, 사건의 진상을 밝히는 증거가 된다. 이는 범죄수사에 이용될 뿐 아니라 공판 과정에서 범인의 유죄 판결을 끌어내는 데도 중요한 증거가치가 있다. 따라서 감식 의뢰를 할 때는 범죄현장에서 수집한 그대로 보존해서 보내기 위해 최선을 다해야 한다(신호종, 2002: 251-301).

### ② 증거가치의 확보

현장자료를 채취할 때에는 반드시 2인 이상이 실시하여 존부(存否)를 확인하고 자료의 위치와 상태 등을 상호 확인한 다음 채취해야 한다. 채취 전에 반드시 자료의 위치와 상태를 명확하게 촬영하고, 채취자료의 종류, 채취 연월일, 채취장소, 채취자, 기타 참고사항을 표찰에 기록해야 한다. 원상태로 보존할 수 없는 자료도 사진으로 촬영하고 실측해야 하며, 검증조서(또는 실황조사서), 현장약도, 채취보고서 등에 채취 경위를 기록해야 한다(이재정 의원실, 2019).

현장자료의 증거가치를 확보하기 위해서는 채취하기 전에 반드시 현장책임자 또는 지휘자에게 보고하고 그 지휘를 받아 채취해야 한다. 자료의 종별, 성질, 형태, 유류상태 등을 면밀히 관찰하여 기록하고, 가장 적절한 채취방법을 택해야 한다. 채취한 자료간에 교차 오염이 되지 않도록 채취자료를 잘 봉인해야 하고, 채취가 어려운 자료는 자료의 치수, 형상, 무늬, 특징 등을 기록하고 사진으로 촬영해 두어야 한다.

채취한 자료는 필요한 검사, 대조, 감식 등을 하도록 신속히 감식의뢰 부서에 보내야 한다. 채취자료를 보낼 때는 도중에 멸실, 훼손, 또는 오염되는 일이 없도록 필요한 보존 조치를 철저히 해야 하며, 송부서와 감정의뢰서 등 필요한 서류를 첨부하는 것도 잊지 말아야 한다(이승훈, 2017).

## 3) 보존을 위한 사진 촬영

### ① 의의 및 중요성

"1장의 사진은 1천 마디의 말과 같은 가치가 있다"라는 수사 격언에서 알 수 있듯이 조작되지 않고 올바르게 촬영된 사진은 수사관에게 가장 값진 자료가 된다. 형사사건의 사진은 수사대상물 또는 사건을 기록하기 위하여 찍은 사진이며, 사건 해결 과정에서 발생한 문제를 해결하고 의문을 풀기 위한 것이다.

범죄현장의 상황과 증거물들을 원형 그대로 보존한 사진은 수사관이나 검사, 판사가 주관적 편견이나 추측 등으로 오판하는 것을 배제하고 실체를 인식하는 데 도움을 주며, 인지 과정의 오류와 기억력의 한계로 인한 사실 왜곡을 바로잡는다(염건령, 2000).

### ② 이용 효과

첫째, 현장보존(現場保存)의 효과가 있다. 발견 당시의 상태를 그대로 객관화시켜 보존하므로 수사 과정에서 언제든 재관찰할 수 있게 된다.

둘째, 수사자료(搜査資料)의 효과가 있다. 임장 시 발견하지 못한 자료나 상황이 있다 해도 촬영된 사진을 보고 후일에도 사실관계를 확인하거나 수정할 수 있다. 또한, 당시의 기억을 환기하거나 현장을 보지 못한 제3자가 현장 상황을 파악하여 수사에 참여할 수 있도록 도와준다.

셋째, 증거자료(證據資料)의 효과가 있다. 범죄현장에서 촬영한 사진은 범죄사실을 입증하고 범인을 특정하는 자료로 활용되며, 검증조서(檢證調書), 상황조사서(狀況調査書)에 첨부함으로써 법관에게도 범죄사실에 대한 명확한 판단을 가능하게 해준다(국립과학수사연구소, 2005).

### ③ 촬영 순서와 방법

사진 촬영은 범죄수사의 다른 어떤 절차보다 앞서서 진행된다. 범죄현장 주변의 건물과 도로 등을 포함하여 한눈에 볼 수 있도록 찍거나 옥내·외의 범죄현장을 전체적으로 찍을 때는 좌측에서 우측으로 진행하며 촬영한다. 이렇게 넓은 범위를 파노라마식으로 촬영할 때는 경계 부위가 잘리지 않도록 중복해서 촬영해야 한다. 현장의 전후좌우 모든 면을 촬영하고, 현장의 전체 상황을 찍고 부분적으로 상세히 촬영해야 한다. 촬영은 시계 방향으로 순차적으로 진행하며 중요 부분은 근접해서 촬영한다.

현장의 모든 물건은 여러 각도의 촬영을 마친 후에라야 옮기거나 세밀한 검사를 진행할 수 있고, 비디오카메라를 이용하여 동영상 촬영을 병행하는 것이 좋다. 증거능력이 인정되도록 촬영 구도를 미리 구상한 후 전체적으로 촬영하고 세부적 사항을 찍는다. 물건의 크기나 길이 등을 직관적으로 알 수 있도록 담뱃갑이나 볼펜 등 기준이 될 수 있는 물건을 놓고 대비하여 촬영하면 효과적이다. 촬영일지를 작성하여 촬영대상과 촬영장소를 기재하고, 현장도면을 이용하여 사진을 촬영한 지점을 표시하는 것도 중요하다(한면수, 2006: 109-124).

## 5 현장자료의 판단과 수사방침의 수립

### 1) 현장자료의 종합적 판단

신속하게 출동한 후에 현장자료를 채취하고 보존하는 것을 끝냈다면, 다음으로 수집된 유형·무형의 자료를 종합하여 과학적이고 합리적인 추리와 추정을 하는 본격적인 수사가 시작된다. 현장자료를 가지고 범행과 범인의 실체를 최대한 빨리 파악하기 위해서는 여러 수사관과 전문가의 지식과 경험, 과학적 검사와 감식을 토대로 종합적인 판단을 내려야 한다. 모든 현장자료를 검토하고 분석하여 판단하는 단계에서 가장 중요한 것은 업무를 수행하는 사람의 주관적 견해나 선입견과 편견이 개입되지 않도록 끊임없이 자기성찰을 하며 객관적이고 과학적인 자료에 근거해 사고하는 것이다(표창원, 2004: 457-483).

### 2) 수사방침의 수립

범죄 발생 후 수집된 유형·무형의 자료와 평소 축적해 놓은 수사의 기초자료와 감식자료를 종합적으로 고려하여 수사의 방침을 결정한다. 이때 등장하는 개념이 수사선(搜査線)이다. 이는 범죄현장에 남아 있는 여러 흔적과 증거물을 토대로 범행 과정과 범인을 특정해 나가는 수사체계로서, 수집된 자료를 근거로 사실관계를 추리하여 수사의 방향을 정하는 경로를 의미하기도 한다(이광연, 2017).

수사선은 일차적으로 수집한 자료를 통해 추리를 하고, 이 추리를 근거로 또 다른 자료를 찾아 나가는 수사 과정으로, 미확정 사실을 가지고 일단 추리한 후에 추리를 입증할 증거를 찾아 나가는 과정이다. 수사방침 수립의 핵심은 다각도의 수사선을 통해 가장 의심이 많이 가는 장소와 사람 등에 수사력을 집중시키는 것이다.

# 제 12 장

# 탐문수사와 미행잠복관찰, 알리바이 수사

Criminal Inquiry, Stakeout, & Alibi Investigation

## 제 1 절 | 탐문수사(探聞搜査)

### 1 탐문수사의 의의

수사기관이 범인 이외의 제3자로부터 범죄를 목격하거나 직접 체험한 사실을 알아내기 위해 하는 수사활동을 탐문수사라고 한다. 수사관이 묻고 탐문의 대상자가 답변하는 방식으로 진행되며, 영장에 의한 강제수사와는 차이가 있다.

수사관 인력은 한정되어 있고 범죄행위가 발생한 것은 과거이므로 범죄의 실체를 파악하기 위해서는 범죄현장이나 범인과 관련하여 사정을 알고 있는 주변 일반인들의 눈과 귀, 그들의 경험을 최대한 활용할 필요가 있다. 범행이 발생한 후 경과한 시간이 짧을수록 기억이 왜곡되거나 변질될 위험이 낮으므로 탐문수사는 최대한 신속하게 이루어져야 한다. 즉, 탐문수사는 범죄와 관련한 일반인의 정보와 경험을 알아내어 사건해결의 단서를 잡기 위해 실시하는 전통적인 수사활동이며, 매우 중요한 수사활동이다 (염건령, 2006).

### 2 탐문수사에 필요한 자질

#### 1) 성실한 태도와 진실한 태도

일반인을 대상으로 탐문을 해야 하므로 수사관은 매우 다양한 상황에 맞닥뜨리게 된다. 성인의 경우 생계를 위해서 일을 하는 등 일상이 바빠서 쉽게 만나지 못할 수 있고, 대상자가 불필요한 말만 되풀이하거나 비협조적일 때도 있다. 또한, 대상자의 연령이 너무 낮거나 높아 범죄와 관련한 신빙성 있는 정보를 얻으려면 상대의 눈높이에 맞춘 대화가 필요할 수도 있다(조준택, 2016: 91-103).

따라서 정보를 얻기 위해 조급하게 굴지 말아야 한다. 대상자의 말을 끝까지 듣는 수사관의 끈기와 성실한 태도가 매우 중요하며, 질문에 응할 의무가 없는 일반인에게 필요한 정보를 얻기 위해서는 수사관의 진정성 있는 태도가 필수적이다. 탐문수사에 협조하기 힘든 개인적 사정이 있더라도 수사관이 진심으로 대하고 성실하게 접근하면 대상자도 마음을 열 수 있다. 기교나 사술(詐術)은 일시적인 효과는 얻을 수 있지만, 업무를 수행하는 수사관뿐 아니라 경찰 전체에 대한 불신을 초래하여 이후 수사를 더욱 어렵게 만들 수 있다는 것을 명심해야 한다.

### 2) 존중하는 태도

사회적 · 경제적 지위와 성격, 나이 등 다양한 특성을 가진 일반인을 대하는 수사관의 중요한 자질은 신분, 조건과 관계없이 상대방을 인격적으로 존중하는 태도를 견지하는 것이다. 상대방이 누구든 간에 자신을 낮추어 대하는 자세는 평소 훈련하고 습관화하지 않으면 수사활동을 할 때 발휘되지 않는다. 누구나 자기 존엄을 무시당하면 강한 반발감과 적대감을 느끼기 마련이며, 이러한 대상자의 정서와 심리는 탐문수사의 실패를 초래할 수 있다. 대상자에게 항상 존칭과 경어를 사용하고 겸손한 태도를 보여 마음을 얻는 것이 중요하다(유재두, 2013).

### 3) 냉철한 태도

탐문수사를 할 때 가장 문제가 될 수 있는 것은 수사관의 감정적 태도와 언행이다. 수사관은 어떤 경우에도 부정적 감정을 드러내거나 공격적이고 감정적으로 말하고 행동하는 것을 삼가야 한다. 수사관이 예의를 갖춰서 협력을 요청했음에도 대상자가 비협조적 태도를 보이거나 부당한 시비를 걸 때가 있는데, 이럴 때도 대상자와 갈등이나 다툼을 만들면 안 된다. 탐문을 진행하는 수사관을 의도적으로 자극하여 자신이 협조적이지 않아도 될 이유를 찾는 대상자도 있다. 수사관은 탐문하는 이유를 늘 가슴에 새기고 냉철함을 잃지 않기 위해 최선을 다해야 한다(박호정, 2012: 1-11).

### 4) 금욕적 태도

다양한 환경에 일상적으로 노출되고 불확실성과 위험을 극복해야 하는 수사관은 평소에 오욕(五慾)을 통제하고 다스리는 훈련을 해야 한다. 식욕(食慾), 색욕(色慾), 재물

욕, 명예욕, 수면욕을 상황과 필요에 맞게 억제하고 통제하지 못하면 수사관 본인이 범죄나 비리를 저지르는 사람이 될 수도 있다. 특히 탐문수사는 대상자를 직접 접촉하는 경우가 많고, 생각지도 못한 거래를 제안받는 등의 유혹이 있을 수도 있으므로 자신의 욕구를 조절하고 통제하지 못하면 수사의 목적을 달성하기 힘들다(김용세, 2006: 435-464).

## 3 탐문수사의 준비

### 1) 평소의 준비와 탐문 목적의 확정

수사관은 평소에 탐문수사의 기초자료를 준비해 두어야 한다. 탐문의 대상이 될 만한 장소와 업자 등에 관한 기초자료를 조사하여 관리해 두고 사건이 발생하였을 때 신속히 탐문할 수 있도록 해야 한다. 또한, 평소에 협력자를 확보해 두고 협력자와 인간관계를 잘 유지할 수 있도록 노력해야 한다.

협력자를 확보하기 위해서는 먼저 좋은 관계를 유지할 필요가 있는 인물을 발굴해야 한다. 질병이나 재해, 불행한 사건을 겪거나 범죄의 피해를 당했을 때 가능한 한 친절을 베풀어서 친밀해지도록 해야 한다. 또한, 피의자나 용의자에게 신원이 노출되지 않도록 비밀 엄수의 의무를 준수해야 한다. 사전에 수사하는 사건의 진행 상황에 맞는 탐문의 목적과 주제를 정하기 위한 연구를 통해 최적화된 방법을 찾아내도록 노력해야 한다(이돈일, 1998: 175-180).

### 2) 대상자의 확정과 분석

충분한 분석과 검토를 통해 탐문의 대상자를 선정해야 하는데, 반드시 범죄와 관련한 사항을 직접 보거나 듣고 경험한 사람을 선정해야 한다. 예를 들어, 아이가 보거나 들은 것을 부모를 통해 듣는다면, 심각한 착오가 생길 수밖에 없다. 탐문은 여러 조건 중 가장 중립적인 사람을 우선하여 순서를 정해야 한다.

탐문 전에 대상자의 나이, 성별, 교육 정도, 직업, 사회적 지위, 가정 환경, 경제적 상황, 건강상태, 평판 등을 조사하고 파악하여 대상자에 대한 이해가 깊어야 원활한 탐문수사를 할 수 있다. 또한, 탐문을 하려는 대상자가 용의자나 범죄 관련자와 평소 이해관계로 얽혀 있거나 개인적 친분이 있는지 등을 철저히 조사하고, 만약 그런 관계가 있다면 한정된 범위 안에서 주의 깊은 접근이 필요하다.

### 3) 구체적 계획의 수립

먼저 탐문의 전체적 계획을 수립해야 한다. 언제(면접일시) 어디서(면접장소) 왜(면접목적) 누구(대상자)와 어떻게(면접방법) 무엇(질문내용)을 할 것인지를 중심으로 계획을 세워야 한다. 효과적인 탐문시각은 사건이 발생한 직후로서 가장 최적의 시기를 놓치지 않도록 신속한 진행이 필요한데, 최대한 대상자에게 편리한 시각으로 정하도록 한다.

탐문장소는 대상자의 특성을 종합적으로 분석하여, 대상자가 편안한 상태로 사건에 대한 기억을 되살릴 수 있고 수사관에 대한 신뢰를 쌓는 데 도움이 되는 곳으로 정하는 것이 효과적이다. 대상자를 경찰서나 특정 장소로 임의 출석하게 할 수도 있고, 대상자의 자택을 방문하거나 직장으로 찾아가는 방법 등이 있을 수 있다(김종찬, 2016: 41-49).

탐문방법을 결정할 때는 직접 탐문대상과 면접할 것인지 아니면 다른 수사관 등 제3자가 만나도록 할 것인지, 경찰관 신분을 밝히고 면접을 할 것인지, 신분을 숨기고 상대할 것인지 등을 선택해야 한다. 탐문에 사용할 질문은 미리 구체적 내용과 흐름을 구성하여 적절성과 효과성을 검토해야 한다.

## 4 탐문수사의 개괄

### 1) 탐문수사의 일반적 유의점

#### ① 진술의 진실성 판단

대상자가 이야기할 때 표정과 안색, 말투 등을 잘 관찰하여 진술내용의 진위를 판단할 수 있어야 한다. 또한, 대상자가 알고 있는 정보가 직접 관찰하고 경험한 것이 맞는지 등 출처를 명확하게 확인하여 진술의 옥석(玉石)을 가려야 한다(홍성욱, 2016: 25-27).

탐문으로 얻은 정보를 다각적으로 검토하고 정확도를 검증해서 수사에 활용할 것인지 적절한 판단을 해야 한다. 이때 대상자가 선의의 진술을 하고 직접 체험한 사실이라 해도 기억의 왜곡이나 오류가 있을 수 있다는 점을 항상 고려해야 한다. 또한, 수사관이 미처 파악하지 못했으나 대상자가 원한과 같은 개인적 이유로 허위 정보를 제공하는 경우도 있으므로 진술의 진위를 파악하기 위한 관찰력과 판단력이 반드시 필요하다.

#### ② 수사관의 판단 착오

탐문은 수사관이 평소 담당하는 구역을 중심으로 하는 것이 원칙이다. 중요범죄사건이 발생하여 수사본부가 설치됐을 때는 수사관이 맡은 담당구역과 수사업무 범위 안에서 책임감을 가지고 탐문해야 한다. 문제는 수사관이 임의로 특정인이나 업체 등에 대해 범죄와 전혀 관계가 없을 것으로 판단하여 탐문대상에서 제외할 수 있다는 것이다. 개인적 판단으로 인해 중요한 단서를 놓칠 수도 있다.

또, 이미 확보한 유력한 정보가 있을 때 수사관들은 해당 정보만을 중심으로 추리하고 판단하게 되어 시야나 행동반경도 좁아질 수 있다. 이렇게 되면 새로운 정보나 중요한 정보를 발견하지 못하고 간과할 수 있다. 이러한 착오와 실수를 방지하기 위해 수사지휘관이 끊임없이 다양한 접근과 종합적 검토를 지시해야 하고, 여러 수사관이 함께 의견을 나누며 모두의 판단과 의견을 종합적으로 검토해야 한다(Joshua & Yunsik, 2016: 49-54).

이와 같은 탐문 과정을 통해 새롭게 파악한 정보가 있다면, 이를 근거로 신속하게 수사선(搜查線)을 확대해야 한다. 예를 들면, 대상자가 거동이 수상한 사람을 보았다고 진술하면 즉시 그 사람의 행적을 수사하고 필요하다면 또다시 탐문수사를 하며 수사를 확대해 나가는 것이다.

### 2) 탐문수사의 방법

#### ① 직접탐문

직접탐문은 수사관이 직접 대상으로 선정된 사람을 만나 탐문하는 것을 말하는데, 탐문수사의 일반적 형태로서 수사관이 자신의 신분을 밝히는 경우와 숨기고 탐문하는 경우로 나뉜다. 탐문을 진행하는 수사관이 경찰 신분을 밝히는 것이 효과적인 경우는 범죄 관련 사실이 명확할 때, 대상자가 범인과 몰래 공모하거나 증거를 인멸할 우려가 없을 때, 경찰이란 신분을 밝히고 만나도 이후 수사에 문제가 생길 여지가 없을 때, 피해자의 가족을 탐문할 때 등이 있다(윤대표, 김순석, 2008: 37-64).

수사관이 신분을 밝히지 않고 탐문하는 경우는 대상자가 자신을 만나러 온 사람이 경찰임을 알면 사실을 말하지 않을 우려가 있고, 피의자나 용의자의 도주를 돕거나 공모할 가능성이 있다고 판단될 때이다. 일반적으로 탐문 대상자가 피의자나 용의자의 가족이나 지인, 정부(情婦), 사건에 이해관계가 얽혀 있는 사람일 때 신분을 감춘다. 이 외 조직폭력단 내부나 마약조직을 탐문하는 경우, 우범지역 안을 탐문하는 경우, 전과자나 장물취급자를 탐문하는 경우, 독직범죄나 선거사범 등을 탐문하는 경우 등이 있다(박형식, 박호정, 2014: 83-88).

수사관이 신분을 숨기고 탐문할 때는 주의할 점이 있다. 경찰 신분을 숨긴다는 것은 단순히 직업을 밝히지 않는 것만이 아니라, 상대방이 경찰임을 인식할 만한 언행이나 복장 등 언어적 요소와 비언어적 요소 모두를 살펴서 바꿔야 한다는 것을 의미한다. 그러나 수사관 본인은 자신의 언행과 복장을 객관적으로 판단하지 못할 때가 많아서 신분 은폐에 실패하는 경우가 발생한다. 경찰 신분을 은폐하기 위해 특정한 관공서나 기업 등에 근무하는 것으로 위장하는 경우에는 수사간부의 지휘를 받아서 하도록 한다.

#### ② 간접탐문

간접탐문이란 경찰관이 직접 대상자를 탐문하면 피의자나 용의자가 숨기고 있는 사실을 알아내기 어렵거나 상황을 더 어렵게 만들 것이 예상될 때, 제3자의 협력을 얻어서 탐문하는 방법을 말한다. 이때는 경찰관을 대신하여 탐문할 협력자를 선정하는 것이 관건인데, 선정을 잘못하면 피의자나 용의자에게 정보가 넘어가거나 공모를 수월하게 만들어 오히려 수사의 장애가 될 수 있다(윤대표, 2007).

적합한 협력자를 선정하면 효과적으로 유력한 정보를 얻을 수 있으므로 대상이 되는 사람의 인간관계와 상황을 면밀하게 분석하여 정할 수 있어야 한다. 간접탐문 역시 수사간부의 지휘를 받으며 진행해야 한다.

### 3) 탐문수사의 요령

#### ① 대상자의 긴장감 해소

수사관이 접근하게 되면 누구나 긴장하고 경계하는 것이 일반적이다. 따라서 대상자가 관심을 가질 만한 주제로 시작하여 자연스럽게 대화를 이끌어 감으로써 긴장을 풀고 공감대를 가질 수 있도록 해야 한다. 무엇보다 자신의 협조가 중요한 범죄사건을 해결하는 데 큰 도움이 된다는 사실을 인식시켜서 진실된 정보를 제공하도록 유도하는 것이 필요하다. 사건 해결이라는 목표에 대한 공감대가 형성되면 대상자가 자발적이고 적극적으로 진술하게 되고, 이런 진술로 얻는 정보는 중요한 단서가 될 가능성이 크다.

#### ② 신뢰의 획득

대상자의 신뢰를 얻기 위해서는 먼저 긍정적인 첫인상을 주기 위한 노력이 필요하다. 수사관의 첫인상이 나빠서 갖게 된 불신이나 경계를 긍정적으로 바꾸는 것은 자주 만나며 지속적 관계를 갖는 사이가 아니기 때문에 거의 불가능에 가까울 수 있다. 따라서 표정과 용모, 복장, 사람을 대하는 태도 등에서 상대방을 불쾌하게 할 만한 요소를 제거하고, 대상자가 가진 선입견이나 편견까지도 고려할 수 있어야 한다. 무엇보다 수사관이 한결같이 상대방을 존중하고 배려하는 태도를 보여야 한다(김재민, 2003: 224-252).

#### ③ 주의 환기(喚起)

인간은 자신의 생애 과정에서 경험한 것을 바탕으로 사물과 상황을 인식하고 해석한다. 또한, 인간의 단편적 경험은 수많은 편견과 선입견을 만들며, 특정한 신념을 만들 수 있다. 이러한 인간의 특성을 극복하고 왜곡되거나 변질되지 않은 정보를 얻기 위해서는 대상자가 이미 가지고 있는 관념이나 관점을 최대한 배제하고 직접 경험한 것을 바탕으로 사실만을 이야기할 수 있도록 수사관이 대화를 주도해야 한다.

추상적인 이야기보다는 수사관의 체험담 등 구체적인 실제 사례, 체감할 수 있는 일상의 이야기, 동정심이나 공명심을 자극할 수 있는 이야기, 친근함이나 인간미를 느낄 수 있는 이야기 등으로 접근하며 대화할 필요가 있다. 시종일관 진지하기보다는 유머를 곁들일 때 더욱 수월하게 대상자의 마음을 열 수 있다(장용락, 1999: 12-14).

### 4) 탐문 후 조치

#### ① 정확한 사후 보고

탐문의 내용을 빠짐없이 보고해야 한다. 수사관이 주관적으로 대상자 진술의 중요도나 관계성 등을 판단하여 자신이 선택한 일부 정보만 보고해서는 안 된다. 여러 탐문 대상자의 진술과 한 대상자의 여러 진술을 모두 모아서 종합적으로 검토하고 거시적으로 적용할 수 있도록 수사간부에게 모두 보고해야 한다. 모든 자료를 모아서 검토하는 과정에서 의외의 단서를 발견할 수 있음을 명심해야 한다.

### ② 기록의 작성

확보한 진술을 기록으로 명확하게 남겨야 한다. 탐문수사를 통해 얻은 정보를 수사자료와 공판의 증거자료로 활용하기 위해서는 형식에 맞는 조서(調書)로 만들어야 한다. 조서를 작성할 때는 목격 장소, 물건의 상태, 명암의 정도, 소리의 종류와 크기 등 구체적 내용을 기재해야 한다. 작성한 조서는 수사간부의 점검을 받아 누락되거나 부족한 점이 발견되면 즉시 보충해야 한다(Kagawa et al., 2020).

### ③ 정보제공자의 보호

정보제공자를 반드시 보호해야 하는데, 보호에는 두 가지 의미가 있다. 첫 번째는 탐문을 받는 사람이 인격적 모욕감이나 불쾌감을 느끼지 않도록 주의하고, 탐문 이후 추가 조사가 필요하다는 이유로 불시에 자주 방문하거나 전화하는 등의 불편을 주지 말아야 함을 의미한다. 두 번째는 탐문에 협조하여 주요 정보를 제공한 사람의 신원이 유출되어 대상자와 그 가족 등이 신변의 위협을 받지 않도록 각별히 주의해야 한다는 의미이다(염건령, 2000).

# 제 2 절 | 미행과 잠복감시

## 1 미행과 잠복감시의 개요

### 1) 미행과 잠복감시의 의의와 종류

#### ① 미행

미행(尾行)이란, 범죄 관련 자료와 증거를 수집하거나 범인이나 용의자를 체포하기 위해서 범인이나 용의자 등 추적의 대상자가 알아차리지 못하도록 그들의 동선을 따라 감시하는 방법을 말한다. 미행은 용의자나 우범자와 같은 사람을 대상으로 감시활동을 하며, 동선을 따라 추적하는 동태적 수사활동이므로 수시로 변장이 필요하다. 도보미행과 자동차미행이 있고, 최근 수사에 많이 사용되는 드론을 이용한 항공(공중)미행 등이 있다. 또한, 수사관 혼자서 하는 단독미행과 2명 이상이 진행하는 공동미행이 있다.

#### ② 잠복감시

잠복감시(潛伏監視)는 범죄 관련 자료와 증거를 수집하거나 범인 또는 용의자를 발견하여 체포하기 위해 그들의 출몰지나 주거지, 특정 장소 등에 은신하여 비밀리에 감시하는 수사방법이다. 잠복감시의 감시대상은 사람뿐 아니라 범인이나 용의자가 출몰하는 곳이나 주거지 등 사건과 관련된 장소가 포함된다. 한 장소에 오래 머무는 정적인 수사활동으로 외부 잠복감시와 내부 잠복감시, 유인 잠복감시가 있다(대검찰청, 2013).

첫째, 외부 잠복감시는 대상자가 나타날 가능성이 있는 주택이나 상점 등의 외부나 주변에 잠복하는 것을 말한다. 감시에 공백이 발생하면 안 되므로 1개소에 2명 이상을 배치해야 하고, 장시간 같은 장소에 머무르므로 들키지 않기 위해서는 변장 등의 위장이 필수적이다. 세부적으로 건물 안이나 주변의 지형지물을 이용해 숨어서 망원경으로 특정 건물이나 사람을 감시하는 고정 잠복감시와 용의자 등이 남긴 자취를 따라 이동하면서 감시하는 유동 잠복감시가 있다.

둘째, 내부 잠복감시는 용의자 또는 용의자와 직·간접적으로 관계가 있는 사람의 거주지 등에 들어가서 잠복하는 체포를 위한 방법으로 제한적으로 활용하며 매우 신중해야 한다.

셋째, 유인(誘引) 잠복감시는 범인을 체포하기 위해 범인의 가족이나 제3자의 협력을 얻어서 어떤 용무를 핑계로 범인을 잠복감시 장소로 꾀어내는 방법을 말한다(황영구, 2009).

### 2) 미행과 잠복감시의 목적

용의자의 움직임과 현재 거주지를 파악하기 위한 활동인 미행과 잠복감시 간의 중요한 공통 목적은 용의자를 발견하거나 범인을 체포하는 것이다. 만약 단독범행이 아닌 사건이라면 공범을 파악하기 위해서 미행이나 잠복감시를 하는 경우가 많다. 이 외에 장물 등의 이동 경로를 파악하기 위해서, 현행범을 검거하기 위해서, 범죄와 관련한 정보를 수집하기 위해서, 증거자료의 정확성과 진실성을 확인하기 위해서 등이 목적이 된다.

### 3) 미행과 잠복감시의 중요성

기술의 빠른 발전과 팽배한 배금주의(拜金主義) 문화 속에서 조직적 범죄와 강력범죄가 갈수록 지능화되며 증가하고 있다. 완전범죄를 꿈꾸며 범행을 저지르고 죄의식은 느끼지 못하는 범죄자들이 증가하는 가운데 범죄를 신속하게 해결하는 것은 국민의 안전과 안녕을 위해 반드시 필요하다. 증거 인멸과 거짓 진술을 넘어서 최대한 빨리 범인을 검거하고 피해자를 보호하기 위해서는 신속한 증거 수집이 필수적이다(相樂總一, 取材文, 2006).

그런데 수사환경이 연행(連行)이나 구인(拘引), 구금(拘禁)과 같이 자유를 구속하는 강제적 방식을 한정적으로 사용하도록 제한하여 최소화하는 방향으로 변화하고 있다. 이런 환경에서 미행과 잠복감시는 은폐된 증거를 수집하는 데 효과적이며, 특히 중요범죄사건의 범인을 체포하기 위해서 많이 활용된다. 이렇게 범죄수사의 기본이며 증거력을 확보할 수 있는 합리적 방법인 미행과 잠복감시가 앞으로 더욱 체계적이고 조직적으로 잘 이루어질 수 있도록 힘써야 할 것이다.

## 2 미행과 잠복감시의 준비

### 1) 필요한 능력 배양

미행과 잠복감시를 수행하는 수사관은 일반적으로 우수한 관찰력과 기억력, 주의력이 필요하고 판단력과 추진력, 강인한 인내력, 임기응변능력, 협업능력 등이 필요하다. 열악하고 어려운 환경에서 오래 버텨야 하므로 이를 견뎌낼 인내심과 함께 그럼에도 불구하고 흐트러지지 않는 주의력과 집중력이 필요하다(윤광상, 곽대훈, 조재현, 2017: 296-301).

들키지 않아야 하는 비밀업무를 수행하며 변화하는 상황에 맞게 적절한 판단을 하고 융통성 있게 대응해야 하므로 판단력과 추진력, 임기응변능력 등이 필요하다. 또한, 이런 업무를 수사관이 독단적으로 하지 않고 수사간부의 지휘 아래 조직적으로 수행하기 위해서는 협업능력과 자기성찰능력도 필요하다.

아울러 전문 지식과 경험이 없으면 성공적으로 수행하기 힘든 미행과 잠복감시활동을 위해서는 그에 필요한 기술을 충분히 습득해야 한다. 선배나 간부 수사관의 수사비결이나 경험을 배우며 장소와 상황에 맞는 행동요령, 적절한 변장방법, 어디에 초점을 두고 관찰하고 감시해야 하는지 등에 관해서 연구하는 태도로 자신의 능력을 키워야 한다. 무엇보다 많은 능력을 종합적으로 갖춰서 발휘해야 하는 수사관 스스로 평소에 자신의 부족한 점을 파악하고 채우려는 노력을 꾸준히 해야 한다(임준태, 2007: 15-33).

### 2) 대상의 조사

미행과 잠복감시를 하려면 사전에 대상이 되는 인물이나 주택, 상가 등의 건물에 관해 충분히 조사해야 한다. 대상자의 이름과 나이, 주거지와 근무처, 인상착의, 평소 인간관계, 정기적 활동과 주요 출몰지 등과 같은 일체의 신상정보를 파악해야 하고, 대상자의 의도와 계획 등을 파악하고 필요한 정보를 수집해야 한다. 특히 내적 · 외적인 특징을 파악하고 최근 사진을 입수하면 매우 도움이 된다.

감시의 대상인 주택이나 건물의 소유자와 주요 출입자를 파악하고, 건물의 구조와 출입구의 위치, 주변의 지형지물 등을 정확하게 파악해야 한다. 특히 출입구와 주변 지형지물의 위치는 잠복감시 장소를 정하는 데 매우 중요한 정보이다(박형식, 박호정, 2014).

### 3) 적절한 변장(變裝)

복장은 눈에 띄지 않도록 평범하고 어디서나 흔하게 볼 수 있는 차림새로 꾸미는 것이 핵심이다. 신분을 위장한 경우에는 해당 신분에 맞도록 신경 쓰고, 잠복하는 장소와 환경에 조화될 수 있도록 맞추는 것 역시 중요하다. 변장은 재킷이나 넥타이, 모자, 안경, 마스크 등과 같이 소품 하나만으로도 상당한 효과를 볼 수 있으니 잘 연구하여 활용하도록 한다. 관급품과 경찰보급품은 경찰관의 신분을 드러내므로 사소한 것까지 꼼꼼히 살펴서 제거하는 것을 잊지 말아야 한다(이돈일, 1998).

### 4) 필요한 도구 준비

미행이나 잠복감시를 할 때 필요한 도구가 무엇인지 선정하여 사전에 준비하기 위해서는 대상에 관한 연구가 반드시 필요하다. 대상 인물이나 건물의 특성과 상황에 맞게 필요한 것을 챙겨야 하는데, 일반적으로 호신용 도구와 수갑, 손전등, 망원경과 카메라, 휴대용 소형 녹음기, 통신수단(휴대용 무전기, 핸드폰), 무전기와 핸드폰 배터리 충전을 위한 대용량 보조배터리나 충전기, 무전 설비가 된 자동차 등이 필요하다.

최근에는 드론을 이용한 수사가 증가하고 있어서 점차 채증이 가능한 소형 드론이 필수 도구로서 보편화할 전망이다. 전통적인 수사 도구로서 필수적인 것은 메모용지와 펜이다. 미행과 잠복관찰의 착수일시, 장소, 대상자의 행동, 특수한 정황, 기타 참고가 될 만한 모든 사항을 가능한 한 자세히 관찰하여 최대한 기록하도록 노력해야 한다. 식사비, 교통비, 기타 여비 등 수사에 필요한 비용도 준비해야 하는데, 필요한 경우 신속한 결제를 위해 신용카드 외에 현금도 준비해야 한다(강주헌, 2007).

#### 5) 대상자에게 감지당할 때를 대비

미행 또는 잠복감시를 하던 중 대상자에게 수사관이 감지당하면 안 된다. 부자연스러운 언행 때문에 대상자가 의심하여 질문할 수도 있고, 처음부터 수사관으로 의심하고 자기 생각을 확인하려 일부러 접촉하는 대상자도 있다. 이런 경우 당황하여 사리에 맞지 않는 대답을 하면 수사관임을 들키게 되므로 갑자기 질문을 받는 등 다양한 불시의 상황을 상정해 보고, 위장한 신분의 이름과 직업, 용무 등에 대한 적절한 답을 자연스럽게 할 수 있도록 사전에 준비해야 한다(박영수, 오세연, 조형근, 이창용, 2023).

## 3 미행과 잠복감시의 방법

#### 1) 도보미행

##### ① 기본적인 방법

첫째, 수사관 혼자 적당한 거리를 유지하면서 대상자를 관찰하며 뒤를 쫓아 따라가는 단독미행이 있다. 대상자가 눈치채지 않도록 일정 거리를 유지하며 맞은편 도로를 걷는 등 수사관이 미행의 위치에 적절한 변화를 줘야 한다. 단, 도로의 횡단에 시간이 걸릴 경우와 교통량이 많아 도로 맞은편이 보이지 않는 경우 등 대상자를 놓칠 가능성이 클 때는 대상자와 같은 쪽에서 미행하는 것이 좋다. 이 경우에도 대상자와의 거리에는 변화를 줘야 한다(Ulmer & Steffensmeier, 2014).

둘째, 2명 이상의 수사관이 미행하는 공동미행이 있다. 기본적인 방법은 1명은 대상자에게 감지당하지 않을 정도의 거리를 두고 같은 쪽에서 따라가고 1명은 적정 거리를 두고 맞은편 도로에서 따라가는 것인데, 일정 시간이 지나면 미행 위치를 교대해야 한다. 미행할 때 대상자와의 거리는 일반적으로는 뒤로 20m에서 50m가량 떨어지는 것이 적절하다고 보지만, 변화하는 상황에 맞춰서 대상자를 놓치지 않을 정도의 거리를 판단할 수 있어야 한다(Sommers & Douglass, 2007: 41-54).

대상자가 지하철이나 기차역 안, 공원, 광장 등에서 사람을 기다리기 위해 배회할 때가 있다. 이때 단독미행으로 감시하면 대상자가 수상한 낌새를 알아차릴 수 있으므로 가능한 한 여러 명의 수사관이 투입되는 것이 바람직하다.

### ② 보행속도와 시선(視線)

미행할 때 보행의 속도는 대상자와 같도록 맞추는 게 좋다. 그러나 대상자의 속도와 완전히 같으면 누가 보아도 부자연스럽고 대상자에게 감지당하기도 쉬우므로 대체로 같게 맞추면서도 적당한 변화가 필요하다. 또한, 불시의 상황이 다양하게 발생할 수 있으므로 대상자를 놓치지 않으려면 2인 1조로 미행을 해야 한다. 예를 들어, 대상자가 갑자기 멈출 때 따라서 멈추지 않아야 하고, 같은 쪽에서 따라가던 수사관은 지나쳐 가든가 상점에 들어가서 대상자의 눈에 띄지 않도록 하며, 대신 맞은편에서 따라가던 다른 수사관이 대상자를 계속 따라간다.

미행 중에 대상자와 눈이 마주치게 되면 바로 의심받을 수 있으므로 수사관의 시선처리가 중요하다. 대상자가 갑자기 뒤를 돌아볼 때도 위험하지만, 사람의 시야각(視野角)을 좌우 수평 180도, 위아래 수직 120도 정도로 보기 때문에 왼쪽이나 오른쪽으로 방향을 틀 때도 위험하다. 따라서 미행할 때 수사관의 시선은 눈 위치보다 약간 낮은 곳을 향하도록 한다. 또한, 미행 중 대상자와 눈이 마주쳐도 당황하지 말고 핸드폰으로 통화하는 척하거나 지나가는 사람에게 말을 걸거나 상점이나 노점에서 물건을 사는 척하는 등 최대한 자연스럽게 행동해야 한다(장호섭, 2018).

### ③ 지형지물의 이용

미행하는 대상과의 사이에 있는 전신주나 입간판, 노점 판매대 등을 이용하여 미행 간격을 유지하며 몸을 숨기거나, 차량의 유리나 길거리 상점의 유리창 등에 비친 대상자의 모습을 관찰하는 등 지형지물을 적절하게 이용할 수 있다. 그러나 지형지물을 이용하는 것은 부자연스러울 수 있고 오랜 경험을 통한 노련함이 있어야 자연스럽게 수행할 수 있으므로 특별한 경우가 아니면 피하도록 한다. 모퉁이를 돌아갈 때는 대상자가 모퉁이 뒤에 숨어 있거나 서 있을 경우를 고려하여 간격을 떨어뜨리고 신중하게 접근해야 한다.

#### ④ 대중교통 등을 이용할 경우

먼저 대상자의 행선지를 파악해야 하는데, 매표소를 이용한다면 매표소 직원을 통해 목적지를 알아낼 수 있다. 매표소를 이용하지 않고 기차를 탄 경우에는 기차 내 직원에게 사정을 말하고 협조를 요청하여 승차권을 확인할 때 목적지를 알아봐 달라고 할 수 있다(이윤, 조은경, 2015: 27-65).

버스나 전철의 경우에는 민첩하게 같은 차를 타야 하는데, 유의할 것은 대상자보다 먼저 탑승하면 안 된다는 것이다. 일반적으로 대상자의 뒤에서 거리를 두고 대상자가 승차나 하차한 것을 확인한 후 따라가야 하며, 버스 등을 이용할 때는 뒷자리에 승차해야 한다.

승강구가 몇 개 있을 경우 대상자와 같은 승강구를 이용하지 말고 다른 승강구를 이용해야 한다. 승차 후에는 두리번거리지 말고 대상자와 눈이 마주치지 않도록 적절한 시선 처리가 필요하다. 미행 대상자가 택시나 자동차 등을 이용할 때는 수사관도 택시나 자동차를 이용해야 하는데, 택시의 경우 택시 기사에게 사정을 알리고 협조를 요청하도록 한다. 다만 교통신호나 속도를 위반하는 등 무리한 운전을 요구하여 교통사고를 일으키는 일이 없도록 주의해야 한다(Olson & Charman, 2012: 453-471).

#### ⑤ 실내에 들어갈 경우

첫째, 엘리베이터를 이용할 때는 공간이 좁아서 미행을 들키기 쉬우므로 각별한 주의가 필요하고 시선 처리를 잘해야 한다. 엘리베이터 앞에서 대상자가 기다리고 있을 때 다른 대기자들이 많은 경우는 대상자의 뒤쪽에서 무리에 끼어 있도록 하고, 다른 대기자들이 없을 때는 가까운 곳에서 물건을 구경하는 등 뭔가를 하는 척하며 자연스럽게 감시해야 한다(Olson & Wells, 2004: 157-176).

둘째, 극장이나 공연장 등에 들어갈 때는 안에서 공모자나 다른 범죄자 등을 접촉할 수 있으므로 대상자의 행동을 주의 깊게 관찰해야 한다. 대상자보다 먼저 들어가서 내부 구조를 파악하고 적당한 위치를 선정해 감시하거나, 대상자와 적당한 거리를 두고 뒤따라 들어가는 방법이 있다. 어떻게든 대상자를 놓치지 않아야 하고, 착석하게 되면 대상자의 뒤쪽이나 옆쪽 등 관찰하기 쉬운 자리를 잡도록 한다.

셋째, 백화점이나 대형마트, 상점 등에 들어갔을 때는 내부가 혼잡하여 대상자를 놓치기 쉬우므로, 수사관도 대상자와 같이 들어가서 가까이 접근하여 미행하는 등 상황에 따라서 대담하게 행동할 필요도 있다. 대상자가 식당에서 음식을 주문하면 수사관도 음식을 주문하여 같이 식사하며 자연스럽게 미행해야 한다.

#### ⑥ 타인과 대화할 경우

미행 중 대상자가 누군가와 대화를 한다면 최대한 대화 내용을 확인하기 위해 노력해야 한다. 단독미행인 경우는 지나가는 사람으로 위장하여 주의를 천천히 지나가면서 대화를 주의하여 들으면 전부는 아니더라도 일부 내용이라도 파악할 수 있다. 공동미행인 경우는 대상자와 대화를 나눈 사람을 별도로 미행하여 불심 검문하면 내용을 확인할 수 있고, 대화내용에 따라 이름과 주거지, 직업 등 신원을 파악하여 대상자와의 관계를 파악하고 수사자료로 수집해야 한다(Snyder & Swann, 1978: 1202-1212).

#### ⑦ 대상자를 놓친 경우

최대한 주의를 기울이며 대상자를 미행하지만 불시에 벌어지는 예측 불가한 요인이 개입하거나 대상자가 미행을 감지하여 수사관을 따돌리는 등의 여러 이유로 미행하는 대상자를 놓치는 일이 발생할 수 있다. 이런 경우 지체하지 말고 수사간부에게 보고하고 적절하게 대처해야 한다.

만약 대상자가 가는 곳을 알고 있다면 그 목적지에 가서 잠복감시를 할 수 있고, 목적지를 모른다면 대상자를 놓친 지점의 부근에서 잠복감시를 하며 다시 나타나기를 기다릴 수도 있다. 또는 대상자가 주로 출몰하는 장소나 대상자나 그 가족의 거주지 등의 부근에서 잠복감시를 하며 다시 대상자를 발견하기 위한 노력을 해야 한다(Nickerson, 1998: 175-220).

#### ⑧ 대상자가 미행 여부를 확인하는 경우

미행하는 수사관이 대상자와 눈이 마주쳤다는 이유만으로 미행을 들켰다고 섣불리 판단하면 안 되고, 냉철함을 유지하며 대상자의 움직임과 행동 등을 객관적으로 관찰하고 판단해야 한다. 미행 중에 대상자가 수사관의 정체와 따라오는 이유를 묻는다면 미행을 감지한 것이 분명하므로, 이때는 노출된 수사관은 빠지고 다른 수사관이 미행을 이어 나가야 한다. 2인 이상이 함께 미행하고 있었다면 1명이 대상자에게 노출되더라도 다른 수사관은 개입하지 말고 지켜보면서, 대상자를 계속 미행할 수 있도록 상황에 맞게 행동하고 예민해진 대상자에게 들키지 않도록 더욱 주의해야 한다.

### 2) 자동차를 이용한 미행

#### ① 일반적인 방법

무전기가 탑재된 2대 이상의 자동차로 서로 연락을 취하면서 도중에 적절하게 위치를 바꿔가며 미행하는 것이 안정적이며 효과적인 방법이다. 교통량이 적고 한적한 곳에서는 대상자동차와의 거리가 가까우면 미행이 쉽게 노출될 수 있으므로, 대상자동차를 놓치지 않으면서도 의심받지 않을 만큼의 거리를 확보하는 것이 필요하다. 단, 번화한 시내로 들어가거나 교차로에 근접해서는 거리를 좁혀서 미행할 필요가 있다. 지형조건이나 상황 때문에 자동차 간의 거리를 벌리기 어렵다면, 제3의 다른 자동차를 대상자동차와의 사이에 두고 미행하는 것도 좋은 방법이다(Moston & Engelberg, 1993: 223-237).

도심과 같이 교통량과 행인이 많은 곳에서의 자동차 미행에는 특히 많은 제약이 따른다. 신호등이 있는 횡단보도나 교차로에서는 정지신호나 길을 건너는 사람에 막혀서 대상자동차를 놓칠 때가 많으므로, 의심을 받지 않도록 주의하면서도 최대한 가까이 접근하여 미행해야 한다. 또한, 도심 도로의 구조와 방향을 숙지한 상태에서 2대 이상의 차량이 연합하여 미행하는 것이 바람직하고, 대상자동차와의 사이에 다른 차가 끼어들지 못하도록 주의해야 한다.

#### ② 유의사항

자동차를 이용한 미행은 항상 교통사고의 위험이 있는데, 사고가 발생하면 미행은 실패로 끝나므로 대상자동차를 놓치지 않아야 하는 목적이 있지만 사고가 나지 않도록 주의해야 한다. 또한, 결정적인 순간을 제외하고는 되도록 교통법규를 위반하지 않도록 한다. 언제든 미행업무를 수행할 수 있도록 수사차량의 상태를 정기적으로 점검하고 계절에 맞게 준비해야 하며, 대상자동차의 차량번호, 색깔, 생산 연도와 차종 등의 특징을 사전에 파악해 숙지하도록 한다(Phillips & Clancy, 1972: 921-940).

대상자동차를 놓치거나 도로 위의 수많은 변수에 신속하게 대응하기 위해 2대 이상의 자동차로 미행해야 하고, 대상자동차를 바로 뒤에서 쫓는 미행차가 대상차의 주행 방향과 속도 등 구체적 상황을 수시로 다른 차와 공유해야 한다. 대상자동차를 쫓아가는 것뿐 아니라 차 안에 타고 있는 사람들의 거동과 차림새 등도 관찰하고 파악해야 하므로, 미행차 1대에 운전자 포함 3명이 탑승하여 역할을 분담하는 것이 바람직하고, 미행차에 탑승한 수사관들은 전원 운전면허가 있어야 한다.

조직범죄사건이나 공범이 있는 사건의 경우 미행 여부를 파악하기 위해 대상자 일당이 미행차를 역으로 미행할 수 있으므로 백미러(Back Mirror)를 이용해 뒤따르는 자동차를 주의 깊게 살펴야 한다. 대상자동차의 목적지를 알거나 고속도로를 주행할 때는 대상자동차보다 앞서가면서 백미러와 사이드미러로 뒤에 있는 대상자동차의 움직임을 관찰할 수도 있는데, 이렇게 상황에 맞춰서 들키지 않을 수 있는 다양한 방법을 시도할 필요가 있다. 미행 중에 일어난 일은 그때그때 가능한 방법으로 기록함과 동시에 다른 미행차에 공유하고 수사간부에게도 보고해야 한다. 자동차를 이용해 미행할 때 역시 기록과 보고를 등한시하지 않도록 주의해야 한다(Nederhof, 1985: 263-280).

#### ③ 대상자동차가 주 · 정차하거나 탑승자가 하차하는 경우

대상자동차가 일정한 장소나 도로에 차를 세우면 해당 장소의 특수성과 도로 상황을 고려하여 상대방이 알아차리지 못할 만큼의 거리에 차를 세우고 행동을 감시해야 한다. 대상자가 차에서 내려 움직일 때는 수사관도 즉시 도보미행으로 전환해 따라가야 한다. 이때 대상자 중 일부가 차에 남아 있다면 수사관도 한 사람이 남아 놓치지 않고 관찰해야 한다. 대상자동차에 탑승했던 전원이 내려서 이동할 때도 사건의 내용과 상황 등에 따라 미행차에 수사관이 남아 대상자동차를 계속 관찰하는 경우도 있다.

#### ④ 대상자동차의 속도와 방향 변화가 심할 경우

대상자동차가 주행속도를 급하게 높이고 이리저리로 차선변경을 하거나 갑자기 U턴을 하는 등의 모습을 보인다면, 대상자는 누군가 자신을 미행하고 있음을 감지한 것일 수 있다. 그래서 자신을 미행하는 것으로 의심되는 차량이 자신의 주행 변화에 따라 어떻게 움직이는지를 관찰하여 미행 여부를 확인하려는 것이다(Olson & Wells, 2004).

그렇기에 미행차가 이에 반응해 바로 급하게 속도를 바꾸고 차선변경을 하면서 따라가면 안 되고, 일단은 자신의 페이스를 유지하여 대상자가 수사관의 미행 사실을 알아채지 못하도록 해야 한다. 대상자동차가 시야에서 완전히 사라졌다면 속력을 올릴 수 밖에 없으나, 이 경우에는 대상자동차가 도중에 정차하거나 옆길에 정차해 은신하고 있을 가능성을 고려하여 주변 경계를 충분히 해야 한다.

### 3) 잠복감시

#### ① 잠복감시 대상의 선정

범인이나 용의자와 관련이 있는 장소를 파악하여 대상을 정한다. 잡히지 않은 범인이나 용의자는 머무를 장소나 도주를 위한 여비와 변장, 은신을 위한 장소가 필요하므로 주거지나 친척집, 내연관계에 있는 사람의 집, 공범자의 집을 우선하여 감시대상으로 정한다. 또한, 감시대상자의 특성에 따라 사채업자나 전당포, 고물상, 유흥업소나 도박장, 특정 숙박업소 등을 선정할 수도 있다. 스토킹 범죄사건을 제외하고 보통 피해자의 거주지는 대상으로 선정하지 않는다.

#### ② 외부 잠복감시 방법

잠복감시 중 내부 잠복감시는 극히 예외적으로 실시하므로, 잠복감시라 하면 외부 잠복감시를 말한다고 해도 과언이 아니다. 외부 잠복감시를 할 때는 사항에 따라 반드시 지켜야 할 내용이 있다.

첫째, 장소를 선정할 때는 너무 긴급하여 시간적 여유가 없지 않다면, 사전에 현장을 답사하여 잠복에 적절하고 효과적인 장소를 찾아야 한다. 감시 대상인 건물에 출입구가 여러 개라면 모든 출입구에 수사관을 배치하여 잠복하고, 엄폐(掩蔽)를 위해 필요하다면 맞은편 건물이나 인근 주택 등을 빌려 잠복할 수도 있다. 외부는 광범위하다는 공간적 특성이 있으므로 감시선(監視線) 밖에서 접근하는 범죄 관련자에게 잠복 수사관이 발견되지 않도록 엄폐해야 한다(相樂總一, 取材 文, 2006).

둘째, 위장(僞裝)을 위하여 꼼꼼히 살펴야 할 사항이 많다. 권총이나 기타 호신용 도구는 눈치채지 않게 소지해야 하며 카메라, 망원경, 특수망원경, 무전기 등은 외부에 드러나지 않도록 해야 한다. 잠복감시는 장시간 일정한 장소에 머무르며 수행하므로 적절한 변장이 필요하고, 스마트폰 등을 보거나 통화하는 척하며 행동도 일반인처럼 위장해야 한다.

셋째, 감시에 공백이 생기지 않도록 해야 한다. 24시간 지속해야 하는 잠복감시를 제대로 하기 위해서는 교대가 필수적이므로, 시간적 여유가 없어서 잠복감시를 위한 계획 수립이나 인력 확보가 되지 않았을 때를 제외하고는 반드시 1개소에 2명 이상의 수사관을 배치해야 한다. 감시하고 있는 대상이 아닌 공범이나 다른 관련자의 접근을 관찰하고 예측을 벗어난 대상자의 행동에 대비하기 위해서도 2인 이상의 배치가 필수적이다(McAllister & Bregman, 1989: 20-29).

넷째, 야간에 잠복감시를 할 때는 주변이 어두운데 잠복하는 수사관이 밝은 곳에 있으면 안 되고, 어두운 곳의 사람이나 사물을 보기 위한 기술적 도구를 준비해야 한다. 어두운 환경에서도 비교적 대상자를 잘 볼 수 있는 위치를 찾아 자리를 잡고 감시해야 한다. 또한, 주간이라 하더라도 외부에서 보이지 않도록 실내를 어둡게 하고 수사관의 위치를 엄폐한 상태에서 감시해야 한다.

이 밖에도 외부에서 감시할 때 대상자에게 감지되지 않으려면, 수사관이 행동을 주변의 환경이나 상황에 맞춰서 최대한 자연스럽게 해야 한다. 예를 들어, 기차역 대합실에서 감시를 하는 경우 수사관의 교대를 열차의 발착시각에 맞춰서 사람들의 흐름에 자연스럽게 묻어갈 수 있도록 하는 것이 좋다. 또한, 수사관의 머뭇거리거나 두리번거리는 행동과 같은 부자연스러운 모습은 대상자에게 의심을 살 수 있으므로 조심해야 한다(염건령, 2000).

특히, 납치사건에서 범인이 돈을 요구하는 경우 수사관이 피해자의 집에 잠복하게 되는데, 이때 범인과 접촉할 피해자의 가족과 수사방법이나 목표, 각자의 역할 등에 대해 사전에 상의하도록 한다. 또한, 범인과 접촉할 가족 등이 자신이 해야 할 행동을 정확하게 인식할 수 있도록 안내해야 한다. 철수할 때에는 잠복장소에 휴지, 담배꽁초 등의 흔적을 절대로 남기지 않아야 하며, 사용한 장비도 빠짐없이 철수해야 한다. 외부감시대상자의 거동을 주의 깊게 감시하다가 이동이 있으면 바로 미행할 수 있어야 한다.

### ③ 내부 잠복감시 방법

내부 잠복감시는 범인 등과 직·간접적으로 관련된 사람의 집이나 건물 등의 안에서 잠복하는 것을 말하고, 이는 여러 위험이 있어 범인을 체포할 때와 같이 꼭 필요할 때 예외적으로 실시한다. 잠복하는 집의 구조와 가족구성원의 특성 등을 충분히 파악하고, 외부 잠복감시 인력을 배치해 내부와 외부에서 동시에 감시해야 한다. 또한, 여러 경우를 가정하고 검토하여 불시의 상황마다 해야 할 조치와 행동을 계획해 두어야 한다. 이렇게 할 때 갑자기 발생하는 미처 생각지 못했던 상황에 대비하여 소기의 목적을 달성할 수 있다(김종찬, 2016).

가족 또는 건물 소유자나 관리자 등이 수사관의 잠복수사에 협조하도록 이해시키고 설득하지 않으면 대상자가 눈치채게 되어 내부 잠복감시가 성공하기 어렵고, 오히려 이후 수사에 지장을 초래할 수 있다. 따라서 온전한 협조가 확보되지 않는다면 내부 잠복감시의 적정성을 신중히 재검토해야 한다.

잠복감시를 하는 동안 수사관이 집 안의 가족 등과 불필요한 대화를 하여 수사정보가 유출되거나 친밀감이 형성되는 일이 없도록 주의해야 한다. 또한, 협조를 약속했다 하더라도 가족 등의 외출과 방문하는 사람, 통화내역 등을 살펴서 범인 등과 소통하는 일이 없도록 철저히 관리해야 한다.

## 제 3 절 | 알리바이(Alibi) 수사

### 1 알리바이 수사의 개요

#### 1) 알리바이 수사의 개념

알리바이(Alibi)란 범죄 혐의가 있는 사람이 범죄가 발생한 시각에 범죄현장이 아닌 다른 장소에 있었다는 사실을 증명하는 것을 의미하고, somewhere else란 뜻의 라틴어이다. 현장부재증명(現場不在證明)이라고 하는데, 용의자의 알리바이를 물적 증거를 통해 입증하여 범행 가능성을 가늠하게 된다. 사람이나 사물은 물리적으로 같은 시간에 2개 이상의 장소에 동시에 존재할 수 없다는 원리에 따른 과학적 수사이다. 여러 정황 증거와 물적 증거를 발견해 가는 수사 과정에서 증거 간에 사실관계의 충돌이 있는 등 혼선이 있을 수 있는데, 용의자의 증명된 알리바이는 일단 특정인을 수사선에서 배제하는 결정적 증거가 될 수 있다(Lindsay, Lim, Marando, & Cully, 1986: 447-459).

### 2) 알리바이 수사의 중요성

범인을 특정해 체포하려면 범행과의 인과관계가 실증적으로 입증된 직접증거가 필요한데, 직접증거와 결합했을 때 증거력이 있는 간접적 증거인 정황증거만 확보하는 경우가 있다. 수사관이 정황증거를 바탕으로 진범임을 확신하더라도, 용의자가 범행 당시 현장에 있지 않았다는 알리바이가 인정된다면 정황증거는 무용(無用)해진다. 용의자가 자신의 결백을 주장할 때 내세우는 가장 결정적 증거가 알리바이인 것이다. 알리바이는 때에 따라서 다른 직접증거를 허물어뜨릴 만큼의 위력이 있어서, 용의자가 내놓는 알리바이의 진실성을 과학적으로 입증하는 다양한 수사기법이 발전해왔다.

### 3) 알리바이의 유형

#### ① 절대적 알리바이

절대적 알리바이는 범행이 발생한 시각에 용의자가 범행현장에 있지 않고 다른 장소에 존재한 사실을 명확하게 실증적으로 증명한 알리바이이다. 실증적 방법이란 수사관의 추정이나 주관적 판단이 아니라 CCTV 영상, 자동차 운행기록, 다수(多數) 목격자의 증언 등 조작이 불가능한 자료를 토대로 실증하는 것을 말한다. 공식행사에 참석했거나 회사 사무실에서 근무했고 함께 있던 많은 사람이 이를 증언하는 경우가 절대적 알리바이에 해당한다(Olson & Charman, 2012).

#### ② 상대적 알리바이

용의자가 범행시각에 범행현장에 없었음을 직접적으로 입증할 수는 없으나 범행 전이나 후 용의자가 있었던 장소와 시각이 입증된 경우, 해당 장소에서 범행 장소까지의 이동시간을 계산해 용의자가 현실적으로 범행시각에 범행현장에 있을 수 없음을 증명하는 알리바이가 상대적 알리바이이다. 상대적 알리바이가 인정되려면 범행시각 전이나 후 용의자가 있었던 장소와 시각을 명확히 입증해야만 한다.

#### ③ 위장 및 청탁 알리바이

위장 알리바이는 범인이 범행 전에 계획적으로 용의선상에서 빠져나가기 위해 자신의 행적을 조작하는 것인데, 범행 추정 시각에 약간의 오차가 있을 수 있다는 점에 착안한 지능적 범죄이다. 범인이 범행 직전이나 직후에 범행장소와 떨어진 곳에서 확실한 목격자를 만들고 최대한 짧은 시간 안에 범행을 완성하는 방식이다. 청탁(請託) 알리바이는 범인이 범행 후 자신의 가족이나 동거인, 친척, 정부(情婦), 지인 등 가까운 관계의 사람에게 범행시각에 자신이 있었던 장소를 거짓으로 진술할 것을 부탁하여 만든 알리바이를 말한다(Lilienfeld, Ammirati, & Landfield, 2009: 390-398).

## 2 알리바이 수사의 요령

### 1) 범행일시 및 범인이 머문 시간과 장소 확정

알리바이의 진위를 파악하려면 기준이 되는 범행일시를 최대한 정확하게 확정해야 한다. 알리바이 수사는 시간을 기준으로 용의자의 행적을 파악하는 것이기 때문에, 범행시각과 그로 인한 결과의 발생시각을 정밀하게 파악하는 것이 매우 중요하다. 또한, 범행하기 전과 후에 용의자가 나타난 장소와 시각 등을 정확하게 파악하는 것도 필수적인데, 이를 위해서는 탐문수사를 통해 목격자의 진술을 확보할 필요가 있다(권순화, 2022).

### 2) 이동시간의 정확한 측정

용의자가 범죄 실행시각이나 그 전후에 있었다는 장소와 범죄현장과의 거리를 파악하고 이동에 걸리는 시간을 정확히 측정할 수 있어야 한다. 시간을 정확하게 측정하기 위해서는 도보뿐 아니라 버스나 전철, 택시, 자차 등의 교통수단별로 수사관이 직접 경험을 통해 소요시간을 측정하는 것이 필요하다. 수단별로 소요시간을 측정하고 최단 시간과 최장 시간을 분석하여 객관적인 신빙성이 확보된 자료를 만들어야 한다.

### 3) 범죄 유형 파악

알리바이의 조작 여부를 수사하기 위해서 먼저 우발적 범죄인지 계획적 범죄인지를 파악해야 한다. 계획적인 범죄라면 알리바이를 위장하거나 거짓 진술을 청탁했을 가능성이 크기 때문이다. 위장 알리바이나 청탁 알리바이는 수사에 혼선을 주고 진실을 밝히는 것을 더 어렵게 만들기 때문에 범죄 유형과 성격을 신속히 파악하여 접근하는 것이 필요하다. 거짓 알리바이를 만드는 데 협조한 사람이 여러 명이라면 모두의 진술이 일관되게 일치하지 않고 어긋나는 지점을 찾을 수 있어 진위를 가리기 더 쉬울 수 있다(김두식, 2020: 21-42).

### 4) 알리바이의 조작 여부와 알리바이의 진위에 대한 증명

알리바이의 조작은 범행 전에 계획했거나 범행 후 용의선상에서 빠져나가기 위해서 이루어진다. 특히 범행시각에 용의자와 함께 있었다고 진술하는 가족이나 친구 등 용의자와 가까운 사람의 진술을 의심 없이 믿어서는 안 된다. 알리바이를 조작했음이 드러나면 그 자체가 용의자를 범인으로 확정할 만한 강력한 이유가 되므로, 용의자와 관계가 없는 제3자의 진술을 최대한 확보하고 여러 각도로 검토하기 위해 노력해야 한다.

용의자가 자신의 알리바이를 주장했을 때는 그것의 진위를 가리기 위해 범행시각뿐 아니라 범행이 발생하기 전과 후의 용의자 행적을 시간대별로 정확하게 파악하는 것이 중요하다. 또한, 목격자와 참고인 등으로부터 각종 증거를 수집하여 다각도로 분석해야 한다.

이런 과정을 통해 용의자의 주장과 알리바이 조작에 협조한 사람의 진술에 모순과 불합리성이 있음을 찾을 수 있다(김은경, 2019: 333-385).

## 3 알리바이 수사의 문제점

### 1) 기억의 오류 문제

기억에는 오류가 있을 수 있어 불확실의 문제를 안고 있다. 인간은 자신의 과거 경험을 상기할 때 당시의 감정과 정서에 영향을 받고 처한 환경과 수사방법 등 여러 요인에 의해 영향을 받는다. 또한, 수많은 학자가 연구한 결과, 뇌가 과거의 기억을 떠올릴 때 다양한 왜곡 현상이 발생할 수 있다. 똑같은 일을 경험한 여러 사람이 일정 시간이 흐른 뒤에 당시 기억을 서술할 때 내용이 같지 않은 것은 이러한 왜곡 현상 때문이다(민영성, 2002: 88-102).

### 2) 개연성에 대한 의지 문제

절대적 확실성이 아니라 그럴 가능성이 크다고 판단되는 개연성에 의지한다. 용의자의 알리바이로 볼 때 범행현장에 있었을 가능성이 작으면 용의자가 범행했다고 볼 개연성이 떨어지고, 알리바이를 통해 용의자가 범행현장에 있었을 가능성이 전혀 없다고 명확하게 입증되면 용의자의 무혐의가 인정된다. 따라서 알리바이 수사는 과학수사를 통해 한 치의 의심도 없이 진위를 입증하여 개연성이 아닌 확실성을 확보하는 것이 핵심이다(이기수, 김지환, 2012: 233-258).

### 3) 정확한 특정의 문제

시간과 장소를 정확하게 측정하고 특정하는 것이 어렵다. 거짓 진술을 일삼는 용의자를 상대로 범행시각과 범행 전후에 실제 있었던 장소와 시각을 파악하는 것은 매우 어려운 문제이다. 그런데 알리바이 수사의 관건은 용의자가 실제 있었던 장소와 시각을 동선에 따라 파악하는 것이므로 난관에 부딪힌다. 또한, 용의자의 실제 이동거리와 소요시간을 이동수단에 맞게 실측하는 것도 현실적으로 쉽지 않다(한상규, 2013: 189-219).

# 제13장

# 수사의 원칙과 수사관의 자세

Criminal Investigation Principles & Posture of Investigator

## 제 1 절 | 범죄수사심리의 원리

### 1 범죄수사의 추리

#### 1) 추리(推理)의 개념(概念)

추리는 범죄수사에 있어서 가장 중요한 것으로 사건 해결에 결정적인 영향을 준다. 일부 범죄학자와 범죄심리학자가 추리는 범죄수사의 전부라고 이야기할 정도로 중요한 요소임은 분명하다. 수사의 진행 순서를 보면 ① 범죄의 결과로 나타난 범죄흔적, 범죄정보 등 각종 수사자료를 수집하고 종합하는 과정이 진행되며, ② 이를 관찰, 분석, 판단하는 과정이 진행된다. ③ 앞의 내용으로 추리 과정이 진행되며, ④ 마지막으로 범인과 범죄사실을 추정하는 절차가 수행된다.

수사의 개시와 관련하여 수사관은 수사선상에 떠오른 여러 용의자를 대상으로 그들에 대한 시간적 상황과 장소적 상황, 범행 전후의 상태, 알리바이 등 모든 점을 종합적으로 추리하여 어떤 판단을 내린다. 그 판단이 가장 합리적이고 타당성 있는 점에 도달했을 때 특정 용의자를 범인의 적격자로 추정하여 수사를 개시한다. 이때 범죄수사관에게 요구되는 능력은 가장 전문적이고, 신중하고, 정확한 사고방식으로 추리를 전개하는 능력이다(Lidén, Gräns, & Juslin, 2018: 336-354).

#### 2) 추리의 요소와 종류

범죄수사 추리의 대상은 범죄의 사실적 내용을 이루는 범인과 범죄사실이며, 수사의 전제가 되는 사유작용(思惟作用)으로 그 방향을 같이 한다. 파악방법에는 4하, 6하, 8하의 요소가 있으며, 범인의 주체(범인), 일시, 장소, 동기, 행동 또는 방법, 결과 그리고 공범과 객체가 해당한다. 범죄추리의 종류에는 연역적(전개적) 추리와 귀납적(집중적) 추리가 있다(Kukucka & Kassin, 2014: 256-270).

[연역적 범죄추리와 귀납적 범죄추리]

| 구분 | 연역적(演繹的) 추리 | 귀납적(歸納的) 추리 |
|---|---|---|
| 의의 | 하나의 사실로써 다수의 가능한 사실을 추론하는 것(전개적 추리) | 다수의 사실로써 하나의 결론을 추론하는 것(집중적 추리) |
| 수사 과정 | 하강 과정: 하나의 자료로써 다수의 추리의 선을 전개하여 진상규명이라는 목적에 도달하는 추리방식 | 상승 과정: 입증하려고 하는 사실에 초점을 두고 그 사실을 증명할 증거가 갖추어졌는가의 여부를 검토하는 추리방식 |
| 내용 | 하나의 범죄사실로써 다수의 용의자를 상정하여 거기에서 합리성(合理性)이 있는 추리를 전개하는 것 | 상정한 다수의 용의자 중에서 합리성 있는 추리를 하여 한 사람의 진범인에 도달하는 추리방법 |
| 사례 | 형사 甲은 살인 범행수법이 잔혹한 것으로 보아 면식범의 소행으로 보고 피해자 乙과 원한관계가 있는 A, B, C를 용의자로 선정하여 수사를 행함 | 형사 甲은 살인사건의 용의자 A, B, C를 통해 C의 알리바이 수사가 진범이라고 판단하여 수사를 행함 |

### 3) 추리의 방법과 유의점

추리의 방법에는 어떤 정형(定型)이 있는 것이 아니며, 구체적인 경우에 따라 그 방법은 다를 수 있다. 수사관에 대한 교육 과정에서 추리의 여러 패턴이 교육되기는 하지만 사건마다 추리의 과정이나 내용이 다를 수 있다는 점에서 교육받은 패턴이나 매뉴얼만을 가지고 추리를 진행하는 것은 결코 바람직하지 않다. 미국 FBI의 유명한 프로파일러인 Robert K. Ressler가 '추리는 형식이 완전히 자유로운 상태에서 진행되어야 하는 일종의 예술과 같다'고 표현할 정도로 정형화된 추리는 수사심리학에서는 위험하다고 본다(Garofalo, 1987: 23-42).

수사관이나 프로파일러, 검사 등이 사건내용을 추리함에 있어서 일반적으로 유의할 점은 다음과 같다. 첫째, 추리에 앞서 범죄수사의 가능성(범죄 흔적)과 관련된 수사자료를 최대한 그리고 완전한 수준으로 수집해야 한다. 둘째, 수집된 수사자료를 면밀히 감식하고 검토하는 과정을 거쳐야 한다. 셋째, 과학적 지식과 건전한 사회상식을 이용하여 범인 및 범죄사실에 대한 합리적인 추리가 진행되어야 한다. 넷째, 예측 가능한 모든 사태의 추이를 고려하여 다각적인 추리가 이뤄져야 한다. 다섯째, 자료수집이나 감식, 검토의 과정에서 직감이나 상상을 기록해 두었다가 이후에 의문점을 보다 깊이 파헤치는 자세가 필요하다. 여섯째, 과거에 취급한 동 종류 사건의 해결 예(例)를 참작하는 것도 필요하다. 일곱째, 자료 검토 시에 나타난 현재 상태에 대하여 가장 합리적인 설명방법을 강구해야 한다. 이러한 합리적 설명이 어려운 경우에는 다시 재추리 과정을 진행하는 것이 필요하다(Hindelang, Gottfredson, & Garofalo, 1978).

### 4) 사실상의 추정(推定) 사례

어떠한 사실이 합리적인 의심을 넘어설 만큼 신빙성이 있어서 「형사소송법」상 증명을 요하지 아니하는 사실(불요증사실)로 되는 경우를 '사실상의 추정'이라고 부른다. 대표적으로 형사 판례(判例) 등을 통하여 발전된 추정 사례들이 있는데, 절도품(竊盜品)의 소지와 절도의 추정에 관한 내용이 있다. 예를 들어, 절도 피해가 있고 절도품을 소지한 자가 있는 경우, 그 소지가 타인의 개입을 허용하지 않는 정도인 경우, 절도품의 입수 경로에 대하여 합리적인 설명을 하지 못한 경우에는 당사자를 절도죄의 범인으로 추정하여 유죄 판결을 한 판례가 존재한다.

인간의 정상성(正常性) 추정도 있는데, 인간은 특별한 사정이 증명되지 않는 한 정상인으로 추정한다는 의미이다. 일정한 시기에 존재한 사실이 증명될 경우 특별한 사정이 없는 한 긴 기간을 경과하지 않은 시기에도 존재하였을 것이라고 추정하는 것을 말한다. 행위(行爲)와 의사(意思)의 관계에 대한 추정도 있는데, 인간의 행위는 사람의 보통의 의식과정에서 영향을 받는다는 의미이다.

상태계속(狀態繼續)에 관한 추정도 있는데, 사람이나 사물의 상태는 특별한 사정이 없는 한 보통 같은 상태가 계속되는 것으로 추정한다는 개념이다. 대표적인 예로서 사적 관계의 지속이나 상거래의 계속, 만성질병의 계속, 교우관계의 계속 등이 해당된다. 중간상태(中間狀態)의 추정도 있는데, 사물의 시작과 끝이 확정되면 중간상태는 추정된다는 개념이다. 예를 들어, 오후 6시와 9시에 주취(酒醉)상태에 있었던 자는 그 중간 시간에도 주취상태에 있었다고 추정된다는 의미이다(Lubbe, 2010).

기타(其他)의 추정도 여러 가지가 존재한다. 정규 우편물의 경우 반송이나 특별한 배달불능(예: 천재지변 등)의 사유가 없는 한 배달된 것으로 추정한다거나 인거인(隣居人)에 대한 부분으로서 보통의 경우 이웃의 사정을 잘 알고 있는 것으로 추정한다는 개념이다. 예를 들어, 다주택 가구에서 바로 옆집에 오랫동안 살았던 이웃이 있다면, 해당 이웃이 범죄와 관련한 옆집의 여러 사정에 대해서 잘 알 수밖에 없다고 추정하는 것을 말한다.

## 2 범죄수사의 여러 원칙들

### 1) 범죄수사 성공의 3대 원칙: 3S의 원칙

#### ① 신속착수(迅速着手)의 원칙

모든 범죄수사는 가급적 신속히 착수하여 죄증이 인멸되기 전에 수사를 수행·종결해야 한다는 것이 신속착수의 원칙이다. 이 원칙이 나오게 된 이유는 범죄의 흔적은 시간의 경과에 따라 자연적 또는 인위적으로 멸실·훼손되어 범죄수사의 가능성이 점차 희박해지기 때문이다.

#### ② 현장보존의 원칙

범죄현장은 '범죄흔적의 보물창고'이며, '범인과 범행을 무언(無言)으로 말해주는 곳'이라는 수사격언이 있다. 눈이나 비 같은 자연적 원인은 물론 범인 등 인위적 원인에 의한 현장 변경을 막고 그 보존된 현장을 철저히 관찰하여 범죄의 흔적을 완전무결하게 포착해야 한다. 임장수사(臨場搜査)를 요하는 살인범죄, 방화범죄, 강도범죄, 강간범죄 등 강력범죄 수사에 있어서 특히 중요하다고 여겨진다(Newman, 1972).

#### ③ 공중협력의 원칙

범죄의 흔적은 목격자(目擊者)나 보고 들은 것을 전달해준 자(전문자: 傳聞者)의 기억에 오래 남는 것이 일반적이다. 따라서 목격자나 전문자가 살고 있는 사회는 '증거의 바다'라고 할 수 있다. 증거의 바다라는 개념과 관련하여 공중의 기억에 남은 범죄의 흔적은 '사회의 파문'이라고 하는데 사람의 입과 귀를 통하여 많은 사람에게 전파되기 때문이다.

공중의 협력을 얻기 위한 방향성으로서 수사기관의 방침이나 활동을 항상 시민들에게 주지시켜 이해를 구하는 과정이 필요하다. 수사기관에 대한 시민들의 의식구조를 부단히 조사하여 개선해야 하며, 성실한 사건 해결과 시민의 권익 보호를 통하여 수사관이 신뢰받는 풍토를 조성해야 한다. 수사관 자신의 솔선적인 법규 준수, 건전한 생활태도로 공중으로부터 존경을 받을 수 있도록 해야 한다. 조사나 면접 시 공손한 언행태도를 보여 공중의 호응을 받도록 하는 조치도 중요하다(염건령, 2000).

### 2) 수사의 기본원칙

#### ① 임의수사(任意搜査)의 원칙

임의수사의 원칙와 관련하여 임의적 강제수사는 「형사소송법」에 특별한 규정이 있는 경우에 한하여 예외적으로 허용(형사소송법 제199조 제1항)하고 있다. 법학에서는 형사피고인 무죄추정의 법리 또는 필요최소한도의 법리의 제도적 표현이라고 규정하고 있기도 하다. '임의수사의 원칙'은 '임의수사 자유의 원칙'을 의미하는 것이 아니라는 점도 명심해야 한다. 현행법은 임의수사의 적정을 도모하고 피의자의 인권을 보장하기 위하여 법률적 규제를 가하고 있다(신상화, 2024: 221-265).

#### ② 수사 비례(比例)의 원칙

수사 결과에 따른 이익과 수사로 인한 법익침해가 부당하게 균형을 잃어서는 안 된다는 원칙을 수사 비례의 원칙이라고 한다. 수사 비례의 원칙은 강제수사와 임의수사에 있어서 공통적으로 요구되는 수사의 기본원칙이다. 수사권의 행사, 특히 수사기관이 강제처분을 위한 실력행사를 하는 경우에 강조되나 수사권의 발동에 관해서도 적용하고 있다. 죄질과 피해가 극히 경미한 사건의 입건과 관련하여 이 원칙에 범죄인지권의 남용 문제가 발생하기도 한다.

#### ③ 수사 비공개(非公開)의 원칙

수사 비공개의 원칙은 다른 표현으로 수사 밀행(密行)의 원칙이라고 부르기도 한다. 수사의 개시와 실행을 공개하지 않음을 말하며 반대로 형사재판인 공판절차는 공개의 원칙을 적용한다. 수사내용을 공개하지 않는 이유는 여러 가지가 있는데, 우선적으로 범인의 발견, 검거 또는 증거의 발견과 수집 및 보전을 위해서이다. 아울러 관계자(피해자, 참고인, 피의자 등)의 개인적 비밀이나 사생활, 명예 등 인권보호를 위한 목적도 존재한다. 마지막으로 피의자의 검거 및 증거 확보에 대한 지장을 방지하기 위한 것이기도 하다(Ortmeier, 1999).

#### ④ 자기부죄강요금지(自己負罪强要禁止)의 원칙

자기부죄란, 피의자에게 죄를 인정할 것을 강요한다는 개념이다. 우리나라의 헌법 제12조 제2항에는 자기부죄거부(自己負罪拒否)의 특권을 명하고 있다. 다시 말해서, 헌법상 보장하는 피의자의 권리라는 의미이다. 이와 관련하여 피의자의 진술거부권(眞術

拒否權)을 보장하고 있으며, 피의자 등에 대한 고문이나 가혹행위 등을 절대적으로 금지(헌법 제12조 제2항, 「형법」 제125조)하고 있다.

⑤ 강제수사법정주의(强制搜査法定主義)의 원칙

강제수사법정주의란 수사에 있어서 강제력을 행사하고자 한다면 명확한 법적인 근거하에서 진행되어야 한다는 의미이다. 「형사소송법」에 특별한 규정이 있는 경우에 한해서 강제수사를 허용하고 있으며, 헌법 제12조 제1항에는 강제처분에 대한 법률적 규제를 내용으로 담고 있기도 하다(염건령, 민수진, 2023).

⑥ 영장주의(令狀主義)의 원칙

우리나라 헌법 제12조 제3항에는 수사기관의 강제처분에 관해서는 영장주의 원칙이 적용된다고 명시하고 있다. 엄격한 요건하에서 영장주의의 예외가 적용되며 현행범체포, 긴급체포, 비상계엄의 선포 시에 제한적으로 인정된다.

⑦ 제출인환부(提出人還付)의 원칙

수사기관이 압수물을 환부(돌려줌)함에 있어서는 피압수자(제출인)에게 환부함을 원칙으로 한다. 국가형벌권의 실현을 목적으로 하는 형사절차에서는 사인(私人) 간의 실체법상 권리관계에 관여하지 아니함을 원칙으로 하기 때문이다. 이에 대한 예외도 있는데, 압수물이 장물인 경우 피해자를 보호하기 위하여 일정한 요건하에 피해자 환부를 허용하고 있다(형사소송법 제218조의2, 제134조). 피해자에게 환부할 이유가 명백한 때에는 피고사건의 종결 전이라도 결정으로 피해자에게 환부할 수 있다.

### 3) 범죄수사 준수 원칙

범죄수사 준수 원칙은 수사권의 한계를 명백히 함으로써, 수사기관이나 수사관의 수사권 남용을 방지하고자 하는 목적도 가진다. 궁극적으로 국민의 인권보장을 위한 것으로 해석된다(조준택, 김지영, 고가영, 2024: 99-119).

① 선증거수집 후 체포의 원칙

수사기관이나 수사관은 우선 사건내용에 대한 면밀한 조사를 하고, 증거를 확보한 후에 이를 기반으로 범인을 체포해야 한다는 원칙이다. 먼저 피의자 또는 범인으로 추정되는 자를 체포한 후에 수사를 하거나 관련한 증거를 수집하는 것은 범죄를 조작하거나 당사자의 인권을 침해할 소지가 높기 때문에 이를 철저하게 제어할 목적으로 선 증거수집 후 체포의 원칙을 제정하여 적용하고 있다.

#### ② 법령준수(法令俊秀)의 원칙

수사를 담당하는 수사관이나 경찰관, 군사경찰관, 특별사법경찰관, 검사 등은 관련 법규를 정확하게 숙지하고 이를 철저히 준수하도록 노력해야 한다는 원칙을 법령준수의 원칙이라고 칭한다. 이를 위반한 경우에는 수사로부터 배제되거나 심할 경우에는 처벌도 받을 수 있다. 법령준수의 원칙을 위반하는 수사기관이나 수사관들은 대부분이 실적을 중심으로 수사활동을 전개하는 과정에서 문제를 저지르게 된다. 따라서 모든 수사기관과 수사관은 자신의 수사활동을 실적쌓기나 인사고과에서 좋은 평가를 받기 위한 과정으로 생각해서는 안 된다(박태곤, 2024a).

#### ③ 민사관계 불간섭의 원칙

범죄수사는 국민과 국가가 부여한 수사권이라는 공권력을 바탕으로 행해지는 일종의 공적 행위이며, 범죄는 반사회적 행위를 적발하고 처벌하기 위한 과정이다. 따라서 개인의 사적 이익을 목적으로 형사권이나 수사권이 활용되어서는 안 된다는 점을 민사관계 불간섭의 원칙이라는 형태로 규정하여 적용하고 있다. 범죄수사는 형사사건에 한하여 행해지는 것이 기본이며, 역시 이를 위반한 수사관이나 수사기관에 대해서는 강력한 제재가 가해질 수밖에 없다.

#### ④ 종합수사(綜合搜査)의 원칙

수사관은 모든 정보자료, 수사자료를 종합하여 상황을 파악하는 것이 1차적인 의무적 행동이다. 이를 기반으로 모든 기술, 지식, 조직을 동원하여 체계적이고 조직적인 종합수사를 행해야 한다. 극히 제한적인 정보만을 가지고 수사를 하는 것도 용납되지 않으며, 단순한 지식이나 소규모의 조직만으로 수사를 일방향으로 진행하는 것을 미리 예방하기 위한 차원에서 만든 원칙으로 볼 수 있다(Koo & Li, 2016: 155-163).

### 4) 수사실행의 5원칙

#### ① 수사자료 완전수집의 원칙

사건에 관련된 모든 수사자료를 수사관이 완전히 수집해야 함을 의미한다. 이는 범죄가 어떠한 구조인가를 명확하게 인식하는 것과도 연결되어 있으며 범죄수사 관련 문제를 명확히 하기 위한 원칙이기도 하다. 수사 개시 이전 또는 개시와 동시에 하여야 할 수사자료의 수집활동을 기초수사라고 부른다. 기초수사를 철저히 하여 크고 작은 자료를 완전히 수집하고 문제를 명확히 하는 데 이 원칙의 목적이 있다. 보다 많은 사실을 알게 되면 그에 관한 문제를 명확하고 구체적으로 알 수가 있기 때문이다(황영구, 2008).

#### ② 수사자료 감식과 검토의 원칙

과학수사(科學搜査)는 수사상 귀중한 가치를 지니고 있으며, 이를 통해 얻은 수사자료는 문제를 해결하는 데 있어서 중요한 도구로서의 역할을 수행한다. 수사관은 수사자료의 감식과 검토를 통해 수집된 자료에서 지금까지 알지 못했던 자료의 가치를 발견할 수 있다. 수사에 있어서 '어떠한 점이 명확한가' 그리고 '어떠한 점이 불명확한가' 라는 문제가 명확히 밝혀질 수 있다.

과학자나 전문기술자의 조력이 필요하며, 단순히 수사관의 상식적인 검토나 경험적인 판단에만 그치는 것이 아니고 감식, 기타 과학적 지식 또는 시설을 유용하게 이용해야 한다. 수사에 활용할 수 있는 과학적 지식이나 기술, 시설들을 수사에 도입하고 활용하는 노력을 요한다는 의미이다(Elaad, Ginton, & Ben-Shakhar, 1994: 279-292).

#### ③ 적절한 추리(推理)의 원칙

앞서 언급한 바와 같이 추리란 문제에 대한 해결방법을 추측하고 예측해 보는 것의 의미한다. 사건의 추측이란 범인과 범죄사실에 대해 추측하는 것으로 지금까지 알지 못했던 새로운 사실을 파악해 가는 과정에서 우선 어떠한 사실이 있었을 것인가를 예상하여 그 하나하나에 대해서 검증해 보는 방법을 말한다.

수사 과정에서 추측을 할 경우 사전에 명심해야 할 내용이 있다. 첫째, 수집된 자료를 기초로 합리적인 판단을 해야 한다. 둘째, 추측은 모든 경우를 고려하여 검토해야 한다. 추측은 가상적인 것이지만 이후의 수사를 통해 입증이 되면 그것이 그대로 진실로서 인정되므로 수사를 선도하며 수사 계획이나 방침의 기본이 되는 것이다.

추리한 내용을 기반으로 사건내용을 검토할 때에는 자료를 수집하고 검토하는 과정에서 떠오르는 직감이나 상상을 항상 기록해 두고 후에 잘 살펴보는 과정이 필요하다. 아울러 과거에 경험한 사건의 실례를 고려하여 해결방법이 없는지를 검토하는 과정도 있어야 한다. 자료 검토의 결과를 기초로 현실에서 일어난 사건을 어떻게 하면 가장 합리적으로 설명할 수 있는가를 연구해야 한다. 수사관의 추리능력을 함양하기 위해서는 자진해서 많은 사건을 경험하고, 많은 실례를 연구하며 과학적 지식을 습득하여 직감력과 상상력을 풍부하게 배양해야 할 것이다(이종구, 염건령, 2018).

#### ④ 검증적 수사의 원칙

검증적 수사의 원칙이란 어떤 추측이 정당한 것인가를 가리기 위해서 추측 하나하나를 모든 각도에서 검토해야 하는 것을 뜻한다. 사건에 대한 모든 추측을 검증하는 방법을 활용해야 함을 의미하는 것이기도 하다. 수사사항의 결정과 관련하여 그 추측이 정당하다고 했을 경우, 어떠한 것이 있어야 한다는 것을 추론해야 한다.

예를 들어, “甲이 절도범인이다”라는 추측의 진실성을 확인할 수사 상황으로서 甲이 범행시각에 자신의 집에 있지 않을 것, 甲은 금전에 궁했어야 할 것, 甲은 현장에 유류된 족적과 합치되는 신발을 가지고 있어야 할 것, 甲은 피해자의 내부사정에 정통해야 할 것 등이 해당될 수 있다. 사전에 수사관이 설정한 추론이 많으면 많을수록 수사는 정밀하게 되어 진실에 보다 더 접근할 수 있다는 점을 명심해야 한다.

수사방법의 결정은 사건의 성질이나 양상에 따라 다르다. 앞의 예를 기준으로 더 세밀하게 설명한다면, 甲(용의자)의 가족, 주변사람들에 대하여 범행 당시의 상황을 탐문 또는 수사해야 하며, 甲의 소행, 성격, 금전 소비 상황을 조사해야 할 것이다. 또한, 甲과 피해자의 관계 또는 피해자의 출입 상황을 조사해야 하며, 甲의 신발 종류를 조사하고 그 족적을 채증하는 과정도 실행해야 한다(Kassin, Dror, & Kukucka, 2013: 42-52).

수사의 실행과 관련하여, 실제의 수사 결과가 먼저 추측했던 사실을 입증할 수 있는 것이라면 그 추측 사항은 상당 부분 옳았다는 것이 인정되고, 반대로 입증할 수 없다면 그 추측은 인정할 수 없음을 알아야 한다. 확인수사는 다양한 각도에서 모든 수단을 동원하여 여러 번 반복하여 실행해야 한다. 조금이라도 변명의 여지가 있고 반증을 용납할 가능성이 있다면 ‘의심스러울 때는 피고인의 이익으로’라는 원칙을 적용해야 한다. 추측을 확인하는 동시에 새로운 자료 수집을 의미하며 항상 순환적으로 행해진다.

⑤ 사실판단증명의 원칙

피의자 또는 수사대상자를 형사절차에 올려놓기 위해서는 그 판단이 수사관만의 주관적인 추측이 아니라 진실이라는 것을 객관적으로 증명해야 한다. 이를 위한 객관화가 중요하며, 판단이나 주장을 일정한 형식으로 구체적으로 표현해야 한다. 대표적으로 '명제화'라는 개념이 있는데, 어떤 판단을 말이나 문자로 표현하는 것으로 객관화시키는 과정을 말한다. 수사 결과는 명제화를 통해 집약되어 송치되고 이는 곧 소송의 객체가 된다.

다음으로 판단이 진실이라는 이유와 근거를 제시해야 하며, 이는 진실성을 증명하기 위한 과정으로 해석된다. 판단은 검증이 가능해야 하고, 검증 후에야 비로소 진위의 판별이 가능해진다. 수사자료는 사건을 판단 및 추정해 가는 근거이자 증명에 있어서 증거가 된다. 사실적 실체 형성의 과정은 수사관이 단정한 판단이 중심이 되어 진위가 확인되어 가는 과정을 뜻한다(백건하, 2019).

## 3 수사실패의 원인

### 1) 기초수사의 부족

가장 많이 언급되거나 실제 수사현장에서 쉽게 찾아볼 수 있는 수사실패의 원인으로 기초수사의 부족을 들 수 있다. 기초수사가 불충분하여 수집해야 될 자료를 완전히 수집하지 못한 경우를 말하는데, 주로 현장보존이 불완전한 경우, 현장관찰을 철저히 하지 않은 경우, 탐문이나 기타 정보 수집이 불충분한 경우 등이 해당된다. 수사관이나 수사기관은 기초수사를 철저히 하는 데 만전을 기해야 하며, 심리적인 단정이나 확증적 사고를 가지고 기초수사를 소홀히 한 상태에서 본수사에 바로 들어가는 것을 주의해야 한다(Hill, Memon, & McGeorge, 2008: 357-371).

### 2) 불충분한 자료 검토

수집된 자료의 검토가 불충분하여 수사나 그 내용을 설명하는 데 있어 자료가 가지는 가치가 적절하게 효과를 발휘하지 못하는 경우가 많다. 세부적으로 살펴보면, 과학적으로 충분히 감정하지 못한 경우, 정보의 정확도 검토가 불충분한 경우, 수집된 자료가 수사에 있어서 제대로 활용되지 않은 경우, 자료가 멸실되거나 훼손된 경우, 자료가 증거가치를 상실함으로써 증명력을 발휘하지 못하는 경우 등이 해당된다.

### 3) 개인적 주관에 의존

범죄사실이나 범인의 추정 · 판단에 있어서 명확한 객관적 · 논리적 근거가 없고 그 가설적 성격을 망각한 경우에도 수사가 실패할 가능성이 높다. 대표적으로 수사관이 육감에 의존하여 수사와 관련한 활동 방향성을 결정하거나 수사관 개인의 선입견을 과신하고 거기에 합치되도록 주력한 경우, 수사 결과에 대한 반증을 이유 없이 등한시한 경우 등이 해당된다(박태곤, 2024b).

### 4) 수사 검증 과정의 부실

수사한 내용에 대한 검증을 이행하지 않거나 부실하게 한 경우에도 수사가 실패할 가능성이 높다. 예를 들어, 형식적 조사로 결말을 내리는 경우, 다른 증거와 대비하지 않은 경우 등이 해당된다. 수사내용이나 1차 수사의 결과가 그대로 정리되어 공소내용에 들어가는 안 된다. 이에 대한 여러 가지 반복적 검증 과정을 거쳐야 하며, 자가검증이나 교차검증, 자문 또는 전문가에 의한 검증 등을 지속적으로 시행하여 수사내용이나 결과의 오류, 문제점 등을 찾아내는 데 주력해야 한다.

## 4 범죄수사의 심리적 자세

### 1) 확고한 신념 보유와 신속수사, 인권보호 및 법령준수

피의사건(被疑事件)의 진상 파악은 형사재판의 공정성을 위해서 선행되어야 하는 조건으로서 피의사건의 실체적 진실을 발견하는 것을 말한다. 수사관 개개인의 사건 해결에 대한 집념과 의욕에 의해서만 구현될 수 있기 때문에 수사관은 해당 사건에 대한 확고한 신념을 구축하고 수사에 임해야 한다. 또한, 신속하게 수사를 진행하여 증거의 멸실이나 훼손을 최소화하기 위해 노력해야 한다(정신교, 2024).

인권보장(人權保障)에 대한 부분도 결코 소홀히 해서는 안 된다. 범죄수사는 적법한 절차에 의해서 진행하며 피의자의 인권보장에 중점을 두어야 한다. 합법성이 빠진 수사는 절대로 성공한 수사가 되지 못함을 수사관은 인지하고 이와 관련한 오류나 실수를 저지르지 않도록 최선을 다해야 한다(Kassin, Goldstein, & Savitsky, 2003: 187-203).

법령(法令) 등의 엄수(嚴守) 역시 중요한 부분으로서 「형사소송법」 등 관계법령과 규칙을 엄수해야 한다. 이는 수사관이 부당하게 개인의 자유와 권리를 침해하는 것을 방지하기 위함이다. 모든 수사는 임의수사가 원칙이며, 구속이나 압수수색 등의 강제력을 행사하는 강제수사는 「형사소송법」에 특별한 규정(증거인멸, 도주우려 등)이 있는 경우에 한하여 예외적으로 허용된다. 불가피하게 국민권리를 침해하는 경우에도 최소한도에 그쳐야 할 것이다.

### 2) 합리적, 종합적, 성실한 태도의 유지

수사관은 범죄수사를 수행함에 있어서 합리성과 성실성을 갖추고 지엽적인 내용만을 보지 않고 광범위하게 종합적으로 수사 관련 사항을 고찰・분석하는 태도를 유지해야 한다. 본수사 이전의 기초수사를 철저히 하여 모든 증거의 발견과 수집에 힘쓰는 동시에 감식시설, 감식부서(국립과학수사연구원 등)와 자료를 충분히 활용하여 합리적으로 수사를 진행해야 한다. 이를 능률수사 또는 능률적 수사라고 부르고 있으며, 한 영역도 빈틈이 없도록 주의해야 할 것이다(유재두, 2013).

합리적, 종합적, 성실한 태도의 유지는 결과적으로 과학수사를 달성하는 데 큰 기여를 할 수 있다. 사용 가능한 감식시설이나 전문가를 전부 찾아 각 기관과 전문가에게 수사와 관련한 과학적 분석이나 자문을 의뢰함으로써 체계적으로 수사를 진행할 수 있다. 21세기 들어 현대 범죄는 시간이 흐를수록 지능화, 교묘화, 음성화, 복잡화되고 있다. 이러한 범죄의 다양한 성격은 수사를 힘들게 만든다. 하지만 반대로 합리성과 성실성을 가지고 접근한다면 과학적 수사라는 목적을 달성할 수 있다고 판단된다.

합리적인 판단과 성실하게 수사에 임하는 태도, 그리고 이를 종합적으로 검토하고 분석하는 자세는 감식수사에서도 큰 빛을 발한다. 과학수사의 여러 방법 중 감식시설을 활용하여 진행하는 수사를 감식수사라고 하는데, 앞서 언급한 바와 같이 장기간의 시간을 두고 인내력을 발휘해야 하는 영역 중의 하나가 과학수사의 한 영역인 감식 분야이며, 따라서 앞서 언급한 세 가지의 태도를 유지하기 위해 노력해야 한다.

### 3) 조직력과 판단력, 예측력

#### ① 조직력

수사관은 조직력을 갖추고 종합적인 수사를 진행해야 한다. 합리적 수사, 과학적 수사, 공조적 수사를 포함하여 모든 수사 과정에서 조직적인 구성과 기획을 해야 한다는 의미이다. 수사관 단독으로 또는 한 개의 수사부서나 팀만으로 수사가 종결되거나 마무리되는 경우는 많지 않다. 따라서 긴밀한 공조수사체제의 구축에 각별한 노력을 기울여야 하며, 신속한 범인 검거 또는 사건 해결을 도모하기 위해 공조력을 발휘해야 한다(Dysart & Strange, 2012: 11-25).

수사 과정에서 수집 또는 분석, 제보된 모든 정보와 자료를 종합하여 판단하는 동시에 수사관이 그동안 축적(蓄積)한 모든 지식과 기술을 활용하고, 언제나 체계 있는 조직력에 의하여 수사를 종합적으로 진행해야 한다. 이를 위해서는 사건 수사 이전에 다른 부서와의 협업을 개인적으로 잘 구성해야 하며, 상대 부서나 수사관에 대한 적극적 지원이나 자원활동을 통해 필요시에 협력을 받아낼 수 있도록 하는 사전 포석도 일정 부분 필요하다.

#### ② 판단력

성실하고 착실한 자세로 수사를 진행하면서, 결정적인 순간에는 정확하게 결단을 내리는 판단력을 수사관은 갖추고 있어야 한다. 이를 위해서는 먼저 발생한 범죄나 본인에게 배정된 범죄사건의 규모와 윤곽에 대한 냉철한 파악이 필요하다. 이를 기반으로 수사방법이나 기타 여러 사안에 대한 부분을 구상해야 하며, 면밀한 판단을 기준으로 사건의 완급에 따라 수사 속도를 조절하고 빠른 해결보다는 완벽한 해결을 지향하는 자세를 지켜야 한다(김진봉, 2005).

#### ③ 예측력

경찰이나 해양경찰, 검찰수사부서 및 국정원과 특별사법경찰의 수사는 이후의 법률적 재판 과정과 연결된다는 점을 유념해야 한다. 이를 법률적 예측력이라고도 부르는 데, 수사관이 수사 이후의 공소(公訴) 제기나 공소의 유지, 형사절차로서의 공판(公判)에 대한 배려를 철저하게 해야 한다는 의미이다.

범죄수사는 형사법에서는 범죄에 대한 심증(心證)의 형성을 지향하는 활동이라고 부른다. 다시 말해서, 수사관의 수사를 통해 심증 형성의 기초가 이뤄진다는 의미이다. 수사관은 체계적이고 과학적인 수사를 통해서 법관의 심증 형성을 지향해야 하며, 수사관이 획득한 심증을 충분한 보강증거를 구성하여 법관에게 입증(立證)해야 한다. 수사의 진행은 최종적으로 피의자의 유죄 판결을 얻어내는 것을 목적으로 함을 명심해야 하며, 반대로 피해자의 형사피해 사실을 확정하는 과정이라는 점도 명확하게 인지해야 한다(Hosch, Culhane, Jolly, Chavez, & Shaw, 2011: 127-142).

### 4) 명령 준수, 보안성 유지, 관계자에 대한 배려

#### ① 수사지휘와 명령의 준수

수사관은 수사기관의 자체적인 수사 관련 윤리규정(수사윤리)과 수사관리자 또는 수사지휘관의 방침을 따라야 한다. 아울러 수사조직 내부의 위계질서를 따르고, 직무상 상사가 지시한 명령에 복종해야 하며, 수사요원 상호 간에 자발적인 협력관계의 유지가 필요하다. 영화나 드라마에는 소위 '나쁜 수사지휘관'에 의해 잘못된 수사지시나 수사명령이 발생하며, 이에 대해 정의로운 주인공 수사관이 저항하거나 항명하는 내용들이 자주 나온다.

이는 실제 현장에서 일반적인 내용은 아니며, 수사지휘관이나 관리자 역시 자신의 수사경험을 기초로 하여 수사의 방향을 잡게 된다. 따라서 수사관은 본인의 판단에 따라 수사명령이나 지휘에 복종 여부를 선택해서는 안 되며, 관리자나 지휘관과의 대화와 의견 조율을 통해 자신의 원하는 수사 방향을 피력하거나 자신의 의견이 수사 과정에 반영되도록 하는 자세를 갖춰야 할 것이다(河上和雄, 1991).

#### ② 보안성 유지

'수사에 있어서 보안은 생명'이라는 이야기가 있을 정도로 진행 중인 범죄사건 관련 수사의 내용이 외부로 유출되지 않도록 주의해야 한다. 수사관은 수사 과정이나 절차상 지장이 발생하지 않도록 보안 유지에 만전을 기해야 한다. 고소인이나 고발인, 범죄신고자, 목격자, 참고인 등 수사 관계자의 보호와 피의사실 공표로 인한 피의자의 인권침해를 방지하기 위해 노력해야 한다.

일부 범죄피해자들은 자신이 범죄피해를 입은 사실을 가족이나 지인이 알지 못하도록 수사기관에 요청한다. 이러한 요청을 받은 수사관과 수사기관은 통지서의 발송이나 연락 등에 있어서 피해자의 가족이 이를 인지하지 못하도록 주의해야 한다. 최근 일부 경찰서나 검찰청에서 피해자의 의사에 반하여 집주소로 피해사실과 관련한 서류를 발송하여 가족이 그 내용을 알게 한 사건들이 발생하였는데, 이는 보안 유지라는 원칙을 위반한 그릇된 행동일 뿐만 아니라 피해자의 입장에 대한 이해와 주의가 전혀 없었다는 이야기가 된다. 이와 같은 일이 발생하지 않도록 수사관과 해당 수사기관의 보안 유지에 대한 각성이 필요한 시점이다(김균태, 이은영, 2024).

범죄수사에는 많은 자료가 필요하다. 범죄혐의를 입증하는 데 결정적인 자료가 아니더라도 일종의 수사단서로서 범죄의 실체 진실에 다가가는 데 큰 도움이 되는 자료들이 많기 때문에 자료를 주의 깊에 수집하고 분석해야 함은 물론 자료제공자를 보호하는 것에도 신중해야 한다.

범죄수사에서 '자료제공자'는 고소나 고발, 범죄신고 및 기타 범죄수사의 단서 또는 자료를 제공한 자를 말한다. 수사관과 수사기관은 자료제공자의 명예나 신용을 보호할 의무가 있으며, 필요한 경우에는 제공자의 이름이나 신원 또는 이들을 알게 될 만한 사항을 누설하지 않도록 유의해야 한다. 특히, 보복 등의 우려로 인해 특별한 조치가 필요하다면 물리적인 경호 등의 보호 조치도 취해야 한다.

### ③ 관계자에 대한 배려

범죄수사와 관련하여 진술을 해야 하거나 협조를 해야 하는 관계자의 편리를 고려하여 필요 이상으로 불편이나 혐오감 기타의 괴로움을 주는 일이 없도록 유의해야 한다. 수사관들의 고압적 태도가 가장 문제가 되는 내용인데, 피의자 이외의 모든 관계자는 수사에 자발적으로 지원을 해주는 협조자로 보아야 한다.

따라서 이들에게 공격적인 언행을 보이거나 불손한 태도, 기분 나쁘게 만드는 언행을 하는 것은 자제해야 할 것이다. 수사 과정에서 피의자가 아닌 관계인인 상태에서 수사관이나 수사기관의 태도로 인해 상처를 받는 국민들이 지속적으로 발생하는 부분에 대해 강력한 제재와 내부적인 단속 조치가 필요하다(Jang, Luke, Granhag, & Vrij, 2020: 188-198).

### 5) 연구자와 기록자로서의 자세

수사관은 자신이 담당한 수사 사례에 대해 분석하고 개선책에 대한 연구를 해야 한다. 대학교수나 연구기관의 연구원과 같은 신분은 아니지만, 수사도 하나의 사회문제에 대한 연구 과정이기 때문에 연구자로서의 자세를 반드시 갖춰야 한다. 수사관은 항시 범죄와 관련한 법령의 연구, 수사에 관한 지식과 기술의 습득을 위해 노력해야 하며, 수사기관은 각 수사관에게 새로운 법령이나 수사기법에 대한 자료 및 교육의 기회를 제공해야 한다(표창원, 2004).

무엇보다도 수사방법의 개선과 향상에 열의를 가지는 수사관의 태도가 핵심이다. 이를 위해 비망록(備忘錄)으로 불리는 기록의 작성과 정리에 만전을 기해야 한다. 수사관은 공판심리의 증인으로 출석할 수 있기 때문에 미래의 재판에 참고하기 위하여 수사 경과나 기타 참고가 될 사항을 비망록에 세밀히 기록하는 자세가 필요하다. 비망록은 자신이 경험한 내용을 향후 잊어버릴 것을 대비하여 하는 기록 모두를 뜻한다. 초등학생 때 쓰는 일기가 대표적인 비망록이며, 수사관 역시 일기를 쓰는 마음으로 범죄사건에 관한 비망록을 작성해야 한다.

### 6) 공정성

수사관은 범죄의 가해자와 피해자 사이에서 진실을 밝히고, 그 내용에 따라서 처벌을 진행하는 법 집행관이다. 따라서 공정성은 반드시 담보되어야 하며, 공정성을 상실한 수사는 뿌리가 잘려 생명력을 잃은 식물과 같다고 볼 수 있다. 수사관은 배당받은 사건의 성격상 자신이 수사를 하면 공정성의 시비에 휘말릴 수 있다고 판단될 경우 스스로 회피를 신청하는 것이 올바른 태도이다(Eastwood, Lively, Snook, & Snow, 2020: 1-16).

일반적으로 수사회피는 수사관과 피의자, 피해자 또는 기타 관계자와 친족, 그 밖에 특별한 관계로 인해 수사의 공정성을 잃을 염려가 있거나, 의심을 받을 염려가 있을 때 관리자나 지휘관의 허락을 받아서 수사로부터 배제되는 제도를 말한다. 다시 말해서, 수사관 스스로가 해당 사건을 수사하는 것이 바람직하지 않다고 판단하거나 공정성 시비에 휘말릴 수 있다고 생각한다면 이를 담당하지 않을 것을 신청할 수 있다는 뜻이다.

수사에 대한 수사관의 회피제도를 두는 이유는 수사의 적정성과 합리성, 공정성을 보장하기 위함이다. 수사회피제도는 수사 관련 법에 확립되어 적용되는 내용은 아니다.

또한, 피의자가 수사관의 회피를 요구하는 것을 인정하거나 용인하는 경우도 거의 없다는 점에서 수사관 스스로가 결정할 수밖에 없는 사안으로 볼 수 있다. 수사관은 자신과 인적 관계에 있는 피의자, 가해자 사건에 대해서 자진해서 회피를 신청할 수 있는 공정한 마음자세를 가지고 있어야 한다. 이는 당연하면서도 찬사를 받을 태도라고 사료된다(정석원, 신동화, 복진욱, 박석현, 전현, 서진욱, 이인수, 박수영, 2023: 47-56).

## 제 2 절 | 범죄수사의 기초

### 1 수사선(搜査線)

#### 1) 수사선의 정의

수사선(搜査線; Investigation Line)이란 범죄수사에서 한쪽 방향으로 모이는 추리의 선(線)을 말한다. 범죄현장에서 구체적으로 수집된 범죄흔적을 기초로 하여 범인 및 범죄사실을 추리하는 선을 말하기도 한다. 예를 들어, 살인사건이 발생하였을 때 범죄 발생현장에 3명의 다른 사람이 있었다면 이들 3명에 대한 집중적인 수사진행이 수사선이 된다. 수사선의 종류는 개인의 특징에 관한 수사선, 사회관계에 관한 수사선, 자연과학에 의한 수사선의 세 가지로 구분된다.

#### 2) 수사선의 유형

##### ① 개인의 특징에 관한 수사선

먼저 신체적 특징에 의한 개인 식별선(識別線; Identification Line)이라는 것이 있으며, 인상이나 신체적 특징, 지문, 혈액형, 연령, 성별, 인종적인 구분 등이 이에 해당된다. 성격 또는 습성에 의한 개인 식별선도 있는데 범행의 수법, 범죄가 자주 보이는 습벽(버릇), 범죄동기, 범행 후의 행동, 현장에 그려진 그림이나 글자가 쓰인 메모, 성격, 가정환경 등이 포함된다(Kassin & Sukel, 1997).

### ② 사회관계에 관한 수사선

사회관계에 관한 수사선은 사람의 사회적 환경에 의한 특징을 기반으로 한 수사선과 범죄의 사회적 파문에 의한 특징을 기반으로 한 수사선 두 가지로 나뉜다. 먼저 사회적 환경에 의한 특징을 기반으로 한 수사선의 예로서 이름이나 가명 또는 필명, 주거, 배회 지역, 직업, 비행이나 이전의 범죄경력, 혼인관계, 교우관계, 회사 직원과의 관계, 이웃과의 관계 등이 있다. 범죄의 사회적 파문에 의한 특징을 기반으로 한 수사선의 예에는 범행동기, 사회적 배경, 범죄자 또는 범죄사건에 관한 소문, 인심의 동향 등이 해당된다.

### ③ 자연과학에 의한 수사선

자연과학을 기반으로 한 수사선은 범행 관련 물건(범죄피해품이나 증거 등)을 기반으로 한 수사선과 현장관찰을 기반으로 한 수사선, 자연현상을 기반으로 한 수사선 등으로 구분한다. 물건과 관련하여 물건의 특징을 기반으로 한 수사선이 있는데, 여기에는 물건의 제조자 또는 판매자, 소지자, 이화학적 검사, 물건과 사회관계, 인체의 일부인 물건 등이 포함된다(도중진, 2013: 169-200). 다른 세부적 항목으로서 물건의 이동을 기반으로 한 수사선이 있는데, 이전 소지자와 현재 소지자의 확정, 물건의 소재, 물건이 있는 장소, 물건의 이동 경로, 물건의 화학적 변화, 물건 형상(외관)의 변화 등이 해당된다.

현장관찰을 기반으로 한 수사선의 예에는 범죄현장의 형상, 범행의 유형, 범죄자 또는 피의자의 행적, 현장에 남겨진 물건(유류물건), 지리관계, 사회관계 등이 해당된다.

마지막으로 자연현상(自然現象)을 기반으로 한 수사선이 있는데, 범죄 발생 또는 개시나 종료 일시(日時)의 결정, 기상현상, 개천이나 강물의 흐름이나 방향, 바다의 조류 방향, 밀물과 썰물, 지형, 전기현상, 폭발에 사용된 연료, 법의학적 현상, 약품관계, 사용된 기계 등이 해당된다(Dror & Charlton, 2006: 600-616).

## 3) 범죄수사에서 수사선의 의미

### ① 추리의 방향을 정하는 기준

수사선은 추상적 개념이지만 그렇다고 해서 구체적이지 않다고 이야기할 수도 없는 개념이다. 수사관 또는 수사팀이 범죄사건과 관련한 자료를 수집하고, 이를 면밀히 검토하는 과정에서 추리의 방향을 결정하는 데 중요한 역할을 하기 때문이다. 예를 들어,

사채업자가 살인사건의 피해자가 되었다면, 그의 직업과 관련한 여러 자료를 수집하는 과정에서 돈 거래 문제로 다툼을 벌이거나 원한을 가질 수 있는 사람을 대상으로 수사를 진행할 수 있는 추리의 기준이 잡힌다. 이 사례에서는 피해자의 직업과 관련한 기초자료가 추리의 방향을 정하는 수사선이 될 수 있다.

### ② 추리의 방향에 따른 자료 수집의 기준

사건에 있어서 가해자가 어떠한 사람일 것이라는 일종의 추리 방향이 잡혔다면 그와 관련한 본격적인 수사자료 수집에 나서게 된다. 앞서 제시한 예를 기준으로 본다면, 피해자인 사채업자의 주변에서 큰 이자를 물었거나 돈의 반환과 관련하여 다툼을 벌이거나 심한 갈등을 빚은 사람들의 인적 사항과 관련한 자료를 수집하는 첩보 수집과 탐문, 해당 인물과 관련한 자료조사가 진행될 것이다. 수사선을 통해 추리가 이뤄지고, 그 추리의 내용이 타당하다고 인정되면 그와 관련한 수사자료의 수집이 본격화되기 때문에 추리 방향에 따른 자료 수집의 기준으로서 수사선이 작용하였다고 볼 수 있다(Elaad, Ginton, & Ben-Shakhar, 1994).

### ③ 확정된 사실(범죄발생내용)도 또 다른 미확정 사실(범인의 확인)을 향하게 함

일본 범죄수사학에서는 이를 "확정된 사실을 기초로 미확정의 사실을 향하여 방사(放射)한다"고 표현하고 있다. 대부분의 우리나라 범죄수사학 연구서들도 이와 같은 표현을 사용하고 있는데, 미국의 범죄수사학 교재를 번역하는 과정에서 너무 어렵게 번역한 표현으로 생각된다. 쉽게 표현하면, 이미 발생한 범죄사건은 그 자체로 사실이기 때문에 이를 기초로 하여 범인이 누구인지 모르는 상태(미확정된 사실)를 해결하기 위해 수사관이 노력하는 방향이 필요하며, 이를 수사선이 정해준다는 뜻이다.

수사관은 범죄 발생이라는 명확한 사실을 맞이하게 된다. 배당이 된 사건이건, 수사관 스스로 인지해서 진행한 사건이건, 아니면 상부의 지시에 의해서 담당하게 된 사건이건 일단 벌이진 사건을 만나게 되어 있다. 살인사건이라면 누군가가 다른 누군가에 의해서 목숨을 잃은 사실이 분명히 수사관에게 접수된다. 이때부터 수사관은 다양한 관점에서 자료수집과 탐문을 하고 이를 통해 수사선을 인지하게 된다. 이렇게 형성된 수사선은 '누가 피해자를 죽였는지'에 관한 미확정된 내용을 확정된 내용(범인을 특정함)으로 바꾸기 위해서 노력하는 역할을 담당한다(Lindsay, Lim, Marando, & Cully, 1986).

## 2 수사수단(搜査手段)

### 1) 수사수단의 정의

수사수단이란, 범죄수사를 진행하는 과정에서 범죄수사 또는 범죄와 관련한 여러 가지 자료를 입수하는 방법(Methods of Collecting Data and Evidence)을 의미한다. 범죄는 다양한 형태의 징표를 남기는데, 이러한 징표는 범죄의 흔적을 뜻하며, 이를 입수하고 분석하여 수사를 진행하게 된다. 전형적인 예로서, 강력사건 범죄현장에 남은 지문이나 혈흔, 족흔 등이 있으며, 이러한 징표를 수집하는 과정을 광범위하게 수사수단이라고 부른다(김재민, 2003).

### 2) 수사수단의 종류

#### ① 듣는 수사

듣는 수사(Hearing)는 범죄를 직접 경험했거나, 타인의 경험을 들어서 아는 자의 기억을 증거화하는 수사수단을 의미한다. 탐문 과정에서 가장 많이 사용되는 수사수단이며, 이 외에도 용의자에 대한 조사, 참고인에 대한 조사, 주변의 소문에 대한 탐문, 관계인의 진술에 대한 청취조사 등이 주로 진행된다.

#### ② 보는 수사

보는 수사(Seeing)는 수사관이 시각을 동원하여 현장 또는 물건의 형상과 이동에 따라 남겨진 수사자료를 입수하여 이를 증거화하는 수사수단을 의미한다. 범죄현장의 관찰 과정에서 보는 수사가 적극적으로 활용되는데, 이를 통해서 증거물을 발견하고(수색), 물건 또는 장소의 현상을 관찰하게 된다. 장소의 관찰을 통해 현장에서 물건 입수 및 관찰, 물건의 수색 및 발견, 물건 형상의 관찰, 감식적인 검사가 진행된다(박영수, 오세연, 조형근, 이창용, 2023).

#### ③ 추리 수사

추리 수사(Reasoning)는 듣는 수사와 보는 수사를 통해 추리의 선이 정해지면 이에 따라 수사자료를 입수하는 수사수단을 의미한다. 앞서 언급한 바와 같이 범죄현장의 잔혹성이나 은폐성에 대한 분석, 주변의 참고인이나 증인들의 진술을 기반으로 한 조사, 피해자와 관련한 주변 인물의 관계성 등을 듣는 수사와 보는 수사를 통해 진행하고, 이를 기초로 하여 추리 수사를 진행하게 된다.

여기서 중요한 점은, 추리도 하나의 수사수단으로 인정받고 있다는 점이다. 추리를 통해서 범죄의 실체적 진실에 다가가기 위한 방향을 설정하기 때문에 아주 중요한 수단이다. 따라서 추리력이 부족하거나 창조적 사고, 현장을 바탕으로 한 사고가 약한 사람은 수사관으로 활동하는 데 많은 어려움을 겪을 수 있다(권순화, 2022).

### 3) 수사수단의 방향

#### ① 횡적 수사(橫的 搜査; Lateral Criminal Investigation)

횡적 수사는 범죄나 피의자, 범죄현장과 관련한 모든 자료의 발견과 수집을 목적으로 진행되는 수사활동으로서 측면 방향으로 진행된다. 때문에 이를 횡적 수사라고 부르며, 수사의 폭을 넓혀가는 수사라고 불리기도 한다. 주로 현장관찰이나 탐문수사, 피의자 또는 용의자, 피해자 등에 대한 행적 수사, 잠복이나 미행, 수색 등의 활동도 횡적 수사의 유형에 포함된다.

횡적 수사의 대표적인 장점은 범죄사건에 관련한 수사관의 신중한 판단이 이뤄질 수 있다는 것이다. 전반적으로 폭넓게 자료를 수집하고 수사관이 범죄에 대한 수사선을 결정할 수 있는 많은 자료를 얻을 수 있기 때문에 급한 결정이나 판단을 내리지 않을 수 있다. 이는 수사관이 잘못된 판단을 할 수 있는 가능성을 크게 낮춰준다.

아울러 횡적 수사를 통해 수사 과정에서 확실성이 강화되는 장점도 존재한다. 횡적 수사를 통해 얻은 많은 증거나 자료가 한 방향을 지목하면 그만큼 범죄 피의자를 특정하거나 특정된 피의자가 범인일 가능성이 높음을 입증하기 쉬워진다. 횡적 수사의 단점은 수사기관이나 수사관이 투입한 노력과 시간에 비해 경제성이 크게 떨어진다는 것이다(김용세, 2006).

#### ② 종적 수사(縱的 搜査; Longitudinal Criminal Investigation)

종적 수사란 위아래로 이동하면서 진행하는 수사라는 뜻으로서 일반적으로는 수사 과정을 통해 수집된 특정 자료의 성질이나 이동 과정, 경로, 특징 등을 통찰하여 범인에 도달하려는 수사활동을 의미한다. 수사자료에 의한 수사로서의 성격을 가지며, 기소

의견으로 송치하기까지의 본수사 대부분이 종적인 수사에 해당한다.

종적 수사에는 유류품수사나 장물수사, 수법수사, 인상특징수사 등이 해당되며, 장점은 집중적인 수사활동을 통해서 신속한 범인의 특정과 검거가 가능하다는 것이다. 반대로 종적 수사의 단점은 수집된 자료가 극히 한정될 경우에 수사관이나 수사팀의 판단 오류 또는 잘못된 방향으로 수사가 진행되어 수사의 골든타임을 놓쳐버리는 실수를 저지를 가능성이 높다는 것이다(Cohen, 2013).

## 3 범죄수사의 가능성

### 1) 범죄수사 가능성의 개념

범죄수사 가능성이란, 수사를 진행할 수 있는지 여부에 대한 판단 기준이 된다. 예를 들어, 위법사실에 대한 첩보가 수사기관에 접수되었을 때, 해당 행위를 처벌할 수 있는 법률적인 처벌근거가 있는지에 대한 법리적 판단이 필요하다. 해당 행위가 분명히 반사회적인 행위로 해석될 여지가 있다 하더라도 실정법(實定法)상에 처벌할 수 있는 규정이 전혀 없다면 범죄수사의 가능성은 없을 수밖에 없다.

반대로 해당 행위에 대한 직접적 처벌규정이 「형법」이나 형사특별법에는 없다 하더라도 다른 법률의 처벌규정을 빌려 이를 법원의 의율(擬律) 과정을 통해 처벌할 수 있다고 판단된다면, 해당 행위에 대한 수사기관의 수사 가능성이 높아진다고 결론 내릴 수 있다. 범죄수사 가능성은 일정한 척도나 수치로 표현되는 내용이 아니며, 수사기관이나 수사관이 해당 사건에 대한 수사 개시의 여부를 결정하는 판단 과정을 뜻한다고 이해해야 할 것이다(Eastwood, Lively, Snook, & Snow, 2020).

모든 범죄는 흔적을 남기며, 그 흔적을 기반으로 수사를 할지 여부를 판단할 수 있다. 동물이나 기계가 하는 행동이나 작동이 아닌 인간의 행위에 대해서 처벌을 하는 것이 범죄수사 과정이기 때문에 인간의 행위법칙을 기반으로 하여 수사 가능성 여부를 판단하게 된다. 범죄수사 가능성에는 다음의 세 가지 수사철학적 근간이 존재한다.

#### ① 범죄는 인간의 행동

범죄는 '인간의 행동'이라는 점이 근간이 된다. 인간의 생물학적 · 심리학적 징표에 관한 흔적은 범죄사건에도 반드시 남게 된다. 혈액이나 정액, 특이한 해당 범죄자만의 수법 등이 남게 되며, 이를 기반으로 수사가 개시된다. 예를 들어, 집 안에서 아무런 외상 없이 쓰러져 사망한 사람이 발견되고, 집 안에 공격이나 방어에 관한 흔적이나 혈흔, 도난품 등이 전혀 없을 경우 심정지나 갑작스러운 지병 등으로 사망했을 가능성이 높다. 부검 결과에 따라서 수사의 개시 여부가 결정되지만 우선적으로 사망자의 상태와 사망장소의 흔적은 범죄 발생과 관련된 사항이 없으므로 수사를 개시하기에는 개연성이 떨어질 수밖에 없다(Culhane & Hosch, 2004: 1604-1616).

#### ② 범죄는 사회적 행동

범죄는 '사회적 행동'이라는 점이 근간이 된다. 범죄는 인간의 사회활동 과정에서 발생한 행동이기 때문에 사회적으로 통용되는 여러 사회법칙에 따른 흔적을 남기는 것이 일반적이다. 예를 들면, 칼이나 테이프, 복면 등 범행 관련 도구의 발견이나 피해자와 가해자 사이를 아는 참고인의 출현, 범죄현장에 대한 직접적인 목격자의 등장 등으로 범죄수사가 개시된다.

#### ③ 범죄는 자연현상을 수반

범죄는 '자연현상을 수반한 행동'이라는 점도 근간이 된다. 우리 사회의 범죄는 땅위, 바다나 물속, 또는 하늘에서 발생한다. 때문에 지구의 자연현상이나 과학적인 현상이 고스란히 범죄내용에 반영될 수밖에 없다. 이는 자연과학적인 법칙에 따른 흔적이 남게 됨을 의미하여 사체의 부패, 지문이나 족적의 발견, 유전자가 묻은 생물학적 증거의 출현 등이 이에 해당된다. 이러한 자연현상을 기반으로 한 증거나 범죄로서의 가능성을 높이는 내용이 발견되면 범죄수사 가능성은 크게 높아진다(고현규, 2014).

### 2) 범적(犯跡; 범죄의 흔적)

흔적(痕迹)은 '뒤에 남은 자취나 자국'을 의미하며, 인간은 행동을 하는 과정에서 자취나 자국을 항상 남긴다. 향수를 뿌리고 다니면 실내에는 향수의 향취가 남게 되며, 걸어서 이동한다면 CCTV에 걷는 장면이 촬영되거나, 최소한 걸음걸이의 특성 정도는 흔적으로 남길 수밖에 없다. 인간의 모든 활동에는 흔적이 남기 때문에 이를 기반으로 범죄수사가 진행되며, 범죄수사와 관련한 흔적을 전문용어로 범적(犯跡; 범죄의 흔적)이라고 부른다.

범죄수사와 관련한 교재나 교과서, 매뉴얼 등에는 '범죄행위 과정에서 남기는 흔적'이라고 정의하며, 흔적을 전혀 남기지 않는 범죄의 유형을 완전범죄(完全犯罪; Perfect Crime)라고 부른다. 영화나 드라마, 시사 프로그램에서 자주 등장하는 개념이 완전범죄인데, 범죄수사 분야에서는 완전범죄는 존재하지 않는다는 원칙이 있다. 어떠한 범죄자도 범적을 전혀 남기지 않고 범죄를 저지를 수는 없다는 뜻이다. 범적을 철저하게 은폐한 경우는 있을 수 있지만 범적을 남기지 않는 경우는 없기 때문이다(Ladapo, Elliott, Kanouse, Schwebel, Toomey, Mrug, Cuccaro, Tortolero, & Schuster, 2016).

#### 3) 범적과 범죄의 인과관계

범죄수사는 범적을 기반으로 추진되는 공적인 사법 집행자의 활동이라고 해석할 수 있다. 다시 말해서, 범적을 통하여 범죄사건의 전부 또는 일부를 추리하고, 추리한 바에 대한 사실 확인의 과정으로 진행하는 것이 범죄수사라는 뜻이다. 범죄의 결과물인 범적을 통하여 범죄를 본다는 것은 그 결과를 살펴서 원인이 되는 행위인 범죄를 탐색해 낸다는 것이며, 정상적인 상식을 가진 사람(수사관)의 추리를 통하여 범인의 행동 과정을 파악할 수 있게 된다(대검찰청, 2013).

## 제 3 절 | 범죄징표의 개념과 생물학적 징표

### 1 범죄징표의 개념과 유형

범죄징표(犯罪徵表)란 범죄에 수반하여 나타나는 내적·외적 현상을 말한다. 너무 광범위하지만 일반적으로 범죄수사심리 분야에서는 이와 같이 정의 내리고 있다. 범죄징표는 범죄의 흔적인 범적 가운데 외적으로 나타나는 흔적을 의미하며, 사회와 자연환경 속에서 인간의 행동으로 표출된 범죄행위에 대한 내용을 포함한다.

따라서 범행 시에 범죄자가 관계한 여러 가지 대상에서 찾을 수 있는 중요한 내용을 담고 있다. 범죄징표는 유형적(類型的) 징표(심리적 징표)와 무형적(無形的) 징표(사회적 징표), 직접적(直接的) 징표(직접적으로 보고 들은 내용)와 간접적(間接的) 징표(사람의 기억을 진술에 의하여 간접적으로 듣는 내용)로 나뉜다.

범죄징표의 기능에는 여러 가지가 있는데, 범죄사실의 발견을 위한 수사자료로서의 기능이 있으며, 범죄자의 발견 또는 확정을 위한 수사자료로서의 기능도 있다. 범죄자의 신원, 범죄의 발생 일시, 범행장소, 범죄 관련 물건 등의 수사요소를 확정하는 데에도 이용된다.

범죄징표를 연구하는 학자들은 '범행에서 징표로'라는 표현을 자주 사용한다(황현석, 2016). 이는 범죄의 발생을 확인한 수사관은 바로 현장 및 관계된 사람들로부터 여러 가지 범죄 관련 징표를 수집해야 한다는 의미이다. 최대한 많은 범죄징표의 확보를 통해서 범죄수사의 방향성을 바르게 잡을 수 있으며, 본수사의 진행 과정에서도 혼선이나 장애를 겪을 가능성을 크게 낮출 수 있다. 앞서 언급한 '수사선'이라는 개념은 '범죄징표에서 범죄로'라는 의미를 담고 있다. 징표를 통해 범죄의 내용을 파악한다면, 징표를 통해서 범죄자가 누구인지, 왜 발생하였는지 등을 알게 해주는 개념은 수사선이다.

## 2 범인의 생물학적 특징에 의한 범죄징표

범죄수사에서 수사관은 범인이 인간으로서 가지는 여러 가지 생물학적 특징을 통해서 범인이 누구인지를 특정하게 된다. 이를 생물학적 징표를 통한 범죄수사라고 일반적으로 부르고 있다. 이와 관련한 가장 핵심적인 개념으로서, '인간의 동일성 식별'이라는 개념이 있다. 인간은 생물학적 존재이므로 개별적인 신체적 특징을 정확하게 측정하여 동일성 여부를 가려낼 수 있다는 것을 의미한다(손재영, 2010).

이와 관련하여 가장 많이 활용되는 용어가 '인상착의(人相着衣)'이다. 인상착의는 고전적인 신체적 특징의 확인방법으로서 얼굴의 생김새와 복장을 기반으로 하여 범죄자 또는 용의자를 특정하게 된다. 범죄수사와 관련하여 가장 먼저 나온 과학적 방법으로는 프랑스 경찰 Alphonse Bertillon의 신체측정법이 있다.

19세기 프랑스 경찰은 용의자 또는 피의자의 신원을 확인하기 위해서 신체 사이즈나 수치 등을 기반으로 수사를 진행하는 기법을 도입하였다. 지문이 수사의 핵심적인 생물학적 징표로 20세기에 등장하기 이전까지 유럽 각국이 프랑스의 이 프로그램을 도입하여 사용하였다. Bertillon이 제안한 측정법의 핵심적 내용은 모든 인간은 신체 사이즈와 치수가 다르다는 점이다.

따라서 이를 정확하게 측정하여 기록함으로써 범인을 쉽게 특정할 수 있다고 보았으며, 키와 팔의 길이, 두개골의 직경, 발의 길이 등 11가지 수치를 측정하여 범죄수사에 사용하였다. 사용 초기에는 과학적 수사방법으로 보였으나 이를 기록하여 비교・대조하는 과정이 너무 복잡하고, 범죄자의 정확한 신체 치수나 형상이 범적으로 남겨진다는 것도 거의 바랄 수 없는 경우가 대부분이므로 범죄수사에 이용하기에는 여러 가지 난점이 있어 이용가치가 거의 없는 것으로 결론이 났고 지문으로 대체되었다(박광민, 2017).

신체 사이즈, 지문, 혈액형, DNA 등의 생물학적 징표가 순차적으로 개발되었지만, 이것만으로 범죄자를 특정하거나 범죄를 입증하는 데 어려운 경우가 많았다. 따라서 이러한 부분을 보완하기 위한 차원에서 머리 모양(Hair Style), 외모, 복장 등 사회적인 부속물까지를 종합적으로 고려하여 판단하는 것으로 변화하였으며, 최근에는 걸음걸이나 대화 시 손의 제스처, 운전 습관 등도 수사의 비생물학적 징표를 통한 보완적인 수단으로 도입되고 있다. 통상적으로 범죄수사 과정에서 이용되는 생물학적 징표에는 인상, 지문, 혈액형, 기타의 신체적 특징 등이 있다.

### 1) 인상(印象; Facial Feature)

#### ① 실제 피의자의 인상

모든 사람의 얼굴은 유사할 수는 있지만 동일할 수는 없다. 디지털 촬영 및 인식술이 발달하면서 인상에 관련한 정밀도가 높아지고 있으며, 일란성 쌍생아도 성장 과정에서 인상이 달라진다는 점이 확인되었을 정도로 인간의 인상은 고유한 그 사람의 ID라고 볼 수 있다. 사회생활에서 개인의 식별은 인상을 통해 이뤄진다. 사회활동에서 성명이나 인상을 통해 식별하는 경우가 많은데, 성명은 속이기 쉬운 결점이 있지만, 인상은 생물학적 특징이므로 변경이 용이하지 않다(박영수, 오세연, 조형근, 이창용, 2023).

구체적으로 얼굴의 모양, 안색, 머리 모양, 머리털의 색상, 눈의 모양, 눈썹의 모양, 콧날, 귀 모양, 입 모양, 입술 모양, 인중 모양 등 사람의 특징을 피의자 수배의 필수적인 부분으로 포함시키거나 범죄수법 자료로서 수사상 많이 이용하고 있다. 실제 피의자의 인상을 생물학적 수사징표로 사용하는 과정에서 한계가 발생하는데, 목격자의 기억 또는 표현의 착오로 인한 오류나 불완전성이 있을 수 있다(염건령, 최영인, 2016).

#### ② 피의자의 사진

인상과 관련하여 실제 얼굴의 모양을 파악하지 못하였다면, 피의자의 사진이나 금융기관에 설치된 CCTV 촬영영상이 범죄자 식별을 위한 가장 정확한 자료가 될 수 있다. 피의자의 신원이 특정되면, 일반적으로 주민등록이나 여권을 발급하기 위해 제출한 사진을 기반으로 피의자 사진을 확보한다. 하지만 사람의 얼굴은 계속 변화하고, 성형도 일반화된 사회환경이 존재하기 때문에 가장 최근에 스스로 촬영하였거나 또는 촬영된 사진을 확보하는 것이 인상의 확인을 위해 중요한 과제이다.

최근에는 SNS 활동이 활성화되어 있으며, 피의자로 특정된 사람의 사진을 SNS를 통해서 확보하는 경우가 많다. 만약, 피의자의 SNS를 통한 최근 사진의 확보가 어렵다면 친한 가족이나 애인, 부모 등의 SNS나 셀카로 찍은 내용들을 조사하는 과정에서 최신 사진의 확보가 가능할 수 있다.

#### ③ 몽타주의 사진

몽타주(Montage)는 피의자(또는 용의자, 범죄자 등)의 인상을 알고 있는 자의 진술을 토대로 피의자의 특징을 종합하여 재현한 합성사진을 말한다. 사진기술이 발달하지 않았을 때에는 이를 전문적으로 그리는 인력을 동원하여 그리게 하였지만, 최근에는 디지털 합성기술의 발달로 진술이나 표현을 듣고 디지털 몽타주로 구현하고 있는 실정이다(휴넷, 2012).

몽타주는 피의자 사진을 입수할 수 없을 때 대신 사용하는 방법이다. CCTV나 방범용이나 교통상황 확인용 공용CCTV, 주차된 차량의 블랙박스, 주변의 가옥에 방범용으로 설치한 CCTV 등에 범인 또는 피의자가 전혀 촬영되지 않았다면, 목격한 사람들의 진술을 통해 몽타주를 구성해야 한다.

#### ④ 통면수사법(通面搜査法; Eyewitness Identification)

통면수사법이란, 인상을 알고 있는 사람에게 피의자 본인이나 관계된 사람의 사진을 보임으로써 사람의 동일성을 식별하는 방법이다. 고전적인 방법으로 많이 사용되며,

대부분의 국가들이 인상을 기반으로 피의자나 용의자, 범죄자를 특정하는 방법을 도입하여 활동하고 있다.

이 방법은 범죄의 해결에 많은 도움이 되기는 하지만 단점도 존재하므로 수사관이나 수사기관의 주의가 필요하다. 자칫 선입감이나 예감만으로 동일인 또는 동일인과 유사하다는 진술을 할 염려가 있으므로, 다른 물리증거, 진술증거, 디지털 증거와 종합하여 확정하여야 한다. 최근에는 AI(Artificial Intelligence) 기술의 급격한 발전으로 인해 실제 얼굴을 촬영한 후 범죄 관련 사진과 빠르게 대조하는 프로그램들이 개발되고 있으며, 앞으로 더 다양한 방식의 소프트웨어 및 하드웨어 안면인식기술이 도입될 전망이다(전대양, 2015).

### 2) 지문(指紋; Finger Prints)

#### ① 지문의 발견과 활용

범죄수사에서 지문은 만인부동(萬人不同), 종생불변(終生不變)의 특성을 가진다고 이야기한다. 아직까지 개인의 신원을 식별하는 데 있어서 가장 정확한 방법이기 때문이다. 1880년 일본에 파견을 가 의료활동을 하고 있던 스코틀랜드 출신 의사인 Henry Faulds는 토기(土器)를 다루는 과정에서 사람의 지문을 인지하게 되었고, 사람마다 그 모양이 다르다는 것을 발견하였다. 이때부터 지문에 대한 연구를 통해 인간의 다양한 지문 특성을 정리하였으며, 스코틀랜드로 귀국한 후에는 경찰청과의 협력을 통해 범죄수사에 지문기법이 사용될 수 있도록 정립하였다.

영국을 중심으로 범죄수사와 신원 확인에서 지문을 사용하는 것이 확대되면서 Francis Galton이라는 영국의 과학자가 『지문(Finger Print)』이라는 저서를 최초로 학계에 발표하였으며, 크게 궁상문, 제상문, 와상문의 세 가지 유형으로 지문을 분류하는 분류법을 제안하였다. 영국의 다른 지문연구가인 Henry는 헨리식 지문법을 제시하였고, 독일 함부르크경찰청의 경찰청장으로 근무하던 Rosher은 롯셀 지문분류법을 제안하였다(Pear, Wright, Shev, Wintemute, & Kagawa, 2021: 7).

영국 정부는 개인의 신상등록과 병력자원에 대한 관리, 범죄수사 등을 위한 목적에서 지문관리제도를 1901년에 도입하였으며, 이 이후로 다른 선진국들도 지문제도를 적극적으로 사용하였다. 아시아권에서는 일본이 먼저 이를 도입하였으며, 1931년에 조선에 지문제도를 적용하기 시작하였다. 당시 경기도 경찰부 형사과 지문계가 조직되어 조선인에 대한 지문등록제도를 본격화하였다(정연균, 2024).

### ② 지문의 원리

'지문'은 인간의 손가락에 위치하고 있는 융기된 피부조직으로 정의할 수 있다. 물건을 집거나 만지는 과정에서 마찰력을 높일 목적으로 융기된 피부조직이며, 그 조직은 일정한 선을 가지고 있다. 사람마다 고유한 융선을 가지고 있으며, 손가락의 피부가 훼손된 이후에도 같은 모양의 융선으로 복원되는 특징이 있다. 모든 사람이 지문을 가지고 있지만 그 패턴은 다르기 때문에 이를 기반으로 신원의 특정이 가능하다.

지문을 구성하는 융선은 사람마다 다르며, 이는 수학적으로 같은 지문을 가진 사람이 나올 확률이 거의 없다는 결론을 통해 입증되었다. 수사 과정에서 자료로 확보된 지문과 실제 사망자나 용의자, 피의자 등의 지문을 비교하는 것은 특징점 비교를 통해서 이뤄진다. 보통 분기점, 단점, 단선, 교차, 섬, 고립 등을 비교하여 확인하는데, 대부분의 사람들은 지문에 평균적으로 150여 개의 특징점을 가지고 있다.

전 세계의 수사기관이나 감식기관에서는 보통의 경우 8~16개의 특징이 일치하는 경우에 동일인으로 판단하고 있다. 우리나라는 12개 이상의 특징점이 동일한 경우에 같은 사람으로 인정하고 있다. 통계적으로 한 사람의 지문에는 제상문이 60~65%, 오상문이 30~35%, 궁상문이 5% 정도의 비율을 차지하고 있다(박영수, 오세연, 조형근, 이창용, 2023).

### ③ DNA보다 지문을 우선시하는 이유

DNA보다 지문을 우선시하는 원인은 지문감식의 장점, 과학성에 대한 논쟁과도 연결된다. 과학수사에서 생물학적인 징표와 관련하여 가장 선호하는 요소는 뭐니뭐니 해도 DNA일 것이다. DNA는 지문보다 훨씬 정확하게 사람의 신원을 특정할 수 있으며, 손가락 이외의 여러 물건에서 확보할 수 있다는 점에서 기소나 공소의 유지에 더 없이 좋은 징표이다.

하지만 DNA에도 단점이 존재하는데, 지문의 경우에는 주민등록을 기반으로 한 국가의 데이터베이스가 존재하지만, DNA는 전 국민을 대상으로 수집·보관된 데이터베이스가 존재하지 않는다. 강력범죄자 및 특정 범죄자, 전과자에 대한 DNA 데이터베이스가 있기는 하지만 대부분의 국민에 관한 DNA 자료는 확보되어 있지 않는 실정이다.

따라서 DNA가 확보되었다 하더라도 대조할 시료(試料)가 존재하지 않는다면, 용의자의 신원을 정확하게 특정하기가 불가능하다는 단점이 있다. 따라서 과학수사를 진행하는 과정에서 대조군이 존재하는 지문을 더 선호할 수밖에 없다고 분석된다.

지문 대조 과정에서 드는 비용의 경제학도 무시할 수 없는 부분이다. 범죄수사를 위한 비용에 있어서 DNA 분석은 비용이 많이 든다. 하지만 지문은 컴퓨터 검색만으로 빠르고 저렴하게 조회와 확인이 가능하다는 측면에서 결코 버리거나 포기할 수 없는 경제적 효율성이 높은 수사방법이다. 이러한 부분도 DNA와 지문 사이의 논쟁을 야기한 원인이다. 과학수사가 발달한 미국에서도 DNA와 지문은 앞으로 혁신적인 또 다른 방법이 강구되지 않는 이상 계속 병존(竝存)해야 하는 관계로 보고 있다(Burke & Turtle, 2003: 157-163).

### ④ 지문의 획득

지문은 대부분 범죄현장에서 획득되며, 범죄현장에서 발견된 지문은 그 형태에 따라 종류를 나눌 수 있다. 먼저 '현재지문'은 색깔이 있는 물체에 남아 있는 지문을 말하며, 주로 생활도구, 가구, 컵, 혈액, 문 손잡이 등에 남게 된다. 가장 획득이 쉬운 지문이며 온전한 형태로 남아 있는 경우가 많다.

다음으로 '압착지문'이 있는데 표면이나 재질이 부드러운 물체에 남아 있는 지문을 말한다. 가장 대표적인 예로서 비누나 찰흙 등에 남아 있는 지문을 들 수 있다. 압착된 상태로 발견되기 때문에 압착지문이라고 부른다.

'잠재지문'은 잘 보이지 않는 지문이지만 손의 기름이나 땀 등이 지문의 형태로 물체에 남는 경우를 말한다. 전문적인 약품을 이용하여 그 존재를 확인해야 한다. 잠재지문의 현출방법은 지문이 묻어 있는 재질에 따라서 다르다. 흡수성이 없는 단단한 표면에 잠재지문이 있다면 분말을 사용하여 지문을 찾아낸다. 반대로 종이류와 같이 흡수되는 표면에는 액체와 기체를 사용하여 잠재지문을 현출한다. 주로 요오드와 질산은, 닌히드린 등을 사용하고 있다(전대양, 2015).

### ⑤ 지문자동검색시스템

범죄수사와 관련한 지문의 데이터베이스 시스템, 즉 지문자동검색시스템은 일반적으로 에이피스(Automated Fingerprint Identification System; AFIS)라고 부르고 있으며, 미국의 FBI가 가장 발달된 AFIS 시스템을 운용하고 있다. 우리나라 경찰청의 지문관리시스템도 세계적으로 인정받는 수준이며, 다른 나라에 이와 관련한 기술과 노하우를 전수하는 수준으로 발전하였다.

AFIS는 스캔 과정을 거쳐서 입력된 지문을 인공지능(Artificial Intelligence; AI)을 활용하여 비교·대조하는 과정을 진행한다. 입력된 지문은 디지털화하여 그 특징별로 코드분류를 통해 저장하며, 비교하고자 하는 지문이 입력되면 이와 비교를 진행한다. AFIS가 범위를 줄여 결과를 제시하면 지문감식 전문요원이 이를 다시 비교하여 결과를 정리한다(Ask & Granhag, 2005: 43-63).

### 3) 혈액형(血液型; Blood Type)과 기타 생물학적 특징

혈액형은 혈청(血清)의 교응상(交凝上)의 특징을 이용하여 사람의 혈액을 분류한 것이며, 현재 우리나라에서는 A형, B형, AB형, O형의 ABO식 분류와 MN식, Rh식의 분류법이 사용되고 있다. 혈액형은 개인의 동일성을 적극적으로 증명할 수는 없다. 하지만, 혈액형이 다른 경우에 소극적으로 동일인이 아니라는 과학적 증명에 이용할 수 있기 때문에 무죄 확정이나 혐의 없음을 확정하는 과정에서 중요한 자료가 된다.

혈액 이외에 타액이나 콧물, 땀이나 정액, 소변이나 눈물 등을 통해서도 혈액형을 알 수 있다. 따라서 혈액형을 확인할 수 있는 물건인 담배꽁초, 손수건, 코 푼 종이, 양말, 침구, 거울, 내의, 소변, 대변, 생리대 등의 수집에 수사관은 유의해야 한다. 주거하는 가옥의 경우에는 베개가 중요한 역할을 하는 경우가 많다. 수면 과정에서 땀을 흘리는 경우가 많기 때문이다(이은영, 2017).

기타 생물학적 특징이 범죄수사에 적용되는 경우가 있다. 전형적인 예로서, 귀의 형태(耶形), 치아의 모양(齒形)을 들 수 있으며, 특징이 다양해서 개인 식별의 유력한 자료로 활용되고 있다. 선진국에서는 이문(耳紋; 귓바퀴)의 모양이나 생김새를 이용하여 범인을 특정하여 검거하기도 하는데, 해당 국가들의 법원에서는 유죄를 인정하는 법정 증거로 이용되고 있다. 그 밖에 모발의 특징이나 음성, 동작의 패턴, 보행의 패턴 등도 수사에 적극 활용된다(Afifi, Henriksen, Asmundson, & Sareen, 2012: 684-691).

## 제 4 절 | 심리학적 범죄징표

### 1 범죄심리의 응용

초기 범죄수사는 물리적 증거나 진술 증거를 기반으로 진행되었다. 하지만 점차적으로 고도의 범죄지능을 사용하는 범죄사건이나 미제사건들이 늘어나면서 인간의 심리를 연구하는 심리학을 응용한 범죄심리 영역이 탄생하여 활성화되기 시작하였다. 이는 범죄를 연구한 수사관과 범죄학자들이 모든 범죄에는 가해자 또는 범죄자의 심리적 흔적(Psychological Trail)이 존재한다는 점을 발견했기 때문에 가능해졌다.

인간은 육체적인 존재이면서 동시에 심리적인 존재이므로 의지의 외적 표현인 행위에는 인간의 심리가 작용하여 흔적이 남는 것이 일반적이다. 범죄도 범죄자라는 인간의 행위이기 때문에 심리적 흔적을 남길 수밖에 없으며, 이에 대한 연구와 분석을 통해 범죄의 과정이나 범죄자가 누구인지를 추정하는 일이 가능하게 되었다. 범죄심리의 적용을 통해서 범죄징표를 발견할 수 있게 되었으며, 진술, 도주, 증거 인멸, 범행의 위장 등 여러 가지 심리를 포착하여 수사수단의 기술로 이용하게 되었다(박미랑, 신의기, 강용길, 강석진, 박현호, 2012).

### 2 범죄자의 성격

범죄자의 성격은 범행 당시에 표현되는 인간으로서의 심리적 태도를 뜻한다. 범죄자의 성격이 아닌 인간의 일반적 성격은 대체로 만 10세를 전후하여 사회환경의 영향을 받아 형성되는 개인의 심리적 태도 형태를 말한다. 만 10세가 넘어간 이후에는 변경되는 경우가 적으며 고정화되는 경향이 강한 것으로 알려져 있다.

범죄자의 성격은 범죄라는 특정 현상에만 국한하여 보는 인간의 성격형이다. 범죄자가 일반적으로 보여주는 사회적 성격과 범죄를 저지를 당시에 보여주는 성격이 다른 경우가 많기 때문에 이를 구분하여 연구하고 있다. 범죄자의 성격은 사회환경적인 영향을 많이 받으며, 가정환경, 교우관계, 교육 정도, 직업관계, 집단관계 등으로부터 다양하게 영향을 받는다. 범죄자의 성격은 수사관에게 수사자료를 제공하며, 수사관의 추리를 용이하게 해준다(Burke, Turtle, & Olson, 2017: 169-172).

범죄자가 범행 시점에 보여주는 언행, 동작, 수법 등은 범죄자의 성격으로 특정화된다. 예를 들어, 성범죄를 저지르는 과정에서 피해자에게 사생활을 물어보았고, 이러한 피해자가 여러 명이라면, 해당 연쇄강간범죄사건의 범죄자는 피해자의 사생활을 묻는 것을 자신의 범죄성격 유형으로 가지고 있다고 볼 수 있다. 이와 같이 수사과정을 통해 드러난 범죄자의 성격은 범인을 특정하는 자료로 적극적으로 활용된다.

범죄자 성격 활용의 문제점도 존재한다. 범죄자 성격은 지문이나 DNA, 혈액형과 같이 같이 고정 불변적인 것이 아니라 어느 정도 변동성이 있다. 그리고 성격의 분류는 기준을 정하여 만들기 어렵고, 단시간(범죄 발생 당시의 소요 시간)의 외적인 표현만으로 범죄자 성격을 정확하게 파악하는 것은 곤란하다는 문제가 있다. 범죄자의 성격적 특징들은 여러 성격 유형이 복합되어 하나의 성격을 형성하는 것이라는 점도 잘 이해해야 한다. 여성이나 소녀, 노인, 마약이나 도박중독자 등의 경우에는 특수한 심리적 특징이 형성될 수도 있기 때문에 이에 대한 별도의 전문적인 범죄성격 유형분석이 필요하다.

## 3 범행 과정에 의한 분류

범죄심리학도 다양한 발전 과정을 거쳐 세부 하위 영역이 여러 가지 존재한다. 하지만 범죄수사와 관련해서는 범죄자의 심리적 진행 과정을 기반으로 구분하여 연구가 진행되고 기법이 적용된다. 범행과 관련하여 동기의 형성, 범죄실행의 결의, 범죄의 실행, 범행 후의 행동 등으로 구분하여 각 단계에서 발생하는 범죄행동이나 심리의 징표를 확인 · 분석하고 있다(김성문, 2009).

### 1) 범죄동기의 형성

1단계로 범죄동기의 형성에 대한 분석이 있다. 범죄동기(Crime Motive)는 '범행을 결의하게 된 사회적 조건, 즉 환경으로 인한 자극'이라고 범죄수사학에서 정의하고 있다. 이는 쉽게 표현하면, 범죄를 저지르게 된 심리적 원인이나 자극이라고 이야기할 수 있다. 예를 들어, 절도범죄에 있어서 범죄자가 돈이 필요한 상황에서 불법행위나 범죄행위를 가리지 않고 돈을 확보하려는 의사가 있다면, 이 의사 자체를 범죄의 동기로 볼 수 있다.

범죄는 인간의 행동이며, 이는 범죄자의 의지의 표현을 담고 있는 불법적 행동이다. 따라서 행동에는 동기가 존재한다는 인간행동의 원리에 따라 범죄행위도 그 동기가 있다는 것이 범죄심리학자들의 보편적 견해이다. 물론, 일부의 경우에는 무동기범죄(Motiveless Crime)가 있지만 극히 제한적인 사례이며, 절대 다수의 범죄행위에는 동기가 있을 수밖에 없다(Hosch, Culhane, Jolly, Chavez, & Shaw, 2011).

만약 범인이 누구인지 불명확한 살인이나 방화사건 등의 강력범죄가 발생하였다면, 범행의 유형, 피해자의 신원, 피해자나 피해장소의 지리적·사회적 환경 등의 자료를 취합해야 한다. 이를 바탕으로 원한이 원인인지, 아니면 치정(癡情)이나 미신, 이욕(利慾: 불법적 이익추구) 등이 원인인지를 범죄심리학적 접근을 통해 우선적으로 정리하는 과정이 중요하다. 동기가 어느 정도 특정되었다면 이를 바탕으로 그와 같은 동기를 가질 만한 개연성이 있는 사람을 대상으로 수사를 전개하면 된다.

### 2) 범죄실행의 결의

다음 단계로 범죄를 실행하고자 하는 결정을 한 부분에 대해서 심리적인 분석을 통한 수사가 진행된다. 일반적으로 범죄수사학에서는 '범행의 결의'라고 부르며, 이는 범죄의 동기를 가진 자가 범죄를 착수(着手)하고자 하는 의지 또는 의사를 명확하게 가지는 상태를 말한다(Allison & Brimacombe, 2010: 1054-1084).

범죄심리학에서는 범죄실행의 결의를 크게 두 가지 유형으로 나눈다. 먼저 범죄의 음모(陰謀)가 있는데 이는 동기가 형성된 데 이어, '몰래(陰)', '모의(謀議)'하는 상황을 말한다. 정신이상자, 이상성격자, 상습범죄자, 확신범죄자, 우발범죄자 등을 제외한 일반적인 범죄자는 범죄를 모의한 외적인 표현형으로서 불안함, 초조함, 가족이나 지인과 같은 주변에 친한 사람과의 긴밀한 대화 등의 심리적 갈등이 나타난다.

다음으로 예비(豫備)라는 개념이 있는데, 이는 범행을 구체적으로 준비하는 행동 전반을 말한다. 흉기나 범행도구의 준비, 범죄를 저지르고자 하는 현장의 사전 답사, 알리바이 공작, 도주로의 파악, 도피수단의 마련 등 범죄실행을 준비하는 과정 등이 해당된다. 수사 과정에서 범죄자 입장이 되어 사전에 어떠한 방식으로 범행을 준비하였는지를 추리해 보고 이에 따라서 수사를 진행하는 흐름이 필요하다(고현규, 2014).

### 3) 범죄의 실행

범행 과정에서도 범죄자의 심리적 특성이 일정 부분 드러나기 마련이다. 인간의 행동은 뇌를 통한 사고와 심리적 메커니즘을 통해 나타난다. 따라서 범죄를 저지르는 과정에서 범죄자가 보여준 모든 말과 행동, 이동패턴 등은 그 심리상태를 추리할 수 있도록 해주는 좋은 자료가 된다.

범죄를 저지르는 자는 우선적으로 가장 쉬운 방법을 선택하는 속성이 있다. 또한, 자신에게 가장 익숙한 방법이나 기술, 장소를 활용하여 범죄를 완수하려는 경향을 보인다. 살인범죄의 경우, 자신이 가장 잘 다루는 도구나 수단을 이용하여 피해자를 살해하는 경우가 대부분이며, 사체의 유기방법에 있어서도 본인이 평상시 아주 익숙한 장소만을 골라 사체를 유기하는 경우가 일반적이다. 이와 같은 원리를 수사관과 범죄심리분석관은 잘 활용하여 수사에 유리한 추리 과정을 진행해야 한다.

범죄의 실행 과정이 일사불난(一絲不亂)하다면 계획범죄를 추정할 수 있고, 반대로 너무 앞과 뒤가 맞지 않고 뒤죽박죽으로 범죄가 진행되었다면 사전에 준비가 전혀 안 된 상태에서 우발적으로 범죄를 저지렀을 가능성이 높다고 추정할 수 있다. 예를 들어, 절도범죄의 경우에 절도를 통해 취득한 장물을 신속하게 처리하는 과정을 범인이 보여주었다면 상습성이 있거나 또는 미리 계획을 수립하여 절도를 진행한 것으로 볼 수 있다(차시환, 추봉조, 김봉수, 2018).

### 4) 범행 후의 행동

범죄자가 범행을 저지른 이후에 보이는 행동 역시도 범죄심리학적으로 분석대상이 된다. 일반적으로 범죄자는 범죄를 저지르고 난 직후에 범행 당시의 흥분과 긴장의 해소로 인해 일시적인 안도감을 보이게 된다. 그러나 시간이 지나면서 점차적으로 범죄를 저질렀다는 후회와 수사기관의 추적과 체포에 대한 두려움인 공포감을 느끼며, 이것이 심화되는 과정에서 여러 가지 부수적인 행위 유형을 나타낸다.

먼저 자주 악몽을 꾸는 경우가 있는데, 꿈 속에서 경찰에 체포되거나 교도소에 갇

히는 등의 꿈을 꾸며, 심할 때에는 이를 잠꼬대 형식으로 표현하기도 한다. 살인범죄의 경우에는 피해자에 대한 위로를 표하는 경우도 있다. 살인사건이 한참 지난 이후에 피해자가 묻힌 무덤이나 장묘사업소 등을 방문하여 성묘를 하는 경우도 있으며, 직접 장례식에 참여하는 경우까지도 존재한다. 자신의 행위에 대한 자책 내지는 여러 가지 두려움으로 인해 가족이나 지인에게 고백하는 경우도 있으며, 자살을 결행하는 사례도 자주 나타난다(박태곤, 2024a).

수사 용의선상에 오르지 않았음에도 불구하고 검거나 처벌이 두려워 모든 사회적 활동을 정지하고 도주하는 경우도 있으며, 증거인멸(알리바이 위장 등)을 위해 모든 노력을 기울이는 경우도 있다. 혹시 검거될 경우에 자신에게 유리한 진술을 하기 위해, 범행과 관련한 내용을 인터넷에서 검색하거나 질문을 자주 올리기도 하고 언제든지 도피할 수 있게 많은 현금을 인출하거나 짐을 싸놓는 경우도 있다.

## 제 5 절 | 범죄자의 사회관계에 기반한 범죄징표

### 1 사회관계의 변화와 범죄

일반적으로 범죄자는 사회관계(Social Relationship)와 관련된 범죄 특징을 남기며, 이를 '범인의 사회관계에 기반한 범죄징표'라고 부른다. 사회관계는 범인의 동기, 범인의 성격, 범인의 도주로 등에 영향을 미친다. 아울러 사회관계가 범죄 발생이나 범행 등에 영향을 미치므로 범인 또는 피해자와 관련한 사회적 파문이나 소문의 형태로 범적을 남기는 경우도 있다. 현대사회의 특징이 사회관계에 의한 범죄징표에 영향을 미친다는 범죄심리학자들의 주장이 많이 대두되고 있는데 이를 요약하면 다음과 같다(Allison, Jung, & Benjamin, 2020: 337-354).

#### 1) 지역사회와 개인 간의 영향력 변화

지역사회는 그 기능과 개인에 대한 영향력이 변화하고 있다. 인습과 인적 연결성이 강한 농촌은 주민 상호간에 화합도 있지만 사소한 내용을 가지고 치열하게 갈등하거나 반목하는 경우가 많다. 이러한 사소한 갈등과 반목이 범죄 발생에 영향을 미치고 있다.

반대로 도시지역은 개인주의적이고 경쟁이 치열하며, 냉정함을 유지해야 한다. 도시지역에 사는 사람들은 치열한 경쟁 과정에서 자신의 생존을 지켜야 하며, 이러한 치열함이 범죄의 원인으로 이어지고 있다. 아울러 개인이 소외되는 현상 또한 범죄현상에 큰 영향을 미치는 것으로 분석된다(김상균, 2009).

### 2) 가족구조와 가족관계의 변화

가족관계와 구조의 변화가 범죄현상에도 영향을 주고 있다. 과거 우리 사회는 농촌을 기반으로 한 대가족구조가 일반적인 형태였다. 하지만 공업과 서비스업의 발달, 도시로의 인구집중화 현상이 심화되면서 4인 이하의 가족 형태나 혼자 사는 독신가구 형태의 가족구조가 일반화되고 있는 실정이다. 이 역시도 범죄의 발생이나 발생하는 범죄의 내용, 패턴의 변화에 영향을 미치고 있다.

### 3) 미디어의 역할 변화

인터넷이나 TV, OTT서비스 등의 미디어가 개인의 사고를 이끌거나 주도하는 미디어 중심의 여론형성이 보편화되고 있다. 이는 범죄현상과 관련하여 긍정적·부정적 영향을 동시에 주고 있다. 긍정적인 영향을 살펴보면, 범죄사건과 관련한 뉴스와 분석, 관련한 사회적 문제점이나 부작용들을 신속하고 세밀하게 사회구성원 모두에게 알려줌으로써 범죄에 대한 개인적 예방 역량의 강화뿐만 아니라 범죄피해자에 대한 집단적 지원, 가해자에 대한 처벌 여론의 형성을 원활하게 할 수 있다(조성우, 2011).

문제점도 존재한다. 범죄와 관련한 뉴스뿐만 아니라 영화나 드라마 등이 많이 생산·공급되면서 오히려 개인의 '범죄에 대한 두려움(Fear of Crime)'이 높아지는 부작용을 낳고 있다. 이는 막연한 두려움의 유형 가운데 하나로서 실제로 자신에게 닥칠 범죄사건이 아님에도 불구하고 피해자의 상황과 자신의 상황을 동기화(Synchronization)함으로 인해 직업활동이나 대인관계 형성, 광범위하게는 사회생활 전반에 부정적인 영향을 미치는 부작용이 생기고 있다.

### 4) 문서와 전자결제 이용의 보편화

개인 간의 사적 거래에 있어서 문서나 전자결제, 전자문서 등의 활용도가 보편화됨으로 인해 문서 및 전자거래, 금융 및 금전과 관련한 복합적인 범죄 발생이 급증하고 있다. 대표적인 예로서, 2020년대 초반 우리 사회에 큰 문제를 불러왔던 기획전세사기 사건을 들 수 있다(김동욱 등, 2005).

이 사건은 문서 위조 및 조작뿐만 아니라 국가의 금융 관련 담보지원의 맹점, 개인이 법률거래에 대한 지식 부족 등이 복합적으로 작용하여 발생한 심각한 다중대상 사기사건이었다. 이 사례에서 알 수 있듯이, 문서 및 전자거래상의 문서, 결제시스템 등과 관련한 다양한 유형의 복합적 범죄가 많이 일어날 것으로 전망된다.

## 2 지능범(知能犯) 수사의 사회관계

### 1) 지능범과 지능범죄의 정의

지능범(知能犯; Smart Criminal or Intelligent Offender)은 사전적으로 '지능적으로 범죄를 저지른 범죄자'라는 의미를 가진다. 두뇌를 사용하여 상대방을 속이거나 기관이나 회사 등을 속이는 범죄를 지능범죄로 부르며, 사기범죄 이외에도 다양한 유형의 범죄들이 지능범죄에 포함된다. 범죄수사학이나 범죄심리학에서는 두뇌를 이용하여 사회 발전에 편승(便乘)하는 교묘한 범죄를 의미하기도 한다(김균태, 서봉성, 이은영, 2020).

### 2) 지능범죄의 유형

일반적으로 「형법」상의 사기범죄, 횡령범죄, 독직(瀆職; 공적인 지위를 남용하여 범죄행위를 저지르는 경우) 등의 공무원범죄, 경제범죄, 선거범죄, 테러범죄, 도박범죄, 문서 및 인장(도장이나 사인)과 관련한 위변조범죄, 특별법 위반 범죄 등이 해당되며, 최근에는 온라인범죄나 사이버범죄(Cyber Crime), 주식 관련 및 부동산 관련 범죄도 지능범죄 범위에 포함하고 있다.

### 3) 지능범의 전문성

지능범은 사회의 법률적 맹점(盲點) 또는, 법률이 제대로 보호하거나 방어하지 못하는 부분을 교묘하게 파고들어 범죄를 저지르거나, 자신이 속한 조직이 모든 돈의 흐름이나 재정 집행을 제대로 관리 · 감독하지 못하는 점을 악용하여 범죄를 저지른다. 때문에 사회적인 변화와 제도, 법률, 시스템의 변화와 내용에 대해서 잘 아는 전문가집단이며, 심리적으로 상대방의 약점을 잘 이용하는 속성이 있다(Burke, Turtle, & Olson, 2017: 163-168).

### 4) 수사관과 수사기관의 전문성 강화 필요

지능범은 법률적인 책임과 처벌을 피할 목적으로 다양한 방법을 연구하여 사용하기 때문에 이를 정밀하게 수사관이나 수사기관이 공략하기 위해서는 다양한 학습을 통해 해당 내용에 대한 전문적 지식을 반드시 갖추고 있어야 한다. 경찰청이 여러 전문수사부서를 지속적으로 만드는 이유도, 각 행정기관에서 특별사법경찰기관(환경특별사법경찰, 저작권특별사법경찰, 증권범죄특별사법경찰, 부동산특별사법경찰)을 지속적으로 창설 · 확대하는 것 역시도 지능범죄에 대한 전문적 대응을 위한 방안으로 해석된다. 향후 지능범죄는 더욱 더 고도화된 방법을 찾을 것이고, 그만큼 범죄수사를 해야 하는 입장에서는 이들의 수(手)를 읽어야 하기 때문에 더 전문성을 강화하기 위한 방법을 모색해야 할 것이다(이상원, 2015).

## 3 사회적 지문(指紋)

### 1) 사회적 지문의 정의

사회적 지문(Social Finger Print)이란, 사회와의 연대관계를 기반으로 하여 개인을 특정할 수 있는 것을 의미한다. 대표적인 예로서, 개인의 성명이나 가족관계, 주거, 경력(일반 경력과 범죄 및 비행 경력을 포함), 직업 등이 있다. 이러한 내용들을 파악하여 범죄자의 신원을 특정할 수 있으며, 이를 수사기관에서는 전문용어로 사회적 지문이라고 부른다.

### 2) 사회적 지문의 확보

범죄현장이나 피해자의 진술 내용에서도 사회적 지문이 발견된다. 범죄자의 직업을 추정하는 방법이 전형적인 예인데, 범죄자가 범행 당시에 착용한 옷이나 신발, 모자 등 머리의 모양, 대화의 내용이나 방법 및 사투리, 범행의 방법에 있어서 직업을 나타낼 수 있는 고유한 특질(매듭 사용 등)을 통해 범죄자의 사회적 지문을 확보할 수 있다. 탐문이나 추적수사를 진행하는 과정에서 범죄자의 과거 종적이나 사회관계 등이 현재의 사회관계로 연결되는 경우(학교 동창, 고향 선후배, 전 직장의 동료 등)도 많다는 점에서 이와 관련한 자료수집에 적극성을 기해야 한다(Burke & Turtle, 2003: 164-170).

## 4 사회관계에 의한 범죄사실의 확정

### 1) 사회양식(社會樣式)

범죄수사심리학에서는 “모든 지능범죄는 사회양식에 따라서 범죄가 저질러진다”라는 원칙이 있다. 이는 지능범죄라는 영역만을 놓고 보았을 때, 범죄가 발생할 당시의 사회적인 여러 양식들을 활용하여 지능범죄자들이 범죄행위를 자행한다는 뜻이다. 과거 인터넷과 개인용 프린터가 없던 시기에는 주로 도장의 위변조나 문서의 위변조 등을 통해 사기범죄가 저질러졌지만, 최근에는 전자인감이나 전자결재승인 코드 등을 해킹 또는 도용하여 사기범죄를 저지르는 경우가 많은 실정이다(임준태, 김재운, 2021).

이 사례와 같이 지능범죄는 범죄를 저지를 당시에 사회적으로 활용하는 일종의 양식(거래방법이나 법률내용)을 활용할 수밖에 없으며, 수사관 역시도 사회양식에 대한 적극적인 정보수집과 학습을 통해 지능범죄자의 수법을 뚫어 보는 역량을 갖춰야 한다. 금융범죄는 금융거래의 맹점을 적극적으로 활용하며, 증권범죄는 주식거래의 깊숙한 지식과 패턴, 감독기관이 보지 못하는 사각지대의 활용 등을 통해 발생한다.

### 2) 사회집단(社會集團)

사회집단(Social Group)은 지능범죄 수사에 있어서 가장 핵심적인 수사자료 수집대상이다. 회사나 법인을 대상으로 발생한 횡령이나 배임범죄는 해당 회사와 법인의 임직원과 관계인에 대한 집중 조사를 통해 용의자를 파악하거나, 파악된 용의자의 범죄사실을 입증하는 결정적인 내용을 확보할 수 있다. 이때에 횡령이나 배임범죄의 피해를 입은 회사나 법인이라는 사회집단은 엉켜 있는 수사를 풀어주는 결정적인 해결자 역할을 할 수 있다.

공식적인 사회집단 이외에 비공식적인 사회집단 또한 지능범죄 수사에 많은 도움이 된다. 인터넷의 관련 커뮤니티(부동산 카페, 주식 카페, 투자 관련 카페 등), 학교나 교육기관의 동창회, 운동이나 음악 등의 동아리모임, 사교모임, 외국의 교민모임(교민회) 등이 지능범죄 수사와 관련한 정보수집 대상 사회집단에 해당한다. 특히, 도피하거나 종적을 감추어 수배 중인 지능범의 수사에 효과적이다(Burke, Turtle, & Olson, 2017: 157-162).

### 3) 지능범죄 수사

사기범죄나 횡령범죄, 배임범죄, 공무원범죄, 선거범죄, 위변조범죄, 경범죄, 사이버범죄, 사기도박범죄, 환경범죄, 복지범죄 등의 지능범죄는 강력범죄나 절도범죄 등에 적용되는 일반적인 범죄수사 고유의 기법보다는 사회기관이나 사회집단, 거래의 일반적 관행 및 절차, 장부, 조직, 인적 연결관계(고용 · 지인 관계 등) 등의 사회관계에 대한 제반 지식이나 자료를 활용하는 것이 필요하다.

특히, 해당 영역에서 오랜 기간 활동한 경력자, 조직의 내부자, 관련 범죄문제에 대해 적극적으로 취재를 한 언론인, 조직의 문제점을 제보한 제보자 등의 다양한 수사 협력자를 확보하여 이들의 전문적 조언이나 진술내용을 기반으로 지능범죄에 대한 수사를 진행하는 것이 효율적이다. 아울러 수사 과정에서 막히는 부분이 있다면 이전에 유사한 사건을 수사했던 수사관이나 관련 전문가의 자문의견을 적극적으로 구하는 과정도 필요하다(이윤호, 2022).

## 5 사회적 파문(波紋): 소문

사회적 파문(Social Stir)이란, 개인이나 집단의 행동이 사회에 미치는 일종의 영향을 말한다. 범죄수사심리 분야에서는 대표적으로 범죄자 또는 피해자와 관련한 소문(所聞; Rumor)을 사회적 파문으로 보고 있다. 소문은 범죄수사에 있어서 중요한 단서가 되거나 수사 진행의 기초적인 자료로 활용된다. 예를 들어, 용의자가 특정 지역의 유흥업소에서 일을 했던 사람이었다는 소문이 확보된다면, 수사관을 이를 기반으로 해당 지역의 유흥업소에 대한 탐문수사를 진행하게 된다(김균태, 서봉성, 이은영, 2020).

소문은 그 특성상 유언성(流言性)과 전파성(傳播性)이 아주 강하다. 유언성은 한자어의 뜻 그대로 물이 흐르듯이 자연스럽게 주변으로 전해지는 속성을 말하며, 전파성은 한곳에 머무르지 않고 지속적으로 옆으로 전달되는 속성을 말한다. 따라서 소문은 한 사람만이 알고 있는 내용은 아니며, 내용이 전달 과정에서 일부 변질되거나 왜곡된다 하더라도 다수의 사람들이 알고 있는 사안이라는 점을 명확하게 인지해야 한다.

범죄수사 과정에서 소문을 수집하고 분석하는 수사관이 주의해야 할 사항이 있다.

첫째, 직접적으로 아는 자의 소문 내용과 간접적으로 아는 자의 소문 내용에 차이가 있는 경우가 많다는 점이다. 이를 구분하여 정리함으로써 수사 방향의 혼란인 혼선을 막을 수 있음을 수사관은 명심해야 한다.

둘째, 소문의 전파 범위가 확대될수록 그 진실성이 퇴색되어 신빙성을 잃을 가능성이 높다는 점이다. 앞서 언급한 바와 같이 소문이 지속적을 전파되는 과정에서 윤색이나 과장, 왜곡, 축소될 수 있는 가능성이 크다는 점을 감안하여 소문에 대한 분석 과정을 진행해야 할 것이다(Charman, Gregory, & Carlucci, 2009: 76-90).

## 제 6 절 | 자연현상에 의한 범죄징표와 문서에 의한 범죄징표

### 1 자연현상에 의한 범죄징표

#### 1) 개요

범행은 자연현상 속에서 이루어지고 범죄도 자연현상을 수반하고 자연현상 속에 범죄징표로서의 범죄의 흔적을 남기게 된다. 자연현상에 대한 광범위한 수사관의 지식은 수사상 극히 중요한 기술적 기초로 작용한다. 감식수사는 전문적인 자연과학의 힘으로 자연현상 속에 남은 범죄의 흔적을 찾는 수사방법을 말한다(정진환, 2006).

### 2) 일시(日時)의 확정

범죄 일시는 범죄사실의 구성요소로서 범죄의 특정에 중요한 요소로 작용한다. 이때 사회적 요소(일력, 일기, 신문 등)와 자연현상(일출, 일몰 등) 양자를 고려해야 한다. 범죄 일시의 확정은 살인사건이나 방화사건 등에서 중요한 역할을 한다. 이러한 유형의 범죄사건들은 알리바이에 다툼이 있는 경우가 많기 때문에 피의자가 주장하는 알리바이에 대한 반증(反證)을 위해 절대적으로 필요하다.

보통의 경우 식사시간으로부터의 추정계산을 하는 경우, 라디오 및 TV 프로그램의 방송시간, 버스나 기차의 발착시간, 신문이나 우유·건강음료와 같은 정기 배달물, 시계를 본 자가 있을 경우 그 전후의 시간관계, 시간적으로 정확한 생활을 하는 사람의 습관(기상, 식사, 출근, 퇴근, 산책, 취침 등)을 기준으로 추정한다. 경찰관, 경비원, 자율방범대원 등의 순찰시간을 기준으로 추정하는 경우도 있다(이승용, 2016).

### 3) 물건의 특정

#### ① 필요성 및 물건 특정의 본질

범죄에는 흉기와 같은 범행수단 또는 도품(盜品)과 같은 피해물건 등 여러 물건이 관련되어 있기 때문에 '물건의 특정'은 범죄사실의 확정을 위해 필요하다. 범죄수사 관련 학자들은 물건의 특정의 본질을 과학적으로 확정하는 과정으로 보고 있다. 다시 말해서, 물건을 구성하고 있는 물질이 무엇인지에 과학적으로 확정한다는 의미이다. 주로 과학을 기반으로 한 범죄감식의 분야에 적용된다.

물건의 동일성을 다른 유사한 물건과 식별하는 것 역시도 물건의 특정이 가지는 의미에 해당한다. 수사상 이는 아주 중요하며, 동종·동질의 물건이 둘 이상 존재할 때에 수사 목적인 물건과 다른 물건을 식별하는 물건의 동일성 판단을 의미한다(조철옥, 2003).

#### ② 물건 특정의 방법

첫째, 상식에 의한 물건의 특정이 있다. 수사관이 확보하였거나 수집한 물건 또는 가진 물건의 종류 및 명칭에 대한 광범위한 상식을 이용하여 특정하는 것을 말한다. 예를들어, 시계·안경·의류 등의 품종, 총기·자동차 등의 부속품 명칭 같은 것을 광범위하게 알고 있으므로 참고인의 형체에 관한 진술만으로 그 물건의 추정이 가능하다.

둘째, 특징에 의한 물건의 특정이 있다. 대량생산품이 아닌 공예품, 서화, 골동품 등에 주로 사용되는 방법이다. 제조자나 판매자의 판단, 규격·형상의 비교 등으로 물건의 개별 특정이 가능하다. 대량생산품인 경우에는 특정 가능한 내용을 확인하여 물건을 특정한다. 예를 들어, 시계의 번호 형태, 시계의 케이스, 부품의 고유성을 확인하며, 반지의 경우에는 마크나 보석의 종류를 확인한다. 자동차의 경우에는 차량의 형태나 차량번호, 엔진번호 등을 확인하며, 모직물의 경우에는 고유한 문양이나 상표 등을 활용한다.

셋째, 사회적 부가물에 의한 물건의 특정이 있다. 이는 사용자가 만든 사회적 부가물에 의하여 물건을 특정하는 방법이다. 소지자의 성명표시가 되어 있거나 사용자의 습벽의 흔적, 모자의 접는 방식, 의복의 주름, 구두 뒤축의 마모 상태, 자동차나 기구의 사용 습벽, 마멸형상 또는 인체의 부착물, 혈액, 정액, 체액, 분뇨 등 인체에서 분리된 것이 물건에 부착된 경우가 해당된다(이홍민, 2005).

### ③ 물건의 이동

도범사건의 장물수사에서는 장물처분 및 은닉 장소, 이동 경로를 밝혀야 한다. 이때에 수사관의 유의사항이 있는데, 추정 범인의 출입관계를 충분히 내탐(內探)하여 장물의 은닉처 및 행방 발견에 나서야 한다. 피해자의 발견과 동시에 조속히 조사가 진행되어야 하며, 의심 있는 모든 곳을 철저히 반복적으로 조사해야 한다. 특히 피해자 및 관계인 측이 적극적으로 수사에 협력하도록 유도하는 조치가 필요하다.

증·수뢰 등 금품수수 사건에서도 금품의 특징이 범죄사실의 확정에 중요한 요소로 작용한다. 이 경우 공여자와 수령자가 다 같이 범죄를 구성하기 때문에(공범관계이기 때문에) 수사에 협력하지 않고 오히려 수사를 방해하는 경우가 많다. 따라서 금품의 이동으로 범인을 찾는 것보다 소문 등 기타 자료를 통해 대체적인 범죄의 윤곽을 잡은 후 본인 조사에 의하여 수사를 진전시키는 것이 적합하다(장정화, 2014: 186-208).

## 2 문서에 의한 범죄징표

### 1) 개요

현대는 많은 문서가 작성되어 유통되고 있으므로 문서범죄(특히 지능범죄)가 빈발하고 있는 실정이다. 지능범죄 관련 자료를 수사하는 과정에서 수사관은 막대한 분량의 문서증거 및 자료를 확보하게 되며, 해당 문서상에 범죄징표로서의 범적을 남기게 된다. 문서의 작성권자, 작성절차, 작성형식, 결재권자, 장부기입 등에 관한 수사관의 사전 지식이 상당히 필요하다.

### 2) 문서의 특정

범죄와 관련한 의문스러운 문서가 수사대상 문서와 동일성을 갖는가를 식별함에 있어서 주의할 점이 있다. 첫째, 문서의 위조 여부와 부분적인 말소 또는 가필(加筆: 글을 의도적으로 고침)이 있는가의 여부를 정확하게 분석·확인해야 한다. 둘째, 작성자 또는 변조자가 누구인가를 확정하는 과정이 필요하다. 셋째, 문서의 동일성을 확정할 시에 이용되는 감정기술을 적극적으로 활용해야 하며 여기에는 지질(紙質)의 감정, 사용된 잉크의 감정, 문자의 감정 등이 해당된다(임용환, 2018).

# 참고문헌

## 1. 국내문헌

강맹진(2011). 범죄수사론, 서울: 대왕사.

강우예(2014). "대법원의 범인식별의 신빙성 기준에 대한 분석적 고찰", 한국심리학회지: 법정, 제5권 제1호.

강준만(2014). 감정 독재; 세상을 꿰뚫는 50가지 이론, 서울: 인물과사상사.

강혜지, 이지혜, 성나경, 성현준, 강지은, 홍동규(2024). "연인관계 종결 후 스토킹 행위를 하는 일반 성인의 특성에 관한 연구", 미래사회, 제15권 제1호, 서울사이버대학교 미래사회전략연구소.

고민조, 박주용(2012). "한국, 미국, 중국, 노르웨이 판사들의 목격자 증언과 관련된 지식과 인식에 대한 비교연구", 한국심리학회지: 일반, 제31권 제3호.

고제원(2003). 최면과 최면수사, 서울: 학지사.

고현규(2014). 수사경찰의 직무능력 향상방안에 관한 연구, 건양대학교 대학원 박사학위논문.

공정식, 강문봉, 강태신, 고준채, 김윤식, 김정선, 류경희, 류여해, 박고은, 박상진, 박우영, 송병호, 안동한, 오주현, 원수현, 윤경희, 윤성인, 이성애, 장일식, 전준석, 지혜정(2016). 심층분석 범죄심리학, 경기도 수원: 한국심리과학센터.

국립과학수사연구소(2005). 현장수사실무; 감정물 취급·의뢰 지침서, 서울: 국립과학수사연구소.

권석만(1995). "정신병리와 인지; 정서장애를 중심으로", 한국심리학회 편, 심리학연구의 통합적 탐색; 1995년도 동계 연구세미나 자료집, 한국심리학회.

권석만(1996). "임상심리학에서의 비교문화적 연구", 한국심리학회 편, 심리학에서의 비교문화 연구; 1996년도 동계 연구세미나 자료집, 한국심리학회.

권석만(2000). 우울증, 서울: 학지사.

권석만(2003). 현대이상심리학, 서울: 학지사.

권석만, 김지훈(2000). 성기능장애, 서울: 학지사.

권석만, 민병배(2000). 노년기 정신장애, 서울: 학지사.

권석만, 한수정(2000). 자기애성 성격장애, 서울: 학지사.

권순화(2022). 알리바이 증거가 경찰수사관의 의사결정에 미치는 영향, 동국대학교 대학원 석사학위논문.

권영민(2004). 아동의 사건 회상에서 '모델링' 인지면접의 효과, 가톨릭대학교 대학원 박사학위논문.

권영탁(1993). 정신분열병을 이겨낸 사람들, 서울: 학지사.

권일용(2019). 프로파일링 이론과 실제, 서울: 박영사.

권정혜, 이정윤, 조선미(1997). 사회공포증의 인지치료; 집단 인지치료 지침서, 서울: 학지사.

권정혜, 이정윤, 조선미(1998). 수줍음도 지나치면 병, 서울: 학지사.

권준수(2000). 나는 왜 나를 피곤하게 하는가?, 서울: 올림출판사.

권준수(2023). "가스라이팅은 심리적 학대이다", 수사연구, 제40권 제6호, 통권 제464호, 수사연구사.

권창국(2002). "범죄자 프로파일링 증거(Cirminal Profiling Evidence)의 활용과 문제점에 관한 검토", 형사정책연구, 제13권 제4호, 한국형사정책연구원.

권혁준, 서종한(2020). "범죄자 프로파일링을 위한 존속 살인 연구; 특성과 예측변인을 중심으로", *Journal of the Korean Data Analysis Society*, Vol. 22 No. 5, The Korean Data Analysis Society.

권현섭, 김동주, 서영주, 황도경(2024). "원활한 범죄 현장 족적 증거 수사 과정 기여를 위한 Retinex와 Wavelet 혼합 모델 기반 조명 외란 제거 기술", 한국정보기술학회논문지, 제22권 제7호, 한국정보기술학회.

권혜림(2021). "미혼 성인여성의 심리적 특성이 데이트폭력 피해에 미치는 영향", 한국범죄정보연구, 제7권 제1호, 통권 제13호, 한국사회안전범죄정보학회.

김균태, 서봉성, 이은영(2020). 실무중심 경찰수사론, 서울: 박영사.

김균태, 이은영(2024). (실무중심)경찰수사론, 서울: 박영사.

김동완(2010). "아동진술의 신빙성", 법관의 의사결정 이론과 실무, 사법발전재단.

김동욱 외(2005). 경찰수사론, 서울: 백산출판사.

김두식(2020). "알리바이 주장의 법적 성격과 증명책임; 무죄추정의 원칙과 입증부담을 중심으로", 원광법학, 제36권 제2호, 원광대학교 법학연구소.

김명정, 김광일(1984). "신체화 장애의 임상적 연구", 정신건강연구, 제2호.

김명호(1981). "신경증 환자의 신체 증상에 대한 임상적 고찰", 신경정신의학, 제20호.

김미영(2005). 효율적인 수사면담을 위한 단축형 인지면담 개발, 경기대학교 대학원 석사학위논문.

김미영(2017). 진술분석 절차에 관한 연구, 경기대학교 일반대학원 박사학위논문.

김미영, 김경하, 전우병, 김시업(2004). "인지면담기법이 아동과 성인의 사건회상 정확성에 미치는 효과", 한국심리학회지: 사회 및 성격, 제18권 제2호, 한국심리학회.

김미영, 전우병, 김시업(2016). "맥락회복기법이 진술의 진실성 판단에 미치는 영향; 현실 모니터링을 중심으로", 과학수사학회지, 제10권 제3호, 한국과학수사학회.

김민지(2010a). "법심리학 영역에서 윤리적 고려사항", 한국심리학회 학술대회 자료집, 제2010권 제1호, 한국심리학회.

김민지(2010b). "전문가의 법정증언에 대한 인식 및 증언의 허용성 평가", 한국심리학회지: 사회 및 성격, 제24권 제3호, 한국심리학회.

김민지(2013). "법심리학이란 무엇인가?; 연구 영역 및 법심리학자의 역할", 한국심리학회지: 법정, 제4권 제3호, 한국심리학회.

김병수(2012). "유무죄 판단과 양형심리의 분리를 통한 공정한 국민참여재판의 실현", 형사법연구, 제27권 제1호.

김상균(2009). 교정학개론, 서울: 청목출판사.

김상균, 송병호, 박상진(2017). 영화 속 범죄심리, 서울: 박영사.

김상준(2013). 무죄판결과 법관의 사실인정에 관한 연구, 서울대학교 대학원 박사학위논문.

김석도(2000). 음주 기대가 음주에 미치는 영향; 기대이론과 기대가치이론의 비교, 서울대학교 대학원 석사학위논문.

김성문(2009). 경찰수사론, 서울: 창조현진사.

김성희(2024). "친밀한 파트너 살인의 특성에 관한 연구; 헤어진 파트너 대상 스토킹을 중심으로", 교정, Vol. 577, 법무부 교정본부.

김세영(2010). 심신장애와 형사책임능력에 관한 연구, 고려대학교 대학원 석사학위논문.

김수정(2020). "사회복지법인 및 사회복지시설의 횡령 · 배임죄 양형 연구", 사회복지법제연구, 통권 제17호, 사회복지법제학회.

김순진, 김 환(2000). 외상후 스트레스 장애, 서울: 학지사.

김시업(2005). "한국 범죄심리학의 학문적 정립을 위한 주요 연구영역의 탐색", 한국심리학회지: 사회문제, 제11권 제2호, 한국심리학회.

김시업, 전우병, 김경하, 김미영, 전충현(2005). "용의자의 거짓말 탐지를 위한 비언어적 단서 탐색", 한국심리학회지: 사회 및 성격, 제19권 제1호, 한국심리학회.

김시업, 전충현, 전우병, 김경하(2005). "수사현장에서 용의자의 비언어적 행동단서를 이용한 거짓말 탐지 연구", 한국심리학회지 춘계 심포지엄: 사회 및 성격, 한국심리학회.

김용세(2006). "초동수사와 피해자 보호", 형사정책, 제18권 제1호, 한국형사정책학회.

김유진(2021). 판단자 및 피고인의 성별과 형사합의금 액수가 강간 무고 사건 판단에 미치는 영향, 숙명여자대학교 대학원 석사학위논문.

김은경(2019). "한국 추리소설에 나타난 범죄서사와 탐정서사의 관계 양상 고찰; 알리바이의 문제와 탐정의 형상을 중심으로", 한국현대문학연구, 제57집, 한국현대문학회.
김은정(1999). 사회공포증의 사회적 자기처리 및 안전 행동, 서울대학교 대학원 박사학위 논문.
김은정(2000). 사회공포증, 서울: 학지사.
김은정, 김지훈(2000). 특정공포증, 서울: 학지사.
김재민(2003). "경찰의 초동수사활동에 있어서 피해자보호에 관한 연구", 경찰학연구, 제4호, 경찰대학교.
김재환, 오상우, 홍창희, 김지혜, 황순택, 문혜신, 정승아, 이장한, 정은경(2006). 임상심리검사의 이해, 서울: 학지사.
김정욱(2000). 섭식장애, 서울: 학지사.
김정욱, 한수정(2000). 연극성 성격장애, 서울: 학지사.
김종률(2004). 수사심리학, 서울: 학지사.
김종률(2005). "검찰 과학수사의 발전방향에 대하여", 대검찰청 제1회 과학수사 포럼, 대검찰청.
김종찬(2016). "초동수사에 대한 고찰", 수사연구. 제34권 제1호, 통권 제387호, 수사연구사.
김중술(1983). "한국 정신과 입원환자의 MMPI 해석법 연구", 임상 및 상담심리학보, 제4호.
김중술, 엄무광(1967). "한국 정상인의 Rorschach 반응", 임상심리학보, 제1호.
김중술, 이한주, 한수정(2003). 사례로 읽는 임상심리학, 서울: 서울대학교출판부.
김지영, 김시업(2006). 목격자 증언의 정확성 제고방안, 한국형사정책연구원 연구총서, 제23호, 한국형사정책연구원.
김진봉(2005). "현장수사기법", 검찰, 통권 제116호, 대검찰청.
김채원(2021). 성폭력 사건에서 진술분석 전문가 의견과 위촉 정보가 배심원의 의사결정에 미치는 영향, 동국대학교 대학원 석사학위논문.
김철권, 변원탄(1995). 정신분열병을 극복하는 법, 서울: 도서출판 신한.
김택민(2002). 중국 고대형법; 당제국의 형법총칙, 서울: 아카넷.
김한균(2023). "가석방이 허용되지 아니하는 무기형", 형사정책, 제35권 제3호, 한국형사정책학회.
김현정(2010). "CBCA와 RM을 이용한 성폭력 피해 아동의 진술 신빙성 평가", 한국심리학회지, 제15권 제3호, 한국심리학회.
김현정(2011). "구호의 훈육방식과 아동기 문제행동에서의 성찰", 한국심리학회지, 제6권 제2호, 한국심리학회.
김혜정(2008). "독일의 최근 동향을 통해 바라본 우리 보안처분제도의 재조명", 법조, 제57권 제10호.
김혜정, 박미숙, 안경옥, 원혜욱, 이인영(2024). 형법총론, 경기도 고양: 도서출판 정독.

남궁현, 심희섭(2015). “범죄자 프로파일링; 과학인가 과장인가?”, 형사정책연구, 제26권 제3호, 한국형사정책연구원.

노성호, 신소라(2023). “범죄대처 행동에 대한 범죄 두려움과 성별의 상호작용 효과에 대한 고찰”, 한국경찰학회보, 제25권 제2호, 통권 제99호, 한국경찰학회.

대검찰청(2013). 검찰, 과학수사로 인권수호와 진실발견; 증거 중심의 객관적 수사, 최종 검증기관 역할 수행, 서울: 대검찰청.

대니얼 카너먼 저, 이진원 역(2012). 생각에 관한 생각; 우리의 행동을 지배하는 생각의 반란, 서울: 김영사.

대한신경정신의학회(2009). 신경정신의학, 서울: 중앙문화사.

도상금, 박현주(2000). 충동통제장애, 서울: 학지사.

도소영(2005). 피의자 신문조서의 증거능력에 관한 연구, 이화여자대학교 대학원 석사학위논문.

도순원(2012), 심리부검의 의의와 사례에 관한 연구, 경북대학교 수사과학대학원 석사학위논문.

도중진(2013). “범죄수사에 있어서 잠입수사관제도의 도입여부; 독일의 잠입수사관 투입제도를 중심으로”, 중앙법학, 제15권 제3호, 중앙법학회.

맹세호, 이승진(2019). “범인 및 용의자 식별 진술조사 맥락에서 아동 피암시성에 대한 고찰”, 한국과학수사학회지, 제13권 제2호, 한국과학수사학회.

문국진(1991). “자살의 증명과 심리부검”, 대한법의학회지, 제15권 제1호, 대한법의학회.

민병근, 이길홍, 김헌수(1979). “한국청소년 학생의 자살충동 및 자살 기도율에 관한 사회정신의학적 연구”, 한국의 과학 II, 제2호.

민병배, 남기숙(2000). 의존성 성격장애와 회피성 성격장애, 서울: 학지사.

민병배, 이한주(2000). 강박성 성격장애, 서울: 학지사.

민성길(1989). “화병(火病)의 개념에 대한 연구”, 신경정신의학, 제28호.

민성길(1995). 최신정신의학, 서울: 일조각.

민성길(2007). 최신정신의학, 서울: 일조각.

민수진(2019). 국내 성범죄 여성피해자 지원제도에 관한 연구, 예명대학원대학교 박사학위논문.

민영성(2002). “알리바이의 주장, 입증”, 고시계, 제47권 제10호, 고시계사.

박광민(2017). AHP 분석을 활용한 사이버범죄 수사관 역량 간 비교 연구, 연세대학교 정보대학원 석사학위논문.

박광배(1995). 법심리학, 서울: 정민사.

박광배, 김상준, 한미영(2005). “가상적인 재판 쟁점에서의 현역 판사의 판단과 모의배심의 집단판단에 대한 인지적 방략의 효과”, 한국심리학회지, 제11권 제1호, 한국심리학회.

박광배, 최상진, 이훈구(1998). "법심리학의 영역", 한국심리학회지: 일반, 제17권 제1호, 한국심리학회.

박미랑, 신의기, 강용길, 강석진, 박현호(2012). "범죄예방을 위한 환경설계의 제도화 방안(IV)", 연구보고서 11-24-02, 한국형사정책연구원.

박병엽(2024). 인도 형법 형사절차법, 서울: 신조사.

박상규(2003). 마약류 중독자를 위한 자기 사랑하기 프로그램, 서울: 학지사.

박영수, 오세연, 조형근, 이창용(2023). 범죄수사론, 서울: 박영사.

박종선(2007). "목격자 진술에 의한 범인식별의 신용성 평가", 중앙법학회지, 제9권 제3호.

박지선(2019). 범죄심리학, 서울: 도서출판 그린.

박지선(2021). 범죄심리학, 제3판, 서울: 도서출판 그린.

박태곤(2024a). 수사서류 작성과 요령 실무총서, 서울: 법문북스.

박태곤(2024b). 형법 수사실무총서, 서울: 법문북스.

박형식, 박호정(2014). "초동수사역량 강화방안에 관한 연구", 융합보안논문지, 제14권 제6호 제2권, 한국융합보안학회.

박호정(2012). "범죄피해자를 위한 경찰 초동수사에 대한 연구", 디지털정책연구, 제10권 제10호, 한국디지털정책학회.

박희정(2020). "폴리그래프 검사의 정확성에 관한 연구; 경찰 폴리그래프 현장연구를 중심으로", 치안정책연구, 제34권 제2호, 경찰대학교 치안정책연구소.

반 브라이언트 외 지음, 강주헌 옮김(2007). 범죄수사, 서울: 동아사이언스 휘슬러.

배종대(2024). 형법총론, 서울: 홍문사.

백건하(2019). "범죄수사 사전대비활동에 대한 검토", 범죄수사학연구, 제5권 제2호, 통권 제9호, 경찰대학교.

법무부 교정국(2002). 국민의 정부 교정행정개선, 경기도 과천: 법무부.

법무연수원(2020). 범죄백서, 법무연수원.

법원행정처 사법정책실(2007). 전문심리위원제도 해설, 서울: 법원행정처.

서광선, 정진홍, 한완상, 김광일(1981). 기독교 주변의 치병 현상; 한국교회의 성령 운동의 구조와 현상, 서울: 대화출판사.

서정범(2011). "경찰법 상의 위험개념의 변화에 관한 법적 고찰; 전통적 위험개념의 작별", 안암법학, 제36호, 안암법학회.

서종한(2018). "수용자 자살 위험요인 연구; 일반인 자살과 수용자 자살 비교를 중심으로", 형사정책연구, 제29권 제3호, 통권 제115호, 한국형사정책연구원.

서종한, 이창환, 김경일, 김성혜(2012). "한국 자살 사망자 특징; 사례-대조 심리적 부검 연구", 한국심리학회지, 제31권 제2호, 한국심리학회.

서종환(2018). 심리부검; 사람은 왜 자살하는가, 경기도 고양: 시간여행.

손재영(2010). "경찰의 사전대비활동", 공법학연구, 제11권 제2호, 한국비교공법학회.
송중일, 김병배, 최현식, 이상목(2007). "영국 보호관찰 대상과 분류 평가도구에 관한 연구", 보호관찰, 제7호.
수사연구 편집부(2022). "가스라이팅 범죄 사례", 수사연구, 제40권 제6호, 통권 제464호, 수사연구사.
신관우(2011). "실정법상 정신감정 제도의 고찰; 부산여중생 사건의 판결을 중심으로", 한국범죄심리연구, 제7권 제1호.
신관우(2017). "심신장애의 합리적 판단을 위한 검토", 한국공안행정학회보, 제26권 제3호, 통권 제68호, 한국공안행정학회.
신동운(2023). 형법총론, 경기도 파주: 법문사.
신상화(2020). 범죄자 프로파일링의 유용성에 관한 연구; 경찰관 인식 및 판례분석을 중심으로, 경찰대학교 치안대학원 석사학위논문.
신상화(2024). "국내외 범죄자 프로파일링 수사제도 비교연구", 치안정책연구, 제38권 제1호, 치안정책연구소.
신상화, 이동희(2020). "범죄자 프로파일링 유용성 인식 평가; 경찰관 대상 실증조사 결과를 중심으로", 치안정책연구, 제34권 제2호.
신성원(2011). "경찰공무원의 자살에 관한 연구", 한국위기관리논집, 제7권 제1호, 한국위기관리이론과 실천.
신영호(2012). 범죄심리학, 경기도 파주: 한국학술정보.
신호영, 이정원(2024). "진술 일관성과 피고인과의 관계 유형이 진술 신빙성 및 사건 판단에 미치는 영향; 뇌물죄와 성범죄의 비교", 한국심리학회지, 제15권 제1호(2024년 3월), 한국법심리학회.
신호종(2002). "현장수사기법; 추적 · 검거의 중요성 및 기법을 중심으로", 검찰, 통권 제113호, 대검찰청.
안성훈, 류부곤, 정지훈(2016). 조선시대의 형사법제 연구; 조선 형사법제와 현행 형법과의 비교법적 검토, 서울: 한국형사정책연구원.
양미정(2008). 진술자의 신분 및 높은 이해득실 정도가 현실모니터링 척도 점수에 미치는 영향, 강원대학교 대학원 석사학위논문.
양유석(1997). "메타분석에 대한 탐색적 접근", 마케팅연구, 제12권 제1호.
염건령(2000). "상황적 범죄억제 및 예방이론에 관한 연구", 공안사법연구, 제8호, 공안사법연구소.
염건령(2006). "무동기범죄의 정의와 원인", 수사연구, 제24권 제4호, 통권 제270호, 서울: 수사연구사.
염건령(2011). 청소년범죄의 사법절차상 문제점과 개선방안에 관한 연구, 국제문화대학원대학교 박사학위논문.
염건령(2012). "묻지마 범죄의 원인과 대책", 수사연구, 제30권 제9호, 수사연구사.
염건령(2019), "탐문수사의 기본과 원칙", 계간 미스터리, 통권 제64호, 한국추리작가협회.
염건령, 민수진(2017a). "범죄자 진술 조사과정의 행동분석에 관한 이론", (계간)미스터리, 제15권 제1호, 통권 제55호, 한국추리작가협회.
염건령, 민수진(2017b). "범죄학의 연구 분야에 관한 비교학적 이해", (계간)미스터리, 제15권 제4호, 통권 제58호(2017년 겨울), 한국추리작가협회.
염건령, 민수진(2018). "살인범죄의 범행수법 유형분석", 계간 미스터리, 통권 제60호, 한국추리작가협회.
염건령, 민수진(2023). "인구구조는 어떻게 한 사회의 범죄를 바꾸는가?", 계간 미스터리, 통권 제77호, 한국추리작가협회.
염건령, 최영인(2005). 가정폭력범죄와 여성에 의한 스토킹범죄이론, 서울: 백산출판사.
염건령, 박영수(2021). "노인학대의 실태와 개선방안에 관한 고찰", 한국경찰학회보, 제23권 제3호, 한국경찰학회.
염건령, 최영인(2016). "범죄수법(Modus Operandi)과 범죄수법 수사의 이해", (계간)미스터리, 제14권 제3호, 통권 제53호, 한국추리작가협회.
오영근, 노수환(2024). 형법총론, 서울: 박영사.
원주연, 서동백(2024). "SNS상에서 사이버불링 피해경험; 자기노출, 강박적 인터넷 사용 그리고 우울한 상태 중심으로", 경영정보학연구, 제26권 제1호, 한국경영정보학회.
유재두(2013). 범죄수사론, 서울: 도서출판 그린.
유진(2018). "법정에 선 정신장애; 형사책임능력에 대한 의료지식과 법적 결정", 형사정책연구, 제29권 제3호, 한국형사정책연구원.
윤광상, 곽대훈, 조재현(2017). "범죄현장의 증거물 조작 사례에 대한 수사결과 분석", 과학수사학회지, 제11권 제4호, 한국과학수사학회.
윤대표(2007). 효율적인 초동수사를 위한 유전자정보 활용 방안, 경기대학교 정치전문대학원 박사학위논문.
윤대표, 김순석(2008). "효율적인 초동수사를 위한 유전자정보의 활용방안", 한국경찰연구, 제7권 제2호, 한국경찰발전연구회.
윤민우, 이수정, 최혜림(2011). "국내 형사사법 시스템에서의 심리학 및 행동과학 분야 민간전문가 활용방안에 대한 정책제언; 미국의 민간전문가 활용 예시를 통한 시사점 도출을 중심으로", 한국심리학회지, 제25권 제1호, 한국심리학회.
윤현섭(1995). 법의 심리학, 서울: 학지사.
이경숙, 안향, 최상섭, 이재갑, 조성희(2002). "형사정신감정의 변화; 1990년과 2000년", 대한법의학회지, 제26권 제2호, 대한법의학회.

이광연(2017). 백골시신 발견현장에서 경찰 과학수사의 초동수사 향상 방안, 충남대학교 평화안보대학원 석사학위논문.

이기수(2014). “외국의 허위자백 연구동향과 형사정책적 함의”, 형사정책연구, 제25권 제3호, 한국형사정책연구원.

이기수, 김지환(2012). “피의자신문기법의 문제점과 개선방안에 관한 연구; Reid Technique과 PEACE 모델 비교・검토를 중심으로”, 한국경찰연구, 제11권 제4호, 한국경찰연구학회.

이다니, 박광배(2017). “강간 사실의 사실인정에 대한 양형인자와 편향요인의 효과; 피해자 나이와 판단자 성별”, 한국심리학회지, 제8권 제3호, 한국심리학회.

이돈일(1998). “초동수사요령”, 치안정책연구, 제11호, 경찰대학교 치안연구소.

이만종(2004). 범죄수사, 서울: 학현사.

이무선(2014). “경찰수사에서 범인식별에 관한 목격자 진술의 신빙성 제고 방안”, 경찰학연구, 제14권 제3호.

이상문(2024). “아동・청소년의 복합범죄피해와 비행 유형간의 관련성에 관한 연구”, 안전문화연구, 제27호, 안전문화포럼.

이상원(2015). 범죄예방론, 서울: 대명출판사.

이상원(2017). “휴리스틱과 검사의 인지편향”, 형사정책, 제29권 제3호.

이서진(2020). 범죄 심각성과 자백 여부에 따른 법과학적 증거의 신뢰성 및 양형판단; 법과학적 증거 평가 편향의 매개효과, 숙명여자대학교 대학원 석사학위논문.

이성기(2019). “법과학 증거의 기준에 관한 법적 연구; 전문가 증언 제도의 문제점과 개선방안을 중심으로”, 법학논집, 제23권 제3호, 통권 제65호.

이수정(2022). 최신범죄심리학, 제4판, 서울: 학지사.

이수정, 서상진(2010). “국내 형사재판에서의 전문심리위원 활용실태; 심리학 분야 전문가를 중심으로”, 한국경찰연구, 제9권 제2호.

이수정, 윤옥경(2003). “범죄위험성의 평가와 활용방안”, 한국심리학회지, 제22권 제2호, 한국범죄심리학회.

이수정, 황의갑, 박선영(2010). “재범방지를 위한 범죄자 처우의 과학화에 관한 연구(1); 위험성 평가도구 개발에 관한 연구”, 경제인문사회연구회 협동연구총서 10-37-04, 형사정책연구원.

이승용(2016). AHP를 활용한 디지털포렌식 전문가 역량의 우선순위에 대한 연구; 지식, 기술, 태도를 중심으로, 연세대학교 정보대학원 석사학위논문.

이승훈(2017). 현장수사관의 디지털증거 수집 관련 지식수준에 대한 연구, 연세대학교 정보대학원 석사학위논문.

이영은, 서준배(2024). “기관 사칭형 보이스피싱 시나리오 분석; 피해자의 심리적 요인을 중심으로", 경찰학연구, 제24권 제2호, 통권 제78호, 경찰대학교.
이원복(2017). "미국 전문가 증언 허용에 관한 Daubert 기준의 재고찰", 법학논고, 제58집.
이윤, 조은경(2015). "목적과 태도 차원을 기준으로 한 수사관의 용의자 면담유형 분류", 경찰학연구, 제15권 제1호, 경찰대학교.
이윤정(2019). 형사재판에서 판결 전 재범위험성 정보 제공이 유무죄 판단에 미치는 영향; 사이코패스 선별도구 PCL-R을 중심으로, 한림대학교 대학원 박사학위논문.
이윤호(2015). 범죄심리학, 서울: 박영사.
이윤호(2022). 범죄예방론, 서울: 박영사.
이은영(2017). 경찰수사론, 서울: 박영사.
이재상(1997). "별건구속, 여죄수사의 한계, 별건구속 중에 한 자백의 증거능력", 고시계, 1997년 11월호, 통권 제489호, 고시계사.
이재웅, 조은경(2010). "목격자 진술에 대한 SCAN(Scientific Content Analysis, 과학적 내용분석) 기법의 타당성 연구", 한국심리학회지: 사회 및 성격, 제24권 제2호, 한국심리학회.
이재정 의원실(2019). 국민중심 현장수사; 현황과 과제, 경찰청-한국비교형사법학회-대한민국 국회.
이종구, 염건령(2018). "초기 사이코패스형 범죄자에 관한 연구 내용 고찰", (계간)미스터리, 제16권 제2호, 통권 제60호, 한국추리작가협회.
이종승(1983). "메타분석; 연구결과의 통계적 종합", 교육학연구, 제21권 제1호.
이주원(2024). 형법총론, 서울: 박영사.
이지은, 박노섭(2021). "검사의 구형이 유무죄에 미치는 영향에 관한 연구", 형사정책, 제33권 제3호.
이진국(2011). "형사절차상 정신장애에 대한 감정", 법학논총, 제28권 제4호.
이진숙, 이주현, 최규환, 공은경, 김성혜, 이상경, 한수영, 신경아, 조남경, 박준희, 한상아, 이진아(2020). "프로파일링 효용성의 수사실무적 평가; 프로파일링 수사기법 사용자를 중심으로", 경찰학연구, 제20권 제3호.
이춘화(2001). 소년사건의 조사제도에 관한 연구, 한양대학교 일반대학원 박사학위논문.
이홍민(2005). 팀장의 역량이 성과에 미치는 영향, 건국대학교 대학원 박사학위논문.
임용환(2018). "우리나라 치안정책의 변화과정과 정책변동요인의 중요도에 관한 연구; AHP 기법을 중심으로", 한성대학교 대학원 박사학위논문.
임준태(2006). "지리학적 프로파일링을 통한 한국의 연쇄강력범죄 분석", 한국경찰연구, 제5권 제2호, 한국경찰발전연구회.
임준태(2007). "과학수사기반 구축을 위한 법과학교육 활성화", 한국경찰학회보, 제14호, 한국경찰학회.

임준태, 김재운(2021), 범죄예방론, 서울: 대영문화사.

임지현(2020). 경찰수사관의 증거유형별 신뢰도에 관한 실증연구; 수사 오류 원인 중심으로, 경찰대학교 치안대학원 석사학위논문.

임채웅(2007). "민사소송법의 전문심리위원제도에 관한 연구", 민사소송, 제11권 제2호.

장여경(2008). 대인범죄와 대물범죄에 대한 처벌 기준과 양형판단에 관한 연구, 경기대학교 일반대학원 석사학위논문.

장용락(1999). "강 · 절도 수사 현실과 발전방안", 수사연구, 제192호, 수사연구사.

장은진(2024). "범죄피해 외상경험자를 위한 가드닝 마음챙김 집단상담 프로그램 개발의 예비연구", 발달지원연구, 제13권 제1호, 한국발달지원학회.

장정화(2014), "여성경찰관의 직무역량 제고방안", 한국민간경비학회보, 제13권 제1호, 한국민간경비학회.

장호섭(2018). 수사단서가 수사관의 질문유형과 면담 태도에 미치는 영향, 한림대학교 대학원 석사학위논문.

전대양(2015). 범죄수사 2; 과학수사와 전문수사, 서울: 다해.

전명희, 박정아, 이주대(2024). "가스라이팅 관련 범죄기사 분석; 텍스트마이닝과 내용분석을 중심으로", 복지상담교육연구, 제13권 제1호, 한국복지상담교육학회.

전보경(2015). "미성년자와 심신장애자 대상 범죄에 대한 형법과 특별법 규정의 문제점과 개선방안", 중앙대학교 법학연구원 법학논문집, 제39집 제1호.

전우병, 김시업(2005). "이해득실 상황에 따른 거짓말의 주관적 지표 -대학생, 교도관 범죄자들을 대상으로-", 한국심리학회지: 사회문제, 제11권 제4호, 한국심리학회.

전충현, 임석현(2012). "군 자살자의 자살원인에 대한 효과적인 심리부검 적용 방안", 과학수사학, 제6권 제2호, 통권 제14호, 한국과학수사학회.

정길환(2005). "총기범죄 발생시 현장수사", 수사연구, 제23권 제6호, 통권 제260호, 수사연구사.

정대윤(2004). 목격자 기억에 영향을 미치는 요인 연구; 범죄사건을 중심으로, 경기대학교 일반대학원 석사학위논문.

정석원, 신동화, 복진욱, 박석현, 전현, 서진욱, 이인수, 박수영(2023). "범죄수사를 위한 상호작용이 가능한 다중 뷰 시각적 분석 시스템", 정보과학회논문지, 제50권 제1호, 한국정보과학회.

정선화(2022). "북유럽 사회모델 혁신과 사회적경제; 스웨덴과 핀란드 청년고용정책을 중심으로", *Journal of Contemporary European Studies*, 제40권 제3호, 한국유럽학회.

정세종, 신관우(2017). "법원의 심신장애인 판단경향과 시사; 판결문 분석을 중심으로", 한국범죄심리연구, 제13권 제4호.

정숙희(2021). "법률상 책임능력이 인정된 정신장애의 양형판단에 관한 소고", 형사법의 신동향, 통권 제72호.
정신교(2024). 경찰형사소송법, 서울: 청목출판사.
정연균(2024). 경찰수사론, 서울: 에듀컨텐츠휴피아.
정웅석(2010). "영상녹화물의 증거능력 인정에 관한 연구", 형사법의 신동향, 통권 제29호, 대검찰청 검찰미래기획단.
정재영, 김재홍, 김미영, 강민국, 지형기, 김기호, 이장한(2010). "상반된 주장에 대한 폴리그래프 검사의 판별 정확성", 한국심리학회지: 사회 및 성격, 제24권 제1호, 한국심리학회.
정지숙, 신정, 이장규(2012). "재범위험성 평가도구 타당도 검증; 정신장애 범죄자용", 한국심리학회지, 제31권 제3호, 한국범죄심리학회.
정진환(2006). 경찰행정론, 서울: 대영문화사.
제영묘(2004). "자살과 정신 장애", 생물치료정신의학, 제10권 제1호, 통권 제19호, 대한생물치료정신의학회.
조규범(2023). 사형의 장기 미집행에 따른 입법적 쟁점과 과제, 서울: 국회입법조사처.
조극훈(2021). "응보주의 형벌론과 교정 정의", 교정담론, 제15권 제1호, 아시아교정포럼.
조기영(2016). "범인 식별절차에 있어 목격자의 식별 오류 위험성에 대한 소송법의 대응", 법학연구, 제47집, 전북대학교 법학연구소.
조성우(2011). 청소년범죄 안전환경 조성을 위한 고등학교 외부 공간 계획에 관한 연구, 연세대학교 생활환경대학원 석사학위논문.
조소연(2007). 형사재판에서 목격자 기억에 대한 전문가 증언이 배심원의 의사결정에 미치는 영향, 한림대학교 대학원 석사학위논문.
조용래(2000). 양극성장애, 서울: 학지사.
조은경, 이미선, 김재홍(2005). "거짓말의 특징에 대한 신념-경찰관과 대학생을 중심으로", 한국심리학회지: 사회 및 성격, 제19권 제1호, 한국심리학회.
조준택(2016). "지역경찰의 초동수사 최신 사례분석 및 제언; 경찰청 선정 지역경찰 우수사례를 중심으로", 범죄수사학연구, 통권 제3호, 경찰대학교.
조준택, 김지영, 고가영(2024). "수사경찰 역량모델 개선에 관한 연구; 형사범죄수사 및 지능범죄수사를 중심으로", 범죄수사학연구, 제10권 제1호, 경찰대학교.
조철옥(2003). 경찰행정론, 서울: 대영문화사.
주왕기(1989). 약물남용, 서울: 세계사.
주호노(2016). "형법에 있어서의 기본원칙", 경희법학, 제51권 제3호, 경희대학교 법학연구소.
차시환, 추봉조, 김봉수(2018). 경찰수사론(총론), 서울: 박영사.
차재호(1994). 문화설계의 심리학, 서울: 서울대학교출판부.
최광현(2008). "심리부검(Psychological Autopsy)의 필요성에 관한 제언", 주간 국방논단, 제

1193호(08-9).
최규범(2006). "연쇄범죄와 프로파일링 방법론 연구", 경찰학연구, 제6권 제3호, 통권 제12호.
최규환(2020). 우리나라 범죄자 프로파일링 제도의 개선방안에 관한 연구, 동국대학교 대학원 박사학위논문.
최대호, 이주현, 이상경(2018). 한국의 프로파일링, 경기도 파주: 궁리.
최준(2012). "존속범죄 처벌규정의 의미", 교정복지연구, 제24호, 한국교정복지학회.
표창원(2004). "경찰 초동수사 개선방안", 경찰대학 논문집, 제24집, 경찰대학교.
하민경(2023). "관계중독과 범죄, 형사정책의 방향", 한국중독범죄학회보, 제13권 제2호, 통권 제38권, 한국중독범죄학회.
한면수(2006). "경찰 초동수사 목적의 유전자감식정보 검사 및 관리", 형사정책, 제18권 제2호, 한국형사정책학회.
한상규(2013). "알리바이의 입증에 관하여; 입증책임과 입증정도를 중심으로", 강원법학, 제38호, 강원대학교 비교법학연구소.
한유화(2024). "자백증거의 제시 시점에 따른 증거 간 상호관계: 연결망 분석을 이용한 증거의 정합성 이해", 한국심리학회지, 제15권 제1호, 한국법심리학회.
허경미(2015). "범죄 프로파일링 제도의 쟁점 및 정책적 제언", 경찰학논총, 제10권 제1호.
홍강의, 민성호(2009). 자살사망자 심리적 부검 및 자살시도자 사례관리서비스 구축방안, 연세대학교 의과대학-한국자살예방협회.
홍기원, 이보영(2011). "목격증인의 범인식별 진술의 신빙성; 역사적 함의와 신빙성 제고를 중심으로", 법학연구, 제43호, 한국법학회.
홍성열(2000). 범죄심리학, 서울: 학지사.
홍성열(2007). 진술분석기법의 타당성 연구, 대검찰청용역연구과제, 법무부 대검찰청.
홍성욱(2016). "초동경찰관도 과학수사를 알아야 한다", 수사연구, 제34권 제2호, 통권 제388호, 수사연구사.
홍유진, 김시업(2017). "불안감 수준과 성별이 목격자 진술에 미치는 영향; 진술의 양과 정확성을 중심으로", 교정담론, 제11권 제1호.
황영구 편저(2009). 수사, 대구: 준커뮤니케이션즈.
황영구(2008). 범죄수사론, 경기도 파주: 한국학술정보.
황영구(2010). 범죄수사론2, 경기도 파주: 한국학술정보.
황영철(1991). 고난받는 그리스도; 마태복음(하), 서울: 아가페출판사.
황인정(2006). "피의자의 진술내용을 담은 영상녹화물의 증거능력", 경기대학교 대학원 범죄심리학과 학술세미나 자료.
황인정(2007). "범죄 피해자와 범죄 판단자의 성별이 양형판단에 미치는 영향", 한국심리학회지, 제12권 제2호, 한국심리학회.

황현석(2016). 디지털 증거 압수・수색에 관한 디지털 포렌식 수사 관점의 고찰, 경기대학교 대학원 박사학위논문.
휴넷(2012). “현장중심 역량강화를 위한 경찰 교육체계수립”, 용역보고서, 경찰청.

D. Abrahamsen 저, 장병림 역(1960). 범죄심리학, 서울: 박영사.
D. Greenberger & C. A. Padesky 저, 권정혜 역(1999). 기분 다스리기, 서울: 학지사.
J. R. Graham 저, 이훈진 외 역(2007). MMPI-2 성격 및 정신병리 평가, 서울: 시그마프레스.
James, J. I., & Jang, Y.(2016). “Digital Investigation First Responder and Preliminary Analyst Requirements”, 한국인터넷방송통신학회논문지, 제16권 제5호, 한국인터넷방송통신학회.
P. G. Kramer 저, 황순택・강대갑 역(2012). 임상심리학의 이해, 서울: 학지사.

## 2. 국외문헌

Abbe, A., & Brandon, S. E.(2012). “The Role of Rapport in Investigative Interviewing; A Review”, *Journal of Investigative Psychology & Offender Profiling*, 10.
Afifi, T. O., Henriksen, C. A., Asmundson, G. J. G., & Sareen, J.(2012). “Victimization and Perpetration of Intimate Partner Violence and Substance Use Disorders in a Nationally Representative Sample”, *The Journal of Nervous and Mental Disease*, 200(8).
Agosta, S., & Sartori, G.(2013). “The Autobiographical IAT: a Review”, *Frontiers in Psychology*, 4.
Ainsworth, P. B.(2000). *Psychology and Crime; Myths and Reality*, Harlow, England: Longman.
Akehurst, L. & Vrij, A.(1999). “Creating Suspects in Police Interviews”, *Journal of Applied Social Psychology*, 29(1).
Akehurst, L., Köhnken, G., Vrij, A., & Bull, R.(1996). “Lay Persons’ and Police Officers’ Beliefs Regarding Deceptive Behaviour”, *Applied Cognitive Psychology*, 10(6).
Aldridge, N. C.(1999). “Enhancing Children’s Memory Through Cognitive Interviewing; An Assessment Technique for Social Work Practice”, *Child and Adolescent Social Work Journal*, 16(2).
Alison, L., Bennell, C., Mokros, A., & Ormerod, D.(2002). “The Personality Paradox in Offender Profiling; A Theoretical Review of the Processes Involved in Deriving

Background Characteristics from Crime Scene Actions", *Psychology, Public Policy, and Law*, 8(1).

Alison, L., Bennell, C., Mokros, A., & Ormerod, D.(2002). "The Personality Paradox in Offender Profiling; A Theoretical Review of the Processes Involved in Deriving Background Characteristics from Crime Scene Actions", *Psychology, Public Policy, and Law*, 8(1).

Alison, L., Goodwill, A., Almond, L., van den Heuvel, C., & Winter, J.(2010). "Pragmatic Solutions to Offender Profiling and Behavioral Investigative Advice", *Legal and Criminological Psychology*, 15(1).

Allen, L. A., & Nightingale, N. N.(1997). "Gender Differences in Perception and Verdict in Relation to Uncorroborated Testimony by a Child Victim", *Journal of Offender Rehabilitation*, 24(3-4).

Allison, M., & Brimacombe, C. E.(2010). "Alibi Believability; The Effect of Prior Convictions and Judicial Instructions", *Journal of Applied Social Psychology*, 40(5).

Allison, M., Jung, S., & Benjamin, A. C.(2020). "Alibi Believability; Corroborative Evidence and Contextual Factors", *Behavioral Sciences & the Law*, 38(4).

Almond, L., Alison, L., & Porter, L.(2007). "An Evaluation and Comparison of Claims Made in Behavioral Investigative Advice Reports Compiled by the National Policing Improvements Agency in the United Kingdom", *Journal of Investigative Psychology and Offender Profiling*, 4(2).

Alonso-Quecuty, M. L., & Hernández-Fernaud, F.(1997). "Tócala Otra Vez Sam; Repitiendo Mentiras", *Estudios de Psicología*.

Amado, B. G., Arce, R., Farina, F., & Vilarino, M.(2016). "Criteria-Based Content Analysis (CBCA) Reality Criteria in Adults; A Meta-Analytic Review", *International Journal of Clinical and Health Psychology*, 16(2).

American Psychology-Law Society(2008). *Specialty Guidelines for Forensic Psychology*.

Arntzen, F.(1983). *Psychologie der Zeugenaussage; Systematik der Glaubwürdigkeitsmerkmale (Psychology of Witness Statements; The System of Reality Criteria)*, Munich, Germany: C. H. Beck.

Ashworth, A.(1992). *Sentencing and Criminal Justice*, London: Weidenfeld and Nicholson.

Ask, K., & Granhag, P. A.(2005). "Motivational Sources of Confirmation Bias in Criminal Investigations; The Need for Cognitive Closure", *Journal of Investigative Psychology Offender Profiling*, 2(1).

Backster, C.(1973). *Polygraph Examiner's Training Model*, New York: Backster School of

Lie Detection.

Baiden, P., Jahan, N., Onyeaka, H. K., Thrasher, S., Tadeo, S., & Findley, E.(2021). "Age at First Alcohol Use and Weapon Carrying among Adolescents; Findings from the 2019 Youth Risk Behavior Survey", *Population Health*, 15.

Baldwin, J.(1992). "Video Taping Police Interviews with Suspects; An Evaluation", *Police Research Group; Police Research Series, Paper 1*, London, UK: Home Office.

Bartol, C. R., & Bartol, A. M.(2008). *Criminal Behavior; A Psycho-Social Approach*, 8th ed., New Jersey: Pearson Prentice Hall.

Bartol, C. R., & Bartol, A. M.(2019). *Introduction to Forensic psychology; Research and Application*, 5th ed., Sage Publications of London, Thousand Oaks and New Delhi.

Baskin, D., & Sommers, I.(2010). "The Influence of Forensic Evidence on the Case Outcomes of Homicide Incidents", *Journal of Criminal Justice*, 38(6).

Bauer, P. J.(2007). *Remembering the Times of Our Lives; Memory in Infancy and Beyond*, Mahwah, N. J.: Lawrence Erlbaum Associates Publishers.

Baumer, E. P., Messner, S. F., & Felson, R. B.(2000). "The Role of Victim Characteristics in the Disposition of Murder Cases", *Justice Quarterly*, 17(2).

Becker, R. F.(2000). *Criminal Investigation*, Maryland: Aspen Publishers.

Bekerian, D. A., & Goodrich, S. J.(1995). "Telling the Truth in the Recovered Memory Debate", *Consciousness and Cognition; An International Journal*, 4(1).

Bennell, C., & Jones, N. J.(2005). "Between a ROC and a Hard Place; A Method for Linking Serial Burglaries by Modus Operandi", *Journal of Investigative Psychology and Offender Profiling*, 2.

Bennell, C., Jones, N. J., & Melnyk, T.(2009). "Addressing Problems with Traditional Crime Linking Methods Using Receiver Operating Characteristic Analysis", *Legal and Criminological Psychology*, 14(2).

Benton, T. R., Ross, D. F., Bradshaw, E., Thomas, W. N., & Bradshaw, G. S.(2006). "Eyewitness Memory Is Still Not Common Sense; Comparing Jurors, Judges, and Law Enforcement to Eyewitness Experts", *Applied Cognitive Psychology*, 20(1).

Blacher, R.(1995). "Comment, Historical Perspective of the 'Sex Psychopath' Statute; From the Revolutionary Era to the Present Federal Crime Bill", *Mercer Law Review*, 46.

Bogaard, G., Colwell, K., & Crans, S.(2019). "Using the Reality Interview Improves the Accuracy of the Criteria Based Content Analysis and Reality Monitoring", *Applied Cognitive Psychology*, 33(6).

Bok, S.(1978). *Lying; Moral Choice in Public and Private Life*. New York: Pantheon

Books.

Bonta, J.(1996). "Choosing Correctional Options That Work; Defining the Demand and Evaluating the Supply", in Alan Harland(ed.), *Risk-Needs Assessment and Treatment*, Thousand Oaks, California: Sage.

Bonta, J., Law, M., & Hanson, K.(1998). "The Prediction of Criminal and Violent Recidivism Among Mentally Disordered Offenders; a Meta-Analysis", *Psychological Bulletin*, 123(2).

Bornstein, B. H., & Greene, E.(2017). *The Jury Under Fire; Myth, Controversy, and Reform*, New York, NY: Oxford University Press.

Bottoms, B. L., & Goodman, G. S.(1994). "Perceptions of Children's Credibility in Sexual Assault Cases 1", *Journal of Applied Social Psychology*, 24(8).

Bottoms, B. L., Golding, J. M., Stevenson, M. C., Wiley, T. R., & Yozwiak, J. A.(2007). "A Review of Factors Affecting Jurors' Decisions in Child Sexual Abuse Cases", in M. Toglia, J. D. Reda, D. F. Ross & C. L. Lindsay(Eds.), *Handbook of Eyewitness Psychology; Memory for Events*, Mahwah, N. J.: Lawrence Erlbaum.

Bower, G.(1967). "A Multicomponent Theory of the Memory Trace", *Psychology of Learning and Motivation*, 1.

Bradley, M. T., & Janisse, M. P.(1980). "Pupil Size and Lie Detection; the Effect of Certainty on Detection", *Psychology; A Quarterly Journal of Human Behavior*, 16(4).

Brakel, S. J., & Cavanaugh, J. L. Jr.(2000). "Of Psychopaths and Pendulums; Legal and Psychiatric Treatment of Sex Offenders in the United States", *New Mexico Law Review*, 30.

Brian, L. C., & Steven D. P.(1995). *Mistaken Identification; The Eyewitness, Psychology, and the Law*, New York: Cambridge University Press.

Bright, D. A., & Goodman, D. J.(2004). "The Influence of Gruesome Verbal Evidence on Mock Juror Verdicts", *Psychiatry, Psychology and Law*, 11(1).

Bruck, M., & Ceci, S. J.(1995). "Amicus Brief for the Case of State of New Jersey vs. Michael; Presented by Committee of Concerned Social Scientists", *Psychology, Public Poky, and Law*, 1.

Buckley, D. M., & Jayne, B. C.(2005). *Electronic Recording of Interrogations*, Chiago: John E. Reid & Associates.

Burke, T. M., & Turtle, J. W.(2003). "Alibi Evidence in Criminal Investigations and Tials; Psychological and Legal Factors", *Canadian Journal of Police and Security Services*,

1(3).

Burke, T. M., Turtle, J. W., & Olson, E. A.(2017). “Alibis in Criminal Investigations and Trials”, in *Handbook of Eyewitness Psychology*, New York: Psychology Press.

Burl, J., Shah, S., Filone, S., Foster, E., & DeMatteo, D.(2012). “A Survey of Graduate Training Programs and Coursework in Forensic Psychology”, *Teaching of Psychology*, 39(1).

Burt, M. R., & Estep, R. E.(1981). “Apprehension and Fear; Learning a Sense of Sexual Vulnerability”, *Sex Roles*, 7(5).

Calhoun, L. G., Selby, J. W., & Warring, L. J.(1976). “Social Perception of the Victim's Causal Role in Rape; An Exploratory Examination of Four Factors”, *Human Relations*, 29(6).

Cameron, C. A., & Stritzke, W. G.(2003). “Alcohol and Acquaintance Rape in Australia; Testing the Presupposition Model of Attributions About Responsibility and Blame 1”, *Journal of Applied Social Psychology*, 33(5).

Canter, D. V., & Gregory, A.(1994). “Identifying the Residential Location of Rapists”, *Journal of Forensic Science Society*, 34(3).

Canter, D. V., & Wentink, N.(2004). “An Epirical Test of Holmes and Holmes's Serial Murder Typology”, *Criminal Justice and Behavior*, 31(4).

Canter, D.(1995). *Criminal Shadows; Inside the Mind of the Serial Killer*, London: Harper Collins.

Canter, D.(2000). “Offender Profiling and Criminal Differentiation”, *Legal and Criminological Psychology*, 5(1).

Canter, D.(2004). “Offender Profiling and Investigative Psychology”, *Journal of Investigative Psychology and Offender Profiling*, 1(1).

Cantone, J. A.(2009). “Rational Enough to Punish, But Too Irrational to Release; The Integrity of Sex Offender Civil Commitment”, *Drake Law Review*, 57(3).

Carson, D. & Bull, R.(Eds.)(2003). *Handbook of Psychology in Legal Contexts*, New Jersey: Wiley Publisher.

Cavanagh, J., Carson, A., Sharpe, M., & Lawrie, S.(2003). “Psychological Autopsy Studies of Suicide; A Systematic Review”, *Psychological Medicine*, 33.

Ceci, S. J., & Bruck, M.(1993). “Suggestibility of the Child Witness; A Historical Review and Synthesis”, *Psychological Bulletin*, 113(3).

Ceci, S. J., & Bruck, M.(1995). *Jeopardy in the Courtroom; A Scientific Analysis of Children's Testimony*, American Psychological Association.

Charman, S. D., Gregory, A. H., & Carlucci, M.(2009). "Exploring the Diagnostic Utility of Facial Composites; Beliefs of Guilt Can Bias Perceived Similarity between Composite and Suspect", *Journal of Experimental Psychology; Applied*, 15(1).

Clark, D. C., & Horton-Deutsch, S. L.(1992). "Assessment in Absentia; The Value of the Psychological Autopsy Method for Studying Antecedents of Suicide and Predicting Future Suicides", in R. W. Maris, A. L. Berman, J. T. Maltsberger, & R. I. Yufit(Eds.), *Assessment and Prediction of Suicide*, New York: Guilford Press.

Clifford, B. R., & Scott, J.(1978). "Individual and Situational Factors in Eyewitness Testimony", *Journal of Applied Psychology*, 63(39).

Cohen, J.(1977). *Statistical Power Analysis for the Behavioral Sciences*, 2nd ed., New York: Academic Press.

Cohen, J.(2013). *Statistical Power Analysis for the Behavioral Sciences*, New York: Elsevier Science.

Cohen, R. L., & Harnick, M. A.(1980). "The Susceptibility of Child Witnesses to Suggestion", *Law and Human Behavior*, 4(3).

Committee on Ethical Guidelines for Forensic Psychologists(1991). "Specialty Guidelines for Forensic Psychologists", *Law and Human Behavior*, 15(5).

Conner, K. R., Beautrais, A. L., Brent, D. A., Conwell, Y., Phillips, M. R., & Schneider, B.(2012). "The Next Generation of Psychological Autopsy Studies; Part 2, Interview Procedures", *Suicide and Life Threatening Behavior*, 42(1).

Coolbear, J. L.(1992). "Credibility of Young Children in Sexual Abuse Cases; Assessment Strategies of Legal and Human Service Professionals", *Canadian Psychology*, 33(2).

Copson, G.(1995). *Coals to Newcastle?; A Study of Offender Profiling*, London: Ministry of Home Office, The Great Britain.

Crabbe, A., Decoene, S., & Vertommen, H.(2008). "Profiling Homicide Offenders; A Review of Assumptions and Theories", *Aggression and Violent Behavior*, 13(2).

Croft, W.(1995). "Autonomy and Functionalist Linguistics", *Language*, 71(3).

Culhane, S. E., & Hosch, H. M.(2004). "An Alibi Witness' Influence on Mock Jurors' Verdicts", *Journal of Applied Social Psychology*, 34(8).

Darke, S.(2010). "The Toxicology of Homicide Offenders and Victims; A Review", *Drug and Alcohol Review*, 29(2).

David, F. R. J., Don, R., & Michael, P. T.(1994). *Adult Eyewitness Testimony-Current Trends and Developments*, Cambridge: Cambridge University Press.

Davies, G. M., & Beech, A. R.(Eds.)(2012). *Forensic Psychology; Crime, Justice, Law,*

*Interventions*, Hoboken, New Jersey: John Wiley & Sons.

Davies, G., Hollin, C., & Bull, R.(2008). *Forensic Psychology*, West Sussex, UK: John Wiley & Sons.

Davies, Graham M., & Beech, Anthony R.(2017). *Forensic Psychology; Crime, Justice, Law, Interventions*, 3rd Edition, Wiley-Blackwell.

Davies, M., & Rogers, P.(2009). "Perceptions of Blame and Credibility Toward Victims of Childhood Sexual Abuse; Differences Across Victim Age, Victim-Perpetrator Relationship, and Respondent Gender in a Depicted Case", *Journal of child sexual abuse*, 18(1).

Davison, G. C., & Neale, J. M.(2001). Abnormal Psychology, 8th ed, John Wiley & Sons Inc.

Dawes, R. M., Faust, D., & Meehl, P. E.(1989). "Clinical versus Actuarial Judgement", *Science*, 243(4899).

Day, A., & Tytler, R.(2012). "Professional Training in Applied Psychology; Towards a Signature Pedagogy for Forensic Psychology Training", *Australian Psychologist*, 47(3).

Deffenbacher, K. A.(1983). "The Influence of Arousal on Reliability of Testimony", in S. M. A. Lloyd-Bostock & B. R. Clifford(Eds.), *Evaluating Witness Evidence*, Chichester, England: Wiley.

Deffenbacher, K. A., Bornstein, B. H., McGorty, E. K., & Penrod, S. D.(2008). "Forgetting the Once-Seen Face; Estimating the Strength of an Eyewitness, Memory Representation", *Journal of Experimental Psychology; Applied*, 14(2).

Deitz, S. R., & Byrnes, L. E.(1981). "Attribution of Responsibility for Sexual Assault; The Influence of Observer Empathy and Defendant Occupation and Attractiveness", *The Journal of Psychology*, 108(1).

Demuth, S., & Steffensmeier, D.(2004). "Ethnicity Effects on Sentence Outcomes in Large Urban Courts; Comparisons among White, Black, and Hispanic Defendants", *Social Science Quarterly*, 85(4).

Department of Justice(1999). *Postconviction DNA testing; Recommendations for handling requests*, Retrieved December 19, 2001, from http://www.ncjrs.org/pdffiles1/nij/177626.pdf.

DePaulo, B. M., & Kirkendol, S. E.(1989). "The Motivational Impairment Effect in the Communication of Deception", in J. C. Yuille(Ed.), *Credibility Assessment*, Dordrecht: Kluwer.

DePaulo, B. M., Lindsay, J. J., Malone, B. E., Muhlenbruck, L., Charlton, K., & Cooper, H.(2003). "Cues to Deception", *Psychological Bulletin*, 129.

DePaulo, B. M., Zuckerman, M., & Rosenthal, R.(1980). "Human as Lie Detectors", *Journal of Communication*, 30.

Devine, D. J., & Caughlin, D. E.(2014). "Do They Matter?; A Meta-Analytic Investigation of Individual Characteristics and Guilt Judgments", *Psychology, Public Policy and Law*, 20(2).

Devine, D. J., & Macken, S.(2016). "Scientific Evidence and Juror Decision Making; Theory, Empirical Research, and Future Directions", in Bornstein, B. H. & Miller, M. K.(eds.), *Advances in Psychology and Law*, Springer Publication Company.

Devine, P. G., & Ostrom, T. M.(1985). "Cognitive Mediation of Inconsistency Discounting", *Journal of Personality and Social Psychology*, 49(1).

Devlin, L. P.(1976). *Report to the Secretary of State for the Home Department of the Departmental Committee on Evidence of Identification in Criminal Cases*, London: Her Majesty's Stationery Office.

Douglas, J. E., Ressler, R. K., Burgess, A. W., & Hartman, C. R.(1986). "Criminal Profiling from Crime Scene Analysis", *Behavioral Sciences & the Law*, 4(4).

Dror, I. E., & Charlton, D.(2006). "Why Experts Make Errors", *Journal of Forensic Identification*, 56(4).

Dysart, J. E., & Strange, D.(2012). "Beliefs About Alibis and Alibi Investigations; A Survey of Law Enforcement", *Psychology, Crime & Law*, 18(1).

Eastwood, J., Lively, C. J., Snook, B., & Snow, M. D.(2020). "Quality vs. Quantity; The Effect of Relationship and Number of Corroborators on Alibi Assessments", *Psychiatry, Psychology and Law*, 27(6).

Ebbinghaus, H.(1913). *Memory; a Contribution to Experimental Psychology*, Translated by Henry A. Ruger and Clara E. Bussenius, New York: Teachers College, Columbia University, originally published as Über das Gedächtnis, New York: Teachers College, Columbia University.

Eisenberg, T.(1994). "Differing Perceptions of Attorney Fees in Bankruptcy", *Washington University Law Quarterly*, 72(979).

Eisler, F. G.(1968). *Psycholinguistics; Experiments in Spontaneous Speech*, London & New York: Academic Press.

Ekman, P.(1985). *Telling Lies; Clues to Deceit in the Marketplace, Marriage, and Politics*, New York: W. W. Norton.

Ekman, P.(1988). "Lying and Nonverbal Behavior; Theoretical Issues and New Findings", *Journal of Nonverbal Behavior*, 12(3).

Ekman, P.(1992). "An Argument for Basic Emotions", *Cognition and Emotion*, 6(3-4).

Ekman, P.(1992). *Telling Lies; Clues to Deceit in the Marketplace, Marriage, and Politics*, 2nd ed., New York: W. W. Norton.

Ekman, P.(2001). *Telling Lies; Clues to Deceit in the Marketplace, Politics and Marriage*, New York: W. W. Norton.

Ekman, P., & O'Sullivan, M.(1991). "Who Can Catch a Liar?", *American Psychologist*, 46(9).

Ekman, P., O'Sullivan, M., Friesen, W. V., & Scherer, K. R.(1991). "Invited Article; Face, Voice, and Body in Detecting Deceit", *Journal of Nonverbal Behavior*, 15(2).

Elaad, E., Ginton, A., & Ben Shakhar, G.(1994). "The Effects of Prior Expectations and Outcome Knowledge on Polygraph Examiners' Decisions", *Journal of Behavioral Decision Making*, 7(4).

Englich, B., & Mussweiler, T.(2001). "Sentencing Under Uncertainty; Anchoring Effects in the Courtroom", *Journal of Applied Social Psychology*, 31(7).

Englich, B., Mussweiler, T. & Strack, F.(2006). "Playing Dice with Criminal Sentences; The Influence of Irrelevant Anchors on Experts' Judicial Decision Making", *Personality and Social Psychology Bulletin*, 32(2).

Farrington, D. P.(1987). "Early Precursors of Frequent Offending", in J. Q. Wilson and G. C. Loury(eds.), *From Children to Citizen; Families, Schools, and Delinquency Prevention*, New York: Springer.

Feldman-Summers, S., & Lindner, K.(1976). "Perceptions of Victims and Defendants in Criminal Assault Cases", *Criminal Justice and Behavior*, 3(2).

Findley, K. A., & Scott, M. S.(2006). "The Multiple Dimensions of Tunnel Vision in Criminal Cases", *Wisconsin Law Review*, 2.

Fisher, R. P., & Chandler, C. C.(1984). "Dissociations Between Temporally Cued And Thematically Cued Recall", *Bulletin of the Psychonomic Society*, 22(5).

Fisher, R. P., & Geiselman, R. E.(1992). *Memory Enhancing Techniques for Investigative Interviewing; The Cognitive Interview*, Springfield, IL: Charles C. Thomas.

Fisher, R. P., & McCauley, M. R.(1995). "Information Retrieval; Interviewing Witnesses", in N. Brewer & C. Wilson(Eds.), *Psychology and Policing*, Mahwah, New Jersey: Lawrence Erlbaum Associates.

Fisher, R. P.(1995). "Interviewing Victims and Witnesses of Crime", *Psychology, Public*

*Policy and Law*, 1(4).

Fisher, R. P., Brennan, K. H., & McCauley, M. R.(2001). "The Cognitive Interview Method to Enhance Eyewitness Recall", in *Memory and Suggestibility in the Forensic Interview*, London: Routledge.

Fisher, R. P., Geiselman, R. E. & Raymond, D. S.(1987). "Critical Analysis of Police Interview Techniques", *Journal of Police Science and Administration*, 15(3).

Fisher, R. P., McCauley, M. R., & Geiselman, R. E.(1994). "Improving Eyewitness Testimony with the Cognitive Interview", in D. Ross, J. D. Read, & M. Toglia(Eds.), *Adult Eyewitness Testimony and Current Trends and Developments*, New York: Springer-Verlag.

Fivush, R., & Nelson, K.(2004). "Culture and Language in the Emergence of Autobiographical Memory", *Psychological Science*, 15(9).

Fragale, A. R., Rosen, B., Xu, C., & Merideth, I.(2009). "The Higher They Are, the Harder They Fall; The Effects of Wrongdoer Status on Observer Punishment Recommendations and Intentionality Attributions", *Organizational Behavior and Human Decision Processes*, 108(1).

Frank, D., Read, J. D., & Toglia, M. P.(1994). *Adult Eyewitness Testimony; Current Trends and Developments*, New York: Cambridge University Press.

Freckelton, I., Goodman, D. J., Horan, J., & McKimmie, B.(2016). *Expert Evidence and Criminal Jury Trials*, Oxford: Oxford University Press.

Gabora, N. J., Spanos, N. P., & Joab, A.(1993). "The Effects of Complaint Age and Expert Psychological Testimony in a Simulated Child Sexual Abuse Trial", *Law and Human Behavior*, 17.

Garofalo, J.(1987). "Reassessing the Lifestyle Model of Criminal Victimization", in M. Gottfredson and T. Hirschi(Eds.), *Positive Criminology*, Beverly Hills, CA: Sage Publications.

Garrett, B. L., & Neufeld, P. J.(2009). "Invalid Forensic Science Testimony and Wrongful Convictions", *Virginia Law Review*, 95(1).

Geberth, V. J.(1996). "An Educated Attempt to Provide Investigative Agencies With Specific Information as to the Type of Individual Who Committed a Certain Crime", in *Practical Homicide Investigation*, New York: CRC Press.

Geiselman, E., Fisher, R. P., Firstenberg, I., Hutton, L. A., Sullivan, S. J., Avetissian, I. V., & Prosk, A. L.(1984). "Enhancement of Eyewitness Memory; An Empirical Evaluation of the Cognitive Interview", *Journal of Police Science and Administration*, 12(1).

Geiselman, R. E., & Callot, R.(1990). "Reverse Versus Forward Recall of Script based Texts", *Applied Cognitive Psychology*, 4(2).

Geiselman, R. E.(1987). "The Cognitive Interview Techniques for Interviewing Victims and Witnesses of Crime", *Prosecutor's Brief*, 18-20.

Geiselman, R. E.(2012). "The Cognitive Interview for Suspects(CIS)", *American Journal of Forensic Psychology*, 30(3).

Geiselman, R. E., Fisher, R. P., Cohen, G., Holland, H., & Surtes, L.(1986). "Eyewitness Responses to Leading and Misleading Questions under the Cognitive Interview", *Journal of Police Science and Administration*, 14(1).

Geiselman, R. E., Fisher, R. P., MacKinnon, D. P., & Holland, H. L.(1985). Eyewitness Memory Enhancement in the Police Interview; Cognitive Retrieval Mnemonics Versus hypnosis. *Journal of Applied Psychology*, 70(2).

Geiselman, R. E., Fisher, R. P., MacKinnon, D. P., & Holland, H. L.(1985). "Eyewitness Memory Enhancement in the Police Interview; Cognitive Retrieval Mnemonics Versus Hypnosis", *Journal of Applied Psychology*, 70.

Goodman, D. J. & Sporer, S. L.(2010). "Unconscious Influences in Sentencing Decisions; A Research Review of Psychological Sources of Disparity", *Australian Journal of Forensic Sciences*, 42(1).

Goodman, M. D.(2010). "A Hedgehog on the Witness Stand-What's the Big Idea?; The Challenges of Using Daubert to Assess Social Science and Nonscientific Testimony", *American University Law Review*, 59.

Goodwill, A., & Alison, L.(2007). "When is Profiling Possible?; Offense Planning and Aggression as Moderators in Predicting Offenders' Age From Victim Age in Stranger Rape", *Behavioral Sciences and the Law*, 25(6).

Gordon, R. A., & Fleisher, W.(2002). *Effective Interviewing and Interrogation Techniques*, London: Academic Press.

Gordon, R. A., Baxter, J. C., Rozelle, R. M., & Druckman, D.(1987). "Expectations of Honest, Evasive and Deceptive Nonverbal Behavior", *Journal of Social Psychology*, 127(2).

Granhag, P. A., & Strömwall, L. A.(2004). *The Detection of Deception in Forensic Contexts*, Cambridge, England: Cambridge University Press.

Granhag, P. A., Andersson, L. O., Strömwall, L. A., & Hartwig, M.(2004). "Imprisoned Knowledge; Criminals' Beliefs about Deception", *Legal and Criminological Psychology*, 9(1).

Grann, M., Belfrage, H., & Tengstrom, A.(2000). "Actuarial Assessment of Risk for Violence; Predictive Validity of the VRAG and Historical Part of the HCR-20", *Criminal Justice and Behavior*, 27.

Greene, E., & Dodge, M.(1995). "The Influence of Prior Record Evidence on Juror Decision Making", *Law and Human Behavio*r, 19(1).

Greene, E., & Heilbrun, K.(2019). *Wrightsman's Psychology and the Legal System*, 9th ed., Canada: Cengage Learning.

Grinshteyn, E., & Hemenway, D.(2016). "Violent Death Rates; The US Compared with Other High-Income OECD Countries"(2010). *The American Journal of Medicine*, 129(3).

Grisso, T.(1991). A Developmental History of the American Psychology; Law Society, *Law and Human Behavior*, 23.

Grove, W. M., & Meehl, P. E.(1996). "Comparative Efficiency of Informal (Subjective, Impressionistic) and Formal (Mechanical, Algorithmic) Prediction Procedures; The Clinical-Statistical Controversy", *Psychology, Public Policy, and Law*, 2(2).

Grubin, D., Kelly, P., & Brunsdon, C.(2001). "Linking Serious Sexual Assaults Through Behavior", *London Home Office Research Development and Statistics Directorate*, London Home Office.

Gudjonsson, G. H., & Clark, N. K.(1986). "Suggestibility in Police Interrogation; A Social Psychological Model", *Social Behavior*, 1(2).

Gudjonsson, G. H., & Copson, G.(1997). "The Role of the Expert in Criminal Investigation", In J. L. Jackson, & D. A. Bekerian(Eds.), *Offender Profiling; Theory, Research and Practice*, West Sussex, England: John Wiley & Sons.

Gudjonsson, G.(2002). *The Psychology of Interrogations and Confessions; a Handbook, Chichester*, UL: Wiley.

Guerette, R.(2002). "Geographic Profiling", in David Levinson, *Geographic Profiling*, SAGE Publications.

Guthrie, C., Rachlinski, J. J., & Wistrich, A. J.(2001). "Inside the Judicial Mind", *Cornell Law Review*, 86(4).

Haney, C.(1980). "Psychology and Legal Change; On the Limits of a Factual Jurisprudence", *Law and Human Behavior*, 4(3).

Hanson, R. K.(2009). "The Psychological Assessment of Risk for Crime and Violence", *Canadian Psychology*, 50(3).

Hare, R. D.(2003). *The Hare Psychopathy Checklist-Revised Technical Manual*, 2nd ed.,

Toronto: Multi-Health Systems.

Hawton, K. E., & Sharpe, M.(1991). "Psychological Problems in the Medically Ill; Consultation-Liaison Psychiatry and Fatigue", *Current Opinion in Psychiatry*, 4.

Heilbrun, K. & Brooks, S.(2010). "Forensic Psychology and Forensic Science; A Proposed Agenda for the Next Decade", *Psychology, Public Policy and Law*, 3.

Heilbrun, K., Hart, S., Hare, R. D., Gustafson, D., Nunez, C., & White, A.(1998). "Inpatient and Post Discharge Aggression in Mentally Disordered Offenders", *Journal of Interpersonal*, 13.

Heilbrun, K., Marczyk, G. R., & DeMatteo, D.(2002). *Forensic Mental Health Assessment; A Casebook*, New York: Oxford.

Henderson, C., & Epstein, J.(2011). "The Future of Evidence", *Science & Technology Law*.

Hershkowitz, I., Lamb, M. E., & Katz, C.(2014). "Allegation Rates in Forensic Child Abuse Investigations; Comparing the Revised and Standard NICHD Protocols", *Psychology, Public Policy, and Law*, 20(3).

Hess, A. K., & Weiner, I. B.(1999). *The Handbook of Forensic Psychology*, 2nd ed., New York, NY: Wiley.

Hicks, B. M., Markon, K. E., Patrick, C. J., Krueger, R. F., Newman, J. P.(2004). "Identifying Psychopathy Subtypes on the Basis of Personality Structure", *Psychological Assess*, 16(3).

Hill, C., Memon, A., & McGeorge, P.(2008). "The Role of Confirmation Bias in Suspect Interviews; A Systematic Evaluation", *Legal and Criminological Psychology*, 13(2).

Hindelang, M. S., Gottfredson, M., & Garofalo, J.(1978). *Victims of Personal Crime*, Cambridge, Mass: Ballinger Publishing Company.

Höfer, E., Akehurst, L., & Metzger, G.(1996). *Reality Monitoring; A Chance for Further Development of CBCA?*, Paper presented at the annual meeting of the European Association on Psychology and Law, Sienna, Italy.

Hoffman, P.(1994). "Twenty Years of Operational Use of a Risk Prediction Instrument; The United States Parole Commission's Salient Factor Score", *Journal of Criminal Justice*, 22(6).

Holmes, R. M., & Holmes, S. T.(2002). *Profiling Violent Crimes; An Investigative Tool*, 3rd ed., California: Sage Publications.

Holmes, R. M., & Holmes, S. T.(1996). *Profiling Violent Crimes; An Investigative Tool*, 2nd ed., Sage Publications, Inc.

Homant, R. J., & Kennedy, D. B.(1998). "Psychological Aspects of Crime Scene Profiling;

Validity Research", *Criminal Justice and Behavior*, 25(3).

Horvath, F., Jayne, B., & Buckley, J.(1994). "Differentiation of Truthful and Deceptive Criminal Suspects in Behavior Analysis Interviews", *Journal of Forensic Sciences*, 39(3).

Hosch, H. M., Culhane, S. E., Jolly, K. W., Chavez, R. M., & Shaw, L. H.(2011). "Effects of an Alibi Witness's Relationship to the Defendant on Mock Jurors' Judgments", *Law and Human Behavior*, 35(2).

Hyman, I. E., Husband, T. H., & Billings, F. J.(1995). "False Memories of Childhood Experiences", *Applied Cognitive Psychology*, 9(3).

Inbau, F. E., Reid, J. E., Buckley, J. P., & Jayne, B. C.(2001). *Criminal Interrogation and Confessions*, Boston, Massachusetts: An Aspen Publication.

Inbau, F. E., Reid, J. E., Buckley, J. P., & Jayne, B. C.(2013). *Essentials of the Reid Technique; Criminal Interrogation and Confessions*, Burlington, Massachusetts: Jones & Bartlett Publishers.

Inbau, F. E., Reid, J. E., Buckley, J. P., & Jayne, B. C.(2005). *Essentials of the Reid Technique; Criminal Interrogation and Confessions*, Sudbury, MA: Jones and Bartlett.

Innes, M.(2003). *Understanding Social Control; Crime and Social Order in Late Modernity*, UK: McGraw-Hill Education.

Isometsa, E. T.(2001). "Psychological Autopsy Studies; A Review", *European Psychiatry*, 16.

Jang, M., Luke, T. J., Granhag, P. A., & Vrij, A.(2020). "The Impact of Evidence Type on Police Investigators' Perceptions of Suspect Culpability and Evidence Reliability", *Zeitschrift für Psychologie*, 228(3).

Janus, E. S.(2006). *Failure to Protect; America's Sexual Predator Laws And the Rise of the Preventive State*, New York: Cornell University Press.

Jayne, B. C. & Buckley, J. P.(1999). *The Investigator Anthology; A Compilation of Articles and Essays about the Reid Technique of Interviewing and Interrogation*, Chicago, IL: John E. Reid and Associates.

Johnson, M. K.(1988). "Reality Monitoring; An Experimental Phenomenological Approach", *Journal of Experimental Psychology; General*, 117(4).

Johnson, M. K., Foley, M. A., Suengas, A. G., & Raye, C. L.(1988). "Phenomenal Characteristics of Memories for Perceived and Imagined Autobiographical Events", *Journal of Experimental Psychology; General*, 117(4).

Johnson, M. K. & Raye, C. L.(1981). "Reality Monitoring", *Psychological Review*, 88(1).

Kagawa, R. M. C., Stewart, S., Wright, M. A., Shev, A. B., Pear, V. A., McCort, C. D., Pallin, R., Asif-Sattar, R., Sohl, S., Kass, P. H., Cerda, M., Gruenewald, P., Studdert, D. M., & Wintemute, G. J.(2020). "Association of Prior Convictions for Driving under the Influence with Risk of Subsequent Arrest for Violent Crimes among Handgun Purchasers", *JAMA Internal Medicine*, 180(1).

Kalven, H., & Zeisel, H.(1967). *The American Jury*, Boston, MA: Little Brown.

Kassin, S. M., & Gudjonsson, G. H.(2004). "The Psychology of Confessions; A Review of the Literature and Issues", *Psychological Science in the Public Interest*, 5(2).

Kassin, S. M., & Sukel, H.(1997). "Coerced Confessions and the Jury; An Experimental Test of the Harmless Error Rule", *Law and Human Behavior*, 21(1).

Kassin, S. M., Drizin, S. A., Grisso, T., Gudjonsson, G. H., Leo, R. A., & Redlich, A. D.(2010). "Police-Induced Confessions; Risk Factors and Recommendations", *Law and Human Behavior*, 34(1).

Kassin, S. M., Dror, I. E., & Kukucka, J.(2013). "The Forensic Confirmation Bias; Problems, Perspectives, and Proposed Solutions", *Journal of Applied Research in Memory and Cognition*, 2(1).

Kassin, S. M., Ellsworth, P. C., & Smith, V. L.(1989). "The 'General Acceptance' of Psychological Research on Eyewitness Testimony; A Survey of the Experts", *American Psychologist*, 44(8).

Kassin, S. M., Ellsworth, P. C., & Smith, V. L.(2001). "The 'General Acceptance' of Psychological Research on Eyewitness Testimony; A New Survey of the Experts", *American Psychologist*, 56(5).

Kassin, S. M., Goldstein, C. C., & Savitsky, K.(2003). "Behavioral Confirmation in the Interrogation Room; On the Dangers of Presuming Guilt", *Law and Human Behavior*, 27(2).

Kebbell, M. R., & Hatton, C.(1999). "People with Mental Retardation as Witness in Court; A Review", *American Association on Mental Retardation*, 37(3).

Kenneth, R. L., Judith, F. A., & Alan, B. L.(1971). "Recognition of Human Faces; Effects of Target Exposure Time, Target Position, Pose Position, and Type of Photograph", *Journal of Applied Psychology*, 55(5).

King, M., & Yuille, J.(1987). "Suggestibility and the Child Witness", in S. J. Ceci, M. Toglia & D. Ross(Eds.), *Children's Eyewitness Memory*, New York: Springer-Verlag.

Kocsis, R. N., & Palermo, G. B.(2016). "Criminal Profiling as Expert Witness Evidence; The Implications of the Profiler Validity Research", *International Journal of Law and Psychiatry*, 49.

Köhnken, G.(1989). "Behavioral Correlates of Statement Credibility; Theories Paradigms and Results", in H. Wegener, F. Lösel & J. Haisch(Eds.), *Criminal Behavior and the Justice System; Psychological Perspectives*, New York: Springer-Verlag.

Köhnken, G., Schimossek, E., Aschermann, E., & Höfer, E.(1995). "The Cognitive Interview and the Assessment of the Credibility of Adults' Statements", *Journal of Applied Psychology*, 80(6).

Köhnkena, G., Manzanero, A. L., & Scott, M. T.(2015). "Análisis de la Validez de las Declaraciones; Mitosy Limitaciones", *Anuario de Psicología Jurídica*, 25.

Koo, T. K., & Li, M. Y.(2016). A Guideline of Selecting and Reporting Intraclass Correlation Coefficients for Reliability Research, *Journal of Chiropractic Medicine*, 15(2).

Koocher, G. P., Goodman, G. S., White, C. S., Friedrich, W. N., Sivan, A. B., & Reynolds, C. R.(1995). "Psychological Science and the Use of Anatomically Detailed Dolls in Child Sexual-Abuse Assessments", *Psychological Bulletin*, 118(2).

Kovera, M. B., & Borgida, E.(1996). "Children on the Witness Stand; The Use of Expert Testimony and Other Procedural Innovation in U. S. Child Sexual Abuse Trials", in Bette L. Bottoms & Gail S. Goodman(eds.), *International Perspectives on Child Abuse and Children's Testimony; Psychological Research and Law*, London: Sage Publications.

Kovera, M. B., Levy, R. J., Borgida, E., & Penrod, S. D.(1994). "Expert Testimony in Child Sexual Abuse Cases; Effects of Expert Evidence Type and Cross-Examination", *Law and Human Behavior*, 18.

Krafka, C., Dunn, M. A., Johnson, M. T., Cecil, J. S., & Miletich D.(2002). "Judge and Attorney Experiences, Practices, and Concerns Regarding Expert Testimony in Federal Civil Trials", *Psychology, Public Policy, and Law*, 8(3).

Krahé, B., Temkin, J., & Bieneck, S.(2007). "Schema Driven Information Processing in Judgements about Rape", *Applied Cognitive Psychology*, 21(5).

Kramer, G. P., Bernstein, D. A., & Phares, V. 공저, 황순택, 강대갑, 권지은 공역(2012). 임상심리학의 이해, 서울: 학지사.

Kukucka, J., & Kassin, S. M.(2014). "Do Confessions Taint Perceptions of Handwriting Evidence?; An Empirical Test of the Forensic Confirmation Bias", *Law and Human Behavior*, 38(3).

Kwon, Seok-Man(2012). *Modern Ideal Psychology*, Seoul, Korea: Hagjisa.

Ladapo, J. A., Elliott, M. N., Kanouse, D. E, Schwebel, D. C., Toomey, S. L., Mrug, S., Cuccaro, P. M., Tortolero, S. R., & Schuster, M. A.(2016). "Firearm Ownership and Acquisition among Parents with Risk Factors for Self-Harm or Other Violence", *Academic Pediatrics*, 16(8).

La-Fon, D. S.(2008). "The Psychological Autopsy", in *Criminal Profiling; An Introduction to Behavioral Evidence Analysis*, Elsevier Academic Press.

Lakhani, M., & Taylor, R.(2003). "Beliefs About the Cues to Deception in High-And Low-Stake Situations", *Psychology, Crime & Law*, 9(4).

Laqueur, H. S., Kagawa, R. M. C., Wright, M., & Wintemute, G. J.(2019). "Alcohol-Related Crimes and Risk of Arrest for Intimate Partner Violence among California Handgun Purchasers", *Health Affairs*, 38.

Larsson, A. S., & Granhag, P. A.(2005). "Interviewing Children with the Cognitive Interview; Assessing the Reliability of Statements Based on Observed and Imagined Events", *Scandinavian Journal of Psychology*, 46(1).

Latts, M. G., & Geiselman, R. E.(1991). "Interviewing Survivors of Rape", *Journal of Police and Criminal Psychology*, 7(1).

Levenson, T. R., Ekman, P., & Friesen, W. V.(1990). "Voluntary Facial Action Generates Emotion-Specific Autonomic Nervous System Activity", *Psychophysiology*, 27(4).

Lidén, M., Gräns, M., & Juslin, P.(2018). "The Presumption of Guilt in Suspect Interrogations; Apprehension as a Trigger of Confirmation Bias and Debiasing Techniques", *Law and Human Behavior*, 42(4).

Lieberman, J. D., Carrell, C. A., Miethe, T. D., & Krauss, D. A.(2008). "Gold Versus Platinum; Do Jurors Recognize the Superiority and Limitations of DNA Evidence Compared to Other Types of Forensic Evidence?", *Psychology, Public Policy and Law*, 14(1).

Lilienfeld, S. O., Ammirati, R., & Landfield, K.(2009). "Giving Debiasing Away; Can Psychological Research on Correcting Cognitive Errors Promote Human Welfare?, Perspectives on-74", *Psychological Science*, 4(4).

Lindsay, R. C. L., Lim, R., Marando, L., & Cully, D.(1986). "Mock Juror Evaluations of Eyewitness Testimony; A Test of Metamemory Hypotheses 1", *Journal of Applied Social Psychology*, 16(5).

Loftus, E. F., & Palmer, J. C.(1974). "Reconstruction of Automobile Destruction; An Example Between Language and Memory", *Journal of Verbal Learning and Verbal Behavior*, 13(5).

Loftus, E. F.(2005). "Planting Misinformation in the Human Mind; A 30-Year Investigation of the Malleability of Memory", *Learning and Memory*, 12(4).

Lord, C. G., Ross, L., & Lepper, M. R.(1979), "Biased Assimilation and Attitude Polarization; The Effects of Prior Theories on Subsequently Considered Evidence", *Journal of Personality and Social Psychology*, 37(11).

Lubbe, L. L.(2010). *A Competency Model for Security Officers; A Qualitative Design*, Master's Dissertation, University of South Africa.

Magnussen, S., Wise, R. A., Raja, A. Q., Safer, M. A., Pawlenko, N., & Stridbeck, U.(2008), "What Judges Know About Eyewitness Testimony; A Comparison of Norwegian and US Judges", *Psychology, Crime & Law*, 14(3).

Magnusson, M., Ernberg, E., Landström, S., & Akehurst, L.(2020). "Forensic Interviewers' Experiences of Interviewing Children of Different Ages", *Psychology, Crime & Law*, 26(10).

Mann, S., Vrij, A., & Bull, R.(2002). "An Analysis of Authentic High-Stake Liars", *Law and Human Behavior*, 26(3).

Mann, S., Vrij, A., & Bull, R.(2004). "Detecting True Lies; Police Officers' Ability to Detect Suspects' Lies", *Journal of Applied Psychology*, 89(1).

Marshall, B. C., & Alison, L. J.(2006). "Structural Behavioural Analysis as a Basis for Discriminating Between Genuine and Simulated Rape Allegations", *Journal of Investigative Psychology and Offender Profiling*, 3(1).

Mason, M. A.(1991). "A Judicial Dilemma; Expert Witness Testimony in Child Sex Abuse Cases", *Journal of Psychiatry and Law*, 19(3-4).

Maurer, T. W. & Robinson, D. W.(2008). "Effects of Attire, Alcohol, and Gender on Perceptions of Date Rape", *Sex Roles*, 58(5).

McAllister, H. A., & Bregman, N. J.(1989). "Juror Underutilization of Eyewitness Nonidentifications; A Test of the Disconfirmed Expectancy Explanation 1", *Journal of Applied Social Psychology*, 19(1).

McGinty, E. B., Choksy, S., & Wintemute, G. J.(2016). "The Relationship between Controlled Substances and Violence", *Epidemiologic Reviews*, 38(1).

McNamara, K., Vattano, F., & Viney, W.(1993). "Verdict, Sentencing and Certainty as a Function of Sex of Juror and Amount of Evidence in a Simulated Rape Trial", *Psychological Reports*, 72(2).

Mehrabian, A., & Ferris, J.(1967). "Inference of Attitudes From Non-verbal Communication in Two Channels", *Journal of Consulting and Clinical Psychology*, 31(3).

Mehrabian, A.(1971). *Silent Message*, Belmont, California: Wadsworth.

Melton, G. B., Petrila, J., Poythress, N. G., & Slobogin, C.(1997). *Psychological Evaluations for the Courts; A Handbook for Mental Health Professionals and Lawyers*, 2nd ed., New York: Guilford.

Memon, A., & Bull, R.(1991). "The Cognitive Interview; Its Origins, Empirical Support, Evaluation and Practical Implications", *Journal of Community & Applied Social Psychology*, 1(4).

Memon, A., Holley, A., Wark, L., Bull, R., & Koehnken, G.(1996). "Reducing Suggestibility in Child Witness Interviews", *Applied Cognitive Psychology*, 10(6).

Memon, A., Meissner, C. A., & Fraser, J.(2010). "The Cognitive Interview; A Meta-Analytic Review and Study Space Analysis of the Past 25 Years", *Psychology, Public Policy, and Law*, 16(4).

Mertens, R., & Allen, J. J.(2008). "The Role of Psychophysiology in Forensic Assessments; Deception Detection, ERPs, and Virtual Reality Mock Crime Scenarios", *Psychophysiology*, 45(2).

Mills, B. M., Nurius, P. S., Matsueda, R. L., Rivara, F. P., & Rowhani-Rahbar, A.(2018). "Prior Arrest, Substance Use, Mental Disorder, and Inten; Specific Firearm Injury", *American Journal of Preventive Medicine*, 55(3).

Mills, J. F., Kroner, D. G., & Hemmati, T.(2004). "The Measures of Criminal Attitudes and Associates(MCAA); The Prediction of General and Violent Recidivism", *Criminal Justice and Behavior*, 31.

Milne, R., & Bull, R.(1999). *Investigative Interviewing; Psychology and Practice*, Chichester: John Wiley.

Milne, R., Bull, R., Koehnken, G., & Memon, A.(1995). "The Cognitive Interview and Suggestibility", *Issues in Criminological & Legal Psychology*, 22.

Milne, R., Clare, I. C. H., & Bull, R.(1999). "Using the Cognitive Interview with Adults with Mild Learning Disabilities", *Psychology, Crime and Law*, 5(1-2).

Monahan, J., & Walker, W.(2014). *Social Science in Law; Cases and Materials*, Hawthorne, CA: GF Books, Inc.

Moore, M. D., & Bergner, C. M.(2016). "The Relationship between Firearm Ownership and Violent Crime". *Justice Policy Journal*, 13(1).

Morrison, S., & Greene, E.(1992). "Juror and Expert Knowledge of Child Sexual Abuse", *Child Abuse and Neglect*, 16(4).

Mossman, D.(1994). "Assessing Predictions of Violence; Being Accurate about Accuracy",

*Journal of Consulting and Clinical Psychology*, 62(4).

Moston, S., & Engelberg, T.(1993). "Police Questioning Techniques in Tape Recorded Interviews with Criminal Suspects", *Policing and Society; An International Journal*, 3(3).

Nathanson, R., & Saywitz, K. J.(2015). "Preparing Children for Court; Effects of a Model Court Education Program on Children's Anticipatory Anxiety", *Behavioral Sciences & the Law*, 33(4).

Nathanson, R. K., & Saywitz, J.(2015). "Preparing Children for Court; Effects of a Model Court Education Program on Children's Anticipatory Anxiety", *Behavioral Sciences & the Law*, 33(4).

National Research Council(2009). *Strengthening Forensic Science in the United States; A Path Forward*, Washington D.C.: The National Academies Press.

Nederhof, A. J.(1985). "Methods of Coping with Social Desirability Bias; A Review", *European Journal of Social Psychology*, 15(3).

Neisser U.(1982). *Memory Observed; Remembering in Natural Contexts*, San Francisco: W. H. Freeman & Company.

Newman, O.(1972). *Defensible Space*, New York: Macmillian Publishing Company.

Nickerson, R. S.(1998). "Confirmation Bias; A Ubiquitous Phenomenon in Many Guises", *Review of General Psychology*, 2(2).

Nightingale, N. N.(1993). "Juror Reactions to Child Victim Witnesses; Factors Affecting Trial Outcome", *Law and Human Behavior*, 17(6).

Noon, E., & Hollin, C. R.(1987). "Lay Knowledge of Eyewitness Behavior; A British Survey", *Applied Cognitive Psychology*, 1(2).

Nuffield, J.(1982). *Parole Decision-Making in Canada; Research towards Decision Guidelines*, Ottawa: Solicitor General of Canada.

O'Hair, D., Cody, M. J., Wang, X. & Chen, E.(1990). "Vocal Stress and Deception Detection Among Chinese", *Communication Quarterly*, 38(2).

Oberlader, V. A.(2019). *Meta-Analyses on the Validity of Verbal Tools for Credibility Assessment*, Doctoral Dissertation, University of Bonn, Germany.

Odinot, G. & Wolters, G.(2006). "Repeated Recall, Retention Interval and the Accuracy - Confidence Relation in Eyewitness Memory", *Applied Cognitive Psychology*, 20(7).

Olson, E. A., & Charman, S. D.(2012). "'But can you prove it?', Examining the Quality of Innocent Suspects' Alibis", *Psychology, Crime & Law*, 18(5).

Olson, E. A., & Wells, G. L.(2004). "What Makes a Good Alibi?, A Proposed Taxonomy",

*Law and Human Behavior*, 28(2).

Ortmeier, P. J.(1999). *Public Safety and Private Security Administration*, Woburn, MA: Butterworth-Heinemann.

Otto, A. L., Penrod, S. D., & Dexter, H. R.(1994). "The Biasing Impact of Pretrial Publicity on Juror Judgments", *Law and Human Behavior*, 18(4).

Otto, R. K., & Goldstein, A. M.(2013). "Overview of Forensic Psychology", in R. K. Otto & I. B. Weiner, 2nd eds., vol. 11, *Handbook of Psychology; Forensic Psychology*, New Jersey: John Wiley & Sons.

Otto, R. K. & Ogloff, J. R. P.(2014). "Defining Forensic Psychology", in I. B. Weiner & R. K. Otto, eds., *The Handbook of Forensic Psychology*, 4th ed., New Jersey: John Wiley & Sons.

Packer, I. K., & Borum, R.(2013). "Forensic Training and Practice", in R. K. Otto & I. B. Weiner, 2nd eds., vol. 11, *Handbook of Psychology; Forensic Psychology*, New Jersey: John Wiley & Sons.

Pear, V. A., Wright, M. A., Shev, A. B., Wintemute, G. J., & Kagawa, R. M. C.(2021). "Criminal Charge History, Handgun Purchasing, and Demographic Characteristics of Legal Handgun Purchasers in California", *Injury Epidemiology*, 8(1).

Pennebaker, J. W., & Hoover, C. W.(1986). "Consciousness and Self-Regulation, Inhibition and Cognition; Toward an Understanding of Trauma and Disease", *Journal of Abnormal Psychology, Consciousness and Self-Regulation*, 4.

Phillips, D. L., & Clancy, K. J.(1972). "Some Effects of Social Desirability in Survey Studies", *American Journal of Sociology*, 77(5).

Pinizzotto, A. J., & Finkel, N. J.(1990). "Criminal Personality Profiling; An Outcome and Process Study", *Law and Human Behaviour*, 14(3).

Porter, S., & Yuille, J, C.(1996). "The Language of Deceit; An Investigation of the Verbal Clues to Deception in the Interrogation Context", *Law and Human Behavior*, 20(4).

Putwain, D., & Sammons, A.(2002). *Psychology and Crime*, NY: Routledge.

Quinsey, V. L., Harris, G. T., Rice, M. E., & Cormier, C. A.(1998). *Violent Offenders; Appraising and Managing Risk*, Washington, DC: American Psychological Association.

Rainbow, L.(2008). "Taming the Beast; The UK Approach to the Management of Behavioral Investigative Advice", *Journal of Police and Criminal Psychology*, 23(2).

Raskin, D. C.(1982). "The Scientific Basis of Polygraph Techniques and Their Uses in the Judicial Process", in H. D. Kimmel, E. H. Van Olst & J. F. Orlebeke(eds.), *The Orienting Reflex in Humans*, Hillsdale, NJ: Erlbaum.

Raskin, D. C., & Esplin, P. W.(1991). "Statement Validity Assessment; Interview Procedures and Content Analysis of Children's Statements of Sexual Abuse", *Behavioral Assessment*, 13(3).

Raskin, D. C., Kircher, J. C., Honts, C. R., & Horowitz, S. W.(2019). "A Study of the Validity of Polygraph Examinations in Criminal Investigation; Final Report to the National Institute of Justice Grant no. 85-IJ-CX-0040", *Polygraph*, 48(1).

Read, J. D., Yuille, J. C., & Tollestrup, P.(1992). "Recollections of a Robbery; Effects of Arousal and Alcohol Upon Recall and Person Identification", *Law & Human Behavior*, 16(4).

Ressler, R. K., Burgess, A. W., & Douglas, J. E.(1988). *Sexual Homicide; Patterns and Motives*, New York: Free Press.

Robins, E., Gassner, S., Kayes, J., Wilkinson, R. H. Jr., & Murphy, G. E.(1959). "The Communication of Suicidal Intent; A Study of 134 Consecutive Cases of Successful (Completed) Suicide", *American Journal of Psychiatry*, 115.

Roesch, R., Zapf, P. A., & Hart, S. D.(2010). *Forensic Psychology and Law*, Hoboken, NJ: John Wiley & Sons, Inc.

Rosenfeld, J. P., Hu, X., Labkovsky, E., Meixner, J., & Winograd, M.(2013). "Review of Recent Studies and Issues Regarding the P300-Based, Complex Trial Protocol for Detection of Concealed Information", *International Journal of Psychophysiology*, 90.

Rosenfeld, J. P., Soskins, M., Bosh, G., & Ryan, A.(2004). "Simple, Effective Countermeasures to P300-Based Tests of Detection of Concealed Information". *Psychophysiology*, 41(2).

Ruby, C. L., & Brigham, J. C.(1997). "The Usefulness of the Criteria-Based Content Analysis Technique in Distinguishing Between Truthful and Fabricated Allegations", *Psychology, Public Policy, and Law*, 3(4).

Runeson, B., & Beskow, J.(1991). "Reactions of Survivors of Suicide Victims to Interviews", *Acta Psychiatrica Scandinavica*, 83(3).

Sagatun, I. J.(1991). "Expert Witnesses in Child Sexual Abuse Cases", *Behavioral Sciences and the Law*, 9(2).

Saks, M. J., & Wissler, R. L.(1984). "Legal and Psychological Bases of Expert Testimony; Surveys of the Law and of Jurors", *Behavioral Sciences and the Law*, 2(4).

Sales, B. D., Shuman, D. W., & O'Connor, M.(1994). "In a Dim Light; Admissibility of Child Sexual Abuse Memories", *Applied Cognitive Psychology*, 8(4).

Santtila, P., & Junkkila, J., & Kenneth Sandnabba, N.(2005). "Behavioral Linking of

Stranger Rapes", *Journal of Investigative Psychology and Offender Profiling*, 2(2).

Santtila, P., Roppola, H., & Niemi, P.(1998). "Assessing the Truthfulness of Witness Statements Made by Children(Aged 7-8, 10-11, and 13-14) Employing Scales Derived from Johnson and Raye's Model of Reality Monitoring", *Expert Evidence*, 6.

Sartori, G., Agosta, S., Zogmaister, C., Ferrara, S. D., & Castiello, U.(2008). "How to Accurately Detect Autobiographical Events", *Psychological Science*, 19(8).

Scherer, J. A., & Jarvis, J. P.(2014). "Criminal Investigative Analysis; Practitioner Perspectives", *FBI Law Enforcement Bulletin*, Quantico, VA.: FBI.

Schleimer, J. P., Wright, M. A., Shev, A. B., McCort, C. D., Asif-Sattar, R., Sohl, S., & Sheley, J. F.(1994). "Drugs and Guns among Inner-City High School Students", *Journal of Drug Education*, 24(4).

Schooler, J. W.(1988). "Knowing When Memory Is Real", *Practical Aspects of Memory; Current Research and Issues*, 1.

Shaver, K.(2012). *The Attribution of Blame; Causality, Responsibility and Blameworthiness*, New York, NY: Springer Science & Business Media.

Shelton, D. E.(2009). "The Admissibility of Social Science Evidence in Criminal Cases", *SSRN Electronic Journal*, Elsevier Inc.

Shepherd, E., Mortimer, A., Turner, V., & Watson, J.(1999). "Spaced Cognitive Interviewing; Facilitating Therapeutic and Forensic Narration of Traumatic Memories", *Psychology, Crime & Law*, 5(1-2).

Shneidman, E. S.(2004). *Autopsy of a Suicidal Mind*, Oxford University Press.

Simons, D. J. & Chabris, C. F.(1999). "Gorillas in Our Midst; Sustained in Attentional Blindness for Dynamic Events", *Perception*, 28(9).

Smith, N., & Willis, C. F.(2001). "Reading Between the Lines; An Evaluation of the Scientific Content Analysis Technique(SCAN)", *Police Research Series, Paper 135*, Policing and Reducing Crime Unit, Development and Statistics Directorate, Clive House, Petty France, London.

Smith, V. L., Kassin, S. M., & Ellsworth, P. C.(1989). "Eyewitness Accuracy and Confidence; Within-Versus Between-Subjects Correlations", *Journal of Applied Psychology*, 74(2).

Snook, B., Cullen, R. M., Bennell, C., Taylor, P. J., & Gendreau, P.(2008). "The Criminal Profiling Illusion; What's Behind the Smoke and Mirrors?", *Criminal Justice and Behavior*, 35(10).

Snyder, M., & Swann, W. B.(1978). "Hypothesis-Testing Processes in Social Interaction", *Journal of Psychology*, 36(11).

Sommers, S. R., & Douglass, A. B.(2007). "Context Matters; Alibi Strength Varies According to Evaluator Perspective", *Legal and Criminological Psychology*, 12(1).

Sporer, S. L.(1997). "The Less Traveled Road to Truth; Verbal Cues in Deception Detection in Accounts of Fabricated and Self-Experiences Events", *Applied Cognitive Psychology*, 11(5).

Steller, M., & Köhnken, G.(1989). "Criteria-Based Content Analysis", in D. C. Raskin(Ed.), *Credibility Assessment*, Deventer: Kluwer.

Steller, M.(1989). "Recent Developments in Statement Analysis", in J. C. Yuille(Ed.), *Credibility Asessment*, Norwell, MA: Kluwer.

Stern, J. A., Walrath, L. C., & Goldstein, R.(1984). "The Endogenous Eye-Blink", *Psychophysiology*, 21(1).

Stewart, S. L., Wintemute, G. J., & Kagawa, R. M. C.(2021). "Alcohol and Drug Offenses and Suicide Risk among Men Who Purchased a Handgun in California; A Cohort Study", *Preventive Medicine*, 153.

Strömwall, L. A., Alfredsson, H. & Landström, S.(2013). "Rape Victim and Perpetrator Blame and the Just World Hypothesis; The Influence of Victim Gender and Age", *Journal of Sexual Aggression*, 19(2).

Summit, R. C.(1983). "The Child Sexual Abuse Accommodation Syndrome", *Child Abuse & Neglect*, 7(2).

Torres, A. N., Boccaccini, M. T., & Miller, H. A.(2006). "Perceptions of the Validity and Utility of Criminal Profiling among Forensic Psychologists and Psychiatrists", *Professional Psychology; Research and Practice*, 37(1).

Tulving, E., & Thomson, D. M.(1973). "Encoding Specificity and Retrieval Processes in Episodic Memory", *Psychological Review*, 80(5).

Turvey, B.(2002). *Criminal Profiling; An Introduction to Behavioral Evidence Analysis*, 2nd ed., London: Academic Press.

Tversky, A., & Kahneman, D.(1974). "Judgement under Uncertainty; Heuristics and Biases, Biases in Judgments Reveal Some Heuristics of Thinking under Uncertainty", *Science*, 185(4157).

Ulmer, J. T., & Steffensmeier, D.(2014). "The Age and Crime Relationship; Social Variation, Social Explanations", in K. M. Beaver, J. C. Barnes, & B. Boutwell Brian(Eds.), *The Nurture Versus Biosocial Debate in Criminology; On the Origins of Criminal Behavior and Criminality*, SAGE Publications Inc.

Undeutsch, U.(1967). "Beurteilung der Glaubhaftigkeit von Aussagen(Evaluation of

Statement Credibility/Statement Calidity Assessment)", in U. Undeutsch(Ed.), *Handbuch der Psychologie*, Göttingen, Germany: Hogrefe.

Undeutsch, U.(1984). "Courtroom Evaluation of Eyewitness Testimony", *International Review of Applied Psychology*, 33(1).

Valenti-Hein, D. C. & Schwartz, L. D.(1993). "Witness Competency in People with Mental Retardation; Implications for Prosecutions of Sexual Abuse", *Sexuality and Disability*, 11(4).

Verschuere, B., Prati, V., & De Houwer, J.(2009). "Cheating the Lie Detector Faking in the Autobiographical Implicit Association Test", *Psychological Science*, 20(4).

Volbert, R., & Steller, M.(2014). "Is This Testimony Truthful, Fabricated, or Based on False Memory?; Credibility Assessment 25 Years After Steller and Köhnken(1989)", *European Psychologist*, 19(3).

Vrij, A., & Semin, G. R.(1996). "Lie Experts' Beliefs about Nonverbal Indicators of Deception", *Journal of Nonverbal Behavior*, 20(1).

Vrij, A.(1995). "Book Review; The Psychology of Interrogations, Confessions and Testimony", *Criminal Justice Review*, 20(1).

Vrij, A.(2000). *Detecting lies and Deceit; The Psychology of Lying and Implications for Professional Practice*, Chichester: John Wiley & Sons.

Vrij, A.(2008). "Nonverbal Dominance Versus Verbal Accuracy in Lie Detection; A Plea to Change Police Practice", *Criminal Justice and Behavior*, 35(10).

Vrij, A.(2019). "Deception and Truth Detection When Analyzing Nonverbal and Verbal Cues", *Applied Cognitive Psychology*, 33(2).

Vrij, A., & Mann, S.(2001). "Who Killed My Relative?; Police Officers' Ability to Detect Real-Life High-Stake Lies", *Psychology, Crime & Law*, 7(2).

Vrij, A., Akehurst, L., Soukara, S., & Bull, R.(2004). "Detecting Deceit via Analyses of Verbal and Nonverbal Behavior in Children and Adults", *Human Communication Research*, 30(1).

Vrij, A., Edward, K., Roberts, K. P., & Bull, R.(2000). "Detecting Deceit via Analysis of Verbal and Nonverbal Behavior", *Journal of Nonverbal Behavior*, 24(4).

Vrij, A., Mann, S., Kristen, S., & Fisher, R. P.(2007). "Cues to Deception and Ability to Detect Lies as a Function of Police Interview Styles", *Law and Human Behavior*, 31.

Webster, C. D., Eaves, D., Douglas, K. S., & Wintrup, A.(1995). *The HCR-20 Scheme; The Assessment of Dangerousness and Risk*, Vancouver: Simon Fraser University and

British Columbia Forensic Psychiatric Services Commission.

Wells, G. L.(1978). "Applied Eyewitness-Testimony Research; System Variables and Estimator Variables", *Journal of Personality and Social Psychology*, 36(12).

Williamson, T.(1996). "Police Investigations; Separating the False and Genuine", *Medicine, Science and the Law*, 36(2).

Wintemute, G. J., Kass, P. H., Stewart, S. L., Cerda, M., & Gruenewald, P. J.(2016). "Alcohol, Drug, and Other Prior Crimes and Risk of Arrest in Handgun Purchasers; Protocol for a Controlled Observational Study", *Injury Prevention*, 22.

Wise, R. A., & Safer, M. A.(2009). "How to Analyze the Accuracy of Eyewitness Testimony in a Criminal Case", *Connecticut Law Review*, 42(2).

Woodhams, J., Bull, R., & Hollin, C. R.(2007). "Case Linkage; Identifying Crimes Committed by the Same Offender", in R. N. Kocsis(Ed.), *Criminal Profiling; International Theory, Research, and Practice*, Totowa, NJ: Human Press.

Woodworth, M. T., & Porter, S.(1999). "In cold blood; Characteristics of Criminal Homicides as a Function of Psychopathy", *Journal of Abnormal Psychology*, 111(3).

Woskett, J., Coyle, I. R., & Lincoln, R.(2007). "The Probity of Profiling; Opinions of Australian Lawyers on the Utility of Criminal Profiling in Court", *Psychiatry, Psychology and Law*, 14(2).

Wright, D. B., Memon, A., Skagerberg, E. M., & Gabbert, F.(2009). "When Eyewitnesses Talk", *Current Directions in Psychological Science*, 18(3).

Wright, D. B., Self, G., & Justice, C.(2000). "Memory Conformity; Exploring Misinformation Effects When Presented by Another Person", *British Journal of Psychology*, 91(2).

Yerkes, R. M., & Dodson, J. D.(1908). "The Relation of Strength of Stimulus to Rapidity of Habit-Formation", *Journal of Comparative Neurology and Psychology*, 18(5).

Young, T. J.(1992). "Procedures and Problems in Conducting a Psychological Autopsy", *International Journal of Offender Therapy and Comparative Criminology*, 36(1), Sage Publications.

Yuille, J. C., Davies, G., Gibling, F., Marxsen, D., & Porter, S.(1994). "Eyewitness Memory of Police Trainees for Realistic Role Plays", *Journal of Applied Psychology*, 79(6).

Zuckerman, M., DePaulo, B. M., & Rosenthal, R.(1981). "Verbal and Nonverbal Communication of Deception", *Advances in Experimental Social Psychology*, 14.

岡田行雄(2002). "ドイツにおける刑事責任能力と触法精神障碍者の處遇", 法律時報, 74(2).

相樂總一, 取材文(2006), ミステリーファンのための; ニッポンの犯罪捜査, 東京: 雙葉社.

河上和雄(1991). 犯罪捜査, 東京: 青林書院.

# 찾아보기

ㄱ

## ㄴ



## ㄷ



## ㄹ

## ㅁ



## ㅂ

## ㅇ

## ㅈ

## ㅊ

## ㅋ



## ㅌ



## ㅍ



## ㅎ

## 기타

## 저자 소개


### 염건령

교육학박사, 형사학박사수료
법무부 법무연수원 외래교수
한국범죄학회 부회장
해양경찰청 과학수사자문위원
한국범죄학연구소 소장
가톨릭대학교 행정학과 초빙교수(탐정학)
여성가족부 폭력예방정책분야 장관자문위원
가톨릭대학교 부설 한국탐정학연구소 소장

### 박영수

행정학박사
중앙경찰학교 수사학과 교수(전)
세명대학교 경찰행정학과 교수(전)
한양대학교 미래인재교육원 겸임교수
동국대학교 법무대학원 탐정학고위정책과정 주임교수
중앙경찰학교 형사법 외래교수
한국범죄학회 학술고문
한국범죄학연구소 부소장

### 김동철

문화예술학박사, 철학박사
명지대학교 사회교육원 심리학 교수(전)
산업통상자원부 심리안전전문가(전)
세종연구소 심리안전강사(전)
스페인 살라망카대학교 연구원(전)
경희대학교 경영대학원 겸임교수(전)
행정안전부 국가민방위재난안전교육원 외래교수
한국범죄학회 회장
울산과학기술원(UNIST) 연구교수

## 김미영

심리학박사
대검찰청 과학수사부 진술분석관(전)
검찰청 전문수사자문위원(전)
법무부 법무연수원 외래교수
한국범죄학회 이사
충청북도경찰청 진술분석기법 과학수사자문위원
진술분석센터 트루바움(Trubaum) 대표

## 홍유진

심리학박사
우석대학교 심리학과 범죄심리학 외래교수
중앙대학교 미래교육원 심리학 외래교수
한양사이버대학교 군경상담학과 외래교수
충청북도경찰청 진술분석기법 과학수사자문위원
한국범죄학회 이사
진술분석센터 트루바움(Trubaum) 수석연구원

## 민수진

사회복지학박사
충남지방경찰학교 외래교수(전)
법무부 법무연수원 외래교수
행정안전부 지방자치인재개발원 초빙교수
법무부 인천공항출입국외국인청 성희롱고충심의위원
한국범죄학연구소 선임연구위원
한국범죄학회 범죄예방연구센터장
한국범죄학회 수석이사

## 이인곤

성균관대 법과대학원 졸업(형사법 박사)
성균관대 법과대학 법학연구원 선임연구원(현)
성균관대 법학연구원 학술연구교수(전)
호서대학교 법경찰행정학과 교수(전)
호서대학교 법경찰행정학과 초빙교수(현)
한국외국어대 법학연구소 박사 후 연구원(전)
(국립)중앙경찰학교 경찰행정법 외래교수(현)
(국립)중앙경찰학교 형법, 형사소송법, 법학개론 외래교수(전)
단국대학교 법무행정학부(외래교수, 교원)
세명대학교 법학과, 경찰행정학과 외래교수(전)
유원대학교 경찰소방행정학과(전, 협력교수)
(사)한국포렌식학회 부회장, 한국법학회 부회장
한국법무보호복지공단 등기이사(전)
법무부 법교육센터 Law-Educator(전)
국제경영교육개발원 부원장(현)
국제ESG심사원협회 감사(현)

## 손경환

경찰안보학박사
(美)범죄학석사
신안산대학교 경호경찰행정학과 교수/입학학생처장
국제범죄수사국 자문교수
한국경비지도사협회 자문위원
대한시큐리티연구소(KSI) 자문교수
대통령경호처 교육기획과장/경호계획팀장/교수 등(전)
한국민간경비학회/경호경비학회 부회장(전)

## 황정용

경찰학박사
인천경찰청 112상황팀장(전)
인천미추홀경찰서 경무과장(전)
부산사상경찰서 등 선도심사위원
한국안전연구학회 섭외이사
동서대학교 경찰학과 교수

## 허명범

행정학박사
가톨릭대학교 행정대학원 탐정학전공 교수(겸임)
가톨릭대학교 부설 한국탐정학연구소 연구위원
한국범죄학회 이사
한국범죄학연구소 연구위원

# 범죄심리학

펴낸날 제1판 제1쇄 2025년 1월 20일
지은이 염건령 · 박영수 · 김동철 · 김미영 · 홍유진
민수진 · 이인곤 · 손경환 · 황정용 · 허명범
펴낸이 임춘환
펴낸곳 도서출판 대영문화사
주소 (본사) 사무실: 경기도 고양시 일산서구 주화로 70
우신프라자 307호 (우) 10387)
(본사) 물류센터: 경기도 고양시 일산서구 덕산로
107번길 68-50 (우) 10205)
등록 1975년 12월 26일 제3-16호
전화 (031) 913-3062, (031) 914-3884~5
팩스 (031) 913-3839
홈페이지 http://www.dymbook.co.kr


ISBN 978-89-7644-970-2
값 33,000원